In questa collana:

Laura Rangoni, *La cucina piemontese*
Laura Rangoni, *La cucina milanese*
Emilia Valli, *La cucina del Veneto*
Emilia Valli, *La cucina del Friuli*
Laura Rangoni, *La cucina bolognese*
Giuliano Malizia, *La cucina romana e ebraico-romanesca*
Luigi Sada, *La cucina pugliese*
Alba Allotta, *La cucina siciliana*
Eduardo Estatico - Gerardo Gagliardi, *La cucina napoletana*
Giovanni Righi Parenti, *La cucina toscana*
Laura Rangoni, *La cucina sarda di mare*
Alessandro Molinari Pradelli, *La cucina sarda*
Paola Balducchi, *La cucina dell'Emilia Romagna*
Alba Allotta, *La cucina siciliana di mare*
Emilia Valli, *La cucina della Val D'Aosta*

Quinta edizione: settembre 2014

Roma, Casella postale 6214

www.newtoncompton.com

DELIA AGENZIA LETTERARIA

info@deliacultura.it

ISBN 978-88-541-6486-4

Fotocomposizione: GI Grafica Internazionale s.r.l., Roma
Stampato nel settembre 2014 presso Puntoweb s.r.l., Ariccia (Roma)

LUCIANO PIGNATARO

LA CUCINA NAPOLETANA DI MARE IN OLTRE 800 RICETTE

Dagli scialatielli al pesce spada, tutte le migliori ricette di una cucina che ha conquistato il mondo

NEWTON COMPTON EDITORI

Le tavole delle Sirene

Qualche porto, tante torri di avvistamento. Il mare di Napoli non è mai stato amico dopo la caduta di Roma, la terra era troppo bella e fertile per far tornare il desiderio di ripartire, le Sirene incantavano gli stranieri nascoste tra le rocce a picco sul mare dei monti Lattari che affabularono anche Rudolf Nureyev. Finché le legioni restano una perfetta macchina da guerra contro i daci, i parti e gli scoti, la Campania è quella degli ozi di Capua, dei banchetti a Capri di Tiberio, degli straordinari traffici da un golfo all'altro, delle ville ancora oggi insuperate, delle città opulente, corrotte e raffinate, dei gioielli e delle anfore, dell'olio di oliva e delle ostriche, delle scampagnate di Plinio il Vecchio; finché c'è chi difende i confini, la Campania è Felix. Poi, proprio come Atlantide, la Campania Felix scompare negli abissi della memoria delle generazioni decimate dalla guerra tra goti e bizantini, dalle carestie, irrisa dal Vesuvio, il corpo come vergogna da nascondere nei conventi inaccessibili della Costiera, lontano dalla riva, lontano dal mare: non più flotte ma solo minuscole imbarcazioni incapaci di staccare lo sguardo dalla terra, non più pescespada ma trigliette di scoglio e pescetti da zuppa. La Campania Felix nasceva dal mare e risucchiava Roma attraverso la Domiziana, la Casilina, la Pontina e con l'Appia arrivava in Grecia, là dove erano partiti i coloni eubei carichi di miele e semi di uva per Ischia.

Sì, abbiamo la parentesi della Repubblica di Amalfi i cui armatori disboscarono i monti da Cetara a Punta Campanella per consegnarceli a pascolo. I mercanti di Sant'Andrea arrivarono a Istanbul, Antiochia, Tiro, Cipro, per scambiare spezie e tessuti damascati, ma è una storia a parte, troppo breve nel tempo lungo di questo racconto che nasce dal ventre e termina nel palato: tante torri di avvistamento, qualche porto.

La Campania allora resta Felix solo nelle pergamene dei monasteri; la ritroveranno dopo molti secoli le prime generazioni di italiani ansiosi di ricostruirsi un passato glorioso che non c'è mai stato se non nelle teste malate e convulse dei nazionalisti. Il suo futuro è nei dépliant di aziende di promozione del turismo.

E il mare divenne ostile. D'inverno, grigio e spumoso regalava tranquillità a chi viveva sulle coste del Basso Tirreno, ma quando la bella stagione lo appiattiva colorandolo d'azzurro ogni giorno poteva essere quello della morte per gli uomini, del rapimento delle donne più belle, del saccheggio di ciò che si era faticosamente costruito: bisognava avere la vista acuta per lavorare in quelle torri di avvistamento, caselli di un'autostrada usata a lungo solo dai saraceni.

Ogni giorno, per secoli e secoli e secoli, da Poitiers all'assedio di Vienna, la paura di questo mare riempiva lo stomaco con le verdure dell'orto, qualche pollo, un pezzo di capretto due volte l'anno, seppie, polipi, totani e quaglie. Il suolo vesuviano e i trucchi da strada riuscivano a sfamare la città sempre più grande, un formicaio, immensa, più di Londra, più di Madrid, più di Lisbona, quasi come Parigi: a Napoli vivevano e si moltiplicavano i magnafoglie, erano talmente tanti che proprio qui nacquero già nel '600 i primi grattacieli dell'Occidente perché non c'era più spazio.

Fame, fame, lotta per sopravvivere, quasi niente da cucinare, poco tempo per cucinare. Ecco l'origine di uno dei tratti inimitabili e distintivi della tradizione napoletana: la grande fantasia con le verdure, arricchite con odori e spezie, incrociate fra loro nei modi più incredibili, incaciate nei giorni di festa, bollite, sfritte, talvolta crude, arrostite, marinate e, più recentemente, farcite con la carne di vitello tritata o con la provola.

Mia zia Fortunata spesso veniva a stare da noi per lunghi periodi perché aveva deciso di non regalare a nessun uomo la sua bellezza. Per passare il tempo cucinava. Cosa? Per esempio le foglie di insalata, all'ombra del Vesuvio sinonimo di lattuga, sbollentate con aglio e olio. Così un poco d'erba magari regalata poteva diventare, soprattutto nei periodi difficili come l'ultima guerra mondiale, un piatto saporito. Ancora oggi Napoli resta l'unica grande città occidentale dove i vegetariani non devono mai sforzarsi per seguire le loro regole, anche le più rigide, nei ristoranti, al bar, nelle case.

Poi finalmente dalla Sicilia arriva la pasta di grano duro, quasi una rivoluzione barocca nel piatto che ridisegna il palato, e nascono gli abbinamenti più incredibili e gustosi, così come ci sono tramandati da tempo ormai immemorabile, con i legumi e le verdure anzitutto. E, poi, nei giorni di festa, cioè sempre più spesso quando la quota di calorie per sopravvivere viene ormai raggiunta più facilmente da tutti con la carne.

Lazzari, popolino, ma anche aristocrazia e re.

A Napoli, la città metropolitana meno borghese dell'Occidente capitalistico, la realtà non conosce le mezze misure ed è per questo motivo che il linguaggio per mediare situazioni altrimenti non sopportabili ha sviluppato un proprio percorso anche attraverso la gestualità e gli occhi. Un uso della parola orientale, zeppo di retropensieri, allusioni, sottintesi, autocompiacimenti retorici, ma anche diretto e pratico, immediato, fulminante come l'inglese americano, sempre assolutamente corporale quando esprime uno stato d'animo: se mi «arrizzo» vuol dire che sono entusiasta, se «scaco» sono venuto meno completamente in un compito, «faticare» invece di lavorare. Anche nei proverbi: il «comandare è meglio del fottere» è quanto di più sintetico ed efficace è stato mai detto sul potere.

L'aristocrazia è arguta come il popolo, ma si muove diversamente perché è ricca e ricompensa chi lavora al suo posto, si distingue cioè non come esempio etico, ma per essere esentata dal dover faticare: preferisce sputtanare la rendita dei latifondi lontani per stare a corte, per costruire palazzi in città, per godersi la vita e sviluppare sensi raffinati ma non decadenti come la nobiltà parigina finita alla ghigliottina. Sicché sotto il Vesuvio il lavoro è inteso, sia da chi lo deve fare come da chi ne è esente per posizione sociale, una condizione degradante, lo scadere della condizione umana, una lettura condivisa quotidianamente da tutti della parabola biblica di Adamo come non avviene da nessuna parte: chi lavora è fesso. Anzi, chi fatica è fesso. Chissà Weber cosa sarebbe stato capace di scrivere su questa monade sopravvissuta agli inferi dell'etica protestante e del capitalismo. Ed è proprio questo atteggiamento mentale recondito, frutto della lotta per la sopravvivenza nella più grande città europea dopo Parigi, a far muovere tutti di più, ché non l'apatia fatalista di chi è rimasto in Cilento o in Calabria, ma la frenesia instancabile e rumorosa è il tratto distintivo nei vicoli e nelle piazze, almeno del popolo che mangia al volo in strada dove tutto frigge rapidamente come a Tripoli o a Odeida, e la pizza, i taralli, i dolci, il brodo di polipo, gli spaghetti prima incaciati e poi con il pomodoro sono il pasto veloce di tutti, come a New York e Damasco.

E questa aristocrazia dai tratti russi nella sua magnificenza e signorilità, non certo per il carattere betulloso e sognante di Oblomov, regala alla gastronomia della sua città i monzù. Sicché, molto prima della nouvelle cousine, negli anni Settanta Napoli conosce unica in Italia la grande scuola francese, parigina. Falanghina o champagne poco importa, ostriche e cozze, e il piatto di spaghetti diventa uno zuccotto, la capocchia di un grande cerino ripieno di ragù bianco, le melanzane a barchetta si trasformano in parmigiana altissima, nel vol-au-vent la delicata pasta e piselli o i maccheroni al ragù, nelle sfoglie di pasta i vermicelli alla siciliana. Una stagione straordinaria, questa delle lasagne zeppe di ogni cosa, del sartù, dei supplì, del ragù, ma anche dei babà, dei bisciù, degli sciù, dai quali è nata la pasticceria italiana che più francese non si può, una stagione che fissa in modo plastico, siamo nell'Ottocento e possiamo tirare anche sino agli inizi del Novecento, la cucina partenopea facendone qualcosa di straordinario, la sintesi di Oriente e Occidente, aristocrazia e popolo, religione e ateismo, superstizione e positivismo logico. Patrizi e plebei, sale e pepe, così è nata la tradizione che è poi diventata la cucina italiana, ciò che resterà del Belpaese nel mondo quando la sua lingua sarà morta come il latino e si parleranno solo arabo e inglese da Palermo a Treviso. I patrizi provavano di nascosto i piatti dei plebei, questi sognavano quelli dei ricchi e li imitavano il più possibile durante le feste. Siamo all'età classica, al periodo attico in cui è nata una tradizione tramandata sino ad oggi, così forte da mettere spesso al primo posto l'esecuzione di una ricetta piuttosto che la ricerca e che nonostante ciò è ancora in grado di imporre novità come è accaduto anche in questi ultimi anni, nel dopopasto con il limoncello e, tra i formaggi, con la mozzarella di bufala. Parlate pure di fenici, di greci, di etruschi e di romani, ma è solo esercizio mentale: questa è la cucina di una città, non di un popolo, dove tutto viene mangiato, rielaborato e digerito perché è nei Quartieri Spagnoli e non sulle montagne attorno a Lasha che è possibile capire lo spirito dell'uomo.

Qualche porto e tante torri di avvistamento. Capite adesso perché il mare c'entra così poco nella gastronomia di questa città di mare. Forse qui, come nella frittura, è assolutamente determinante l'influsso della cultura gastronomica araba che vede la carne di pesce a tavola come condizione di degrado rispetto a quella di montone, di pollo o, meglio ancora, di vitello. Certo, le spigole più pregiate finivano a corte, ma era soprattutto un modo di dire più che prassi quotidiana.

Il mare come nemico, comunque dal '700 in poi incapace da solo di sfamare quattrocentomila persone. Capri popolata da gente strana, una traversata sino ai Faraglioni tanto pericolosa che non vale la pena fare se non ovviamente dopo la decisione di Ferdinando di Borbone di andare a sparare alle quaglie nei boschi di Anacapri. Allora tutti si sentono in dovere di seguirlo e imitarlo, ci scappa qualche romantico impegnato nel Grand Tour e nasce il mito. Qui, tra i vulcani spenti, Norman Douglas si trovò a suo agio, Jack London non avrebbe più scritto nulla perché «il mare non bagna Napoli».

Ma quando il golfo è nuovamente ripopolato, e i saraceni ricacciati dai Balcani, quando i francesi occupano Algeri e Tunisi, insomma quando non c'è più pericolo, il Mediterraneo diventa nuovamente amico, simpatico, buono. L'animo romantico degli sfaccendati ci trasmette i quadri vedutisti delle onde che si infrangono sugli scogli di Posillipo, della spiaggetta di Mergellina, l'estro degli autori compone quelle canzoni che, come la cucina con la pizza e gli spaghetti, sarà la musica italiana nel mondo. Per qualche anno un miliardo di cinesi ha potuto ascoltare senza infrangere le regole una sola canzone occidentale durante il periodo difficile della Rivoluzione Culturale (ufficialmente iniziata nel 1966 e terminata nel 1976): *'O sole mio*. Ventre e spirito, a pancia piena finalmente ci si può innamorare e cantare.

È una crosta antropologica molto effimera e sottile, questa delle spiagge affollate e del mito dell'abbronzatura, degli scafi guidati come Millecento, di vip a spasso tra la Piazzetta e Nerano inseguiti dai paparazzi, del sole amico e salutare. Liturgie occidentali del momento, viene da dire se osserviamo il tutto da Leptis Magna. E c'è stata, maledetto boom economico arrivato improvviso su una terra affamata da due millenni, la cucina nazionalpopolare di queste liturgie, quando tutte le trafile di pasta erano ridotte ad una, lo spaghetto ai frutti di mare, i pesci a due o tre e cucinati sempre allo stesso modo, quando, vero fast food devastante per la memoria, imperava il risotto alla pescatora in una città dove l'unico riso era quello del sartù.

Per nulla effimero, invece, lo spegnimento dei fornelli nelle case. Prima lento, poi rapido, infine diffuso, come le luci della città che si addormenta con l'incedere della notte. Resta così solo l'illuminazione pubblica a disegnare i contorni dei palazzi, a parlarci delle piazze e dei vicoli sicché oggi è nei ristoranti il rifugio della tradizione e della ricerca, della nascita e della rinascita della cucina di mare napoletana. Solo nei locali pubblici può sopravvivere la memoria di ciò che è stato nelle case, solo qui l'estro fantasioso degli chef riesce a dare una nuova spinta propulsiva verso nuovi traguardi e grandiose invenzioni; in queste cucine l'estrosa arte della sopravvivenza diventa sfizio del palato, raffinata combinazione di sapori per gourmet decadenti ed esigenti, e il mare azzurro torna ad essere l'ispiratore principe. Musei e laboratori di ricerca spaziale, questo sono i ristoranti della cucina di mare napoletana, qui si custodisce l'esecuzione più maniacale dei grandi classici tramandati dalle massaie, dai pescatori di scoglio e dai monzù, qui lo sperimentalismo raggiunge l'esasperazione della fusion, come una mousse di baccalà custodita in un pacchero di Gragnano freddo: c'è voglia di sushi, ma il ventre affamato da secoli ancora non ha regolato il suo orologio biologico alla nauseante abbondanza di calorie e reclama la pasta mentre il sifone catalano risolve finalmente l'incapacità occidentale di tagliare bene il pesce con il coltello.

Ma, ci chiediamo, quali sono i confini della cucina napoletana? E quali di quella mediterranea? Braudel ci parla del freddo polare delle montagne italiane divertendosi ad allargare e a comprimere le dimensioni antropologiche di questo lago salato di storia e di sangue come fosse un impasto per le tagliatelle. Giocando sui confini bisogna finire in qualche tribù del Borneo per trovare qualcosa di non contaminato.

Forse è più facile definire la dieta mediterranea che la cucina partenopea: dove c'è l'olivo Ulisse è da Penelope.

Tornando a Napoli, se usiamo il naso, pensiamo ai confini disegnati dall'aglio sfritto nell'olio di oliva. Se pensiamo all'udito, allora è sicuramente il dialetto. I colori: senz'altro il rosso del pomodoro, il bianco della pasta e il verde del basilico, cioè l'Italia stessa. Il palato non lascia dubbio se il discrimine è il grasso usato, il Nord inizia con il burro. Se prendiamo come parametro la storia, potremmo allungarci su tutto il Regno delle Due Sicilie. Forse proprio il traffico delle auto è invece il migliore indicatore di questi anni: le colonne di pendolari che intasano le strade ogni giorno tra Caserta ed Eboli, quelle dei vacanzieri che scivolano sul Tirreno da Gaeta alla Calabria. Facciamo la media, tiriamo la somma e avremo un'idea più o meno precisa dei paletti che segnano l'influenza della cucina napoletana nei ristoranti e, ancora, nelle case.

Ma una distinzione tra due grandi filoni è possibile farla: il primo è la tradizione di consumo, cioè prevalentemente in città e sui grandi centri della costa ricca di materie prime e incroci pirotecnici nel piatto. Il secondo è costituito dalla cucina di produzione, quella tipica del contadino con l'orto e la barca da pesca da cui nascono piatti come fagioli e cozze, seppie e ceci, totani imbottiti, alici 'nchiappate, eccetera, eccetera. Questa differenza si riflette anche nella motivazione che anima il lavoro dei ristoranti, ma la loro ubicazione non ha, nella maggior parte dei casi, un rapporto con il carattere della cucina.

Dunque quattro punti cardinali, la tradizione, la ricerca, il consumo-consumo, la produzione-consumo, attraverso cui muoversi e fare la propria scelta.

Le centinaia di ricette raccolte in questo volume costituiscono una straordinaria fotografia della trasformazione in atto e della crescita senza precedenti della ristorazione campana. Uno scavo antropologico irripetibile, straordinario, una sorta di ricettario classico in salsa moderna. Ossia non la paziente raccolta della tradizione orale fatta, per esempio, da Jeanne Caròla Francesconi e più recentemente da Domenico Monzon, ma una cernita del meglio della proposta della ristorazione pubblica resa possibile dall'entusiastica partecipazione dei patròn e degli chef ai quali è stato chiesto di collaborare. Una ricerca che ha usato, perché no, anche quanto c'è in rete e che ha avuto come criterio discriminante l'essere segnalati dalle guide specializzate: le eccezioni si possono contare con una mano.

Ne è uscito un quadro della cucina di mare che, come ci aspettavamo, non è solo di pesce ma che vive anche e soprattutto di verdure e talvolta addirittura di carne. In qualche caso abbiamo raccolto un piatto in più versioni, in qualche altro non abbiamo potuto fare a meno di fissare un piatto tipico territoriale. Attenzione, siamo in uno dei territori europei gastronomicamente più interessanti di questi anni grazie alla crescita della ristorazione che non ha paragoni con il resto del Paese, pieno di giovani protagonisti capaci di guardare oltre lo scoglio e di maestri capaci di insegnare anziché celare nella credenza i proprio segreti.

Insomma, qualche porto e tanti ristoranti da provare.

LUCIANO PIGNATARO

Antipasti

Antipasti

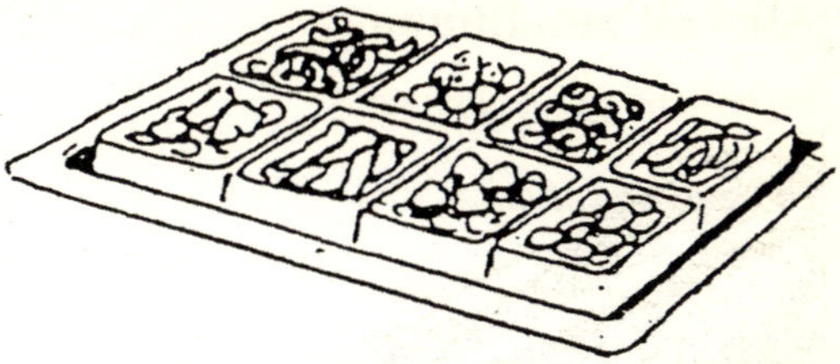

Affettato di polipo verace con cuore di scarole arrosto e lenticchie

Ingredienti per 10 persone:
1 kg di polipo verace
2 cespi di scarola bianca
250 g di lenticchie di Castelluccio
olio extravergine di oliva
sale e pepe q.b.

Lessate il polipo e lasciatelo raffreddare. Togliete la pelle lasciando le ventose, salate e pepate. Arrotolatelo come un salame e legatelo, lasciandolo poi riposare per qualche ora. Prima di servire, affettatelo finemente e disponetelo su un piatto da portata. A parte grigliate la scarola ed insaporitela con sale, pepe, olio e limone prima di metterla al centro del piatto. Lessate le lenticchie e, ancora tiepide, conditele con sale e pepe per poi sistemarle a semicerchio intorno al piatto.

Ristorante: Silenzio Cantatore, Piano di Sorrento

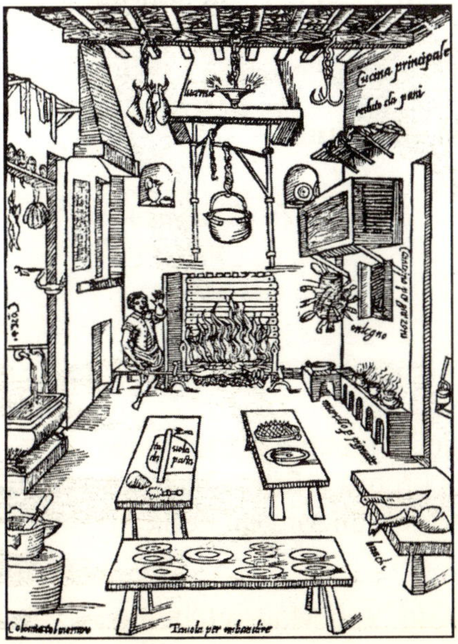

Alici all'amalfitana

Ingredienti per 4 persone:
500 g di alici
200 g di fior di latte
2 uova
olio extravergine di oliva
sale q.b.
pepe q.b.
parmigiano q.b.

Pulite le alici e diliscatele. A parte sbattete le uova aggiungendo sale, pepe e parmigiano.

Tagliate a fettine il fior di latte e chiudetelo tra le alici. Infarinate e passate nell'uovo prima di friggere in olio di oliva. Servite caldo in un piatto da portata con decorazioni di limone.

Ristorante: Da Gemma, Amalfi

Alici alla scapece

Ingredienti per 6-8 persone:
800 g di alici
3 spicchi d'aglio
prezzemolo e aceto balsamico q.b.
olio extravergine di oliva
menta
sale
olio di semi di girasole

Pulite le alici togliendo le interiora e la testa, friggetele in abbondante olio di semi e scolatele bene. Condite le alici in una pirofila di porcellana con aglio, prezzemolo, menta precedentemente lavata e tritata ed aceto balsamico. Ricoprite il tutto con dell'olio di oliva. Fate riposare qualche ora prima di servire.

Ristorante: Cantina del Vescovo, Nocera Inferiore

Alici arreganate alla cilentana

Ingredienti per 4-6 persone:
1 kg di alici
olio extravergine di oliva
aceto
1 spicchio d'aglio
origano
prezzemolo
sale

Private le alici della testa, lavatele e spinatele. Sistematele a strati in una tortiera bassa condendo con olio extravergine di oliva e aggiungendo l'aglio, un pizzico di sale, origano e prezzemolo.

Fate cuocere col coperchio a fuoco basso e a cottura ultimata spruzzate con aceto. Fate evaporare ancora qualche minuto sul fuoco prima di servire.

Ristorante: Al Frantoio, San Mauro Cilento

Alici del Tirreno arreganate

Ingredienti per 4 persone:

400 g di alici
olio extravergine di oliva
aglio
origano
prezzemolo
sale
limone

Sfilettate le alici e disponetele in un tegame basso. Condite con olio extravergine, aglio tritato, prezzemolo, origano e sale. Fate cuocere per circa 8 minuti a fuoco vivo. Aggiungete un'abbondante spremuta di limone e lasciate sfumare sul fuoco ancora per qualche minuto. Da servire caldo.

Ristorante: 'A Paranza, Atrani

Alici di Menaica marinate

Ingredienti per 4 persone:

20 alici di Menaica
olio extravergine di oliva pisciottana
limone
aglio, prezzemolo e sale q.b.

Diliscate e deviscerate le alici. Mettetele pulite in un piatto dopo averle lavate e aggiungete succo di limone e sale. Marinate per 20 minuti fino a quando sbiancano. Toglietele dal limone e condite con aglio, prezzemolo e olio.

Ristorante: Perbacco, Pisciotta

Alici farcite con provola affumicata, pochés all'olio profumato, piccola parmigiana di zucchine, focaccia alla griglia e vinaigrette alle olive

Ingredienti per 4 persone:

Per le alici:
400 g di alici
100 g di provola affumicata fresca
50 g di erbe aromatiche (basilico, prezzemolo, origano, timo, etc.)
olio extravergine di oliva
50 g di scalogno
2 teste di aglio

Per la parmigiana:
4 zucchine di media grandezza
2 uova intere
100 g di sugo di pomodoro
100 g di mozzarella di bufala
30 g di parmigiano
farina
olio extravergine di oliva
sale q.b.
pepe q.b.

Per la vinaigrette:
80 g di olive nere di Gaeta
1 pomodorino secco
10 g di timo sfogliato
30 g di olio extravergine di oliva

Per la parmigiana di zucchine:

Tagliate a fette delle zucchine, passatele nella farina e poi nell'uovo. Friggete in olio bollente. A parte preparate la mozzarella a cubetti, parmigiano grattugiato e salsa di pomodoro densa. Alternate su di una placca le fette di zucchine cosparse di salsa di pomodoro, mozzarella e parmigiano e gratinate in forno a 180°-200° per circa 8 minuti.

Per le alici farcite:

Pulite le alici lasciando testa e coda. Tagliate dei rettangolini di provola affumicata lunghi come la larghezza delle alici. Salate e pepate il pesce prima di avvolgerlo intorno alla provola in modo che la coda vada ad infilarsi sotto la testa, come se fosse un involtino.

Mettete su di una placca e coprite di olio. Aggiungete varie erbe aromatiche, aglio, scalogno. Il tempo di cottura varia a seconda delle dimensioni delle alici.

Per la vinaigrette alle olive:

Snocciolate delle olive di Gaeta, tritatele ed unite un pomodorino secco e del timo fresco. Condite il tutto con olio extravergine e, prima di servire, verificate il gusto.

Composizione:

Sulla sinistra del piatto un rettangolo di parmigiana di zucchine, sopra di esso 6 alici farcite e decorate con varie erbe che spuntano tra queste. In diagonale del piatto, sulla destra, mettete una fetta di focaccia dopo averla fatta ben grigliare.

Condite con un cordone, intorno alla parmigiana, di vinaigrette alle olive.

Ristorante: Palazzo Sasso Rossellini's, Ravello

Alici gratinate

Ingredienti per 6 persone:
3 zucchine di media grandezza
1 cipolla fresca
600 g di alici spinate
olio extravergine di oliva
parmigiano q.b.
pane grattugiato
sale, pepe q.b.

Tagliate le zucchine e la cipolla a julienne e preparate una teglia dove si mette l'olio. Fate prima uno strato di zucchine e sopra mettete le cipolle. Salate, pepate e fate appassire nel forno per pochi minuti. Aggiungete uno strato di alici spinate e ben aperte.

Cospargete di prezzemolo, sale, pepe, una spolverata di parmigiano e pane grattugiato. Aggiungete un filo di olio e mettete nel forno a 150° per 10 minuti.

Ristorante: Boccaccio, Acciaroli

Alici indorate e fritte

Ingredienti per 4 persone:
300 g di alici
1 uovo
olio extravergine di oliva
limone
farina
sale q.b.

Pulite le alici diliscandole in acqua corrente e lasciatele macerare per mezz'ora in un po' di succo di limone. A parte battete l'uovo con sale e pepe e portate a temperatura l'olio di oliva in una padella. Passate il pesce, uno per volta, prima nella farina poi nell'uovo precedentemente sbattuto e friggete. Da servire tiepido con qualche fettina di pomodoro.

Ristorante: Lido Azzurro, Amalfi

Alici in tortiera

Ingredienti per 6-8 persone:
1 kg di alici di media grandezza
7 etti e mezzo di pane nero raffermo
4 spicchi d'aglio fresco
1 ciuffo di menta
1 ciuffo di prezzemolo
2 limoni
olio extravergine di oliva pisciottana

Togliete la testa e diliscate le alici mantenendo uniti i due filetti. Sminuzzate la mollica per bagnarla in acqua. Aggiungete le erbette tritate e spicchi d'aglio tagliati in piccoli pezzi. Sul fondo di una pirofila oleata mettete il pane aromatizzato e successivamente un terzo delle alici. Procedete così per altri due strati incrociando il verso testa-coda dei pesci. Chiudete con uno strato di pane e infornate per 15 minuti a 200° gradi. Prima di servire aggiungete olio e limone e aspettate che si intiepidisca.

Ristorante: Perbacco, Pisciotta

Alici marinate a Ischia

Ingredienti per 4 persone:
200 g di alici
olio extravergine di oliva
aglio, prezzemolo, peperoncino q.b.

Spinate le alici, mettetele in fila e lasciatele riposare. Dopo un'ora aggiungete olio, aglio, prezzemolo e peperoncino.

Ristorante: Il Pirata, Sant'Angelo d'Ischia

Alici marinate nel Cilento

Ingredienti per 4 persone:
600 g di alici
olio extravergine di oliva
limone
prezzemolo
peperoncino e sale q.b.

Pulite le alici diliscandole e lavandole. Mettetele in una pirofila con olio, limone abbondante, prezzemolo, peperoncino e sale e servite dopo un paio di ore.

Ristorante: Il Grigliaro, Pollica

Alici 'mbuttunate

Ingredienti per 4-6 persone:
600 g di alici
pane casereccio raffermo
2 uova
prezzemolo
capperi
olio extravergine di oliva
olio di semi q.b.
1 spicchio d'aglio
2 pizzichi di sale fino
1 spolverata di pepe

Lavate le alici, togliete lische e testa, quindi apritele. Sbriciolate grossolanamente la mollica del pane raffermo lasciandola per qualche minuto in acqua tiepida.

Strizzatela e mettetela in una ciotola in cui poi aggiungerete il pangrattato, l'aglio ben tritato, 2 cucchiai di olio extravergine di oliva, i capperi, il pepe, il sale, le foglie di prezzemolo e le 2 uova: mescolate bene con un cucchiaio per amalgamare gli ingredienti. Disponete i filetti di alici in un piatto da portata, unite l'imbottitura e coprite con gli altri filetti; infine infarinate e friggete in olio ben caldo.

Ristorante: 'A Cantina 'i Mustazz', Sapri

Alici ripiene con provola affumicata ed erbe aromatiche

Ingredienti per 4 persone:
500 g di alici fresche
100 g di provola affumicata
erba cipollina
prezzemolo
aglio
menta q.b.
pancarré
1 uovo
olio di arachidi

Pulite e filettate bene le alici. Preparate un composto con tutti gli ingredienti sminuzzati. Riempite le alici. Passatele nella farina e friggetele in padella con olio di arachidi.

Ristorante: La Taverna del Pescatore, Castellabate

Alici ripiene di provola con salsa di colatura di alici

Ingredienti per 4 persone:
500 g di alici
100 g di provola
100 g di pane grattugiato
1 uovo
20 g di burro
1 mazzetto di prezzemolo
10 g di colatura di alici di Cetara
100 g di panna liquida
olio extravergine di oliva

Pulite le alici e privatele della testa e della lisca. Apritele bene, riempitele con la provola tagliata a listarelle e chiudetele con uno stuzzicadenti. Passatele nell'uovo sbattuto e poi nel pane grattugiato, comprimete bene e conservate in frigo.

A parte, nel frattempo, scaldate un po' di olio e di burro in una padella, aggiungete la panna liquida, un po' di prezzemolo tritato, un mestolo di acqua e lasciate cuocere per una decina di minuti. Aggiungete la colatura di alici e lasciate sul fuoco ancora qualche minuto. In una padella con abbondante olio di oliva fate friggere le alici ripiene e poi fatele asciugare su carta assorbente.

Servitene un paio per piatto, ricoprendo con la salsa e con foglioline di prezzemolo fresco.

Ristorante: La Caravella, Amalfi

Anelli di ricotta

Ingredienti per 4 persone:
2 dl di latte
35 g di burro
25 g di farina
150 g di ricotta di bufala
70 g di pecorino grattugiato
1 uovo intero
1 tuorlo
2 carote grandi
2 zucchine
2 patate lunghe
1 kg di piselli
sale e pepe q.b.

Bollite i piselli in brodo di dado e appena pronti scolateli e passateli al setaccio in modo da ottenere una crema di media densità. Sbucciate le carote e le patate, lavate le zucchine e tagliate tutto a listelli della larghezza di due dita.

Sbollentate insieme per alcuni minuti. A parte, lavorate con la farina 20 g di burro scaldato in un tegamino.

Lasciate imbiondire e versate a filo il latte caldo. Portate ad ebollizione, quindi unite la ricotta di bufala, il pecorino grattugiato, sale e pepe. Togliete dal fuoco e aggiungete le uova sbattendo energicamente con una frusta da cucina. Rivestite gli stampini con i listelli di verdura e riempite con il composto. Infornate a bagnomaria per 20 minuti a 170° e servite su un letto di crema di piselli.

Ristorante: Donna Rosa, Positano

Antipasto alla Clipper

Ingredienti per 4 persone:
500 g di salmone
200 g di polipo
200 g di alici fresche
olio extravergine di oliva
aceto di vino bianco
aglio, sale e prezzemolo q.b.

Pulite bene e tagliate il salmone a fette sottili. Mettetelo a macerare con sale e aceto di vino bianco per circa trenta minuti. Una volta tolto conditelo con olio crudo, dell'aglio e del prezzemolo fresco. Lo stesso procedimento vale per le alici, da pulire e spinare. Il polipo va invece lessato e condito all'insalata.

Ristorante: Clipper da Nunzio, Ischia

Antipasto di mare cilentano

Ingredienti per 4 persone:
500 g di dentice
300 g di polipetti
300 g di seppie
200 g di gamberi sgusciati
200 g di cozze
200 g di vongole
cetrioli sott'aceto
olio extravergine di oliva
1 limone
pepe q.b.
sale q.b.
prezzemolo q.b.

Lessate tutto il pesce. Tagliatelo a pezzi e aggiungete i cetrioli sott'aceto tritati, l'olio, il succo del limone, un pizzico di pepe, sale e prezzemolo. Mettete sul piatto da portata e, per abbellire, utilizzate le cozze, le vongole e i gamberi sgusciati.

Ristorante: Il Grigliaro, Pollica

Antipasto di mare ischitano

Ingredienti per 4 persone:
200 g di salmone
400 g di gamberi
200 g di alici
800 g di frutti di mare
300 g di polipi
300 g di calamari
olio extravergine di oliva
aceto di vino bianco
prezzemolo
limone
sale

Fate marinare il salmone e le alici in aceto e un po' di sale il giorno prima. Fate aprire in padella i frutti di mare e mettete a bollire i polipi, i calamari ed i gamberi. Al termine della cottura, dopo aver disteso un letto di rughetta sul piatto da portata, disponetevi i diversi tipi di pesce separatamente. Condite con olio, limone, prezzemolo e un pizzico di sale.

Ristorante: Da Gaetano, Ischia

Antipasto Trianon

Ingredienti per 4 persone:
200 g di polipo
100 g di calamaretti
200 g tra cozze e vongole
100 g di seppioline
insalata verde e rucola
limone
sale e olio q.b.

Pulite il pesce e lessate ogni tipo singolarmente. Fate raffreddare e tagliatelo. Fate poi aprire le vongole e le cozze in una padella. Unite tutto in un piatto da portata, aggiungete la rucola e le foglie di lattuga tagliate e condite con olio, sale, limone.

Ristorante: Trianon da Ciro, Napoli

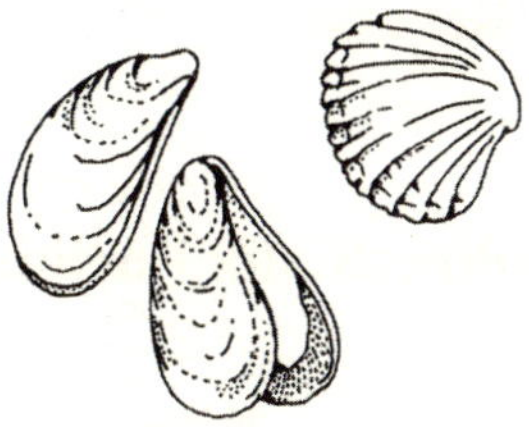

Baccalà fritto in pastella di birra e piedino di maiale all'insalata

Ingredienti per 4 persone:
800 g di baccalà già dissalato
2 piedini di maiale
3 l di brodo vegetale
prezzemolo tritato
aneto
2 limoni della costiera amalfitana
pepe bianco

Per la pastella di birra:
300 g di farina 00
3 cl di birra chiara
20 g di burro fuso
2 cucchiai di olio extravergine di oliva
2 tuorli d'uovo
2 albumi montati a neve

In una pentola contenente il brodo vegetale ben aromatizzato immergete i due piedini di maiale, precedentemente puliti e cuoceteli per 2 ore. Quando saranno cotti puliteli accuratamente, privandoli dei nervetti e tagliateli a pezzettini.

Mescolateli in una ciotola con sale, prezzemolo, il succo dei due limoni e pepe bianco di mulinello. Tagliate il baccalà a listarelle e passatelo nella pastella di birra, ottenuta mescolando gli ingredienti sopra citati. Infine friggete nell'olio extravergine alla temperatura di 180°. Scolate e asciugate le listarelle con un foglio di carta assorbente.

Disponete su di un piatto da portata il baccalà fritto e i pezzettini di piedini di maiale già conditi. Decorate con l'aneto e servite subito.

Ristorante: Al Palazzo di Palazzo Murat, Positano

Bauletto di pesce bandiera con provola affumicata, alloro e limone

Ingredienti per 4 persone:
2 pesci bandiera
200 g di provola affumicata
1 limone
alloro
sale e pepe q.b.

Sfilettate il pesce bandiera e privatelo di tutte le spine, tagliate la provola affumicata a dadini, sbucciate il limone e tritatene la buccia. Fate uno strato di filetti di pesce bandiera della lunghezza di circa 20 cm in uno stampo quadrato (10 x 10), salate e poi riempite con i dadini di provola affumicata. Aggiungete la buccia di limone tritata, l'alloro, un pizzico di sale e pepe e chiudete il bauletto con i lembi di pesce bandiera. Fate cuocere a vapore per circa 10 minuti.

Ristorante: Da Salvatore, Ravello

Bruschette di mare con polipetti alla Luciana

Ingredienti per 4 persone:
2 polipetti veraci
150 g di pomodorini
olio extravergine di oliva
pepe, aglio e prezzemolo tritato q.b.
4 fette di pane tostato

Mettete in una casseruola i polipetti (sistemati con la testa in basso), coprite e fate cuocere per circa 20 minuti a fuoco lento. Quando l'acqua è stata assorbita, aggiungete i pomodorini precedentemente passati in padella con aglio e olio.

Adagiate le bruschette nei piatti da portata e deponetevi sopra i polipetti con una spruzzatina di pepe e prezzemolo tritato.

Ristorante: Sent'Co', Procida

Calamarelle al vapore con spicchi di kiwi

Ingredienti per 4 persone:
600 g di calamarelle
1 dl di olio extravergine di oliva di Sorrento
2 kiwi
foglie di menta

Pulite e lavate le calamarelle e cuocetele a vapore per circa 10 minuti. A parte tagliate a spicchi i kiwi, e sistemate tutto su un piatto da portata alternando la frutta e il pesce. Condite con l'olio e guarnite con qualche fogliolina di menta.

Ristorante: Don Salvatore, Napoli

Calamaretti agli odori cilentani

Ingredienti per 6 persone:

900 g di calamari freschi
20 olive nere snocciolate
30 capperi
10 g di asparagi
prezzemolo
olio e sale q.b.
1 spicchio d'aglio
1 bicchiere di vino bianco
1 manciata di pane grattugiato

In una padella, possibilmente con fondo antiaderente, fate dorare l'aglio, quindi unitevi i calamari tagliati a fiammifero. Mettete a questo punto prima le olive, poi i capperi e le punte di asparagi, sfumate con il vino bianco e aggiungete infine sale e prezzemolo. Quando l'acqua di cottura e il vino saranno evaporati spolverate con il pane grattugiato.

Ristorante: Il Ceppo, Agropoli

Calamaretti con verdure croccanti

Ingredienti per 4 persone:

1 kg di calamaretti
2 peperoni (1 rosso e 1 giallo)
3 carote
olio extravergine di oliva
1 sedano bianco
prezzemolo

Pulite i calamaretti, portate ad ebollizione in una pentola profonda dell'acqua e cuocetevi il pesce per circa cinque minuti. Fatelo raffreddare e tagliatelo a rondelle, quindi pulite le verdure e affettatele alla julienne. Unite il tutto e condite con olio extravergine e limone. Decorate infine il piatto con ciuffetti di prezzemolo.

Ristorante: Veliero Tortuga, Napoli

Calamaretti julienne con scaglie di grana

Ingredienti per 4 persone:

800 g di calamaretti
2 carote
2 coste di sedano
1 limone
sale e pepe q.b.
prezzemolo tritato
1 dl di olio extravergine di oliva
150 g di parmigiano reggiano
rucola o radicchio

Pulite e lessate i calamaretti, quindi lasciateli raffreddare. Nel frattempo tagliate le carote e il sedano alla julienne. Aggiungete i calamari tagliati allo stesso modo, condite il tutto con limone, olio, sale e pepe. Adagiate su di un piatto da portata con rucola o radicchio unendo alla fine le scaglie di parmigiano.

Ristorante: Rosolino-Il posto accanto, Napoli

Calamari dei due golfi, fili di patate, salsa al nero e di peperoni

Ingredienti per 4 persone:
1 kg di calamari
4 patate
3 peperoni
1 spicchio d'aglio
peperoncino q.b.
sale q.b.
olio extravergine di oliva
olio di semi per friggere q.b.

Pulite i calamari, conservando la sacca dell'inchiostro e tagliateli alla julienne.

Pelate le patate, tagliatele a fili sottili e friggetele in abbondante olio. A parte, lavate i peperoni, spellateli dopo averli passati al forno a 180° per 10 minuti e tagliateli a listarelle.

Passateli poi nel mixer con olio e sale.

Svuotate la sacca dell'inchiostro ed emulsionate il nero con acqua tiepida, sale ed olio. In un tegame soffriggete l'olio con l'aglio e il peperoncino, adagiatevi i calamari, salate e lasciate cuocere per circa 6 minuti. Servite i calamari con la salsa di peperoni e al nero sui lati del piatto, i calamari al centro e i fili di patate sopra.

Ristorante: Taverna del Capitano, Nerano

Calamari e pomodori

Ingredienti per 4 persone:
400 g di calamaretti
400 g di pomodori da insalata
il cuore di 1 sedano
5 foglie di basilico
100 g di olio extravergine di oliva
50 g di cipollina fresca
sale q.b.

Tagliate a cubetti i pomodori ed il sedano e tagliate a julienne il basilico e la cipollina.

In acqua a bollore sostenuto cuocete velocemente i calamaretti per qualche minuto e, dopo averli fatti raffreddare, uniteli alle verdure, condite con sale ed olio e servite.

Ristorante: Sirio, Formia

Calamari nani su nido di sedano rapa con fagioli cannellini

Ingredienti per 4 persone:
600 g di calamarelle (calamari nani)
1 gambo di sedano rapa
50 g di carote
100 g di fagioli cannellini
1 cucchiaio di olio extravergine di oliva
prezzemolo
vinaigrette

Portate ad ebollizione l'acqua in una pentola, quindi immergetevi le calamarelle precedentemente pulite e cuocetele per circa 3 minuti. Pulite e tagliate alla julienne il sedano rapa e le carote, formando nel piatto, con l'aiuto di un piccolo stampo, un nido di sedano. Al centro sistematevi la julienne di carote e aggiungete le calamarelle. Unite infine i fagioli cannellini già lessati e condite con una vinaigrette.

Ristorante: La Cucina Flegrea, Pozzuoli

Calamari scottati alla griglia su cuori di carciofo marinati al limone

Ingredienti per 4 persone:
4 calamari di 250 g ciascuno
2 carciofi
aceto balsamico
olio extravergine di oliva
succo di limone
sale e pepe q.b.

Scottate i calamari alla griglia e conditeli con sale, pepe e poche gocce di aceto balsamico. Sistemateli sui cuori di carciofo precedentemente marinati con del succo di limone. Condite infine il tutto con un filo di olio extravergine di oliva.

Ristorante: Tasso, Sorrento

Calamaro ripieno

Ingredienti per 4 persone:
500 g di calamari
1 zucchina
1 peperone
1 uovo
formaggio grattugiato
pepe
mollica di pane
150 g di piselli
pomodorini
prezzemolo
olio extravergine di oliva
vino bianco
sale e pepe q.b.

Pulite i calamari avendo cura di non romperne la testa che serve per la chiusura del pesce e va fissata con uno stuzzicadenti. Preparate il ripieno con peperone e zucchina tagliati a dadini, un uovo, piselli, pomodorini sminuzzati, mollica di pane, sale, pepe, prezzemolo e formaggio. Riempite il calamaro e, dopo averlo chiuso, soffriggetelo in una padella con olio di oliva, sfumando con del vino bianco. Cuocete in forno a 160° per circa 20 minuti.

Ristorante: La Cantina di Sica, Napoli

Calamaro ripieno di verdure in salsa di Falanghina e timo

Ingredienti per 4 persone:
4 calamari medi
1 zucchina
1 patata
1 melanzana
timo
vino Falanghina
olio extravergine di oliva
aglio
pane raffermo
1 uovo

Sviscerate i calamari separandoli dai tentacoli e cuocete quest'ultimi in padella con aglio ed olio. Appena pronti, passate i tentacoli al mixer con il pane raffermo ammorbidito, il prezzemolo e l'uovo.

Cuocete le verdure tagliate a dadini in padella con poco olio ed unitele al composto precedente. Aggiungete il sale e riempite i calamari.

Preparate in un tegame basso un soffritto d'aglio e olio. Aggiungete i calamari ed abbondante timo. Rosolate finché i calamari avranno assunto un colorito bruno ed aggiungete il vino Falanghina precedentemente ridotto con l'ebollizione. Continuate la cottura per altri 20 minuti. Tagliate i calamari a rondelle e servite con la salsa di cottura e del timo fresco.

Ristorante: Eolo, Amalfi

Cannelloni di calamari in foglie di radicchio

Ingredienti per 4 persone:
750 g di calamari di media grandezza
1 cespo di radicchio
2 o 3 biscotti di grano
100 g di olive nere e verdi
100 g di lardo di Colonnata
2 finocchi
sale e olio q.b.

Dopo aver pulito i calamari, preparate in una terrina il ripieno con biscotti di grano bagnati e poi sbriciolati.

Quindi unite i finocchi sminuzzati, le olive snocciolate, un pizzico di sale e un filo d'olio extravergine di oliva. Imbottite i calamari e adagiateli in una teglia con olio e acqua, dopo averli avvolti nel lardo di Colonnata e poi nella foglia di radicchio. Aggiustate di sale e fate cuocere in forno a 180° per circa 30 minuti. Servite caldo.

Ristorante: Sapore di mare, Vietri sul Mare

Caponata di Arianna

Ingredienti per 4 persone:
4 freselle (fette biscottate di pane di grano)
melanzane sott'olio
alici salate
basilico
pomodorini del piennolo
olio extravergine di oliva

Bagnate al punto giusto le freselle in acqua fredda e dopo averle scolate per bene adagiatele sul piatto da portata ricoprendo con melanzane sott'olio, basilico, alici salate e pomodorini del piennolo precedentemente schiacciati e liberati dai semi. Condite il tutto con olio extravergine di oliva e portate in tavola.

Ristorante: Bacco, Furore

Caponata San Nicola

Ingredienti per 4 persone:
6 fette di pane biscottato integrale
16 pomodorini del piennolo di Furore
olive nere di Gaeta
filetti di acciuga
1 cipolla
origano
olio extravergine di oliva
sale

Inumidite il pane biscottato con acqua fredda per pochi secondi. Scomponetelo in più parti e adagiatelo su un piatto di terracotta. Aggiungete i pomodorini del piennolo, le olive nere, i filetti di acciuga. Tagliate a fettine la cipolla e unitela al tutto con un'abbondante spruzzata di origano. Condite infine con sale e olio extravergine di oliva.

Ristorante: Cantina San Nicola, Amalfi

Carpaccio alla partenopea

Ingredienti per 4 persone:
1 pesce locale di 300 g (orata o sarago)
250 g di gamberetti rossi
300 g di calamaro
100 g di cicinielli (bianchetti)
olio extravergine di oliva
prezzemolo
succo di limone
pepe nero macinato fresco
sale q.b.
insalata verde e rucola per guarnire

Dopo aver diliscato il pesce e averlo diviso in due parti, togliete testa e coda e tagliatelo a fette. Sgusciate i gamberi da crudi, mantendone testa e coda, quindi pulite e tagliate sottilmente il calamaro. Adagiate il pesce su un letto di insalata verde e rucola, poggiandovi sopra gamberi e calamari con aggiunta di cicinielli in modo da ottenere la forma di un sole. Condite con sale, olio di oliva, succo di limone e pepe nero macinato fresco.

Ristorante: Terrazza Calabritto, Napoli

Carpaccio di branzino al pepe rosa su letto di rucola

Ingredienti per 4 persone:

2 branzini di 400 g
200 g di funghi porcini
30 g di rucola
10 g di pepe rosa
sale e pepe nero q.b.
3 cucchiai di olio extravergine di oliva
2 limoni

Pulite i due branzini privandoli delle interiora e sfilettateli in modo da ottenere quattro filetti uguali. Tagliateli poi ulteriormente iniziando dalla coda in su, ricavandone dei piccoli filetti trasparenti. Mettete nel piatto un ciuffetto di rucola e stendetevi sopra i filetti. Coprite il pesce con i funghi tagliati sottili, cospargete di pepe rosa, salate, pepate, ed infine unite l'olio e il succo dei due limoni.

Ristorante: Il Cormorano, Agropoli

Carpaccio di branzino ripieno di molluschi e crostacei, insalata di buonenrico e patate allo zafferano e aceto balsamico extravecchio

Ingredienti per 4 persone:

Per le patate:
2 patate di 150 g ciascuna
2 g di zafferano
1 ml di brodo vegetale fresco

Per il carpaccio:
200 g circa di filetto unico di branzino
200 g di cozze
200 g di vongole
1 bicchierino di vino bianco secco
4 gamberi rossi
4 scampi o crostacei a piacere
1 cucchiaino di prezzemolo tritato
olio extravergine di oliva
sale e pepe q.b.

Per l'olio al pomodoro:
50 ml di olio di oliva
50 g di bucce di pomodoro

Preparate innanzitutto le patate allo zafferano. Con un levatorsoli ricavate dalle patate dei cilindri e tagliateli a fette di 2 mm circa. Sbianchitele in brodo vegetale con l'aggiunta di zafferano, in modo da colorarle. Fatele raffreddare e mettetele da parte.

A questo punto preparate un sauté di cozze e di vongole, bagnandolo con vino bianco. Sgusciate e tagliate grossolanamente il tutto.

A parte sgusciate dei gamberi e spadellateli. È possibile usare qualsiasi tipo di mollusco o crostaceo disponibile. Unite il tutto e condite con sale, pepe, olio e prezzemolo tritato grosso. Tagliate finemente a mo' di carpaccio il branzino e foderateci uno stampo a cupola. Farcite con i frutti di mare e i gamberi e chiudete.

A parte avrete preparato l'olio al pomodoro facendo insaporire dell'olio extravergine di oliva con bucce di pomodoro a 80° circa. Poi frullate e filtrate. Posizionate dunque nel piatto le foglie di buonenrico con le punte esterne al piatto ed a forma circolare. Verso l'interno componete una corona di fette di patate allo zafferano, lasciando uno spazio centrale dove verrà adagiato il carpaccio ripieno di molluschi. Decorate con un cordone di aceto balsamico extravecchio e con l'olio al pomodoro.

Ristorante: Palazzo Sasso Rossellini's, Ravello

Carpaccio di funghi porcini e provola stagionata

Ingredienti per 4 persone:
240 g di funghi porcini freschi
120 g di provola stagionata a scaglie
olio extravergine di oliva
prezzemolo tritato
sale e pepe bianco q.b.

Affettate i porcini sottilmente, conditeli con sale, pepe bianco, olio e prezzemolo tritato. Divideteli su quattro piatti e cospargeteli di provola stagionata a scaglie. Infine decorate con un filo di olio di oliva e prezzemolo in foglie.

Ristorante: Le Sirenuse, Positano

Carpaccio di gamberoni viola su letto di rucola selvatica e pomodorini del piennolo e scaglie di grana

Ingredienti per 4 persone:
20 gamberoni viola di Nerano freschi
4 mazzetti di rucola selvatica di macchia
16 pomodorini del piennolo sodi
4 limoni di Sorrento da spremere
120 g di grana a scaglie
50 g di olio extravergine di oliva DOP delle colline vicane
sale q.b.

Sgusciate e pulite i gamberoni. Spremete i limoni e filtrate il succo aiutandovi con un colino. Salate il succo di limone e immergetevi i gamberoni puliti facendo marinare per 10 minuti. Sfogliate e pulite la rucola selvatica. Tagliate i pomodorini e privateli di eventuali semi, quindi in un recipiente conditeli insieme alla rucola. Create un letto di rucola e pomodorini su un piatto da portata, disponete i gamberoni leggermente marinati a forma d'orologio e infine guarnite il piatto con le scaglie di grana.

Ristorante: Il Terrazzino, Piano di Sorrento

Carpaccio di patate, uova di quaglia al vino rosso e ricotta leggermente scaldata montata all'olio extravergine di oliva

Ingredienti per 4 persone:
1 patata grossa
4 uova di quaglia
100 g di ricotta
olio extravergine di oliva
1 dl di vino rosso
sale e pepe q.b.
6 punte di asparagi
olio aromatico
bouquet di insalata
aneto

Pelate la patata e tagliatela con l'affettatrice a fette di circa 1 mm di spessore, quindi con un tagliapasta di 2,5 cm di diametro cercate di ottenere dei dischi dai contorni omogenei. Disponeteli su un foglio di carta forno spennellato con sale e olio aromatico all'aglio e rosmarino, cercando di ottenere una forma tonda e rosa, introducete in un sacchetto per sottovuoto e chiudete. Cuocete in forno a vapore per 8 minuti a 85°, dopo di che abbassate immediatamente la temperatura. Nel frattempo versate in una casseruola il vino rosso e la stessa quantità d'acqua e portate ad ebollizione. In un'altra casseruola scaldate la ricotta, salatela e pepatela ed aggiungete l'olio extravergine di oliva. Estraete dal sacchetto le patate e disponetele sul piatto da portata, formate delle chenelle con la ricotta che andrete a disporre sopra il carpaccio, cuocete le uova di quaglia nella soluzione di acqua e vino rosso per pochi secondi e posatele sul carpaccio, e chiudete con altra ricotta. Infine decorate con un piccolo bouquet di insalata riccia, qualche rametto di aneto, e le punte di asparagi nella ricotta.

Ristorante: Quisisana, Capri

Carpaccio di pescatrice agli agrumi locali e insalatina di spinaci ai grani di senape

Ingredienti per 4 persone:

90 g di pescatrice
2 arance
2 limoni
1 pompelmo rosa
10 g di ravanelli (solo la parte rossa)
20 g di zucchine (solo la parte verde)
spinaci "baby"
aneto
50 g di olio extravergine di oliva
vinaigrette alla senape
15 g di senape in grani
zucchero a velo

Preparate innanzitutto la decorazione con gli agrumi secchi, tagliando con l'affettatrice un arancio ed un limone a fette di circa 2 mm di spessore. Passatele poi nello zucchero a velo da entrambi i lati e disponetele in forno su un foglio di silpac (oppure carta da forno) a temperatura di 70° per circa 2 ore. Nel frattempo pulite la pescatrice e tagliatela a fette di circa 1 cm di spessore, battete i medaglioni e disponeteli al centro del piatto. Pelate il limone, l'arancia e il pompelmo, tagliatene gli spicchi a cubetti e disponeteli poi in un contenitore assieme ad una dadolata di zucchine e ravanelli. Tritate finemente l'aneto ed aggiungete l'olio. Con la vinaigrette alla senape spennellate il carpaccio di pescatrice e condite gli spinaci che appoggerete sopra il carpaccio, formando un piccolo bouquet. Infine, con un cucchiaio cospargete con la dadolata di agrumi e successivamente con l'olio all'aneto. Guarnite il piatto con gli agrumi secchi e rametti di aneto.

Ristorante: Quisisana, Capri

Carpaccio di pesce spada, cipolle in agrodolce e daycon

Ingredienti per 1 persona:
160 g di pesce spada pulito
20 g di daycon a cubetti
20 g di insalatina di campo fresca
10 g di cipolle
fondo di vitello
salsa di soia
aceto di vino bianco
zucchero
sale
citronette

Tagliate il pesce spada a fettine sottili, quindi conditelo con sale e citronette. Unite poi il daycon condito anch'esso con citronette. Preparate intanto le cipolle in agrodolce, tagliandole a fette sottili e sbiancandole per qualche minuto in acqua bollente. Scolatele e cuocetele in padella con un pizzico di zucchero, aceto di vino bianco, fondo di vitello e salsa di soia, a fuoco basso, per circa venti minuti. A questo punto disponete il carpaccio su un piatto da portata con le cipolle candite e l'insalatina di campo al centro.

Ristorante: Megaris, Napoli

Carpaccio di polipo con pomodorini ed olive

Ingredienti per 4 persone:
1 polipo verace da 1 kg
200 g di pomodorini
olive di Gaeta
limone
olio extravergine di oliva
sale q.b.

Pulite e mettete a bollire il polipo. Scolatelo ed avvolgetelo poi nella carta pellicola, quindi legatelo e mettetelo in frigorifero per circa 3 ore. Subito dopo tagliatelo a fettine sottili e disponetelo a ventaglio sul piatto da portata. Accompagnatelo con pomodorini e olive condite con olio e limone.

Ristorante: Antico Vico, Gaeta

Carpaccio di polipo con pomodorini essiccati, olive nere e capperi nani

Ingredienti per 1 persona:
80 g di polipo
10 g di pomodorini essiccati
15 g di olive nere taggiasche
10 g di capperi nani
10 g di olio extravergine di oliva
20 g di insalata lollo rossa in foglie
10 g di finocchio tagliato a macchina

Bollire il polipo avvolto in uno straccio legato, far raffreddare bene e tagliare a pezzetti con l'affettatrice. Guarnire con tutti gli ingredienti rimasti.

Ristorante: Hotel Vesuvio - Caruso Roof Garden, Napoli

Carpaccio di polipo verace con fave

Ingredienti per 2 persone:
250 g di polipo verace
100 g di fave piccole sgusciate
aglio fresco
olio extravergine di oliva
sale e pepe q.b.

Pulite il polipo e cuocetelo in acqua bollente per 15 minuti. Toglietelo dalla pentola e fatelo raffreddare in acqua ghiacciata. Nel frattempo preparate le fave con una marinata di olio, sale e pepe. Disponete nei piatti il polipo tagliato a tocchetti e le fave condite.

Ristorante: Salvatore, Termini di Massa Lubrense

Carpaccio di ricciola con gamberi di nassa

Ingredienti per 6 persone:
800 g di ricciola
500 g di gamberi di nassa
2 limoni della costa d'Amalfi
sale e pepe rosa q.b.
olio extravergine di oliva

Sfilettate il pesce e tagliatelo finemente. Sistematelo su un piatto da portata e conditelo con sale, olio extravergine di oliva, pepe rosa e il succo di due limoni. A parte avrete sgusciato e scottato leggermente i gamberi. Lasciate riposare il carpaccio per circa 15 minuti e servite con i gamberi.

Ristorante: Giardiniello, Minori

Carpaccio di sarago al pepe rosa

Ingredienti per 4 persone:
600 g di sarago
olio extravergine di oliva
limone
sale
pepe rosa in grani
insalatina selvatica mista

Sfilettate un sarago e tagliatelo a fettine sottili. Marinatelo in olio extravergine di oliva, limone, sale e pepe rosa in grani (dosi secondo piacimento). Dopo circa mezz'ora, su ciascun piatto adagiate le fettine di sarago marinate su un letto di insalatine selvatiche del Vesuvio e guarnite con fettine di limone. Condite ancora con qualche goccia di olio extravergine e limone e qualche grano di pepe rosa.

Ristorante: President, Pompei

Carpaccio di scampi

Ingredienti per 4 persone:
16 scampi vivi
2 limoni
1 mazzetto di erba cipollina
2 mazzetti di rucola
2 pomodorini
olio extravergine di oliva
sale q.b.

Spremete i limoni e raccoglietene il succo in una terrina ampia. Unite l'erba cipollina tritata finemente, 4 cucchiai di olio, un pizzico di sale ed emulsionate. Pulite gli scampi, conservando le teste per guarnire e metteteli nella terrina a macerare per un'ora. Lavate la rucola, asciugatela, adagiatela sui piatti da portata, aggiungete gli scampi conditi con la marinatura e guarnite con i pomodorini.

Ristorante: Antica Trattoria, Sorrento

Carpaccio tiepido di orata e gamberi

Ingredienti per 4 persone:
600 g di orata
600 g di gamberi rossi freschi
1 limone
1 arancia
30 g di sale
30 g di zucchero
olio extravergine di oliva

Sfilettate l'orata e sgusciate i gamberi. Lasciate marinare per circa tre ore con sale e zucchero nel succo ottenuto dalla spremitura del limone e dell'arancia. Disponete l'orata su un piatto da portata insieme ai gamberi e servite con olio extravergine e fettine di limone, colorando con verdure di stagione.

Ristorante: Hotel Santa Caterina, Amalfi

Catalana di seppie

Ingredienti per 4 persone:
500 g di seppie
1 pomodoro
1 arancia
1 kiwi
sedano bianco
1 cipollina novella
1 mazzetto di rucola
olio extravergine di oliva
sale q.b.

Pulite le seppie e fatele bollire a lungo. Una volta cotte, tagliatele a fette e mescolatele con la cipolla finemente affettata, i pezzetti di polpa d'arancia, di kiwi e di pomodoro. Condite il tutto col sale e abbondante olio di oliva, quindi disponete nel piatto sopra un letto di rucola.

Ristorante: 'A Fenestella, Napoli

Cocotte di gamberi agli aromi del Sud in crosta speziata

Ingredienti per 4 persone:
350 g di gamberi sgusciati
1 pomodoro ramato
olio extravergine di oliva
prezzemolo tritato
basilico
1 spicchio d'aglio schiacciato
sale e pepe macinato q.b.

Per la pasta brisée:
250 g di farina
50 g di olio extravergine di oliva
30 g di latte
1 uovo intero
timo, origano e maggiorana
sale e pepe q.b.

Impastate tutti gli ingredienti per preparare la pasta brisée e fatela riposare in frigorifero per almeno 60 minuti.

Nel frattempo, condite i gamberi con gli ingredienti sopra citati e fateli insaporire per circa 30 minuti in frigorifero. Eliminate solo l'aglio e sistemateli in cocotte monoporzione. Tirate la pasta con lo spessore di circa 5 millimetri e ricavatene dei dischi della misura giusta per ricoprire il bordo delle cocotte, pennellateli con acqua e fateli aderire bene ai bordi in modo che la pasta si gonfi durante la cottura. Preriscaldate il forno a 180°, pennellate la pasta con il tuorlo d'uovo, aggiungete un pizzico di sale e un po' di latte, quindi fate cuocere per circa 15 minuti.

Ristorante: Antica Hostaria Massa, Caserta

Cozze ripiene

Ingredienti per 4 persone:
1 kg di cozze
2 uova
1 soppressata
1 cucchiaio di pecorino grattugiato
olio extravergine di oliva
sale e pepe macinato q.b.

Dopo aver pulito e spazzolato le cozze, apritele crude avendo cura di non rompere le valve. Montate le uova con tutto l'albume, condite con sale, pepe e un cucchiaio di pecorino grattugiato. A questo punto riempite la metà delle cozze piene e inserite una mezza fetta di soppressata. Richiudete con l'altra metà e legate con del filo doppio di cotone. Friggete in abbondante olio di oliva e servite ben caldo.

Ristorante: Taverna Scacciaventi, Cava de' Tirreni

F A G G I V O L I.

F A V A.

P I S E L L I.

N O C E M O S C A T A

Crema tiepida di fave con cozze e basilico

Ingredienti per 1 persona:
60 g di purea di fave secche
3 foglie di basilico
1 dl di acqua di cottura di cozze
8 cozze, solo muscolo
3 conchiglie
1 foglia d'alloro
30 g di fave verdi sbucciate
cipolle e carote q.b.

Cuocete in un pentolino le fave secche con carote, cipolle e una foglia d'alloro che poi ridurrete in purea. A parte cuocete le cozze, avendo cura di conservare un po' d'acqua di cottura per rendere meno densa la crema. Sbucciate le fave verdi e unitele insieme alle foglie fresche di basilico sulla crema di fave secche.

Ristorante: Hotel Vesuvio - Caruso Roof Garden, Napoli

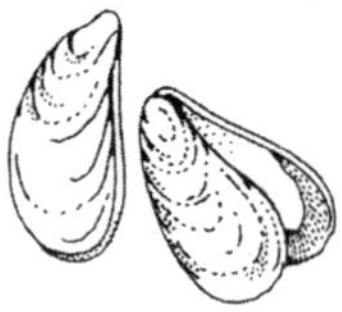

Cremina di piselli con seppioline ripiene con mousse di ricotta e aceto balsamico

Ingredienti per 4 persone:
8 seppioline
200 g di ricotta di pecora
300 g di piselli puliti
cipollina novella
50 g di lardo di prosciutto
1 tuorlo d'uovo
1 uovo
20 g di formaggio grattugiato
pan grattato e sale q.b.
1 l di brodo vegetale
1 zucchina
2 fettine d'arancio
olio extravergine di oliva

Tritate finemente la cipollina, affettate altrettanto sottilmente il lardo di maiale e riponeteli in un padellino antiaderente nel quale precedentemente sia stato messo dell'olio extravergine di oliva. Fate rosolare per qualche minuto finché il lardo non si scioglie, poi aggiungete i piselli, quindi un pizzico di sale e ultimate la cottura bagnando con brodo vegetale. Pulite le seppioline lasciandole intere e, a parte, montate la ricotta, un tuorlo d'uovo, il formaggio grattugiato e sale q.b. Mettete il composto in una sacca da pasticceria e riempite le seppioline, quindi impanatele e giratele prima nell'uovo, poi nel pane grattato.

Passate i piselli al mixer fino ad ottenerne una crema e poi in un setaccio fine; riscaldate la crema e mettetela a specchio su un piatto da portata. Nel frattempo, friggete in abbondante olio extravergine le seppioline e adagiatele sulla crema di piselli. Decorate con una julienne di zucchine fritte e fettine d'arancia.

Ristorante: Al Cenacolo, Salerno

Crocché di patate

Ingredienti per 4 persone:
1 kg di patate
2 uova intere e un albume
2 manciate di pangrattato
1 scorza grattugiata di limone
1 manciata di parmigiano
1 manciata di pecorino romano
1,5 hg di burro
olio di oliva, sale e pepe q.b.

Lessate e pelate le patate, schiacciatele e conditele con una parte del burro fuso. Aggiungete le uova intere, i due formaggi, sale, pepe, la scorza di limone e il resto del burro fuso. Amalgamate e lavorate bene il tutto formando delle pallottole. A parte montate il bianco d'uovo, passateci le crocchette e poi avvolgetele nel pangrattato avendo cura di scuoterle per eliminare l'eccesso. Friggetele in una padella piena d'olio bollente e poggiatele su una carta assorbente prima di servire.

Ristorante: La Cantina di Triumfo, Napoli

Crostini alla napoletana

Ingredienti per 4 persone
8 fette di pane raffermo
8 fette di provola affumicata
8 alici salate
4 pomodorini del piennolo di Furore
1 manciata di origano
pepe q.b.

Poggiate sulla griglia a carboni le fette di pane raffermo.
Appena bruschettate ricopritele con la provola leggermente sciolta e guarnite con filetti di alici salate aggiungendo per ciascuna un pomodorino del piennolo schiacciato e privato dei semi. Spolverate con origano e pepe e ripassate per qualche secondo alla griglia prima di servire ben caldo.

Ristorante: Bacco, Furore

Cupoletta di mare

Ingredienti per 4 persone:
300 g di patate
250 g di gamberetti
30 g di formaggio grattugiato
4 fette di pane
1 spicchio d'aglio con camicia
2 carciofi
1 uovo
2 cucchiai di olio extravergine di oliva
2 cucchiai di succo di limone
cerfoglio
sale q.b.

Lavate e bollite le patate in acqua salata, pelatele, schiacciatele e fatele raffreddare. Mettete in un recipiente 2 cucchiai di olio extravergine di oliva, schiacciate l'aglio, quindi fatelo rosolare e poi toglietelo. Deponete a questo punto i gamberi sgusciati, facendoli rosolare per circa 2 minuti. A fuoco spento aggiungete 2 cucchiai di succo di limone e lasciate raffreddare. Tagliate 4 fette di pane a forma circolare, poggiatevi i gamberetti e montate a parte le patate con uovo e formaggio grattugiato, nonché limone grattugiato e sale q.b. Modellate delle palline dal composto a forma di cupola sul dischetto di pane. Nel frattempo sbucciate i 2 carciofi e tagliateli a lamelle sottili per poi rosolarli in una padella per qualche minuto. Presentate il piatto inserendovi al centro la cupoletta, dopo averla intiepidita in forno a 125° per circa 8 minuti, guarnendo con carciofi e decorando con cerfoglio.

Ristorante: Al Cenacolo, Salerno

Cuscus al nero di seppia con gamberetti e maionese di riccio

Ingredienti per 4 persone:
150 g di cuscus
1 seppia
olio extravergine di oliva
50 g di pomodori pelati
16 gamberetti
80 g di uova di riccio
vino vianco q.b.
basilico
aglio

Montate le uova di riccio come una maionese normale. Mettete a bollire 2 bicchieri di acqua, salate, spegnete la fiamma e inserite il cuscus in un pentolino. Lasciate che il prodotto si amalgami. Separatamente, in un pentolino con 3 cucchiai di olio e uno spicchio di aglio, aggiungete la vescica della seppia con 2 dita di vino, i pomodori pelati e 2 foglie di basilico. Una volta pronto il sughetto del nero, passate il cuscus nel padellino (o viceversa) e coloratelo di nero. Realizzate una chenelle e disponetela in un piatto. Dopodiché bollite e posizionate il gambero, aggiungendo la maionese a parte.

Ristorante: Orestorante, Ponza

Cuscus con la cernia

Ingredienti per 6 persone:
350 g di cuscus
400 g di cernia
olio extravergine di oliva
1 spicchio d'aglio
1 peperone rosso
1 cucchiaino di cumino
10 peperoncini verdi
ruchetta e carote per la decorazione
sale e cipolla q.b.

Soffriggete l'aglio nell'olio e toglietelo appena dorato. Unite le cipolle tagliate finemente facendo stufare per circa 15 minuti a pentola coperta. Aggiungete il peperone tagliato a striscioline sottili e fate cuocere altri 15 minuti, aggiungendo i peperoncini verdi privati dei semi. Dopo circa 2 minuti mettete la cernia sfilettata e il cumino. Salate e aggiungete, se occorre, un po' di acqua. Tenete sul fuoco finché il pesce non risulta cotto. La decorazione del piatto è con le carote tagliate alla julienne e la ruchetta.

Ristorante: La Vineria del Mare, Pozzuoli

Dentice con marinatura calda e gelato di patate

Ingredienti per 4 persone:
4 patate bollite
200 g di olio extravergine di oliva
100 g di robiola
250 g di dentice
basilico q.b.
4 pomodorini pachino tagliati a pezzettini
1 cucchiaio di limone
sale q.b.

Mettete le patate in un frullatore insieme alla robiola e frullate fino a farle diventare cremose aiutandovi con un filo di olio e mettete in frigo. Sfilettate il filetto di dentice e, a parte, in una ciotola emulsionate sale, olio, limone, basilico e i pomodorini a pezzetti. Adagiate in un piatto una pallina di gelato, quindi disponete la fettina di dentice e irrorate con l'emulsione preriscaldata.

Ristorante: Orestorante, Ponza

Due seppioline con broccoli

Ingredienti per 4 persone:
400 g di seppioline
800 g di broccoletti
1 spicchio d'aglio
olio extravergine di oliva
sale e peperoncino q.b.

Lessate i broccoletti al dente. Soffriggete le seppioline con l'aglio, l'olio e il sale. Aggiungetevi i broccoletti e il peperoncino e fate insaporire il tutto. Servite tiepido.

Ristorante: I Due Fratelli, Santa Maria di Castellabate

Epigramma di seppie allo sfusato di Amalfi su finocchi croccanti

Ingredienti per 4 persone:
4 seppie da 200 g l'una
4 finocchi
2 limoni grandi
200 g di pane grattugiato
1 uovo intero
olio extravergine di oliva
sale q.b.

Marinate nel succo di limone i finocchi precedentemente puliti e affettati. Pulite le seppie, tagliatele a forma di triangolo, poi passatele nell'uovo precedentemente battuto e nel pane grattugiato e friggetele a fuoco lento. Servite l'epigramma di seppie disponendo in un piatto i finocchi a forma di petalo, sopra di essi le seppie dorate e quindi un pizzico di sale e una spolverata di limone grattugiato.

Ristorante: Quattro Passi, Nerano

Fagottini con verdure

Ingredienti per 6 persone:

Per l'impasto lievitato:
1 kg di farina
10 g di lievito di pane
1 cucchiaio di sale
acqua tiepida q.b.

Per il ripieno:
2 melanzane
2 peperoni rossi
olio per friggere
sale e pepe q.b.

Mettete in una ciotola 300 g di acqua tiepida e scioglietevi lievito e sale, aggiungete la farina, impastate e lasciate lievitare per circa 30 minuti. Nel frattempo tagliate a dadini le melanzane e i peperoni da friggere in abbondante olio caldo. A lievitazione ultimata, stendete l'impasto e tagliatelo a quadretti di circa 5 centimetri. Adagiate al centro dei quadretti un cucchiaino dell'impasto di verdure fritte e chiudete a fagottino facendo combaciare i quattro angoli uno sull'altro. Adagiateli su una teglia da forno infarinata, spennellate con un tuorlo d'uovo sbattuto e lasciate cuocere nel forno per circa 30 minuti.

Ristorante: Villa Matilde, Cellole

Fagottini di scampi e zucchine in crema di porri e patate

Ingredienti per 4 persone:
250 g di zucchine
150 g di scampi
200 g di porri
100 g di patate
3 uova
150 g di farina
250 g di latte
1 cipolla
aglio
erba cipollina
1 dado
sale e olio q.b.

Preparate delle crêpes con farina, uova e latte. In una padella fate soffriggere la cipolla, aggiungete le zucchine e, successivamente, gli scampi sgusciati. Farcite con il composto ottenuto le crêpes, legandole con erba cipollina.

Preparate la crema di porri facendo soffriggere l'aglio, a cui vanno aggiunti i porri, le patate ed il brodo vegetale. Una volta pronta la crema, frullate il tutto ed aggiungete olio a crudo. Servite con accanto il fagottino gratinato per 5 minuti nel forno.

Ristorante: Palazzo Della Marra, Ravello

Filetti di pesce bandiera al burro nero

Ingredienti per 4 persone:
500 g di pesce bandiera
50 g di burro
aglio
filetti di acciuga
capperi
1/2 bicchiere di vino bianco

In una padella mettete burro, aglio, qualche filettino di acciuga e i capperi tritati. Unite i filetti di pesce bandiera e lasciateli rosolare per qualche minuto. Bagnate con vino bianco e coprite con un coperchio da cucina. Portate a cottura per 10 minuti circa e servite il piatto ben caldo.

Ristorante: 'A Paranza, Atrani

Filetti di triglia croccanti

Ingredienti per 4 persone:
600 g di triglie
240 g di arance sanguinelle
240 g di finocchi
120 g di misticanza
80 g di aceto balsamico
80 g di pecorino
80 g di olio extravergine di oliva
1/2 bicchiere di vino rosso

Squamate, sviscerate e sfilettate le triglie, nel frattempo sbucciate le arance e ricavatene degli spicchi senza pelle. Pulite gli spinaci scegliendo le foglioline tenere, affettate il finocchio e teneteli da parte. In un pentolino lasciate ridurre l'aceto balsamico, il vino rosso, il succo d'arancia, lo zucchero e le erbette aromatiche, fino a raggiungere la densità di una salsa, salate, pepate e filtrate il tutto. Nel frattempo in una padella con l'olio caldo, rosolate i filetti di triglia opportunamente salati, pepati e spolverati con semola fine. Assemblaggio del piatto: condite separatamente con olio e sale gli spinaci e il finocchio. Componete al centro del piatto, a mo' di tortino, gli spinaci, poi i finocchi e gli spicchi d'arancia, adagiandovi in ultimo i filetti di triglia croccanti. Condite il tutto con la salsa ben calda e guarnite con scaglie di pecorino e servite.

Ristorante: Il Buco, Sorrento

Filettini di pesce spatola grigliati

Ingredienti per 4 persone:
1 pesce spatola da 1 kg
aglio tritato
1 scarola
olio extravergine di oliva
aceto balsamico tradizionale di Modena
sale e menta fresca q.b.

Grigliate i filettini di pesce spatola precedentemente lavati e puliti, quindi sistemateli in un piatto da portata. Condite con sale, aglio tritato e aceto balsamico e decorate con scarola riccia e mentuccia fresca.

Ristorante: Caracalé, Procida

Filetto di tonno rosso

Ingredienti per 4 persone:
800 g di tonno rosso fresco
sale e pepe q.b.
olio extravergine di oliva
1 mazzetto di rosmarino

Per la salsa di vino:
1 bicchiere di vino rosso
50 g di farina
20 g di burro
60 g di aceto
50 g di zucchero

Tagliate il filetto di tonno in quattro porzioni, quindi rosolatelo in una padella antiaderente con sale, pepe e rosmarino avendo cura di non farlo cuocere troppo.

Preparate la salsa facendo bollire il vino fino a ridurlo di circa la metà, aggiungetevi un roux bianco ottenuto con il burro e la farina, infine versatelo sul vino con aceto e zucchero. Lasciate cuocere per circa 5 minuti. Disponete in un piatto da portata il tonno rosolato e la salsa al vino.

Ristorante: L'Arsenale, Minori

Finocchi stufati

Ingredienti per 4 persone:
4 finocchi
olio extravergine di oliva
sale, pepe
origano

Lavate e tagliate a fettine non troppo sottili i finocchi. In una padella scaldate l'olio e aggiungete i finocchi. Unite una presa di origano, di sale e di pepe. Coprite con un coperchio e lasciate cuocere per 15 minuti girando ogni tanto. Si può servire su un crostone di pane con una fetta di scamorza scaldato al forno o su un piatto da portata con una spruzzatina di prezzemolo tritato.

Ristorante: Cantina del Vescovo, Nocera Inferiore

Finto crudo di gamberi rossi e carciofi

Ingredienti per 2 persone:
500 g di gamberi rossi di media grandezza
2 carciofi mammola di Paestum
1 limone
1 aglio fresco
olio extravergine di oliva
prezzemolo
sale q.b.

Defogliate la parte esterna dei carciofi ed affettatene piuttosto sottilmente il cuore avendo cura di metterli a mano a mano in una ciotola di acqua acidulata con il limone. Sgusciate completamente i gamberi e lavateli con acqua corrente. Scolate i carciofi, asciugate i gamberi e deponete il tutto in una teglia forata. Cuocete a vapore per due minuti esatti. Sistemate i carciofi al centro dei piatti da portata contornandoli di gamberi e condite con aglio sminuzzato, prezzemolo, sale ed olio extravergine. Accompagnate con pane bianco bruschettato.

Ristorante: Da Nonna Sceppa, Paestum

Fiori di zucca ripieni di ricotta, provola, salame e acciughe

Ingredienti per 4 persone:
8 fiori di zucca
200 g di mozzarella
50 g di salame
200 g di provola
200 g di ricotta di bufala
qualche acciuga salata
parmigiano grattugiato
lievito di birra
farina q.b.
sale q.b.

Preparate la pastella con farina, lievito e acqua. Imbottite quindi i fiori di zucca con tutti gli ingredienti tagliati in piccolissimi pezzi e mescolati con la ricotta, fino ad ottenerne una crema densa e, infine, chiudeteli. Immergete i fiori nella pastella preparata almeno tre ore prima e poi friggeteli in olio bollente. Servite caldo.

Ristorante: Sent'Co', Procida

Fiori di zucchine ripieni di ricotta e menta con crostacei al limone

Ingredienti per 4 persone:
12 fiori di zucchine grandi
100 g di ricotta
4 gamberoni freschi
4 scampi
8 gamberetti
menta fresca
sale e pepe q.b.
4 cucchiai di olio extravergine di oliva

Pulite accuratamente i fiori di zucchine senza privarli dello stelo e imbottiteli con un composto di ricotta e menta tritata. Sgusciate i crostacei senza asportarne le teste, lavateli e adagiateli in una padella. Ponetevi accanto i fiori di zucchine, unite sale, olio, pepe e qualche pezzettino di limone. Aggiungete un mestolino d'acqua fredda e lasciate cuocere per circa 4 minuti a fuoco vivo. Appena pronti adagiate in ogni piatto tre fiori di zucchine con i crostacei e servite ben caldi.

Ristorante: L'Arsenale, Minori

Formaggio con cipolle

Ingredienti per 4 persone:
150 g di formaggio dell'Epomeo
pepe nero q.b.
2 cipolle novelle
olio extravergine di oliva

Disponete il formaggio tagliato a tocchetti in quattro ciotole, aggiungete il pepe, le cipolline novelle ed un filo di olio. Servite con decorazione a piacere.

Ristorante: Il Pirata, Sant'Angelo d'Ischia

Fresco fresco

Ingredienti per 4 persone:
200 g di rucola
400 g di gamberi
scaglie di parmigiano q.b.
100 g di bresaola
anguria
melone giallo o bianco
sale q.b.
olio extravergine di oliva

Lavate la rucola e fate bollire i gamberi. Con l'anguria e il melone, preparate delle palline aiutandovi con uno stampino. Tagliate le fette di bresaola a julienne. Sistemate la rucola condita con olio e sale, a mo' di letto, in un piatto da portata. Disponete i gamberi e le palline di anguria e melone a fantasia e, successivamente, le scaglie di parmigiano e la bresaola. Servite fresco.

Ristorante: Da Gaetano, Ischia

Frittelle di bianchetti

Ingredienti per 4 persone:
300 g di bianchetti
olio di semi di arachidi per friggere

Per la pastella:
200 g di farina 00
6 bianchi d'uovo
100 g di aceto bianco
1 pizzico di bicarbonato
sale

Montate a neve i bianchi d'uovo con sale e bicarbonato. Aggiungete, sempre battendo con la frusta, prima l'aceto e poi la farina fino ad ottenere un composto omogeneo e non troppo liquido. Incorporate i bianchetti e con un cucchiaio adagiate direttamente nell'olio bollente piccole quantità di composto portandole alla giusta doratura.

Ristorante: Sirio, Formia

Fritturina di gamberi in salsa d'arancia

Ingredienti per 4 persone
200 g di gamberetti
olio extravergine di oliva

Per la pastella:
100 g di farina
1 uovo
acqua q.b.
1 cucchiaino di lievito
sale e pepe q.b.

Per la maionese:
1 uovo
1 limone
olio extravergine di oliva
1 arancia

Sgusciate i gamberetti e sciacquateli con acqua corrente. A parte preparate la maionese sbattendo l'uovo, il succo di un limone e l'olio. Appena montata, aggiungete il succo di metà arancia e le bucce tagliate a strisce sottili. Passate poi alla pastella la cui esecuzione si ottiene mescolando tutti gli ingredienti. Una volta raggiunta la giusta densità, intingete uno per volta i gamberi e friggeteli poi in olio di oliva ben caldo. A cottura ultimata servite insieme ad un cucchiaio di maionese su una fetta di arancia.

Ristorante: Il Capitano, Positano

Gamberetti arrostiti in foglia di limone

Ingredienti per 4 persone:
400 g di gamberetti
8 foglie di limone
aglio
olio extravergine di oliva
sale
prezzemolo
succo di limone

Sgusciate i gamberetti, adagiateli tra due foglie di limone e passate il tutto per alcuni minuti alla piastra. A cottura ultimata condite con olio extravergine di oliva, aglio tritato, prezzemolo e sale. Disponete nel piatto e servite caldo, profumando con una spruzzata di succo di limone.

Ristorante: Da Gemma, Amalfi

Gamberetti bolliti con patate e bottarga di tonno
(Variante con rombo o trancetti di merluzzo)

Ingredienti per 4 persone:
12 gamberi
2 patate di media grandezza
bottarga di tonno grattugiata a piacere
olio extravergine di oliva
prezzemolo q.b.

Lessate i gamberetti e sgusciateli avendo cura di lasciare le teste che, nella disposizione nel piatto a forma di stella, vanno rivolte verso l'esterno. Mettete al centro del vassoio le patate schiacciate e aggiungetevi un filo d'olio di oliva, la bottarga grattugiata a piacere e una spruzzatina di prezzemolo fresco.

Ristorante: Acquapazza, Cetara

Gamberetti con carciofi gratinati ai sapori dell'orto

Ingredienti per 6 persone:
1,8 kg di gamberetti freschi
6 carciofi

Per il condimento:
1 mazzetto di odori
il succo di 3 limoni
3 spicchi d'aglio
1 bicchiere d'olio extravergine di oliva
pane grattugiato
sale

Pulite i carciofi ricavandone la parte più tenera, tagliateli finemente e sistemateli in 6 terrine di coccio. Sgusciate i gamberetti e adagiateli sui carciofi, salateli e conditeli con il pane grattugiato precedentemente insaporito con gli odori. Prima di cuocerli in forno a 250° conditeli con il succo di limone e l'olio.

Ristorante: Il Ceppo, Agropoli

Gamberetti di Crapolla in crosta di patate

Ingredienti per 2 persone:
200 g di gamberetti
100 g di patate
olio extravergine di oliva
sale e pepe q.b.

Sgusciate i gamberetti, conditeli con sale e pepe. Tagliate a julienne sottilissima le patate. Adagiatene una piccola quantità su un telo, ponetevi al centro un calamaretto e ricoprite con altre patate. Friggete le frittelle in olio di oliva abbondante per pochi minuti. Servite su un letto di rucola selvatica.

Ristorante: Salvatore, Termini di Massa Lubrense

Gamberetti e calamari in salsa agra all'erbetta cipollina

Ingredienti per 4 persone:
400 g di gamberi rosa
400 g di calamari
80 g di rucola
1 mazzetto di erba cipollina
1 mazzetto di erbe aromatiche
20 g di scalogno
10 g di pepe rosa
sale e pepe nero q.b.
3 cucchiai di olio extravergine di oliva
prezzemolo
3 limoni

Sgusciate i gamberetti. Pulite i calamari privandoli della pellicina esterna e delle interiora, tagliateli a metà per la lunghezza e successivamente per la larghezza, ricavandone delle striscioline. Portate ad ebollizione una pentola colma d'acqua, immergetevi per 5 minuti un mazzetto di erbe (alloro, timo e finocchietto), toglietelo e lessatevi i calamari per tre minuti. Aggiungete i gamberetti, lessate ancora per due minuti e scolate il tutto. Tagliate lo scalogno ad anelli sottilissimi, sminuzzate il prezzemolo, ricavate il succo dei due limoni. In un recipiente mescolate calamari, gamberi, pepe rosa, rucola, scalogno, succo di limone, olio, prezzemolo, sale e pepe. Riponete sul piatto da portata e servite, grattugiandovi sopra la scorza di un limone e guarnendo con tre fili di erba cipollina.

Ristorante: Il Cormorano, Agropoli

Gamberetti impanati con salsa di acciughe

Ingredienti per 4 persone:
500 g di gamberi
1 uovo
farina e pangrattato q.b.
6 filetti di acciughe
brodo vegetale
panna
olio extravergine di oliva
valeriana fresca

Sgusciate i gamberi, passateli nella farina, nell'uovo battuto, nel pangrattato e friggeteli in olio di oliva. Adagiateli sulla carta assorbente per eliminare l'eccesso di unto e manteneteli in caldo. Preparate la salsa sciogliendo i filetti di acciughe in una padella con un filo d'olio, un po' di brodo e due cucchiai di panna. Componete i piatti con i gamberetti disposti su un letto di valeriana accompagnadoli con la salsina.

Ristorante: Caruso, Sorrento

Gamberetti, rucola e parmigiano

Ingredienti per 4 persone:
1 kg di gamberetti
olio extravergine di oliva
2 limoni
prezzemolo q.b.
scaglie di parmigiano
2 mazzetti di rucola
sale q.b.

Pulite e cuocete al vapore i gamberetti, quindi conditeli con olio, sale e limone. Sistemateli nel piatto su un letto di rucola fresca e unite delle scaglie di parmigiano. Alla fine, aggiungete abbondante prezzemolo fresco tritato al momento.

Ristorante: Da Ciro a Santa Brigida, Napoli

Gamberetti su foglia di limone

Ingredienti per 4 persone:
400 g di gamberetti
olio extravergine di oliva
sale q.b.
2 limoni
pancarré
12 foglie di limone

Condite i gamberetti con olio, sale, succo di limone e briciole di pancarrè. Distribuiteli poi sulle foglie di limone e cuocete in forno a 180° per circa due minuti.

Ristorante: I Due Fratelli, Santa Maria di Castellabate

Gamberi al limone su letto di rucola

Ingredienti per 4 persone:
500 g di gamberi
2 limoni
2 mazzetti di rucola
sale e pepe q.b.

Sgusciate i gamberi e lessatene in acqua salata la polpa per 2 minuti. Sollevatela con un mestolo e poggiatela sulle foglie di rucola. Aggiungete un pizzico di sale e pepe ed un'abbondante spremuta di limone. Servite su semplici piatti da portata.

Ristorante: Lido Azzurro, Amalfi

Gamberi al profumo di limone

Ingredienti per 4 persone:
600 g di gamberi
1 dl di olio extravergine di oliva
pangrattato
aglio e prezzemolo q.b.
2 limoni

Lessate i gamberi, sgusciateli e soffriggeteli con aglio e olio. Fateli cuocere per qualche minuto, cospargete di pangrattato e disponeteli nel piatto da portata ben caldi. Unite infine una spruzzatina di prezzemolo tritato e del succo di limone.

Ristorante: Don Salvatore, Napoli

Gamberi con cuori di carciofo brasati al brandy

Ingredienti per 4 persone:
1 kg di gamberi
1 kg di cuori di carciofo
1 bicchiere di brandy
1 spicchio d'aglio
prezzemolo
olio extravergine di oliva

Sgusciate i gamberi e fate riscaldare due cucchiai di olio in un tegame largo. Fate imbiondire l'aglio e aggiungete i cuori di carciofo tagliati in quattro parti. A metà cottura unitevi i gamberi e quando questi sono cotti aggiungete un po' di brandy e il prezzemolo tritato. Alzate la fiamma per far sfumare e servite ben caldo.

Ristorante: Veliero Tortuga, Napoli

Gamberi in crema di cozze

Ingredienti per 4 persone:
24 gamberi
1 kg di cozze
1 pompelmo rosa
1 cucchiaio di maizena o altro addensante
sale e pepe q.b.
olio extravergine di oliva

Lavate le cozze con cura, fatele aprire a fuoco vivo, togliete il mollusco e filtrate l'acqua di cottura. Pulite i gamberi, sgusciateli e scottateli per 2 minuti nel liquido di cottura delle cozze, aggiungendo un filo d'olio. Spremete il pompelmo.

Passate le cozze al mixer con un po' d'acqua di cottura e trasferite il composto in una terrina. Amalgamate il tutto con un cucchiaio di maizena e un po' d'acqua tiepida, aggiungete il succo del pompelmo e un pizzico di pepe.

Mettete la crema ottenuta in una casseruola e fatela addensare adagio rimescolando. Disponete i gamberi a cerchio nel piatto, aggiungete la crema di cozze al centro e guarnite con listerelle di scorza di pompelmo.

Ristorante: Antica Trattoria, Sorrento

Gamberi in salsa spumosa su letto di rucola

Ingredienti per 4 persone:
400 g di gamberi
2 uova
1 cucchiaio di senape
1 cucchiaio di Worcestershire Sauce
1 cucchiaio di succo di limone
80 g di olio extravergine di oliva
2 cucchiai da minestra di parmigiano grattugiato
1 cucchiaio da the di prezzemolo finemente tritato
4 mazzetti di rucola, possibilmente selvatica

Lessate e sgusciate i gamberi. Cuocete le uova *à la coque*, non oltre i due minuti e mezzo. Rompete il guscio e versate l'intero contenuto in un recipiente d'acciaio, aggiungete la senape, la Worcestershire Sauce, il succo di limone, l'olio extravergine di oliva, il parmigiano grattugiato e sbattete il tutto con una frusta fino a quando il composto non diventa schiumoso. Aggiungete il prezzemolo tritato e sbattete ancora per qualche secondo. Disponete nei piatti di servizio i letti di rucola ed adagiatevi sopra i mucchietti di gamberi cosparsi della salsina preparata. Servite con crostini di pane bianco.

Ristorante: Villa Maria, Ravello

Gamberi sgusciati al gratin al limone con la foglia di limone

Ingredienti per 4 persone:
700 g di gamberi
1 cucchiaio raso di parmigiano
pangrattato
olio extravergine di oliva
10 gocce di succo di limone
buccia grattugiata di 1 limone
pepe bianco
sale fino
foglie di limone per la guarnizione

Sgusciate i gamberi da crudi, poneteli in una terrina e aggiungete olio, sale, pepe, parmigiano, la buccia grattugiata del limone e il pangrattato. Mescolate il tutto e guarnite le foglie di limone precedentemente pulite con un panno umido, disponetele in una teglia bassa, aggiungete un po' di pangrattato, un filo d'olio, le gocce di limone, mettetele nel forno e lasciatele cuocere per circa 10 minuti a 180°.

Ristorante: La Cantina di Triunfo, Napoli

Grande antipasto di pesce azzurro con ciambotta napoletana

Ingredienti per 6 persone:
24 alici
300 g di filetto di tonnetto
1,5 kg di pesce spatola
1 peperone rosso
1 peperone verde
12 patate
2 zucchine
100 g di pancetta
olio extravergine di oliva
olio di semi
basilico
aceto rosso
sale e pepe q.b.

Preparate innanzitutto la ciambotta napoletana tagliando le verdure a rombi grossi e friggendole separatamente in olio di semi. Conditele poi tutte insieme con sale, pepe e basilico e ponetele al centro del piatto da portata. A parte salate e pepate il filetto di tonnetto, avvolgetelo nelle fettine di pancetta e fatelo rosolare in una padella antiaderente con olio di oliva, pochi secondi per lato. Marinate le alici precedentemente diliscate con aceto rosso per circa due ore. Sfilettate il pesce spatola, arrostitelo e conditelo con olio extravergine e pepe. Sistemate dunque tutto il pesce azzurro intorno alla ciambotta di verdure e completate con un filo d'olio extravergine di oliva.

Ristorante: Silenzio Cantatore, Piano di Sorrento

Impepata di cozze

Ingredienti per 2 persone:
1 kg di cozze
1 cucchiaio di pepe
2 limoni

Mettete in una pentola le cozze, con un bicchiere d'acqua e il pepe. Coprite e lasciate cuocere fino a quando tutte le cozze si saranno aperte. Servite in tavola con il limone a spicchi.

Ristorante: Alberto, Ischia Ponte

Insalata calda di calamari, finocchi, aceto e menta con schiuma di patate

(Piatto della tradizione ischitana, eseguito generalmente con seppia o totano, semplicemente rivisitato)

Ingredienti per 6 persone:
1200 g di calamari
3 finocchi
aceto balsamico
olio extravergine di oliva
1 rametto di menta fresca
sale

Ingredienti schiuma di patate:
450 g di patate
180 ml di acqua di cottura
210 ml di panna
30 ml di olio extravergine di oliva
sale e pepe q.b.

Sbucciate le patate, mettetele sul fuoco in acqua salata e quando sono cotte passatele nel passaverdura. Unite tutti gli ingredienti per la schiuma e amalgamate con l'aiuto di una frusta, fino ad ottenere un composto liscio e fluido. Mettete il composto nel sifone e tenetelo in caldo sino al momento di servire. Pulite i calamari e tagliateli come desiderate. Affettate i finocchi e mettete a cuocere tutto a vapore. Quando i calamari e i finocchi sono cotti conditeli e servite con la spuma di patate all'ultimo momento.

Ristorante: Il Melograno, Forio d'Ischia

Insalata di carciofi nostrani

Ingredienti per 4 persone:
8 cuori di carciofi
2 cucchiai di senape
1 spicchio d'aglio
2 mele verdi
olio extravergine di oliva
sale e pepe q.b.
15-20 g di gherigli di noci

Tagliate alla julienne i cuori di carciofo, quindi aggiungete due cucchiai di senape, l'aglio tritato, alcuni spicchietti di mela verde e i gherigli di noce. Condite l'insalata con olio, sale e pepe a piacere.

Ristorante: Crescenzo, Procida

Insalata di cefalo

Ingredienti per 4 persone:
1 cefalo da 2 kg
2 spicchi d'aglio
0,5 dl di olio extravergine di oliva
1 rametto di rosmarino
5 bacche di ginepro
50 g di pinoli tostati
50 g di uvetta ammollata in vino bianco
1 cucchiaino di aceto balsamico
1 ciuffo di prezzemolo
1 ciuffo di basilico
2 limoni
1 cucchiaio di aceto di mele

Sviscerate il cefalo senza squamarlo, fate dei piccoli tagli sul dorso e inseritevi una fettina d'aglio con alcuni aghi di rosmarino e una bacca di ginepro. Condite poi il ventre con olio, rosmarino, ginepro e aglio, quindi infornatelo per circa mezz'ora a 200°, avendo cura di sistemare sotto la griglia una teglia della stessa grandezza del pesce per raccogliere le gocce di sugo che fuoriescono durante la cottura. Spolpatelo, mettete la polpa in una terrina e aggiungete due cucchiai del vino in cui è stata ammollata l'uvetta, l'olio, il succo dei limoni, l'aceto balsamico, l'aceto di mele facendo macerare per almeno un'ora. Infine unite i pinoli tostati, l'uvetta, il prezzemolo e il basilico tritati. Amalgamate il tutto e regolate di sale e pepe, lasciando macerare ancora per un'ora.

Ristorante: Timpani e Tempura, Napoli

Insalata di crostacei

Ingredienti per 4 persone:
4 scampi
4 mazzancolle
1 aragosta
la polpa di 1 grancevola
il succo di 2 arance e di 1 limone
olio extravergine di oliva
sedano bianco
sale q.b.

Cuocete tutti i crostacei al vapore e serviteli con salsa agli agrumi di Massa Lubrense, ottenuta emulsionando il succo delle due arance e del limone con l'olio di oliva. Completate il piatto con una julienne di sedano bianco.

Ristorante: Antico Francischiello, Massa Lubrense

Insalata di mare

Ingredienti per 4 persone:
100 g di seppioline
100 g di calamari
100 g di polipetti e frutti di mare
olio extravergine di oliva
sale
aglio
peperoncino

Lavate e lessate il pesce, fatelo raffreddare e tagliatelo a tocchetti. Mette-te tutto in una terrina e condite con aglio, olio, sale e peperoncino, quindi

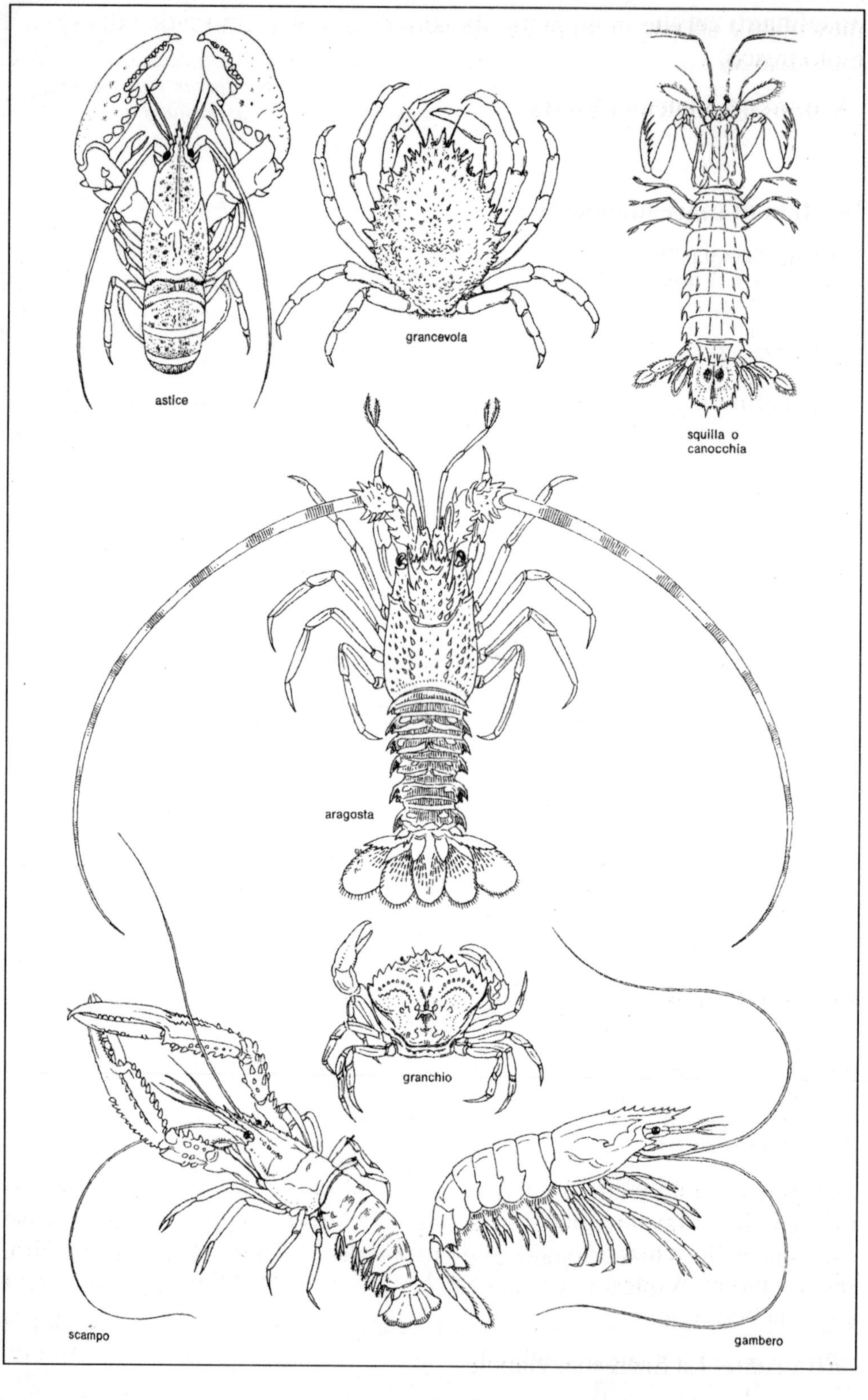
astice
grancevola
squilla o canocchia
aragosta
granchio
scampo
gambero

mescolate e servite in un piatto da portata con una spruzzatina di prezzemolo fresco.

Ristorante: Leucio, Caserta

Insalata di mare napoletana

Ingredienti per 4 persone:
1 kg di seppie di media grandezza
200 g tra vongole e cozze
1 gamberone
2 polpi di media grandezza
olio extravergine di oliva
prezzemolo fresco
il succo di 1 limone
sale q.b.

Fate bollire il pesce e, dopo averlo fatto raffreddare, condite con sale, olio e limone. Aggiungete, infine, una spolverata di prezzemolo fresco tritato al momento.

Ristorante: Al 53, Napoli

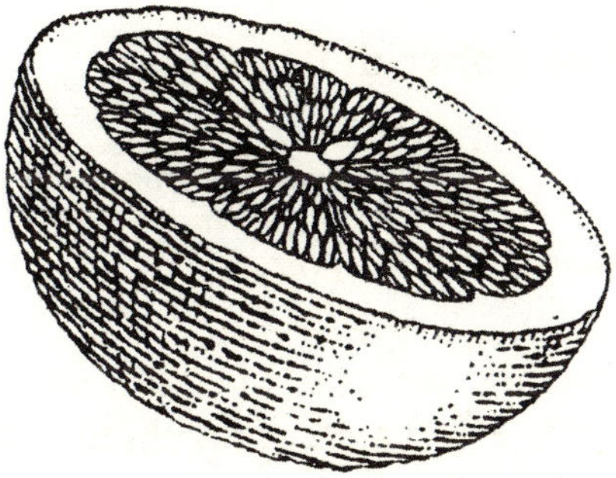

Insalata di neonata di calamaretti e bottarga

Ingredienti per 4 persone:
600 g di calamaretti
400 g di patate
1 mazzetto di rucola
200 g di bottarga
olio extravergine di oliva
limone
sale q.b.

Disponete su un piatto da portata un letto di rucola dopo averla accuratamente pulita e lavata, quindi sistemate al centro una cupola di patate lesse e passate nello schiacciapatate. A parte condite i calamaretti lessati con olio, sale e limone. A questo punto posateli sulle patate e, infine, grattuggiatevi sopra la bottarga.

Ristorante: La Sacrestia, Napoli

Insalata di polipo e patate con basilico e pomodori secchi

Ingredienti per 4 persone:
1 kg di polipi
4 patate medie
4 pomodori secchi
100 g di fagiolini verdi
1 mazzetto di basilico
il succo di 1 limone
1 dl di olio extravergine di oliva
1 mazzetto di rosmarino
rucola
finocchietto selvatico
1 cipolla
1 carota
sale e pepe q.b.

Pulite i polipi e fateli cuocere in abbondante acqua con una cipolla, una carota e degli odori misti. Tagliate le quattro patate medie e cuocetele al vapore. Quando i polipi saranno freddi tagliateli a fettine sottili e metteteli in un recipiente aggiungendo le patate, i pomodori secchi tagliati a pezzettini, i fagiolini e metà del basilico. Condite con sale, pepe, olio extravergine di oliva e succo di limone. Con uno stampino ad anello formate quattro tortini. Guarnite con i mazzetti di rosmarino, rucola, finocchietto selvatico e il rimanente basilico.

Ristorante: San Pietro, Positano

Insalata di polipo, patate e olive di Gaeta

Ingredienti per 4 persone:
1 polipo di 800 g
4 patate medie
1 manciata di olive nere di Gaeta
2 limoni
olio extravergine di oliva
1 spicchio d'aglio
prezzemolo

Lessate il polipo insieme alle patate e a cottura ultimata scolate il tutto e tagliate il polipo a rondelle e le patate a tocchetti. Condite l'insalata con olio, limone e aglio aggiungendo alla fine una manciata di olive nere snocciolate e prezzemolo tritato.

Ristorante: Aurora, Capri

Insalata di rinforzo

Ingredienti per 4 persone:
600 g di baccalà
2 scarole
100 g di sottaceti
1 chiochiera (peperone rosso tondo)
300 g di olive verdi
olio extravergine di oliva
sale q.b.

Cuocete il baccalà in acqua bollente. Intanto tagliate a piccoli pezzi i sottaceti e la chiochiera e mondate e lavate la scarola.

Una volta terminata la cottura del pesce, scolate e spinatelo, unitevi i sottaceti e la chiochiera, la scarola tagliuzzata e le olive verdi.

Prima di servire l'insalata, conditela con olio extravergine di oliva e sale a piacere.

Ristorante: Cantina del Vescovo, Nocera Inferiore

Insalata di rinforzo alla napoletana rivista

Ingredienti per 4 persone:
16 seppioline freschissime
40 g di erbette aromatiche (basilico, prezzemolo, timo, origano)
50 ml di olio extravergine di oliva
16 gamberoni reali

Per l'insalata di rinforzo:
40 g di gemme di cavolfiore
40 g di broccoli neri
50 g di cannellini
50 g di fagiolini cornetti
100 g di cipolline novelle
100 g di pomodorini ciliegia
40 g di zucchero semolato
20 ml di aceto di vino bianco
20 g di timo
sale e pepe q.b.

Per la decorazione:
un misto di erbe aromatiche

Preparate innanzitutto l'insalata di rinforzo. Prendete cavolfiori, broccoli, fagiolini, cannellini sbucciati, metteteli a cuocere in acqua salata e poi raffreddateli in acqua e ghiaccio. Aggiungete delle cipolline agrodolci caramellate. Infine preparate i pomodorini: tagliateli a metà e conditeli su una placca da forno con timo, zucchero a velo, aglio, sale e pepe. Fateli appassire a circa 80° per 5-6 ore fino a farli risultare quasi secchi.

Nel frattempo preparate le seppie: pulitele, incidetele sul dorso, salate e pepate. Quindi cuocetele in una padella ben calda. Marinatele con erbe ed aglio, coprite con olio e conservate in fresco.

Per la preparazione finale del piatto fate una cornice quadrata con l'insalata di rinforzo; al centro sistemate in sovrapposizione le seppie marinate e i gamberoni reali scottati alla griglia. Decorate con erbe aromatiche e servite condendo il tutto con del fondo di vitello all'olio extravergine.

Ristorante: Palazzo Sasso Rossellini's, Ravello

Insalata tiepida di fave, asparagi e mazzancolle all'aceto balsamico

Ingredienti per 4 persone:
2 kg di fave fresche
1 kg di asparagi
12 mazzancolle
2 indivie bianche
4 ravanelli
2 pomodori semi-maturi
olio extravergine di oliva
4 cucchiai di aceto balsamico
sale e pepe q.b.

Sbucciate e spellate le fave, pulite e lavate gli asparagi e lessate separatamente in acqua leggermente salata.

Sgusciate le mazzancolle, saltatele in padella con poco olio, sale e pepe e tenetele da parte.

Saltate per qualche minuto anche le foglie di indivia, e sistematele nel piatto sul quale adagerete poi le mazzancolle.

Guarnite con le fave e gli asparagi conditi con aceto balsamico, olio e una fettina di pomodoro tagliato a mezzaluna.

Ristorante: San Pietro, Positano

Insalatina calda di molluschi e crostacei in crosta di pane

Ingredienti per 4 persone:

300 g di calamari
300 g di totani
200 g di seppioline
3 pomodorini
1 peperone giallo
1 cespo di lattuga
1 cespo di radicchio
50 g di pinoli tostati
olio extravergine di oliva
500 g di pasta da pane
sale

Lavate e tagliate le verdure. Conditele con sale ed olio e mettetele da parte. Cuocete a vapore i calamari, le seppie ed i gamberetti.

A parte tirate la pasta da pane in una sfoglia sottile. Ricavatene 4 quadrati che saranno cotti in forno appoggiati su una scodella capovolta per dargli la forma adatta a contenere l'insalata.

Una volta freddi i contenitori di pane, disponete sul fondo le verdure ed appoggiate sopra i molluschi ed i crostacei. Condite con un filo d'olio e con una manciata di pinoli appena tostati.

Ristorante: La Tavernetta, Meta di Sorrento

Insalatina di cuori di carciofo marinati al limone e gamberi di Crapolla

Ingredienti per 6 persone:

3 carciofi interi
300 g di gamberi di Crapolla
il succo di 2 limoni
50 g di olio extravergine di oliva
sale q.b.

Private i carciofi delle foglie dure, tagliateli sottilissimi, mettete il tutto a marinare in olio, sale e succo di limone per 30 minuti circa.

Bollite i gamberi (dopo averli sgusciati) in acqua salata, scolateli e conditeli con olio e limone.

Ponete i cuori di carciofo nel centro del piatto, mettetevi sopra i gamberi bolliti e servite.

Ristorante: Quattro Passi, Nerano

Insalatina di provolone del monaco e scampi su cuore di scarola alla vinaigrette di olio di noci

Ingredienti per 4 persone:
1 cuore di scarola
240 g di provolone del Monaco
12 scampi di grossa pezzatura
100 g di gherigli di noci tostate
olio extravergine di oliva
sale e pepe q.b.
olio di noci q.b.

Sgusciate gli scampi e cuoceteli a vapore per 3 minuti circa, pulite la scarola e tagliatela a julienne, tagliate il provolone a lamelle sottili. Condite separatamente i tre ingredienti con sale, olio e pepe. Per l'assemblaggio del piatto formate un letto di scarola e alternatevi le code di scampi e le lamelle di provolone. Preparate una vinaigrette con sale, pepe e olio di noci e condite così l'insalatina. Decorate infine con noci tostate e una foglia di scarola fritta.

Ristorante: Nonna Rosa, Vico Equense

Insalatina tiepida di calamaretti e cannellini bianchi

Ingredienti per 4 persone:
600 gr di cannellini bianchi
500 g di calamaretti piccolissimi
2 zucchine
2 melanzane
1 carota
1 cipollotto
4 piadine piccole
olio extravergine di oliva
aglio
prezzemolo
sale e pepe bianco q.b.
il succo di 2 limoni
50 gr burro

Dopo aver pulito e lessato i calamaretti, versate in un recipiente metallico i fagioli senza privarli del proprio sugo e condite i calamaretti con aglio, olio, sale, prezzemolo e pepe.

Mescolate e lasciate insaporire il tutto a bagnomaria per circa 20 minuti. Nel frattempo tagliate gli ortaggi a julienne e teneteli in acqua e ghiaccio per il tempo necessario. Riscaldate le piadine imburrate con un fornellino e riponetele al centro di un piatto grande; con l'aiuto di un cucchiaio colmate le piadine con l'insalatina di calamaretti. Ricoprite l'insalatina con le verdurine croccanti fritte precedentemente e aggiungete alla fine il prezzemolo, il sale e un filo d'olio.

Ristorante: La Cantinella, Napoli

Insalatina tiepida di porcini e gamberetti

Ingredienti per 4 persone:
4 porcini
500 g di gamberetti
1 cespo di insalata riccia
6 pomodorini
olio extravergine di oliva
aceto balsamico q.b.

Affettate i porcini e fateli saltare in padella con sale, pepe e olio ben caldo. Sgusciate i gamberetti e fate saltare anche questi in una padella con olio e sale. Per il condimento tagliate in una ciotola i pomodorini e conditeli con olio, sale, aceto balsamico e prezzemolo fresco. Dividete l'insalata in quattro piatti e aggiungete il sale. Alternate strati di porcini e di gamberi e, infine, condite il tutto con i pomodorini. Servite la pietanza tiepida.

Ristorante: La Pergola, Capaccio

Involtini di alici con ortaggi e composto di carciofi

Ingredienti per 4 persone:
20 alici di media grandezza
2 zucchine
1 peperone rosso
80 g di mozzarella affumicata
40 g di formaggio grattugiato
1 dl di vino bianco
1 limone
4 carciofi
1 uovo
olio extravergine di oliva
1 spicchio d'aglio
basilico
sale e pepe q.b.

Tagliate a dadini il peperone e le zucchine, quindi friggeteli in olio extravergine di oliva. Tagliate a pezzetti la mozzarella affumicata, unitela alle verdure, poi aggiungete un uovo battuto, formaggio grattugiato, basilico tritato, sale e pepe.

Mettete il composto da parte in frigorifero per farlo compattare. A questo punto pulite le alici privandole di lisca, testa e coda, lasciatele per circa un'ora sotto l'acqua corrente, quindi asciugatele, disponetele su un piano di lavoro e salatele.

Aggiungete il composto su ogni alice e fatene degli involtini. Pulite i carciofi e saltateli in padella bagnandoli con un po' di vino bianco, quindi versate dell'acqua acidulata e aggiustate di sale, unendo anche il prezzemolo. Passate nel mixer mantenendo il composto a bagnomaria. In una padellina antiaderente, mettete uno spicchio d'aglio, olio extravergine di oliva, un po' d'acqua, poggiatevi gli involtini e coprite con un coperchio regolando di sale. Fate cuocere il tutto per circa 5 minuti.

Disponete i pesci lungo la circonferenza di un piatto da portata, adagiate al centro i carciofi, infine decorate con ciuffetti di prezzemolo e versatevi un filo d'olio a crudo.

Ristorante: Al Cenacolo, Salerno

Involtini di alici con ricotta e menta su salsa di pomodoro fresco

Ingredienti per 4 persone:
20 alici fresche
300 g di ricotta di bufala
menta ed erba cipollina
500 g di pomodorini
basilico fresco
1 uovo

Spinate bene le alici. Preparate il ripieno mescolando la ricotta con la menta, l'erba cipollina ed un uovo. Riempite le alici, avvolgetele ed infornatele per circa dieci minuti. A parte preparare una salsetta con olio, sale, basilico e pomodorini. Frullate il tutto e servite aggiungendo alla fine un filo d'olio a crudo e del basilico fresco.

Ristorante: La Pergola, Capaccio

Involtino di pesce bandiera con scamorza affumicata, pomodorino e basilico al Falerno bianco su vellutata di zucca

Ingredienti per 4 persone:
2 kg di pesce bandiera
150 g di scamorza
200 g di pomodorini di Pachino
foglie di basilico
1 bicchiere di Falerno bianco
1 patata bollita
300 g di zucca
200 g di farina
qualche rametto di rosmarino

Sfilettate il pesce bandiera, ricavandone filetti di 30 cm l'uno. Componete il ripieno con un dado di scamorza, una fettina di pomodorino, una foglia di basilico. Mettete il tutto sui filetti e fissate gli involtini con uno stuzzicadenti. Impanateli con la farina e fate cuocere in una padella sfumando con del Falerno bianco. Per preparare la vellutata mettete la zucca a bollire dopo averla tagliata a cubetti. Una volta cotta passatela al mixer insieme ad una patata bollita. Con un mestolo versate la vellutata calda sul fondo del piatto e adagiatevi gli involtini di pesce bandiera. Decorate con qualche rametto di rosmarino.

Ristorante: Chinappi, Formia

Lumache all'ischitana

Ingredienti per 4 persone:
48 chiocciole
2 hg di pomodoro
1 carota
1 gambo di sedano
3 spicchi d'aglio
2 foglie di alloro, prezzemolo, nepitella, salvia
1 scorza di limone o di arancia
1 bicchiere di vino bianco secco
brodo (o acqua)
20 freselle
olio extravergine di oliva
sale e peperoncino q.b.

Preparate un trito con aglio, carota, cipolla, sedano e fatelo imbiondire in olio di oliva. Aggiungete le lumache e lasciatele insaporire per qualche minuto, quindi bagnate con il vino e aggiungete le spezie. Versate il pomodoro e fate cuocere per trenta minuti circa. A mano a mano che il sughetto si restringe aggiungete il brodo o dell'acqua. In un piatto disponete quattro o cinque freselle e versateci le lumache.

Ristorante: Il Focolare, Casamicciola di Ischia

Mazzancolle del golfo di Gaeta al vapore con rucola e melone

Ingredienti per 4 persone:
600 g di mazzancolle di paranza
1 mazzetto di rucola selvatica
1 fetta di melone
olio extravergine di oliva
sale grosso e fino

Calate in acqua fredda (circa tre litri) le mazzancolle con aggiunta di sale grosso. Mettete a cuocere a fuoco medio e attendete che inizi a bollire. Scolate subito le mazzancolle e poggiatele su un panno umido. Quindi incidetele ad una ad una con un coltello a seghetta nella parte superiore, dalla testa verso la coda. Preparate a parte la rucola con i cubetti di melone, conditi con olio e sale. Adagiate la rucola e il melone al centro del piatto e intorno le mazzancolle.

Ristorante: Chinappi, Formia

Mazzancolle lesse con cuori di carciofo all'agro

Ingredienti per 4 persone:
600 g di mazzancolle
300 g di cuori di carciofo
olio extravergine di oliva
aceto di vino bianco
sale q.b.

Pulite e scottate leggermente in acqua le mazzancolle. A parte fate cuocere a vapore i cuori di carciofo. Condite poi tutto insieme "all'agro", assemblando cioè gli ingredienti con olio extravergine di oliva, sale e aceto di vino bianco a piacere.

Ristorante: Europeo, Napoli

Mazzancolle su petali di zucca e vellutata di salvia

Ingredienti per 6 persone:
18 mazzancolle da circa 50 g cadauna
18 fettine di zucca tagliate molto sottili, 8 cm per 8 cm
5 dl di fumetto di pesce
olio extravergine di oliva
30 g di farina
30 g di burro
20 g di porri
salvia
prezzemolo
uova di salmone per decorare
sale
pepe

Sgusciate le mazzancolle completamente, salate, pepate ed avvolgetele singolarmente nelle fettine di zucca. In una padellina con l'olio fate stufare il porro tagliato a metà, adagiatevi le mazzancolle, bagnatele con il fumetto di pesce, aggiungete la salvia e fate cuocere, dopo aver coperto, per circa 3 minuti a fuoco basso. Mettete da parte in caldo le mazzancolle e nel frattempo aggiungete al condimento di cottura un composto di burro e farina, fate ridurre e passate al colino. Sistemate i crostacei sul piatto da portata e ricoprite con la vellutata decorando alla fine con le uova di salmone.

Ristorante: George's del Parker's Hotel, Napoli

Melanzane arrostite con salmone affumicato

Ingredienti per 4 persone:
3 melanzane di media grandezza
100 g di salmone affumicato
1 spicchio d'aglio
aceto
prezzemolo fresco
olio extravergine di oliva
peperoncino e sale q.b.

Tagliate in lungo le melanzane dopo averle accuratamente lavate e arrostitele su una piastra. Una volta fatte raffreddare, farcitele con del salmone affumicato sminuzzato e condite con olio, aceto, prezzemolo tritato al momento, aglio e peperoncino.

Ristorante: Ludovico, Pozzuoli

Melanzane ripiene con ricotta

Ingredienti per 4 persone:
4 melanzane piccole
400 g di ricotta
50 g di parmigiano
50 g di prosciutto cotto
1 uovo
basilico
2 spicchi d'aglio
200 g di pomodori pelati
olio extravergine di oliva
sale q.b.

Dividete a metà in lungo le melanzane, spolpatele e saltate in padella la polpa tagliata sottilmente con i pomodori pelati, l'aglio e l'olio. Friggete a parte, dopo averle salate e asciugate, le melanzane svuotate. Preparate poi il ripieno con la polpa saltata in padella, la ricotta, l'uovo, il parmigiano ed il basilico. Riempite le melanzane ed infornate dopo averle ricoperte con altro parmigiano. Guarnite prima di servire con un ciuffetto di basilico fresco.

Ristorante: La Capannina, Capri

Millefoglie di alici con patate e peperoni al pesto di basilico e rucola

Ingredienti per 15 persone:
1 kg di alici
2 peperoni
4 patate
200 g di basilico
200 g di rucola
100 ml di olio extravergine di oliva

Frullate il basilico e la rucola insieme all'olio in modo da ottenere un'emulsione e conservate in frigo. Diliscate le alici e fatele marinare con sale e aceto bianco per tre ore. Arrostite i peperoni e le patate tagliate a rondelle sottili. Disponete in una teglia uno strato di peperoni arrostiti dopo averli puliti, ponetevi sopra uno strato di alici, poi uno strato di patate, infine un altro strato di alici. Mettete il tutto in frigo per qualche ora e poi tagliatelo a mattonella e mettetelo al centro del piatto. Ricoprite con il pesto di basilico e rucola disponendo intorno qualche foglia di rucola e un pomodorino tagliato a quattro.

Ristorante: Da Tonino, Capri

Moscardini al vapore su julienne di carote

Ingredienti per 4 persone
16 moscardini (polipetti)
4 carote
1 limone
prezzemolo
olio extravergine di oliva
vino bianco
pepe
sale

Lavate in acqua corrente i polipetti e fate cuocere a vapore per circa sette minuti. Tagliate le carote a listelle e cuocete separatamente a vapore sempre per sette minuti. Condite in una ciotola con succo di limone, sale, vino bianco e olio extravergine. Adagiate sul fondo del piatto le carote tagliate a listelli e aggiungete i moscardini completando il condimento con pepe e prezzemolo.

Ristorante: Il Capitano, Positano

Mousse di pesce

Ingredienti per 4 persone:
1 kg di patate
150 g di maionese
500 g di pesce bandiera
1 cipolla
aceto e sale q.b.

Lessate e passate le patate fino ad ottenere un composto omogeneo e compatto, quindi lasciatele raffreddare. Unite poi le cipolle tagliate finemente, il pesce bollito e spinato, la maionese, un pizzico di sale e una spruzzatina di aceto. Mescolate bene e servite freddo.

Ristorante: Ludovico, Pozzuoli

Mousse di pomodori di San Marzano con crema di basilico e gamberi rossi del Tirreno

Ingredienti per 4 persone:
4-6 pomodori San Marzano ben maturi
250 g di ricotta di pecora
200 g di mascarpone
16 gamberi rossi di media grandezza
25 g di colla di pesce
4 pomodori San Marzano da insalata
200 g di basilico
4-6 cucchiai di olio extravergine di oliva
sale q.b.

Sbollentate i pomodori, passateli al setaccio e fateli raffreddare. Passate al setaccio anche la ricotta con il mascarpone e la colla di pesce e fate un solo corpo con il pomodoro, salate quanto basta e fate raffreddare 3-4 ore. Cuocete i gamberi al vapore e disponeteli in un piatto da portata alternandoli a fette di pomodori verdi grigliati, aggiungete la mousse con un dosatore per gelati, guarnite con foglie di basilico e irrorate il tutto con un filo di olio extravergine.

Ristorante: Il Principe, Pompei

Mozzarella di bufala della Piana del Sele e ricotta di pecora con marmellata di arancia

Ingredienti per 4 persone:
500 g di mozzarella di bufala
500 g di ricotta di pecora
10-12 pomodorini per decorare

Sistemare in un vassoio la mozzarella e la ricotta, decorando a piacere con pomodorini. Accompagnate il piatto con la marmellata di arancia.

Ristorante: Sea Garden, Salerno

Ostriche al gratin

Ingredienti per 4 persone:
12 ostriche
100 g di pane grattugiato
50 g di capperi
100 g di olive nere
olio extravergine di oliva
sale e pepe q.b.

Aprite le ostriche a crudo con il coltello. A parte preparate il ripieno mescolando il pane grattugiato, le olive ed i capperi tritati, l'olio e il sale. Farcite le ostriche e passatele in forno per pochi minuti.

Ristorante: Lo Scoglio, Nerano

Ostriche alla brace

Ingredienti per 4 persone:
12 ostriche
olio extravergine di oliva
peperoncino
aglio
sale e pepe q.b.

Preparate una salsetta ben emulsionata e sbattuta con una frusta con l'olio extravergine di oliva, limone, aglio, peperoncino, sale e pepe. Mettete le ostriche sulla brace e aspettate il momento in cui con un suono accennano ad aprirsi. Terminate l'apertura con un coltello e disponetele su un piatto da portata. Conditele con la salsetta preparata in precedenza e servitele ancora molto calde.

Ristorante: President, Pompei

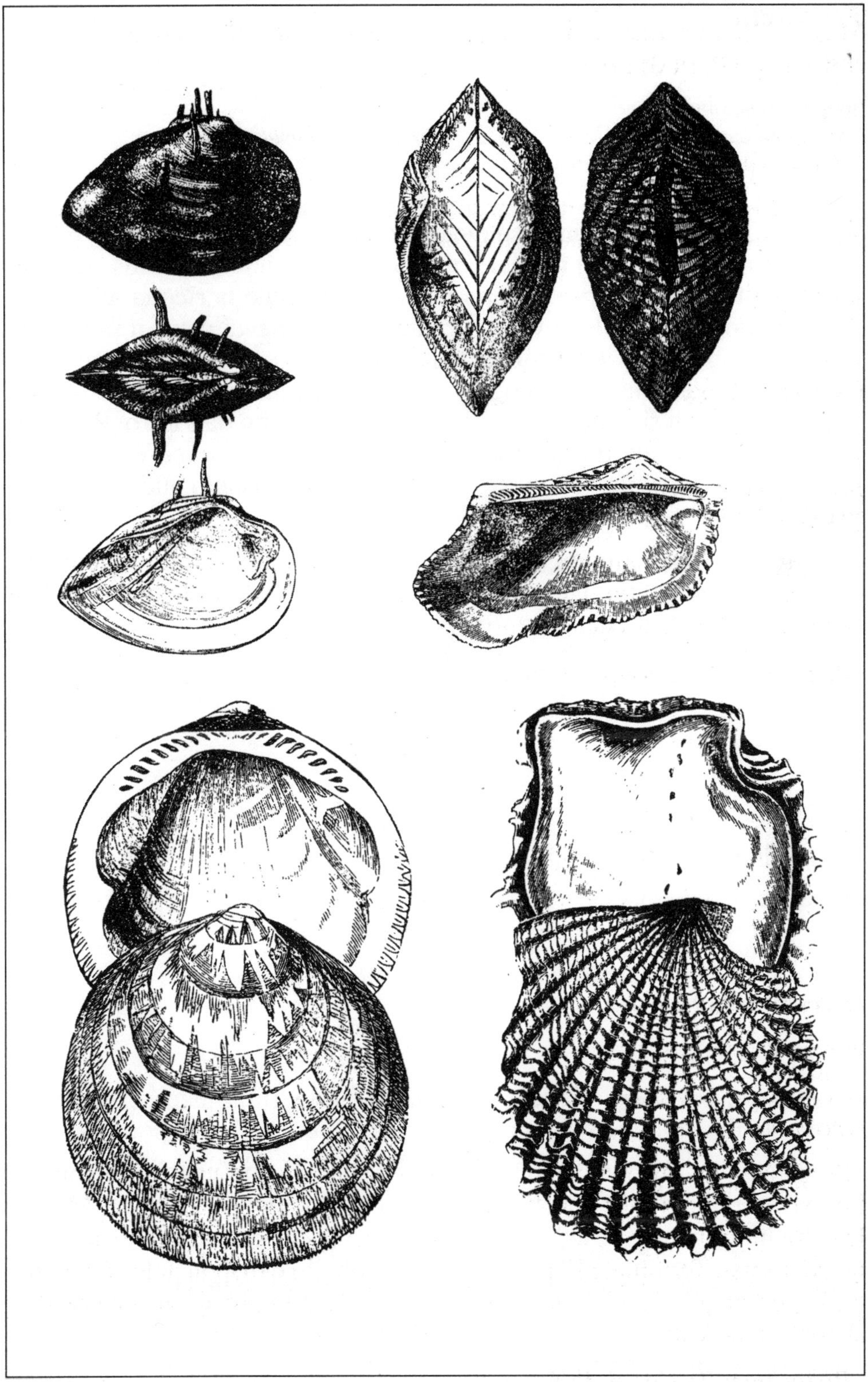

Panzarotti

Ingredienti per 4 persone:
150 g di farina
50 g di sugna o burro
150 g di ricotta
150 g di mozzarella o fiordilatte
100 g di salame
30 g di parmigiano grattugiato
2 uova
olio extravergine di oliva
pepe e sale q.b.

Lavorate la farina con un poco di acqua calda e il burro o la sugna per circa 10-15 minuti, lasciate riposare la pasta così ottenuta, morbida ed elastica, in un luogo fresco per almeno mezz'ora. Passate la ricotta al setaccio mescolandola poi con le uova, il formaggio, un poco di pepe, il salame e il fiordilatte tagliati a dadini. Stendete la pasta in una sfoglia piuttosto sottile e di forma rettangolare e lungo il suo bordo, a circa tre centimetri, formate dei mucchietti di ripieno distanti 5-6 centimetri l'uno dall'altro. Ripiegate il bordo sui mucchietti e ritagliateli in forma di mezza luna servendovi di un bicchiere capovolto. Friggete in olio bollente facendo attenzione che i panzarotti non si aprano e serviteli ben caldi.

Ristorante: Maria Grazia, Nerano

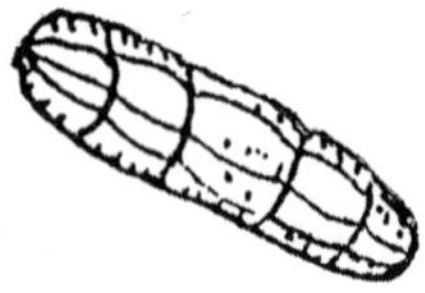

Parmigiana di alici alla cilentana

Ingredienti per 6 persone:
1 kg di alici spinate
2 barattoli di pelati da 800 g ciascuno
100 g di parmigiano grattugiato
200 g di fiordilatte o di mozzarella conservata in frigorifero
prezzemolo
olio extravergine di oliva
2 uova
1 spicchio di cipolla
1 bicchiere di latte
50 g di farina
sale e pepe q.b.

Sbattete le uova con il latte e un pizzico di sale. Infarinate e passate nell'uovo le alici spinate e friggetele. A parte fate la salsa di pomodoro aggiungendo i pelati dopo aver soffritto leggermente un po' di cipolla nell'olio. Prendete una teglia e cospargetela con la salsa, adagiate poi le alici ben aperte, spolverate prima con il parmigiano e poi con il prezzemolo tagliato fino. Aggiungete la metà del fiordilatte tagliato a cubetti piccoli. Coprite tutto con poca salsa. Ripetete l'operazione, coprite con il formaggio grattugiato e mettete al forno per 20 minuti a 200°.

Ristorante: Boccaccio, Acciaroli

Parmigiana di alici della Costiera

Ingredienti per 4-6 persone:
1,2 kg di alici
500 g pomodori San Marzano
5 uova
300 g di pecorino lucano
farina q.b.
olio extravergine di oliva
sale, pepe, aglio e basilico q.b.

Una volta pulite le alici (lasciando i due filetti uniti), infarinatele, passatele nell'uovo e friggetele. Nel frattempo preparate un sugo di pomodoro. Mettete in una teglia da forno uno strato di sugo alternato ad uno di alici, condendo il tutto con scaglie di pecorino lucano fresco. Cuocete in forno a 150° per circa 30 minuti.

Ristorante: Taverna Scacciaventi, Cava de' Tirreni

Parmigiana di alici presentata in tortino

Ingredienti per 4 persone:
1 kg di alici sfilettate
2 uova
pangrattato aromatizzato con formaggio e prezzemolo
formaggio grattugiato
provola conservata in frigorifero
prezzemolo
salsa con pomodoro fresco
1 melanzana
olio extravergine di oliva
sale q.b.

Dopo aver infarinato le alici precedentemente pulite e sfilettate, mescolate le uova, il pangrattato preparato con formaggio e prezzemolo. Iniziate a comporre il tortino con uno strato di pesce, al centro sistemate la provola tagliata a fette e ricoprite con un nuovo strato di alici. Passate in forno a 180° per circa dieci minuti, quindi decorate con salsa al pomodoro fresco riscaldata. Friggete la melanzana e mettetela sul tortino.

Ristorante: La Stanza del Gusto, Napoli

Parmigiana di melanzane alla ischitana

Ingredienti per 4 persone:
500 g di melanzane
200 g di fiordilatte
basilico q.b.
olio extravergine di oliva
100 g di grana
300 g di salsa di pomodoro passato

Pelate le melanzane, tagliatele a fette di 3-4 mm di spessore, passatele nella farina e friggetele. Poi confezionate a strati nella teglia: pomodoro, melanzane, mozzarella e parmigiano, basilico e un po' di sale. Fate almeno 3 o 4 strati in questo modo. Infornate a 180° per 20 minuti. Servite tiepida.

Ristorante: Il Focolare, Casamicciola di Ischia

Parmigiana di melanzane della Costiera

Ingredienti per 4 persone:
3 melanzane
300 g di pomodori
olio extravergine di oliva
basilico q.b.
300 g di fiordilatte
parmigiano q.b.
sale q.b.

Sbucciate le melanzane, tagliatele a fette per il lungo e mettetele in acqua e sale (o al sole) per un'ora. Asciugatele con un panno, friggetele in olio bollente facendole ben dorare, passatele su carta assorbente per eliminare l'eccesso di unto. Preparate una salsa con olio, basilico e pomodori pelati e disponetene poi uno strato sul fondo di una teglia. Sul sugo, adagiate le coppie di fette, farcite di formaggio e aggiungete una foglia di basilico. Coprite di sugo, versate abbondante parmigiano e cuocete in forno a temperatura media fino a quando la parmigiana si presenta abbastanza asciutta.

Ristorante: Maria Grazia, Nerano

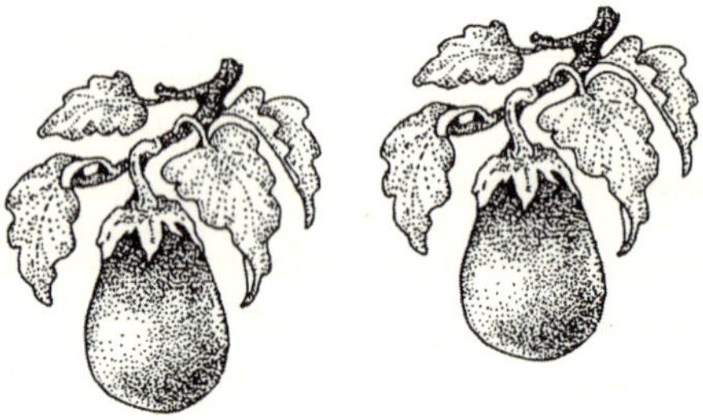

Parmigiana di melanzane napoletana

Ingredienti per 4 persone:
1 kg di melanzane
pecorino irpino q.b.
basilico q.b.
200 g di mozzarella di bufala
olio extravergine di oliva
800 g di pomodori pelati
2 costatelle di maiale
1 cipolla

Preparate il ragù facendo soffriggere la cipolla e le costatelle in olio extravergine di oliva a cui aggiungerete i pomodori. Fate cuocere lentamente fino a quando si riduce della metà. Dopo aver lavato e tagliato a fette le melanzane, friggetele in olio di oliva e sistematele in una teglia ricoprendole con il ragù.

Aggiungete una spruzzatina di pecorino, mozzarella tagliata a pezzetti e basilico. Ripetete l'operazione per almeno tre volte. Fate cuocere in forno a 180° per 5 minuti e servite ben caldo.

Ristorante: Il Leon d'Oro, Napoli

Parmigiana di pesce bandiera

Ingredienti per 4 persone:
250 g di mozzarella di bufala
300 g di spunzilli di collina
1 spicchio d'aglio tritato
olio extravergine di oliva
parmigiano
basilico
sale e pepe q.b.

Fate soffriggere in una padella i pomodorini tagliati a pezzetti aggiungendo un pizzico di sale; cuocete per circa 10 minuti e lasciateli da parte. Una volta privato di testa e coda, filettare e infarinare il pesce bandiera. Friggete in olio abbondante e quindi asciugate con carta assorbente. Stendete il sugo ottenuto in una teglia e mettete i filetti. Coprite con il sugo e aggiungete la mozzarella di bufala tagliata a dadini, nonché sale, basilico, parmigiano e un pizzico di pepe. Cuocete in forno a 200-220 gradi per circa 12 minuti.

Servite caldo.

Ristorante: Trattoria del Padreterno, Salerno

Parmigiana di pesce bandiera con basilico e capperi, su vellutata di pomodorini San Marzano

Ingredienti per 4 persone:
4 melanzane
800 g di pesce bandiera
300 g di pomodorini pachino
basilico fresco
1 kg di pomodori maturi San Marzano
capperi di Pantelleria
olio extravergine di oliva
olio extravergine di oliva profumato al basilico
farina
aglio

Tagliate le melanzane a fettine e salatele per farle perdere l'acqua. Intanto sfilettate il pesce bandiera cercando di eliminare anche la pelle. Condite con olio e sale e tenetelo da parte.

Sciacquate le melanzane, asciugatele e dopo averle infarinate friggetele nell'olio di oliva ben caldo.

Tagliate i pomodorini a pezzetti e cuoceteli per pochi minuti in aglio e olio. Per preparare la vellutata di pomodoro, sbollentate i San Marzano in acqua bollente per eliminare le pelli e passate al setaccio. Fate cuocere la salsa con aglio, olio e basilico.

Sistemate nella vaschetta un po' di vellutata, a strati le fettine di melanzane salate, i filetti di pesce bandiera, i capperi, il basilico e i pomodorini. Terminate con le melanzane. Cuocete in forno caldo per 10 minuti.

Servite coprendo con la vellutata di pomodoro e dell'olio al basilico.

Ristorante: Eolo, Amalfi

Passata di ceci con calamari

Ingredienti per 4 persone:
200 g di ceci
50 g di burro
1 spicchio d'aglio tritato
olio extravergine di oliva
prezzemolo
semi di finocchio q.b.

Cuocete e passate i ceci fino ad ottenerne una crema. Mettete su una fiamma per circa 2-3 minuti una padella con olio di oliva, uno spicchio d'aglio tritato e la passata di ceci. Aggiungete quindi i calamari fritti o spadellati. Deponete al centro di un piatto un mestolo di passata, versatevi un filo d'olio di oliva. Decorate con una spruzzatina di prezzemolo e semi di finocchio.

Ristorante: Acquapazza, Cetara

Passata di ceci con frutti di mare e crostini

Ingredienti per 4 persone:
100 g di ceci secchi
1 kg di frutti di mare misti (tartufi, fasolare, vongole, telline e cozze)
olio extravergine di oliva
crostini di pane tostati
pomodorini
sale q.b.

Mettete a bagno i ceci la sera prima, lessateli a metà cottura e conditeli con sale e olio. A cottura terminata, frullateli nel mixer e cuocete a souté i frutti di mare con l'aggiunta di qualche pomodorino. In un piatto fondo sistemate i crostini di pane tostati, mettete sopra la passata di ceci calda e aggiungete i frutti di mare caldi dopo averli sgusciati. Condite il piatto con il sugo rimasto e servite con una spruzzatina di prezzemolo fresco tritato al momento.

Ristorante: La Sacrestia, Napoli

Passatina di ceci con cubetti di pesce palamita

Ingredienti per 4 persone:
200 g di ceci
300 g di filetti di palamita
brodo vegetale
olio extravergine di oliva
sale e pepe q.b.

Cuocete i ceci, precedentemente ammollati per 12 ore, per circa un'ora e successivamente rendeteli cremosi passandoli al mixer con un po' di brodo vegetale. Saltate in una padella antiaderente bollente il pesce palamita sfilettato e tagliato a quadretti. Mettete la crema di ceci in un piatto fondo e poggiateci i quadretti di palamita, condendo il tutto con un filo di olio, sale e pepe.

Ristorante: Tasso, Sorrento

Passatina di fagioli di Controne con gamberi e lattughino di mare fritto

Ingredienti per 4 persone:
500 g di fagioli
200 g di gamberi sgusciati
80 g di lattughino di mare
50 g di odori (timo, aglio, sedano e cipolla)
olio extravergine di oliva

Ammollate i fagioli per 2 ore in acqua e cuoceteli con gli odori. Fatene una crema passandoli e poi frullandoli. Saltate velocemente in padella gamberi, sale e pepe. Tagliate a julienne il lattughino e friggetelo. Disponete la passatina in piatti fondi e aggiungete i gamberi e il lattughino. Guarnite con un filo di olio extravergine di oliva.

Ristorante: Le Trabe, Capaccio

Patate con la colatura di alici

Ingredienti per 4 persone:
2 patate di media grandezza
1 cucchiaio di olio extravergine di oliva
1 cucchiaio di colatura di alici
1 spicchio d'aglio tritato
prezzemolo q.b.

Bollite e pelate le patate. Tagliatele a fette di mezzo centimetro ciascuna, in senso orizzontale, e quindi riponetele in un piatto da portata. Versatevi sopra l'olio di oliva e l'aglio, poi aggiungete la colatura di alici e una spruzzatina di prezzemolo. Il piatto va servito tiepido.

Ristorante: Trattoria del Padreterno, Salerno

Peperoni alla Piedigrotta

Ingredienti per 4 persone:
4 peperoni di media grandezza
2 melanzane di media grandezza
100 g tra capperi e olive di Gaeta
150 g di mozzarella di bufala
1 uovo
parmigiano grattugiato
1 spicchio d'aglio
olio extravergine di oliva
mollica di pane raffermo

Dopo aver messo in ammollo la mollica di pane e averla strizzata, friggetela in una padella con aglio e olio. Unitevi poi le melanzane tagliate a pezzetti e fritte. Mescolate a questi ingredienti le olive, la mozzarella tagliata a dadini, le uova e il formaggio grattugiato. Una volta preparato il ripieno, arrostite i peperoni precedentemente lavati, spellateli e imbottiteli. Fateli cuocere per circa 15-20 minuti in forno a 180°.

Ristorante: Il Leon d'Oro, Napoli

Peperoni ripieni

Ingredienti per 4 persone:

1 kg di peperoni
250 g di ricotta
250 g di provola
2 uova
formaggio grattugiato
pepe q.b.

Arrostite i peperoni sulla piastra dopo averli accuratamente lavati, quindi spellateli. Nel frattempo preparate un impasto con ricotta, pepe, un uovo, formaggio grattugiato e provola. Mescolate bene fino ad ottenere un composto omogeneo e imbottite i peperoni. Fate cuocere in forno a 170° per circa 10 minuti.

Ristorante: La Cantina di Sica, Napoli

BASILICO

Peperoni ripieni alla Mimì

Ingredienti per 4 persone:

1 kg di peperoni
300 g di mozzarella
200 g di formaggio emmenthal
150 g di prosciutto cotto
150 g di mollica di pane raffermo
50 g di parmigiano grattugiato
basilico
pangrattato
olio extravergine di oliva
sale e pepe

Arrostite i peperoni, spellateli e divideteli in 3 falde. Amalgamate il pane ben spugnato e strizzato con le uova e gli ingredienti rimanenti tagliati a pezzi piccoli. Dividete l'impasto in parti uguali fra le falde di peperoni ed avvolgetele formando degli involtini. Disponeteli su una teglia leggermente unta d'olio, cospargeteli di pangrattato e infornateli per 20 minuti a 180°.

Ristorante: Mimì alla Ferrovia, Napoli

Pesce bandiera marinato, carpione di verdure e sfoglia di pane cafone fritto

Ingredienti per 1 persona:
160 g di pesce bandiera
120 g di verdure (sedano, carota e cipolla)
2 fettine sottili di pane cafone
30 g di insalatina riccia
olio di semi

Per la marinatura del pesce:
500 g di acqua
1 bicchiere di vino
350 g di aceto bianco
1 pizzico di sale

Per la marinatura delle verdure:
500 g di acqua
1 bicchiere di vino
1 pizzico di sale
1 foglia di alloro
pepe nero a granelli

In una pentola portate ad ebollizione la marinatura per le verdure (tagliate alla julienne), unitevi prima le carote facendole cuocere per circa 6 minuti, quindi il sedano e la cipolla. Togliete la pentola dal fuoco lasciando le verdure nella marinatura ancora per dieci minuti. Fate raffreddare il tutto. A parte fate marinare per circa mezz'ora il pesce bandiera pulito, tagliato a filetti e privato di pelle. Infine tagliate due fettine di pane cafone con uno spessore di 4 centimetri, friggetele in olio di semi fino a quando diventano dorate. Preparate il piatto alternando i filetti di pesce con la julienne di verdure e decorando con insalatina riccia e le fette di pane fritto.

Ristorante: Megaris, Napoli

Pesce spada marinato con misticanza

Ingredienti per 4 persone:
400 g di pesce spada
2 dl di aceto
2 dl di succo di limone
1 dl di acqua
2 arance
sale e pepe bianco q.b.
2 dl di olio extravergine di oliva
10 g di menta
200 g di misticanza

Preparate la marinatura con olio extravergine di oliva, menta a pezzettini, succo di limone, aceto e acqua, sale, pepe bianco, mescolando bene. A parte togliete la pelle al pesce spada, tagliatelo a fette e fatelo marinare per 12 ore. Servitelo con la misticanza e guarnite con fette di arancia tagliate a nudo.

Ristorante: La Fratanza, Nocera Superiore

Pignatiello di cozze con crostini all'aglio

Ingredienti per 4 persone:
1 kg di cozze isolane
1 spicchio d'aglio
8 crostini di pane
300 g di pomodorini
olio extravergine di oliva
prezzemolo e peperoncino
sale q.b.

Pulite attentamente le cozze e mettetele in un tegamino di creta con aglio e olio, quindi aggiungete prezzemolo e peperoncino a piacere e, da ultimo, i pomodorini. Coprite con un coperchio per far aprire i mitili. A parte tostate il pane, strofinatevi sopra dell'aglio e condite con un filo d'olio extravergine. Accompagnate il pignatiello di cozze con i crostini e servite il tutto ben caldo.

Ristorante: Crescenzo, Procida

Pizzelle di bianchetti arrostite

Ingredienti per 4 persone:
300 g di bianchetti
1 uovo
200 g di parmigiano grattugiato
prezzemolo
sale

Mescolate in un recipiente i bianchetti e l'uovo intero aggiungendo un pizzico di sale, il parmigiano grattugiato e il prezzemolo tritato a piacere. Deponete su una piastra liscia il composto ottenuto aiutandovi con un cucchiaio, dandogli la forma di dischetti di circa 5 cm di diametro. Fate arrostire per pochi minuti su entrambi i lati. Guarnite infine il piatto con una spolverata di prezzemolo tritato. Le pizzelle vanno servite calde.

Ristorante: Trattoria del Padreterno, Salerno

Pizzette di bianchetti

Ingredienti per 4 persone:
200 g di bianchetti
2 uova
400 g di farina
olio extravergine di oliva
sale
pepe

Battete le uova e aggiungete un po' per volta la farina, un pizzico di sale e di pepe fino ad ottenere un impasto morbido e compatto. Unite quindi i bianchetti accuratamente sciacquati e amalgamate bene. Staccate con un cucchiaio delle pizzette e friggetele in abbondante olio. Servitele calde dopo aver fatto assorbire con un panno carta l'olio in eccesso.

Ristorante: Dora, Napoli

Polipetti affogati su letto di lenticchie

Ingredienti per 4 persone:
1 kg di polipetti
200 g di lenticchie di Pantelleria
4 spicchi d'aglio
olio extravergine di oliva
prezzemolo finemente tritato
200 g di pomodorini del piennolo
1 bicchiere di vino bianco
sale q.b.

Soffriggete in una padella antiaderente due spicchi d'aglio nell'olio di oliva, aggiungete il prezzemolo tritato finemente e poi i polipetti, bagnateli con il vino bianco e dopo qualche minuto aggiungete i pomodorini tagliati a pezzetti. Portate i polipetti a cottura (circa 30 minuti). Aggiungete acqua bollente se necessario. Lessate in acqua bollente salata le lenticchie di Pantelleria. Soffriggete in una padella altri 2 spicchi d'aglio tritati in olio di oliva ed aggiungete le lenticchie senza il brodo di cottura. Fate insaporire per circa 3 minuti.Con un cucchiaio versate un mucchietto di lenticchie al centro di un piatto da portata ed aggiungetevi sopra i polipetti con il loro sugo di cottura.

Ristorante: Villa Maria, Ravello

Polipetti alla marinara

Ingredienti per 4 persone:
600 g di polipetti veraci
5 cucchiai di olio
1 spicchio d'aglio
prezzemolo
sale q.b.

Versate l'olio in un pentolino abbastanza alto, e possibilmente di coccio, e fatevi soffriggere l'aglio. Quando sarà imbiondito, togliete il pentolino dal fuoco e dopo due minuti immergete nell'olio i polipetti con la testa in giù, in modo che i tentacoli si pieghino verso la stessa. Riportate il pentolino sul fuoco, badando che la fiamma sia bassissima e salate leggermente. Per consentire ai polipetti di cuocere nella propria acqua, coprite il pentolino con un foglio di carta stagnola o con un coperchio. Fate cuocere per circa 25 minuti, aggiungete una manciata di prezzemolo fresco e servite in piatti ben caldi.

Ristorante: La Bersagliera, Napoli

Polipetti al vino bianco

Ingredienti per 4 persone:
8 polipetti veraci di circa 50 g ciascuno
2 cucchiai di olio extravergine di oliva
1 spicchio d'aglio
0,5 l di vino bianco

Fate rosolare l'aglio in un tegame alto con dell'olio, aggiungete i polipetti e a fuoco moderato fateli asciugare della loro acqua. Bagnate con vino bianco e fateli cuocere per circa 15 minuti sempre a fuoco basso. Quando il sugo diventerà denso, i polipetti saranno cotti. Aggiustate di sale, se necessario, e servite il piatto con del pane tostato.

Ristorante: La Cucina Flegrea, Pozzuoli

Polipi affogati su un crostone di pane cafone

Ingredienti per 4 persone:
500 g di polipi veraci piccoli
200 g di spunzilli (pomodorini ciliegia)
4 fette grandi di pane cafone
1 bicchiere di vino bianco
100 g di olio extravergine di oliva
2 spicchi d'aglio
sale q.b.

Fate soffriggere olio e aglio, poi immergete i polipi che avrete precedentemente pulito.

Non appena si asciuga il sughetto, aggiungete del vino bianco e coprite. Dopo aver fatto sfumare il vino aggiungete i pomodorini e completate la cottura. Grigliate infine le fette di pane cafone realizzando dei crostoni sui quali sistemerete il pesce, quindi decorate con una spolverata di prezzemolo fresco.

Ristorante: Sea Garden, Salerno

Polipi con patate

Ingredienti per 4 persone:
1 polipo da 1 kg
2 patate di media grandezza
olio extravergine di oliva Cilento DOP
sale grosso q.b.

Pulite e bollite il polipo. Nell'acqua di cottura stufate le patate già pelate. Tagliate le patate a tocchetti e il polipo a pezzettoni grossi. Servite il tutto con acqua di cottura, olio e sale grosso in grani. Per insaporire si può utilizzare anche la colatura di alici.

Ristorante: Perbacco, Pisciotta

Polipo al cartoccio con lenticchie

Ingredienti per 4 persone:
600 g di polipi piccoli
300 g di lenticchie pulite
2 carote
1 gambo di sedano
olio extravergine di oliva
sale q.b.

Pulite e fate bollire i polipi, quindi manteneteli in umido. Mettete nel frattempo le lenticchie in una padella, aggiungete l'olio, le carote e il gambo di sedano tagliati a dadini, salate e fate cuocere per circa 5 minuti. A cottura ultimata, sistemate le porzioni di polipo e lenticchie in 4 cartocci e fate cuocere in forno a 180° per circa 5 minuti. Servite caldo.

Ristorante: Sapore di mare, Vietri sul Mare

Polipo all'insalata con patate, cipolle e pancetta

Ingredienti per 4 persone:
800 g di polipi
300 g di patate
50 g di cipolla
40 g di pancetta
olio extravergine di oliva
limone
sale e pepe q.b.

Pulite e fate bollire il polipo, tagliatelo a pezzi di circa 20 g e conditelo con sale, pepe, olio e qualche goccia di limone. Fate bollire anche le patate e tagliatele a fette. In una padella fate poi rosolare insieme le patate, la cipolla e la pancetta con sale e pepe. Nei piatti disponete le patate sopra i pezzi di polipo e condite il tutto con un filo d'olio.

Ristorante: Le Trabe, Capaccio

Polipo dolce forte

Ingredienti per 4 persone:
1 kg di polipi di max 300 g
200 g di zucca
100 g di radicchio
100 g di peperoncini verdi
40 g di cioccolato extra-amaro 70%
olio extravergine di oliva
sale q.b.

Mettete a lessare il polipo e, non appena giunto a cottura, attendete che si raffreddi e tagliatelo in piccoli pezzetti. A parte tagliate la zucca a fettine, grigliatela leggermente e riducete le fettine in piccoli pezzi irregolari. Tagliate i peperoncini verdi a rondelle e il radicchio alla julienne. Infine, sminuzzate il cioccolato finemente. Unite tutti gli ingredienti in una terrina, condite con olio extravergine di oliva e salate.

Ristorante: Umberto a Mare, Ischia

Polipo pressato

Ingredienti per 4 persone:
1 kg di polipo fresco
120 g di fagiolini
120 g di patate
120 g di misticanza
20 g di asparagi
20 g di limone
20 g di olio extravergine di oliva

Pulite e privatе il polipo dalle impurità, ponetelo in un canovaccio e legatelo ben stretto, cuocetelo in abbondante acqua salata e aromatizzata per circa 20 minuti. Nel frattempo pulite gli asparagi e le patate, lessate in acqua e scolate bene al dente. Fate raffreddare il polipo e lasciatelo in frigo con un peso sopra, per circa 12 ore. Condite le verdurine e la misticanza e adagiatele sul piatto da portata, tagliate il polipo a fette molto sottili e ponetelo sulle verdurine. Condite il tutto con della citronette (salsetta ricavata con olio, succo di limone, sale e pepe bianco.

Ristorante: Il Buco, Sorrento

Polpette di melanzane

Ingredienti per 4 persone:
4 cucchiai di mollica di pane
4 melanzane
1 cucchiaio di parmigiano
odore di noce moscata
1 uovo
farina
olio extravergine di oliva
parmigiano
pangrattato
latte
sale e pepe
noce moscata

Lessate le melanzane in acqua salata, tritatele finemente, aggiungetevi la mollica di pane bagnata nel latte e poi spremuta, il parmigiano, sale, odore di noce moscata e l'uovo intero. Formate delle polpettine allungate e friggete in olio bollente.

Ristorante: President, Pompei

Polpette di melanzane con pesce spada

Ingredienti per 4 persone:
500 g di pesce spada spolpato
200 g di melanzane
olio di semi per friggere
pane raffermo
1 spicchio d'aglio
prezzemolo tritato
1 uovo
sale e pepe q.b.
fettine di limone

Dopo aver cotto le melanzane a vapore, sbollentate il pesce spada e ammollate il pane raffermo in acqua tiepida. Unite in una ciotola tutti gli ingredienti e mescolate bene, quindi formate delle polpettine che poi andranno fritte. Decorate il piatto da portata con fettine di limone e servite caldo.

Ristorante: Caracalé, Procida

Ricotta infornata con tartara di melanzane e pesto al basilico

Ingredienti per 4 persone:
250 g di ricotta di bufala
1 carota
parmigiano grattugiato
1 pizzico di pepe
500 g di melanzane
olio extravergine di oliva
pesto al basilico

Spellate la carota, fatela bollire per qualche minuto e tagliatela a tocchetti. Mescolate la ricotta fresca con la carota, il parmigiano e il pepe. Date al composto la forma che preferite, aiutandovi con una pellicola trasparente e lasciate riposare in frigo. A parte lavate le melanzane, spellatele e tagliatele a dadini. Fatele friggere in padella con l'olio di oliva per qualche minuto, lasciatele riposare su un foglio di carta assorbente. Rimuovete dal frigo il timballo di ricotta, staccate la pellicola trasparente e passate al forno per tre minuti. Appena pronto mettete la tartara di melanzane al centro del piatto e adagiatevi il timballo di ricotta. Servite guarnendo con del pesto al basilico.

Ristorante: Hotel Santa Caterina, Amalfi

Ricotta 'nfornata

Ingredienti per 4 persone:
1 kg di ricotta dei Monti Lattari
olio extravergine di oliva
alloro, rosmarino e chiodi di garofano q.b.
pepe nero a grani

Per questo piatto è necessario avere un affumicatore e della paglia. Mettete le spezie nell'affumicatore, accendete il fuoco e aspettate che la fiamma si fermi. Adagiate quindi la ricotta al centro del contenitore e ricoprite con la campana. Dopo 15 minuti estraete la ricotta, che avrà un colore più scuro. Servite a fette, aggiungendo i grani di pepe nero e un filo di olio extravergine di oliva.

Ristorante: Taverna Scacciaventi, Cava de' Tirreni

Salmoniglio

Ingredienti per 4 persone:
700 g di pesce spatola
200 g di fagiolini
olio extravergine di oliva
aceto di vino
aceto balsamico
aglio, menta e peperoncino
sale q.b.

Sfilettate il pesce a crudo, passatelo in una padella di ferro con dell'olio e scottatelo leggermente. Unite sale e pepe, quindi toglietelo dal fuoco. A parte lessate i fagiolini, saltateli nella stessa padella e poi metteteli nel piatto da portata. Dopo aver insaporito il pesce a crudo nel sughetto (ottenuto con olio, aglio tritato, peperoncino e menta, aceto di vino e aceto balsamico), ponetelo sui fagiolini.

Ristorante: San Pietro, Cetara

Sauté di vongole

Ingredienti per 4 persone:
800 g di vongole
olio extravergine di oliva
1 spicchio d'aglio
prezzemolo
peperoncino
sale

Fate soffriggere in un tegame olio, aglio e peperoncino. Sistematevi le vongole precedentemente lavate e coprite. Lasciate sul fuoco finché non si aprono, quindi aggiungete una spruzzatina di prezzemolo fresco tritato al momento.

Ristorante: Dora, Napoli

Sauté di vongole alla cilentana

Ingredienti per 4 persone:
1 kg di vongole veraci
2 spicchi d'aglio
2 cucchiai di prezzemolo tritato
1 bicchiere di vino bianco secco
olio extravergine di oliva

Mettete a soffriggere nell'olio gli spicchi d'aglio schiacciati e toglieteli appena si sono imbionditi. Versatevi le vongole, coprite e aspettate che si aprano i gusci. A questo punto versate il bicchiere di vino e fatelo sfumare. Servite con una spruzzatina di prezzemolo fresco.

Ristorante: Perbacco, Pisciotta

Sauté di vongole veraci e asparagi selvatici

Ingredienti per 4 persone:
1 kg di vongole
600 g di asparagi selvatici
olio extravergine di oliva
peperoncino
aglio
scalogno
sale q.b.
crostoni di pane casereccio

Fate aprire le vongole in una padella con olio, aglio e peperoncino. Quindi sgusciatele e filtrate il fondo di cottura in un'altra padella. A parte cuocete le punte di asparagi con olio, scalogno e un pizzico di sale. Unite quindi gli ingredienti insieme ai fondi di cottura e servite con crostoni caldi.

Ristorante: Tavernelle, Paestum

Sauté misto ai frutti di mare

Ingredienti per 2 persone:

600 g di vongole
200 g di tartufi di mare
200 g di fasolari
1 kg di cozze
4 cucchiai di olio extravergine di oliva
2 spicchi d'aglio
prezzemolo e peperoncino q.b.

Mettete in una pentola l'olio, l' aglio, un pizzico di peperoncino ed un ciuffetto di prezzemolo e fate rosolare l'aglio. Aggiungetevi le vongole, i tartufi di mare, i fasolari e le cozze. Lasciate cuocere sino a che tutti i frutti di mare si saranno aperti, facendo attenzione che il sugo non si asciughi troppo.

Ristorante: Alberto, Ischia Ponte

Savarin al finocchietto marino su corona di melanzane con code di scampi alla santoreggia e frutti di mare

Ingredienti per 4 persone:

Per il savarin:
75 g di farina di forza
1 uovo
1 cl di latte
20 g di burro
5 g di lievito
1 pizzico di sale
finocchietto marino

Per la salsa:
12 scampi di media grandezza
20 vongole
20 cozze
4 fasolari
4 tartufi di mare
4 pomodorini
prezzemolo
sale e pepe q.b.

Per la corona di melanzane:
1 melanzana affusolata
1 uovo
parmigiano
sale e pepe q.b.

Unite gli ingredienti per la preparazione del savarin in una terrina e lasciate riposare per circa due ore. Rimpastate il tutto e mettetelo in apposite formine. Dopo aver fatto riposare per 15 minuti, infornate a 170° per altri 15 minuti. Sgusciate gli scampi lasciando la coda e conservate a parte le teste complete di chele. Infarinate le code e soffriggete con aglio e olio sfumando con un po' di brandy. Salate, pepate e unite pomodorini e frutti di mare con l'aggiunta di un po' d'acqua. Lasciate cuocere per 10 minuti. Tagliate a rondelle le melanzane, soffriggetele in padella con un filo d'olio. A cottura ultimata sovrapponete le rondelle una all'altra su un foglio di carta da forno a forma di corona. Spennellate con uovo e aggiungete il parmigiano. Infornate a 170° per cinque minuti. Appena pronta, mettete in un piatto la corona di melanzane e adagiate il savarin. Bagnate col sugo e disponete al centro una delle teste degli scampi. Completate la preparazione con le code e i frutti di mare.

Ristorante: Marina Grande, Amalfi

Scaloppa di spigola marinata calda con insalata di carciofi e mentuccia

Ingredienti per 4 persone:
300 g di filetto di spigola
60 g di olio extravergine di oliva
sale e pepe bianco q.b.

Per l'insalata di carciofi:
4 carciofi tagliati sottilmente
30 g di olio extravergine di oliva
mentuccia
20 g di aceto di mele
sale e pepe q.b.

Per la decorazione:
100 g di insalata frisée (o cerfoglio)
2 g di aneto
4 fiori di cipollina o violette

Tagliate la spigola a fettine spesse e sistematele in pirofile. Ungete con olio extravergine di oliva e condite con sale e pepe bianco. Passate in forno a 180° per 4 minuti. Tagliate a fettine sottili i carciofi e spadellatele velocemente in olio di oliva. Bagnate con l'aceto di mele ed aggiustate con sale, pepe e profumate con la menta. Presentazione: disponete nei piatti a piacere le fettine di spigola, sovrapponete l'insalata di carciofi spadellati e condite con il fondo rimasto montato. Decorate con l'insalata frisée e l'aneto. Guarnite con il fiore dell'erba cipollina.

Ristorante: Le Trabe, Paestum

Scamorza in foglia di limone

Ingredienti per 4 persone:
2 scamorze affumicate dei Monti Lattari
8 foglie di limone

Disponete la scamorza tagliata a fette in due foglie di limone. Pressate bene e passate alla griglia per alcuni minuti. Lasciate sciogliere e improfumare il formaggio, deponete nei piatti e servite ben caldo.

Ristorante: Cantina San Nicola, Amalfi

Scampi gratinati

Ingredienti per 4 persone:
5 scampi di 70 g circa ciascuno
olio extravergine di oliva
prezzemolo
pangrattato
1 ciuffo di rucola
sale q.b.

Incidete il dorso dei crostacei in senso longitudinale, cospargete di pangrattato, prezzemolo, olio e sale. Passate in forno per pochi minuti e gratinate. Servite su letto di rucola.

Ristorante: Tavernelle, Paestum

Scampi impanati su giardinetto con salsa di acciughe

Ingredienti per 4 persone
12 scampi medi
30 g di farina
1 uovo
100 g di pancarré grattato
olio di semi
40 g di radicchio
20 g di rucola
4 foglie di scarola riccia

Per la salsa:
100 g di olio extravergine di oliva
4 filetti di acciughe salate
50 g di crema di latte

Sgusciate gli scampi e impanateli con farina, uova e pangrattato. Dopo aver diliscato le acciughe salate, eliminando poi tutte le spine, fate sciogliere i filetti in un tegame con l'olio di oliva, quindi aggiungete la crema di latte. Lasciate insaporire e mettete in caldo.

Friggete in olio bollente gli scampi precedentemente impanati e portateli a doratura. Disponete sul piatto le insalatine ben pulite, adagiate sopra gli scampi e condite con salsa di acciughe. Decorate il tutto con erba cipollina.

Ristorante: La Caravella, Amalfi

Scampi marinati all'arancia

Ingredienti per 4 persone:
16 scampi
4-5 limoni
prezzemolo tritato al momento
pepe macinato al momento
2 arance

Spaccate a crudo e in senso longitudinale gli scampi, quindi puliteli, sciacquateli e sistemateli in una pirofila con il succo di limone.

Lasciate cuocere per mezz'ora e quando si intravede sulla parte superiore dei pesci una patina bianca, sgocciolateli e sistemateli in un piatto da portata con aggiunta di succo d'arancia, pepe e prezzemolo.

Ristorante: Don Salvatore, Napoli

Scarola natalina

Ingredienti per 4 persone:

4 cespi di scarola
olio extravergine di oliva
aglio
olive nere di Gaeta
uva sultanina
pinoli

Pulite la verdura, lessatela e scolatela. In una padella mettete a soffriggere aglio e olio, quindi versatevi la scarola e saltatela per circa 6 minuti. Aggiungete le olive nere di Gaeta, l'uva sultanina e i pinoli.

Ristorante: Da Ciro a Santa Brigida, Napoli

Scrigno del Mediterraneo ripieno di zuppetta di calamari, polipetti e canocchie

Ingredienti per 4 persone

Per la pasta choux:

100 g di farina
125 g di acqua
3 uova
70 g di burro
rosmarino
sale q.b.

Per la zuppetta:

200 g di calamari
100 g di polipetti
5 pomodorini
1 bicchiere di vino bianco
1 cucchiaio di pomodoro passato
olio extravergine di oliva
aglio, origano e prezzemolo q.b.

Mettete l'acqua in una pentola e aggiungete sale, rosmarino e burro. Lasciate sciogliere e aggiungete la farina. Girate velocemente per evitare i grumi. Al termine dell'operazione stendete su di un piano d'acciaio e lasciate raffreddare. Disponete l'impasto in un contenitore di vetro, unite le uova una per volta e impastate fino ad ottenere un amalgama colloso. Riempite con l'impasto un sacco *à poche*, prendete una placca foderata con carta da forno e formate tanti piccoli bignè.

Infornate a 170° per 20 minuti.

Tagliate a tocchetti calamari e polipetti, soffriggete con olio extravergine di oliva, aglio e cipolla. Sfumate con vino bianco, salate, pepate e aggiungete prezzemolo, origano, pomodorini tagliati a quadretti e un cucchiaio di pomodoro passato.

Fate cuocere per un quarto d'ora circa. Soffriggete con aglio le canocchie in olio extravergine di oliva. Salate, pepate e unitele alla zuppetta. Aggiungete i tre bignè tagliati a metà, riempiteli con un cucchiaio di zuppetta, inumidite la testa del bignè e richiudete. Disponete nel piatto due canocchie a testa e date colore con olio extravergine e un ciuffo di prezzemolo.

Ristorante: Marina Grande, Amalfi

Semicrudo di gamberetti allo Scoglio

Ingredienti per 4 persone:
500 g di gamberi freschissimi
200 g di rucola
olio extravergine di oliva
limone
sale e pepe q.b.

Immergete per pochi secondi i gamberetti in una pentola di acqua in ebollizione.
Disponete nel piatto un fondo di rucola, aggiungete i gamberi e condite con una emulsione di olio, limone, sale e pepe.

Ristorante: Scoglio, Nerano

Seppie al vapore con caponata di verdure

Ingredienti per 4 persone:
1 kg di seppie pulite
1 peperone rosso, 1 verde e 1 giallo
1 zucchina
1 patata
1 gambo di sedano
1 carota
1 cipolla
1 pomodoro
olio extravergine di oliva
1 cucchiaio di zucchero
1/2 bicchiere di aceto
qualche mandorla tostata
sale e pepe q.b.

Preparate innanzitutto la caponata facendo stufare in aglio e olio separatamente ogni verdura tagliata a dadini. Preparate una salsetta soffriggendo della cipolla e unendo a fine cottura mezzo bicchiere di aceto con un cucchiaio di zucchero.
Condite con la salsetta le verdure assemblate e decorate con mandorle tostate e tagliate a pezzetti. A parte fate cuocere le seppie a vapore. Sistemate al centro del piatto la caponata di verdure e tutt'intorno le seppie. Condite infine con un filo d'olio, sale e pepe a crudo.

Ristorante: La Stanza del Gusto, Napoli

Seppie arrostite con sedano croccante alla citronette e granulata di noci

Ingredienti per 4 persone:
300 g di seppie pulite
320 g di sedano bianco
150 g di gherigli di noci
olio extravergine di oliva
sale
pepe macinato fresco
prezzemolo tritato
succo di limone

Lavate per bene il sedano, tagliatelo di lungo con un pelapatate e lasciatelo in acqua e ghiaccio in frigorifero per circa 2 ore. Arrostite nel frattempo le seppie e tagliatele a listarelle sottili, conditele con sale, pepe e olio e fatele insaporire per circa 30 minuti. Tritate grossolanamente le noci e, a parte, preparate la citronette con olio, succo di limone, sale e prezzemolo tritato. Collocate al centro del piatto il sedano ben asciutto e condito con poco sale e olio, adagiatevi sopra le seppie appena intiepidite, cospargete il tutto con le noci, condite con la citronette e servite.

Ristorante: Antica Hostaria Massa, Caserta

Seppioline al tegame

Ingredienti per 6 persone:
1 kg di seppioline intere
2 dl di olio extravergine di oliva
2 cipolle
200 g tra pinoli e uva passita
prezzemolo e sale q.b.

Fate imbiondire nell'olio le cipolle tritate, aggiungete le seppioline lavate e tagliate accuratamente. Fatele cuocere per 4 minuti e unite qualche mestolo di acqua calda giustamente salata, coprite e lasciate cuocere ancora per circa 10 minuti. A questo punto scoprite e aggiungete i pinoli e l'uva passita e lasciate asciugare il sugo fino a farlo diventare abbastanza denso e di colore bruno. Cospargete con prezzemolo fresco e servite caldo.

Ristorante: Don Salvatore, Napoli

Seppioline con broccoli

Ingredienti per 4 persone:
400 g di seppioline
800 g di broccoletti
olio extravergine di oliva
aglio
peperoncino
sale q.b.

Lessate i broccoletti al dente. A parte soffriggete le seppioline pulite e lavate con aglio, olio e sale. A cottura quasi ultimata, aggiungete nel tegame i broccoletti e del peperoncino a piacere.

Ristorante: I Due Fratelli, Santa Maria di Castellabate

Seppioline con piselli e granella di nocciole

Ingredienti per 4 persone:
700 g di seppioline
500 g di piselli
4 cucchiai di nocciole tritate
olio extravergine di oliva
sale q.b.

Pulite le seppioline e cuocetele a vapore per circa 10-15 minuti. Seguite la stessa procedura con i piselli, aggiungendo un po' di sale. Mescolate il tutto in una padella con l'olio e fate cuocere per circa 5 minuti. Sistemate in un piatto da portata, decorando con una spolverata di nocciole tritate.

Ristorante: Sapore di mare, Vietri sul Mare

Sfizi di mare capresi

Ingredienti per 4 persone:
4 scampi
1 kg di frutti di mare assortiti
4 calamaretti
200 g di pangrattato
limone
olio extravergine di oliva
prezzemolo q.b.

Aprite a crudo i frutti di mare e disponeteli a metà guscio in una teglia, unite i calamaretti e gli scampi tagliati a metà. Spolverate su tutti gli ingredienti il pangrattato, l'aglio tritato, l'olio e il succo di limone. Infornate a fuoco alto e fate gratinare senza far diventare il pesce troppo secco. Togliete dal forno e servite in piatti singoli guarnendo con prezzemolo e fettine di limone.

Ristorante: La Capannina, Capri

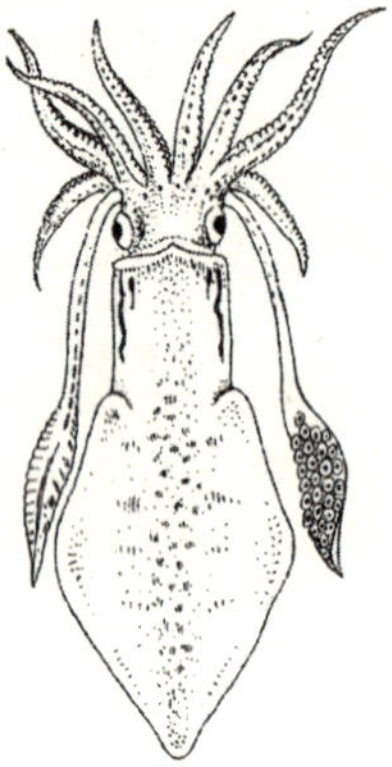

Sfogliata di polipo su letto di rucola e patate

Ingredienti per 4 persone:
1 polipo di 1 kg circa
2 mazzetti di rucola
2 patate
olio extra vergine di oliva
succo di limone
sale q.b.

Pulite e lessate il polipo in abbondante acqua salata per circa 25 minuti. Appena pronto, sollevatelo e lasciatelo raffreddare, mentre a parte cuocerete le patate in acqua bollente. Asportate la testa al polipo, tagliatelo in due parti e affettatelo verticalmente, cercando di ottenere tante sfoglie il più sottili possibile. Con l'ausilio di uno stampino posizionate a strati le patate, precedentemente tagliate a fettine, la rucola e le sfoglie di polipo. Ripetete il procedimento due volte fino ad ottenere un castelletto. Adagiate al centro del piatto la sfogliata di polipo liberandola dallo stampino e servite condendo il tutto con una citronette di olio, sale e limone.

Ristorante: Acqua Pazza, Ponza

Sformatino di alici e zucchine

Ingredienti per 4 persone:
800 g di filetti di alici
250 g di zucchine
200 g di pane
150 g di pomodori ramati
olio extravergine di oliva
burro
succo di limone
menta
prezzemolo
aglio
sale
fumetto di pesce

Lavorate la mollica di pane con l'olio, aggiungete il prezzemolo tritato e qualche foglia di menta, lasciando insaporire per qualche ora. Nel frattempo lavate le zucchine e tagliatele in lunghezza (mezzo cm), arrostitele e fatele marinare per circa un'ora con succo di limone, olio ed un pizzico di sale. Asciugate i filetti di alici in un panno, ungete gli stampini con del burro e rivestiteli con le alici, alternando con delle fettine di zucchine grigliate. Riempite con il pane lavorato in precedenza e i dadini di zucchine, i rombetti di pomodoro e qualche foglia di menta. Fate cuocere a vapore per 10 minuti. Emulsionate la marinata di zucchine con il fumetto di pesce e con questa salsina condite il tutto.

Ristorante: Da Salvatore, Ravello

Sogliola alle erbe aromatiche

Ingredienti per 4 persone:
12 filetti di sogliola
4 spicchi di aglio
1 cucchiaio di capperi al naturale
6 fette di pancarré
2 cucchiai di timo
2 cucchiai di prezzemolo tritato
2 cucchiai di basilico tritato
1 limone
olio extravergine di oliva
sale e pepe q.b.

Pulite le sogliole con abbondante acqua corrente. Tritate tutti gli ingredienti nel mixer e trasferite il composto in una ciotola aggiustando di olio, sale e pepe. Immergetevi i filetti di sogliola in modo da ricoprirli completamente con il trito aromatico, arrotolateli e adagiateli su una pirofila, aggiungendo alcune gocce di limone. Passate al grill per 5 minuti. Servite ben caldo.

Ristorante: Acqua Pazza, Ponza

Soufflé di verdure con calamaretti grigliati

Ingredienti per 6 persone:

Per il soufflé:
600 g di patate
600 g di zucchine
18 calamaretti freschissimi
4 rossi d'uovo
4 albumi montati a neve
sale e pepe q.b.
burro fuso
formaggio grattugiato
olio extravergine di oliva
tabasco q.b.

Per la salsa:
olio extravergine di oliva
limone
prezzemolo
sale e pepe q.b.

Lavate le patate e le zucchine e bollitele separatamente. Spellate le patate e passatele al mix con le zucchine. Sistemate poi il passato in una scodella aggiungendovi i rossi d'uovo, il burro fuso, sale e pepe, il formaggio grattugiato e alla fine i bianchi d'uovo montati a neve. Imburrate degli stampi di alluminio, sistematevi dentro il composto preparato e fate cuocere in forno a bagnomaria per 15 minuti a 180°. A parte grigliate i calamaretti precedentemente puliti e aperti a farfalla. Sistemateli in un piatto da portata con il soufflé e condite con un po' di tabasco e con una salsetta emulsionata di olio, limone e prezzemolo.

Ristorante: La Veranda, Agropoli

Spiedino di cernia marinata al finocchietto, gamberi agli agrumi e misticanza aromatica con cipolle rosse di Tropea

Ingredienti per 4 persone:
300 g di misticanza aromatica
1 cipolla rossa di Tropea
80 g di citronette
16 petali di pomodoro candito

Per la cernia:
500 g di filetti di cernia
100 g di sale fino
110 g di zucchero di canna
5 grani di pepe nero
5 g di finocchietto spontaneo
olio extravergine di oliva

Per i gamberoni:
16 gamberoni (circa 900 g)
succo di 5 arance
succo di 2 limoni
15 g di sale fino
pepe bianco

Miscelate il sale, lo zucchero e il pepe, irrorate tutta la superficie del filetto di cernia e refrigerate a 0° per 12 ore. Durante la marinatura rigirate il pesce più volte per consentirne una "cottura" omogenea. Alla fine di questa procedura sollevate dalla marinatura il filetto di cernia ed affettatelo molto finemente conservandolo in olio di oliva con il finocchietto selvatico. Prima di marinare i gamberoni, privateli del carapace e del filamento nero sul dorso. Disponeteli in una vaschetta per alimenti e condite con la soluzione ricavata dal succo d'arancia, il limone, il sale e il pepe. Lasciate marinare per 3 minuti e rigirateli per altri 3, colate i gamberi dalla marinatura e refrigerateli a 0°. Nel frattempo mondate e lavate la misticanza aromatica, pulite e tagliate la cipolla rossa ad anelli fini, e componete l'insalata. Avvolgete poi i gamberi con una fetta sottile di cernia in modo da ottenere tanti involtini. Accoppiateli due alla volta e fissateli con un rametto d'albero di limone con una foglia in cima. Disponete nel piatto la misticanza condita con citronette con al centro i due spiedini, gli anelli di cipolla rossa e guarnite infine con dei petali di pomodoro candito.

Ristorante: Le Sirenuse, Positano

Spuma di pesce azzurro

Ingredienti per 4 persone:
1 pesce bandiera di 1,8 kg
2 spicchi d'aglio
1 ciuffo di prezzemolo
1 dl di olio extravergine di oliva
il succo di 2 limoni
1 bicchierino di vino bianco
1 bicchiere di panna da cucina
3 foglie di colla di pesce
sale

In una teglia profonda sistemate il pesce dopo averlo pulito e tagliato a pezzetti, quindi conditelo con olio, aglio, il succo di limone e una spruzzatina di vino bianco. Coprite con carta argentata e infornate a 180° per circa dieci minuti. Una volta sfornato, spolpate il pesce e passatelo al frullatore con il sugo di cottura filtrato insieme alla panna e alla colla precedentemente ammollata in acqua. Fate rapprendere il composto in frigorifero per qualche minuto e riempite poi degli stampini, conservandoli sempre in frigorifero per circa quattro ore. Servite su di un letto di julienne di lattuga e completatate il piatto con un filo d'olio a crudo.

Ristorante: Timpani e Tempura, Napoli

Tartara di tonno fresco marinato, con erba cipollina su carpaccio di zucchine

Ingredienti per 4 persone:
600 g di tonno fresco
4 zucchine di media grandezza
1 mazzetto d'erba cipollina
il succo di 2 limoni
1 dl di olio extravergine di oliva
1 mazzetto di prezzemolo riccio
4 pomodorini
sale e pepe q.b.

Tagliate le quattro zucchine a rondelle molto sottili e disponetele in tondo in quattro piatti. Conditele con sale, pepe, olio extravergine di oliva e lasciatele marinare per circa un'ora. Pulite il tonno e tagliate i tranci a dadini. Dopo aver eseguito questa operazione mettete i dadini in un recipiente e conditeli con sale, pepe, erba cipollina, il succo di due limoni e il rimanente olio di oliva. Con uno stampino a forma di anello componete quattro tortini di tonno e disponeteli al centro del piatto. Guarnite con prezzemolo riccio e pomodorini.

Ristorante: San Pietro, Positano

Tegamino di bianchetti

Ingredienti per 4 persone:

250 g di bianchetti
pangrattato
aglio
prezzemolo
olio extravergine di oliva
sale

In un tegamino da portata sistemate i bianchetti e conditeli con olio, prezzemolo tritato al momento, aglio e una spruzzatina di pangrattato. Cuocete in forno per circa cinque minuti a 180°. Servite caldo.

Ristorante: Ludovico, Pozzuoli

Tegamino di cozze

Ingredienti per 4 persone:

600 g di cozze
aceto
2 cucchiai di olio extravergine di oliva
1 spicchio d'aglio
prezzemolo fresco

Una volta aperte le cozze con aggiunta di poca acqua, sistematele in un tegamino da portata, eliminando la parte vuota del guscio. Unite l'aglio e un po' di aceto. Fate cuocere per pochi minuti e servite ben caldo, aggiungendo del prezzemolo fresco tritato al momento.

Ristorante: Al 53, Napoli

Terrina di pomodoro con spuma di fiordilatte

Ingredienti per 4 persone:

4 pomodori di media grandezza
3 fogli di colla di pesce
250 g di mozzarella
1 uovo
basilico
origano
burro
farina
olio extravergine di oliva
sale e pepe q.b.

Fate sbollentare i pomodori per pochi minuti e passateli nel ghiaccio, togliete la buccia e tagliateli a pezzetti, eliminando i semi. Frullate ed aggiungete due fogli di colla di pesce precedentemente sciolti in acqua, condite con sale, pepe ed origano, mettete in una terrina e conservate in frigorifero. Tagliate poi la mozzarella a dadini, mettete in una padella una noce di burro con un cucchiaio di farina, fate sciogliere e unite la mozzarella, facendola fondere. Aggiungete, una volta che la mozzarella si è fusa, il rosso d'uovo e, successivamente, l'albume montato a neve e, infine, il terzo foglio di colla di pesce, sempre già sciolto. Prendete dal frigo la terrina con il composto di pomodoro, ricoprite con uno strato di foglie di basilico e la spuma di mozzarella e fate freddare il tutto per altre due ore in frigorifero.

Ristorante: Palazzo Della Marra, Ravello

Tiella di polipo verace di Gaeta in sfoglia croccante

Ingredienti per 4 persone:
1 kg di burro
2 kg di farina
1 kg di polipo verace
10 olive di Itri
10 pomodorini di Pachino
1 cucchiaino di olio al peperoncino
1 cucchiaio di prezzemolo tritato
2 spicchi d'aglio
1 uovo fresco
1 tappo di sughero

Impastate la sfoglia con il burro e la farina e reimpastatela per 4 volte facendola riposare per un'ora ogni passaggio. Mettete a bollire il polipo, battuto, con l'aggiunta di un tappo di sughero. Una volta cotto, fate imbiondire l'aglio in una casseruola e ripassatevi il polipo con il pomodoro, l'olio al peperoncino ed il prezzemolo tritato. Mettete la pasta sfoglia in una formina cilindrica, riempitela con il polipo tagliato a pezzettoni e le olive di Itri. Formate a parte delle piccole strisce di pasta per chiudere e decorare la formina. Con un pennello da cucina bagnate col tuorlo dell'uovo le striscioline in modo che diventino colorate. Mettete in forno a 200° e dopo mezz'ora servite.

Ristorante: Chinappi, Formia

Timballetto di alici di Cetara con provola affumicata, fiori di zucca, piccoli calamari e salsa di crostacei

Ingredienti per 4 persone:
20 alici di Cetara di medie dimensioni
200 g di provola affumicata
12 fiori di zucca
20 piccoli calamari
4 cucchiai di bisque di crostacei
4 cucchiai di olio extravergine di oliva
sale q.b.

Lavate ben bene le alici, sfilettatele e disponetele tutt'intorno ad uno stampo da forno, farcendo l'interno con la provola affumicata sminuzzata insieme ai fiori di zucca. Infornate per circa 5 minuti a 160° e, a cottura ultimata, svuotate il timballetto sul piatto da portata. Nel frattempo avrete cotto i piccoli calamari a vapore che disporrete intorno al timballetto di alici, bagnandoli con la bisque di crostacei e un filo di olio extravergine di oliva.

Ristorante: Il Principe, Pompei

Timballo di parmigiana con fonduta di pomodoro

Ingredienti per 4 persone:
300 g di zucchine
300 g di melanzane
500 g di pomodorini ciliegia
200 g di mozzarella di bufala
100 g di caciotta stagionata di mucca
3 cucchiai di olio extravergine di oliva
5 cucchiai di olio di semi
150 g di parmigiano grattugiato
100 g di farina
20 g di aglio
30 g di basilico
sale e pepe q.b.

Tagliate a fette le melanzane e le zucchine, infarinatele appena e friggetele in olio di semi bollente. Una volta pronte appoggiatele su dei fogli di carta assorbente. A parte preparate la vellutata di pomodorini facendo imbiondire leggermente in una padella l'aglio schiacciato e i pomodorini tagliati a pezzi per 5 minuti. Foderate con le fette di zucchine e di melanzane uno stampo ovale, alternandole con i pomodorini a pezzetti e le fette di mozzarella. Infornate a 180° per 6 minuti, condite con la vellutata di pomodorini, le foglie di basilico, un filo di olio a crudo e la caciotta grattugiata.

Ristorante: La Fratanza, Nocera Superiore

Tonno salato ed essiccato con cipolla di Tropea in agrodolce

Ingredienti per 4 persone:
500 g di tonno fresco
300 g di cipolla
300 g di zucchero di canna
0,5 l di vino rosso
0,5 l di aceto rosso
scorza di arancia e di limone
olio extravergine di oliva
pepe in grani
foglie di alloro e timo q.b.

Sfilettate il tonno, salatelo e fatelo essiccare per circa venti giorni. Preparate le cipolle di Tropea in agrodolce facendole cuocere pochi minuti nel vino, aceto e zucchero di canna, aromatizzando con le scorze di agrumi. Servite il tonno essiccato accompagnato dalle fettine di cipolla e condito con olio, pepe in grani e qualche foglia di timo e alloro.

Ristorante: La Taverna del Pescatore, Castellabate

Tortino di alici

Ingredienti per 4 persone:
0,5 kg di alici
0,5 kg di scarola
100 g di pinoli
50 g di uvetta
50 g olive di Gaeta
150 g di pomodorini
olio extravergine di oliva
peperoncino
sale q.b.

Sfilettate le alici e rivestitene degli stampini da forno precedentemente imburrati e spolverati di pan grattato. A parte, stufate la scarola e conditela con le olive, una parte dei pomodorini, sale, olio e peperoncino. Riempite gli stampini con la scarola e passate al forno per 10 minuti a 180°. Per la salsa di accompagnamento, fate appassire in una padella i restanti pomodorini con uno spicchio di aglio in camicia, olio, pinoli, uvetta e versate poi il tutto sul tortino appena sfornato.

Ristorante: Antico Vico, Gaeta

Tortino di alici con ricotta di fuscella su salsa di pane con pomodorini e capperi di Pantelleria

Ingredienti per 4 persone:
1 kg di alici
300 g di ricotta
200 g di pane al lievito naturale
200 g di pomodorini del Vesuvio
maggiorana
olio extravergine di oliva
sale, pepe
brodo di pesce
una manciata di capperi

Sviscerate e diliscate le alici. Rivestitene con i filetti di pesce 4 stampini precedentemente unti di olio e riempiteli con la ricotta lavorata con la maggiorana. Chiudete il tutto con altri filetti di alici e passate in forno per 10 minuti. Nel frattempo tostate il pane e passatelo al mixer con due mestoli di brodo di pesce. Saltate in padella i pomodorini con olio e capperi. Componete il piatto disponendo sul fondo la salsa di pane a specchio, poi il tortino e decorate con i pomodorini. Completate con olio extravergine di oliva.

Ristorante: La Conca, Meta di Sorrento

Tortino di alici, patate e pomodoro

Ingredienti per 4 persone:
500 g di alici fresche
200 g di patate
200 g di pomodorini del piennolo
prezzemolo
olio extravergine di oliva
aglio
sale q.b.

Diliscate le alici, sciacquatele in acqua fredda e rivestitene lateralmente quattro formine di alluminio. Riempite gli stampi con tocchetti di patate precedentemente bollite, pomodorini del piennolo tagliati a metà e aggiungete sale, prezzemolo e aglio. Chiudete le parti superiori delle formine con altre alici e infornate per circa 10-15 minuti. Appena pronti, disponete i tortini al centro del piatto staccandoli dagli stampi. Servite caldo con un filo d'olio extravergine di oliva a crudo.

Ristorante: Cantina San Nicola, Amalfi

Tortino di alici su crema di cicerchie e peperoni

Ingredienti per 6 persone:
800 g di alici
300 g tra carciofi, zucchine e fiori di zucca
200 g di ricotta di bufala
200 g di provola affumicata
200 g di pesce bianco bollito
350 g di cicerchie lessate
1 peperone arrostito
olio extravergine di oliva
basilico
sale e pepe q.b.

Spinate le alici e mettetele a corona in 6 stampini oliati. Riempiteli con piccole foglie di carciofo e fiori di zucca sminuzzati, zucchine a tocchetti, ricotta di bufala e provola affumicata, aggiungendo anche del pesce bianco bollito. Condite con basilico, sale e pepe e infornate per circa 10 minuti. Nel frattempo, passate nel frullatore le cicerchie lessate insieme al peperone arrostito e spellato aggiungendo, se necessario, un po' di acqua di cottura delle cicerchie. Aggiustate la salsa di sale e condite con olio extravergine di oliva. Servite il tortino sulla crema di cicerchie e peperoni.

Ristorante: Il Granaio dei Casabella, Paestum

Tortino di cicenielli

Ingredienti per 4 persone:
600 g di cicenielli (rossetti)
il succo di 1 limone
1 noce di burro
olio extravergine di oliva
aglio
2 ciuffi di prezzemolo
origano essiccato
1 manciata di pangrattato
sale

Mettete i cicenielli in un colapasta e lavateli sotto un filo di acqua, sgocciolateli e sistemateli in un recipiente. Tritate finemente il prezzemolo e l'aglio, emulsionateli con il limone, l'olio e un pizzico di sale e versate la salsetta sui cicenielli amalgamando con le mani. Mettete l'impasto in una padella unta con il burro e cospargetelo con pangrattato, prezzemolo tritato e origano. Condite con un filo d'olio, coprite e cuocete a fuoco lento per 5 minuti.

Ristorante: Taverna Portosalvo, Villammare di Vibonati

Tortino di salmone in agrodolce con erbe aromatiche

Ingredienti per 6 persone:
800 g di salmone fresco
zucchero, sale e finocchio selvatico q.b.
2 bucce di arancia
il succo di 1 limone
insalata belga
pepe verde
senape di Digione
semi di papavero
olio extravergine di oliva
erba cipollina

Diliscate il salmone, sistematelo in un recipiente e lasciatelo marinare per 48 ore in una marinatura abbondante di zucchero, sale, bucce di arancia, succo di limone e pepe verde. Appena pronto tagliatelo finemente, foderatevi uno stampino e all'interno aggiungete l'insalata belga, l'erba cipollina, la senape e i semi di papavero. Chiudete la parte superiore con dell'altro pesce e, una volta sformato, condite il tortino con olio extravergine di oliva, erba cipollina e semi di papavero.

Ristorante: Giardiniello, Minori

Totanetto ripieno su fondo bruno di Aglianico

Ingredienti per 4 persone:
500 g di totanetti (o calamari)
200 g di ricotta
1 acciuga sotto sale (15 g netti)
1 dl di vino rosso Aglianico
60 g di olive
1 dl di fumetto di pesce
1 dl di fondo bruno di carne
50 g di foglie di spinaci freschi
olio extravergine di oliva
sale q.b.

Fate ridurre di oltre la metà, in due pentolini separati, il fumetto di pesce ed il fondo bruno mescolato con l'Aglianico per poi unirli. In una ciotola amalgamate bene la ricotta con l'acciuga e le olive tritate, gli spinaci crudi tagliati a julienne ed un pizzico di sale. Pulite i calamari, lavateli, asciugateli dopodiché cuoceteli alla brace. Appena tiepidi farciteli con il ripieno a base di ricotta; sistemateli in una pirofila oliata, pennellateli leggermente di olio ed infornateli in forno preriscaldato a 180° per 3-4 minuti. Mettete nei piatti la salsa all'Aglianico ben calda, sistemate sopra i totanetti, decorate con erbe fresche a piacere e servite.

Ristorante: Don Alfonso 1890, Sant'Agata dei Due Golfi

Totani in guazzetto con le patate

Ingredienti per 4 persone:
1 kg di totani freschi
600 g di patate
500 g di pomodorini del piennolo
2 spicchi d'aglio
10 cl di olio extravergine di oliva
1 bicchiere di vino bianco
prezzemolo
sale e peperoncino q.b.

Pulite i totani svuotando le sacche e asportandone gli occhi. Dopo averli lavati per bene in acqua corrente, tagliateli ad anelli e spezzettate i tentacoli. Affettate le patate a tocchetti, schiacciate i pomodorini e in una pentola di creta, su fuoco vivace, fate riscaldare l'olio. Dopo qualche secondo aggiungete l'aglio sminuzzato lasciandolo appena imbiondire prima di sistemare i totani insieme alle patate. Girate utilizzando un mestolo in legno e salate.

Unite un pizzico di peperoncino forte e lasciate insaporire per due minuti circa prima di sfumare con il vino bianco secco. Lasciate evaporare e aggiungete tutti i pomodorini. Mescolate ancora e fate continuare a cuocere a fuoco lento per circa trenta minuti. Per esaltare al massimo questa ricetta, accompagnate con pane di biscotto integrale "spugnato" abbondantemente nell'acqua fino al punto di diventare morbido.

Ristorante: La Cala delle Lampare, Praiano

Totano ripieno alla praianese

Ingredienti per 4 persone:
4 totani freschi di media grandezza
50 g di olive nere snocciolate
25 g di capperi conservati nel sale
60 g di parmigiano grattugiato
100 g di pane grattugiato
2 spicchi d'aglio
10 cl di olio extravergine di oliva
vino bianco secco
prezzemolo
peperoncino e sale q.b.

Sviscerate i totani e separate la sacca dai tentacoli. In un recipiente, versate le olive snocciolate, i capperi, uno spicchio d'aglio, i tentacoli spezzettati, il parmigiano reggiano, una spruzzatina di prezzemolo, due cucchiai di olio extravergine, un mestolino di acqua. Sminuzzate il tutto e mescolate fino ad ottenere un composto morbido, pastoso e quasi omogeneo, che dovrà essere sistemato nelle sacche dei totani da richiudere con uno stecchino oppure cucendo con un filo da cucina adatto per gli alimenti.

In una pentola, possibilmente di creta, fate imbiondire l'aglio precedentemente schiacciato nel rimanente olio extravergine, aggiungete un pizzico di peperoncino e disponete ordinatamente i totani.

Fate rosolare per qualche minuto e sfumate con vino bianco secco, aggiungete sale nella quantità giusta, ed attendete che il liquido evapori. Versate ancora un altro mestolo di acqua calda e proseguite la cottura a fuoco lento fin quando i totani non siano diventati morbidi.

Aggiungete una spruzzata abbondante di prezzemolo fresco e serviteli interi accompagnati a crostini di pane casereccio insaporiti con olio e aglio oppure bagnati nel liquido di cottura.

Ristorante: La Cala delle Lampare, Praiano

Treccia di mozzarella di bufala campana, melanzane a vapore e vinaigrette al pomodoro sorrentino

Ingredienti per 4 persone:
4 trecce di mozzarella di circa 100 g l'una
6 melanzane viola di media grandezza
10 foglie di basilico
1 cucchiaio da caffè d'aglio in confettura
1 peperoncino
4 pomodorini
1 carota
1 gambo di sedano
1 cetriolo
pesto al basilico
foglie di basilico fritte

Per la vinaigrette di pomodoro:
15 g di aceto di vino vecchio
125 g di coulis di pomodori sorrentini
375 g di olio extravergine di oliva
sale fino e pepe nero q.b.

Miscelate gli ingredienti per confezionare la vinaigrette e conservatela a parte. Tagliate poi le melanzane a cubetti di 2 cm per lato e cuocetele a vapore per 3 minuti, fate raffreddare e condite con l'aglio, il basilico tritato, il peperoncino e un po' di sale e pepe nero, facendo poi riposare in frigo. Scavate i pomodorini e riempiteli con una julienne di sedano, carote e cetriolo. Componete il piatto disponendo nel centro, con l'aiuto di uno stampo cilindrico, le melanzane e adagiatevi sopra la treccia di mozzarella. Condite con la vinaigrette e il pesto al basilico su di un lato, e il pomodorino ripieno sull'altro. Completare con le foglie di basilico fritte.

Ristorante: Le Sirenuse, Positano

Treccine di pesce di roccia con verdure in carpione leggero

Ingredienti per 4 persone:
800 g di pesce di roccia (pesce azzurro)
1 dl di vino bianco secco
2 dl di aceto extravecchio
2 dl di olio extravergine di oliva
60 g di carote
25 g di sedano verde
2 cipolle novelle
sale q.b.

Pulite, lavate e filettate il pesce. Con i filetti ottenuti formate diverse treccine; friggetele in padella in olio extravergine di oliva e mettetele su carta assorbente. Tagliate a julienne la carota, il sedano e la cipolla; soffriggete dolcemente il tutto in una padella con poco olio poi aggiungete l'aceto ed il vino bianco. Salate e cuocete ancora qualche istante. Distribuite le verdure sui piatti, adagiate sopra le treccine precedentemente fritte e servite.

Ristorante: Don Alfonso 1890, Sant'Agata dei due Golfi

Triglie al basilico

Ingredienti per 4 persone:
1 kg di triglie
1 fascio di lattuga
basilico
olio extravergine di oliva aromatizzato al basilico

Eviscerate le triglie, squamatele e sfilettatele lasciando i due filetti interi. Con il cuore della lattuga preparate un'insalatina condita con olio extravergine e trito di basilico. In una padella con olio extravergine bollente poggiate quattro foglie di basilico e i filetti di triglia fino a giusta cottura (circa 2-3 minuti). Al centro di quattro piatti disponete l'insalata e poggiate sopra i filetti di triglia, emulsionate l'olio aromatizzato e versatelo sulle triglie.

Ristorante: Umberto a Mare, Ischia

Tris di moscardini, calamaretti e alici

Ingredienti per 4 persone:
200 g di moscardini
200 g di calamaretti
200 g di alici
olio extravergine di oliva
farina
sale q.b.

Infarinate i moscardini, i calamaretti e le alici e friggeteli in olio di oliva. Asciugateli in carta assorbente e salate leggermente.

Ristorante: Rosiello, Napoli

Ventricelli di stoccafisso all'antica maniera

Ingredienti per 4 persone:
8 involtini di ventricelli (ovvero ventre del merluzzo)
pecorino del Cilento a pezzi q.b.
300 g di pomodorini del pendolo
2 cipolle di Vatolla di media grandezza
2 steli di sedano
aglio
olio extravergine di oliva
peperoncino, prezzemolo
sale q.b.

Lavate e pulite i ventricelli di stoccafisso eliminando la pellicina che li ricopre. Subito dopo metteteli su un banco di lavoro e aggiungete aglio, prezzemolo ed il pecorino a dadini. Arrotolateli con attenzione e fissateli con uno stuzzicadenti. Preparate, nel frattempo, il fondo di cottura con olio, cipolla finemente affettata e sedano tagliato a julienne, fatelo leggermente soffriggere ed aggiungete i pomodorini tagliati in quattro parti. A cottura quasi ultimata aggiungete i ventricelli completando la cottura per 3-4 minuti. Su un piatto da portata versate il fondo di cottura, mettete al centro i ventricelli guarnendoli con prezzemolo tritato, bastoncini di pane abbrustolito e olio crudo. Servite ben caldo.

Ristorante: Terrasanta, Nocera Superiore

Zeppole con alici

Ingredienti per 8 persone:
800 g di farina
acqua
sale
lievito
alici salate
olio extravergine di oliva

Mescolate gli ingredienti in una scodella bassa e fate riposare in un luogo caldo, coprendo preferibilmente con una coperta. A lievitazione ultimata, inserite in un po' di pasta un'alice precedentemente dissalata. Friggete in abbondante olio di oliva.

Ristorante: Al Frantoio, San Mauro Cilento

Zucca al finocchietto

Ingredienti per 4 persone:
800 g di zucca
1 spicchio d'aglio
olio extravergine di oliva
prezzemolo
peperoncino
finocchietto selvatico
sale q.b.

Lavate la zucca, privatela della buccia e tagliatela a pezzetti. In un tegame fate soffriggere l'aglio, il peperoncino e un po' di finocchietto. Unite la zucca, salate e fate cuocere per 10 minuti a tegame coperto avendo cura di girare ogni tanto. A cottura ultimata aggiungete un altro po' di finocchietto. Si può servire su un crostone di pane con una fetta di scamorza scaldato al forno oppure semplicemente con una spruzzata di prezzemolo tritato.

Ristorante: Cantina del Vescovo, Nocera Inferiore

Zucchine saltate all'aceto di champagne e i loro fiori ripieni di calamaretti

Ingredienti per 4 persone:
10 zucchine con i loro fiori
500 g di calamaretti di paranza
200 g di olive nere
100 g di capperi di Salina
150 g di pane raffermo
1 bicchiere di aceto di champagne

Riempite i fiori di zucchine privati dello stelo centrale con i calamaretti tagliati a dadini, le olive nere snocciolate, i capperetti dissalati, una dadolata di zucchine e il pane raffermo tagliato a quadrettini. Tagliate sedici fettine di zucchine larghe un centimetro e grigliatele. Tagliate inoltre il resto delle zucchine a rondelle e cuocetele in una padella antiaderente, innaffiandole con aceto di champagne e aggiungendo un pizzico di sale. Disponete a raggiera su un piatto da portata le fettine di zucchine grigliate formando un cerchio al centro che si andrà a riempire con le zucchine spadellate e sopra i fiori ripieni, precedentemente cotti nel forno a 160° per quattro minuti. Decorate con un ciuffetto di menta.

Ristorante: Al Palazzo di Palazzo Murat, Positano

Zuppa alla primavera

Ingredienti per 4 persone:
250 g di piselli
4 carciofi tagliati a spicchietti
250 g di fave
250 g di patate novelle
250 g di zucchine
200 g di asparagi
4 cipolle novelle
10 g di pancetta
olio extravergine di oliva
sale q.b.

Fate rosolare la cipolla, la pancetta e i pomodorini, quindi unite le fave e i piselli facendo cuocere per circa cinque minuti. Aggiungete a questo punto gli asparagi, i carciofi e le patate e tenete sul fuoco per altri cinque minuti, quindi mettete anche le zucchine. Portate a cottura (il tempo medio è tra i 30 e i 40 minuti) e servite ben caldo.

Ristorante: Al 53, Napoli

Zuppa antica Pompei

Ingredienti per 4 persone:
200 g di farro
500 g di palamita
4 cucchiai di olio extravergine di oliva
2 cucchiai di colatura di alici
origano
1 spicchio d'aglio
4 crostoni di pane
sale q.b.

Mettete a mollo il farro per circa sei ore, poi bollitelo per circa mezz'ora. Rosolate l'aglio e filettate la palamita, tagliatela alla julienne e aggiungetela al farro. Lasciate insaporire per circa 10 minuti aggiungendo un cucchiaino di colatura di alici e un filo d'olio di oliva. Infine, a crudo, ancora un po' olio e origano selvatico, quindi i crostoni.

Ristorante: San Pietro, Cetara

Zuppa di bianchetti con crema di asparagi profumata al limone

Ingredienti per 4 persone:
300 g di bianchetti
400 g di asparagi di montagna
50 g di ricotta stagionata di bufala
olio extravergine di oliva
1 limone

Calate gli asparagi in una pentola con acqua bollente, aggiungendo la buccia del limone. Fate cuocere per 15 minuti. A caldo frullate il tutto facendo assorbire lentamente l'olio extravergine di oliva. Fate raffreddare e mettete in frigo. Prima di servire, riscaldate per 5 minuti a bagnomaria la crema di asparagi aggiungendo i bianchetti crudi. Al centro di un piatto fondo disponete un mestolo di crema con i bianchetti, grattugiate la ricotta stagionata di bufala, aggiungete un filo d'olio extravergine e un po' di pepe bianco di mulinello.

Ristorante: Le Colonne, Caserta

Zuppa di ceci

Ingredienti per 6 persone:
400 g di ceci
olio extravergine di oliva
un ciuffo di prezzemolo
peperoncino e sale q.b.
1 spicchio d'aglio
6 fette di pane biscottato

Cuocete i ceci dopo averli tenuti in acqua tiepida per 12 ore e aggiungete il sale a cottura quasi ultimata. Adagiate il pane biscottato in una scodella e mettete sopra i ceci. Condite con olio extravergine, una spruzzata di prezzemolo, uno spicchio di aglio schiacciato e peperoncino. Servite caldo.

Ristorante: Al Frantoio, San Mauro Cilento

Zuppa di cozze e monacelle

Ingredienti per 4 persone:
freselle
250 g di salsa forte
1 kg di polipo
2 kg di cozze
300 g di monacelle
olio extravergine di oliva

Soffriggete aglio e olio, quindi aggiungete un po' di salsa forte acquistata già pronta dal macellaio e fate cuocere per circa mezz'ora. Lasciate raffreddare e filtrate con un colino molto sottile. A parte aprite le cozze, lessate il polipo conservandone l'acqua e le monacelle dopo averle lavate bene. Bagnate le freselle con l'acqua del polipo e sistematevi sopra cozze, polpo e monacelle, quindi aggiungete il soffritto.

Ristorante: Il Leon d'Oro, Napoli

Zuppa di fagioli

Ingredienti per 6 persone:
400 g di fagioli
olio extravergine di oliva
pane biscottato integrale
2 pomodori
1 gambo di sedano
1 spicchio d'aglio
sale e peperoncino q.b.

Mettete a bagno i fagioli per 12 ore in abbondante acqua tiepida. Scolateli e fateli cuocere per circa 2 ore in acqua insieme al sedano e salate solo a cottura quasi ultimata. Passateli poi in una pentola, dove avete soffritto nell'olio l'aglio e i pomodori. Mettete in un piatto il pane biscottato e versatevi sopra i fagioli aggiungendo a crudo un filo di olio extravergine di oliva del Cilento.

Ristorante: Al Frantoio, San Mauro Cilento

Zuppa di gamberi, cicorie selvatiche e crostini agliati

Ingredienti per 4 persone:
600 g di gamberi sgusciati
2 kg di cicorie selvatiche
1 carota
1 gambo di sedano
cipolla
10 cl di olio extravergine di oliva
1 spicchio d'aglio
sale e pepe q.b.
pane per crostini

Sgusciate i gamberi, mettete da parte le code e con le teste preparate una bisque leggera aggiungendo la carota, il sedano e la cipolla. Al termine scolate e filtrate. Lessate separatamente la cicoria dopo averla pulita e lavata con cura. Scolate bene e tagliatela finemente, aggiungetela alla bisque e lasciate cuocere per ancora dieci minuti. Cuocete a parte le code dei gamberi al vapore e uniteli alla cicoria. Servite accompagnando con crostini agliati.

Ristorante: Taverna del Capitano, Nerano

Zuppa di pesci, crostacei e molluschi

Ingredienti per 4 persone:
4 piccole aragoste di Palinuro
4 scorfani
4 polipetti
4 tranci di murena
4 tranci di cernia rossa
frutti di mare
500 g di pomodori
1 cipolla
1 spicchio d'aglio
prezzemolo
olio extravergine di oliva
sale q.b.
acqua di mare q.b.
4 fette di biscotto di pane

Imbiondite la cipolla e l'aglio in una casseruola bassa. Aggiungete i polipetti e le aragoste, dopo qualche minuto unite gli altri pesci, i pomodori, il prezzemolo e l'acqua di mare. A fine cottura dovrà rimanere abbondante sugo per bagnare il pane biscottato. Decorate con i frutti di mare.

Ristorante: La Taverna del Pescatore, Castellabate

Zuppa di scorfano

Ingredienti per 6 persone:

600-700 g di scorfano
olio extravergine di oliva
200 g di pomodorini
sale e peperoncino q.b.

Preparate un composto con olio, aglio, peperoncino e pomodorini facendo cuocere per qualche minuto. Aggiungete quindi lo scorfano, coprite e fate cuocere per 20 minuti.

Ristorante: 'O Canonico 1898, Sorrento

Zuppa di spollichini alla napoletana

Ingredienti per 6 persone:

1,8 kg di fagioli con baccello
600 g di pomodori freschi
130 g di olio extravergine di oliva
2 spicchi d'aglio
origano
sedano a pezzetti
sale e pepe q.b.

Gli spollichini, apprezzatissimi dai napoletani, sono squisiti e saporiti fagioli freschi sgranati che si cucinano a zuppa o all'insalata.

Sgranate i fagioli e cuoceteli, ricoperti d'acqua, a fuoco medio per circa un'ora e mezza.

Fate soffriggere l'aglio e l'olio, versate i pomodori aggiungendo sedano, sale, pepe, un po' di origano e lasciate addensare la salsa per una mezz'oretta.

Dopo un'ora e mezza che i fagioli cuociono, senza levarli dal fuoco perché non perdano il bollore, versate immediatamente la salsa bollente. La zuppa non dovrà essere eccessivamente brodosa.

Ristorante: La Cantinella, Napoli

Zuppa di stocco e patate

Ingredienti per 6 persone:

1,5 kg di stocco
1,5 kg di patate
300 g di pomodori pelati
120 g di olio di oliva
aglio
prezzemolo
peperoncino forte
sale q.b.

Fate rosolare l'aglio nell'olio, aggiungete il pomodoro e, dopo cinque minuti di fuoco moderato, le patate, che coprirete d'acqua.

Dopo una mezz'ora aggiungete lo stoccafisso, il peperoncino, il sale e fate cuocere finché le patate non saranno leggermente sfatte, rifinite col prezzemolo tritato.

Ristorante: La Cantinella, Napoli

Zuppetta di cicoria selvatica con frutti di mare e gamberetti

Ingredienti per 6 persone:
1 kg di cicoria lessata e tagliata a piccoli pezzi
100 g di vongole
100 g di gamberetti sgusciati
100 g di tartufi di mare
100 g di arselle
100 g di cozze
300 g di pane biscottato integrale
1 spicchio d'aglio
1 cipolla piccola
olio extravergine di oliva
vino bianco per sfumare
sale e pepe q.b.

Soffriggete la cicoria con aglio e cipolla, quindi sfumatela con il vino. Aggiungete acqua e portate ad ebollizione. Mettete i gamberetti crudi sgusciati e aggiustate di sale, quindi fate riposare. A parte aprite i frutti di mare, sgusciate le cozze e unite alla cicoria tutto il sughetto dei frutti di mare. Mettete il pane biscottato sul fondo piatto con un filo d'olio e copritelo con la cicoria.

Ristorante: Il Granaio dei Casabella, Paestum

Zuppetta di polipo e ceci

Ingredienti per 4 persone:
500 g di polipi veraci
250 g di ceci
1 bicchiere di vino bianco
olio extravergine di oliva
aglio
cipolla
sale q.b.

Lessate i polipi e conservatene l'acqua, fate raffreddare e tagliate a tocchetti. Cuocete i ceci dopo averli lasciati in ammollo in acqua fredda per tutta la notte e, a parte, preparate un soffritto con aglio e olio, quindi aggiungete il polipo lessato e tagliuzzato. Bagnate con un po' di vino bianco, unite un po' d'acqua conservata del polipo e infine i ceci. Fate cuocere per circa 30 minuti e servite in terrine accanto a crostini con aggiunta di un filo d'olio a crudo.

Ristorante: Leucio, Caserta

Zuppetta di seppie con olive nere e borlotti

Ingredienti per 4 persone:
250 g di seppie
200 g di borlotti
200 g di olive verdi
1 spicchio d'aglio
olio extravergine di oliva
sale e peperoncino q.b.
prezzemolo tritato finemente

Pulite e tagliate le seppie alla julienne, quindi soffriggetele in aglio, olio e peperoncino. Aggiungete i borlotti precedentemente lessati e, dopo circa 15 minuti, unite le olive e, infine, il prezzemolo.

Ristorante: Terrazza Calabritto, Napoli

Primi piatti

Pinelli f 1835 Roma

Primi piatti

Anelli in guazzetto di seppioline, gamberetti e zucchine

Ingredienti per 4 persone:
360 g di anelli
300 g di gamberi rosa
400 g di seppie
200 g di zucchine
sale, pepe nero
prezzemolo
aglio
3 cucchiai di olio extravergine di oliva
2 pomodori San Marzano

Sgusciate i gamberi. Pulite le seppie privandole della pellicina esterna e delle interiora. Tagliatele a metà per la lunghezza e successivamente per la larghezza, ricavando delle striscioline. Sminuzzate il prezzemolo e l'aglio. In una padella unite seppie, zucchine, pomodori, aglio e olio e rosolate il tutto per un minuto. Aggiungete i gamberi, continuando la cottura per un minuto, sfumate il tutto con del vino bianco secco ed allungate con 2 bicchieri d'acqua. Continuate la cottura per 5 minuti, scolate gli anelli e saltateli per 30 secondi a fuoco vivace. Cospargete di prezzemolo e riponete nel piatto.

Ristorante: Terrazza Calabritto, Napoli

Antichi zitoni col ragù di Ferragosto

Ingredienti per 4 persone:
500 g di zitoni lunghi
1 spicchio d'aglio
250 g di pomodorini
150 g di pomodori secchi in olio
olio extravergine di oliva
capperi
basilico
sale e peperoncino q.b.

In una padella capace fate soffriggere l'olio extravergine di oliva e uno spicchio d'aglio tritato. Lasciatelo imbiondire e quindi aggiungete i capperi, precedentemente lavati, i pomodorini schiacciati, il peperoncino e qualche foglia di basilico. Fate cuocere la salsa per una quindicina di minuti e a cottura quasi ultimata aggiungete i pomodori secchi triturati. Abbassate la fiamma, per una cottura lenta, e mescolate. Nel frattempo fate bollire alcuni litri di acqua e salate prima di calare gli zitoni lunghi spezzati; controllate la cottura con molta attenzione versando un filo di olio crudo nella pentola per non farli attaccare fra di loro. Appena cotti, scolateli e versateli nella padella con il sugo. Per completare, un'abbondante cascata di basilico fresco. Mescolate energicamente e servite in piatti da portata.

Ristorante: La Cala delle Lampare, Praiano

Bavette al sugo di totano con uva passita e pinoli tostati

Ingredienti per 4 persone:
280 g di bavette
500 g di totano fresco
50 g di uvetta passita
200 g di pomodori freschi
20 g di pinoli
60 g di olio extravergine di oliva
prezzemolo a foglie q.b.
1 spicchio d'aglio
sale e pepe q.b.

Pulite e tagliate a pezzi di media grandezza il totano, quindi fate rosolare l'aglio con l'olio extravergine di oliva e, quando l'aglio si è imbiondito, aggiungetevi il pesce. A questo punto unite i pomodori divisi a metà, i pinoli tostati al forno, l'uvetta passita e, alla fine, il prezzemolo a foglie. Bagnate con un mestolino di acqua calda, aggiungete un pizzico di sale e di pepe e, una volta coperto, lasciate cuocere per circa 10-12 minuti. Mantecate la pasta cotta al dente con la salsa ottenuta e servite caldo.

Ristorante: La Volpe Pescatrice, Furore

Bavette con alici fresche

Ingredienti per 4 persone:
350 g di bavette
300 g di alici pulite
200 g di pomodorini freschi
aglio
olio extravergine di oliva
peperoncino fresco
sale q.b.

Fate soffriggere in un tegame l'aglio intero, aggiungete i pomodorini tagliati a pezzetti e fate appassire per pochi minuti. A parte, fate cuocere molto al dente la pasta e mantecatela nel tegame con i pomodorini appassiti e le alici sminuzzate. Spolverate con prezzemolo e peperoncino fresco.

Ristorante: Antico Vico, Gaeta

Bocconcino di pasta fresca con broccoli e frutti di mare

Ingredienti per 4 persone:

Per la pasta:
400 g di farina
3 uova
2 gusci d'acqua
sale q.b.

Per il ripieno:
1 kg di broccoli baresi
4 kg di vongole, tartufi di mare e cozze
qualche foglia di basilico
2 spicchi d'aglio
olio extravergine di oliva

Preparate la pasta all'uovo secondo il metodo classico e riducetela a fazzoletti quadrati di circa 15 cm per lato. Cuoceteli in abbondante acqua salata. A parte fate cuocere i frutti di mare in un tegame largo, su una base di 3 cucchiai d'olio extravergine e uno spicchio d'aglio. Appena pronti fateli raffreddare e sgusciateli avendo premura di conservare l'acqua di cottura. Cuocete al vapore i broccoli, e, dopo la cottura, tritateli al coltello con delle foglie di basilico insieme alla metà dei frutti di mare precedentemente sgusciati. Disponete i fazzoletti di pasta su un ripiano e sistematevi al centro due cucchiai del preparato di broccoli e frutti di mare e richiudete i lembi della pasta attorcigliandoli in modo da creare un fagottino. In una padella ampia, preparate una base di olio extravergine e uno spicchio d'aglio, versate la parte restante dei frutti di mare con la propria acqua, poggiatevi poi i fagottini con delicatezza e portateli a temperatura. Servite infine in una ciotola con un mestolo di sughetto e un filo d'olio extravergine a crudo.

Ristorante: Umberto a Mare, Ischia

Bucatini al cartoccio

Ingredienti per 6 persone:
500 g di bucatini
300 g di calamaretti
300 g di scampi
300 g di gamberetti
300 g di cozze
300 g di vongole
300 g di pomodorini
olio extravergine di oliva di Sorrento
prezzemolo
sale e peperoncino q.b.

In un ampio tegame soffriggete l'aglio e il peperoncino nell'olio sorrentino. Aggiungete i pomodorini tagliati a pezzetti, i calamaretti puliti, gli scampi, i gamberetti, le cozze e le vongole, unendo dopo qualche minuto una manciata di prezzemolo. Coprite e fate cuocere per circa 10 minuti. Cuocete i bucatini e scolateli bene al dente. Assemblate il tutto, formando un cartoccio e passate al forno ben caldo per 10 minuti. Servite subito.

Ristorante: 'O Canonico 1898, Sorrento

Bucatini alla Caruso

Ingredienti per 4 persone:
500 g di bucatini
1 kg di pomodori San Marzano
2 peperoni gialli o rossi
2 zucchine
olio extravergine di oliva
peperoncino rosso
origano
basilico
aglio

A fuoco lento fate soffriggere due spicchi d'aglio e toglieteli appena si sono imbionditi. Spezzettate a mano i pomodori San Marzano e tagliate a listerelle i peperoni. Mettete tutto in un tegame e alzate il fuoco condendo con sale, un pizzico di origano e tanto basilico. Aggiungete poi il peperoncino rosso.

A parte tagliate le zucchine a rondelle, infarinatele e friggetele in olio extravergine di oliva. Scolate infine al dente i bucatini, saltateli in padella con il sugo di pomodoro e peperoni e cospargete di zucchine.

Ristorante: Hotel Vesuvio - Caruso Roof Garden, Napoli

Calamarata

Ingredienti per 4 persone:
500 g di pasta a forma di anelli
500 g di calamari
300 g di pomodorini freschi
olio extravergine di oliva
prezzemolo
aglio
peperoncino
sale
vino bianco secco

In una padella con dell'olio di oliva fate soffriggere aglio e peperoncino, quindi aggiungete i calamari tagliati a disco dopo averli accuratamente puliti e sfumate con del vino bianco. Unite poi i pomodorini tagliati a pezzetti e lasciate cuocere per circa 10 minuti. Scolate al dente la pasta e mantecate con i calamari in padella. Servite con un'abbondante spruzzata di prezzemolo.

Ristorante: La Cantina di Sica, Napoli

Calamarata ai frutti di mare

Ingredienti per 4 persone:
400 g di calamarata di Gragnano
800 g di frutti di mare a scelta
200 g di gamberetti e scampi
1 cucchiaino di colatura di alici di Cetara
4 pomodorini di Furore
1 spicchio d'aglio
prezzemolo
olio extravergine di oliva
sale

Soffriggete l'aglio in un tegame, aggiungete i frutti di mare e aspettate che si aprano. Mettete i pomodorini, un cucchiaino di colatura, i gamberetti e gli scampi, e lasciate cuocere il tempo necessario a preparare la pasta. Versate la calamarata al dente nel tegame, lasciate cuocere ancora cinque minuti e prima di servire mettete il prezzemolo.

Ristorante: 'A Paranza, Atrani

Calamarata con polipo e frutti di mare

Ingredienti per 4 persone:
400 g di pasta ad anelli
200 g di vongole
200 g di cozze
200 g di polipo
4 pomodorini
1 spicchio d'aglio
prezzemolo fresco
olio extravergine di oliva
vino bianco
brodo vegetale

Fate rosolare l'aglio in una pentola con olio extravergine di oliva, quindi aggiungetevi i molluschi sgusciati e il polipo tagliato a pezzetti. Bagnate con un po' di vino bianco e unite i pomodorini tagliati a metà. Versate la pasta nella pentola dopo avervi aggiunto brodo vegetale in proporzione sufficiente a cuocere gli anelli.

Ristorante: Dante e Beatrice, Napoli

Calamarata di Gragnano con cozze e melanzane

Ingredienti per 4 persone:
400 g di calamarata di Gragnano
2 kg di cozze di Gaeta
2 melanzane
2 l di olio di semi di arachide
1 spicchio d'aglio
4 pomodori pachino
sale
1 cucchiaino di olio al peperoncino
foglie di basilico
prezzemolo

Pulite le melanzane e tagliatele a dadi, lasciando la buccia. Infarinatele e friggetele nell'olio di semi di arachide. Sollevatele dalla frittura ancora bionde. A parte saltate in padella le cozze dopo averle fatte aprire. Aggiungete le melanzane e i pezzetti di pomodorino. Dopo sette minuti di cottura della pasta mantecate il tutto con un cucchiaino di olio al peperoncino e servite con foglie di basilico fresco e con una spruzzatina di prezzemolo.

Ristorante: Chinappi, Formia

Calamarata di pasta con scampi freschi di Nerano in salsa di zucca e pomodorini del piennolo

Ingredienti per 4 persone:

280 g di calamarata dei pastai gragnanesi
12 scampi freschi di Nerano di media grandezza
120 g di zucca gialla
120 g di pomodorini del piennolo
70 g di olio extravergine di oliva DOP delle colline vicane
1 spicchio d'aglio
1 ciuffo di prezzemolo da campo
sale e pepe macinato fresco q.b.

Pulite gli scampi, privateli della carcassa e metteteli da parte. Preparate un brodetto con le carcasse di scampi. Pulite e tagliate la zucca a cubetti, schiacciate i pomodorini con le mani e fatene fuoriuscire tutti i semi.

In una padella di media grandezza fate rosolare l'aglio con l'olio, quindi aggiungete la zucca a cubetti e lasciate cuocere per 5 minuti; aggiungete gli scampi puliti ed i pomodorini e bagnate con un bicchiere di brodetto; quindi salate il tutto e continuate la cottura ancora per qualche minuto.

Nel frattempo fate cuocere in acqua e sale la calamarata e scolatela. Quindi versate la pasta nella padella e fate saltare con il sugo preparato in precedenza, aggiungendo il pepe macinato fresco ed il prezzemolo. Prima di servire decorate il piatto con le teste e le chele degli scampi.

Ristorante: Il Terrazzino, Piano di Sorrento

Calamarata profumata

Ingredienti per 4 persone:
200 g di pasta calamarata
4 calamari da 150 g circa
400 g di pomodorini pachino pelati
1 spicchio d'aglio
50 g di capperi sotto sale
4 rami di finocchietto selvatico
1 ciuffo di basilico

Eviscerate i calamari e metteteli a bollire. Poi tagliateli a rondelle e fateli saltare in padella con l'aglio, l'olio, il basilico, i capperi puliti dal sale ed i pomodorini. Fate cuocere la pasta al dente e poi saltate il tutto in padella a fuoco vivace. Servite su un piatto piano e guarnite con il finocchietto selvatico che con il calore della pasta sprigionerà subito il suo tradizionale profumo.

Ristorante: Orestorante, Ponza

Calamari di Gragnano alle conchiglie con spinaci, pomodorini e cipollotti (Calamarata di Gragnano)

Ingredienti per 4 persone:
320 g di pasta di grano duro calamarata
1 cucchiaino d'aglio in confettura
olio extravergine di oliva
6 cipollotti di media misura
200 g di pomodorini
150 g di foglie di spinaci
500 g di tartufi di mare
300 g di vongole veraci
200 g di cozze
peperoncino
vino bianco secco

Fate aprire separatamente le conchiglie in un po' d'acqua e vino bianco a fuoco vivo per 5 minuti. Fate raffreddare, sgusciate e tenete da parte. Pulite gli spinaci e i cipollotti, e cuocete questi ultimi in abbondante acqua salata per 3 minuti. Fateli raffreddare e tagliateli a spicchi. Lavate anche i pomodorini, fateli sbollentare per alcuni secondi, scolateli ed immergeteli immediatamente in acqua e ghiaccio per permettere una facile pelatura. Tagliateli a metà e mettete anche questi da parte. Mentre bolle la pasta in abbondante acqua salata per 8 minuti circa, confezionate la salsa facendo soffriggere delicatamente l'aglio in confettura con un po' di peperoncino. Aggiungete i cipollotti e le conchiglie e fate cuocere insieme per alcuni minuti. Scolate la pasta al dente e versatela nella salsa, facendola mantecare con olio extravergine di oliva. Infine aggiungete le foglie di spinaci e i pomodorini, e servite ben caldo.

Ristorante: Le Sirenuse, Positano

Candele al ragù

Ingredienti per 4 persone:
400 g di candele
700 g di carne di maiale (costatine e muscolo)
2 kg di pelati
olio extravergine di oliva
concentrato di pomodoro q.b.
sale

Fate soffriggere in olio bollente i pelati e unitevi un po' di concentrato di pomodoro. Fate cuocere per un'ora e mezza dopo aver aggiunto le costatine e il muscolo di maiale. Aggiustate di sale. A parte cuocete la pasta al dente e, una volta scolata, mantecatela con il ragù per qualche minuto.

Ristorante: Il Leon d'Oro, Napoli

Candele con le tracchiulelle

Ingredienti per 6 persone:
500 g di pasta "candele"
1 kg di tracchiulelle (costatine di maiale)
1 kg di pomodori pelati
olio extravergine di oliva
1 cipolla
sale q.b.

Per fare il ragù con le tracchiulelle mettete a soffriggere una cipolla affettata finemente in olio di oliva, fatevi rosolare per qualche minuto la carne di maiale e fate poi continuare la cottura, per circa un'ora, insieme ai pomodori pelati. Cuocete a parte le candele e conditele con abbondante salsa.

Ristorante: 'O Canonico 1898, Sorrento

Cannelloni di nasello con gamberi e limone

Ingredienti per 4 persone:
200 g di farina
30 g di acqua
3 tuorli d'uovo
600 g di nasello
100 g di gamberi
100 g di olio extravergine di oliva
scorza di limone
burro
sale e pepe q.b.

Con uova, farina e acqua preparate una sfoglia e tagliatela a quadrati di circa 10 cm per lato. Tagliate la scorza di limone e lasciatela riposare in acqua salata per 15 minuti. Poi mettetela in una pentola con acqua fredda e portate ad ebollizione. Sgusciate i gamberetti e saltateli con olio, sale e le scorze di limone. Sfilettate il nasello, tagliatelo a dadini e conditelo a crudo con olio, sale e pepe. Fate cuocere le sfoglie di pasta in acqua e formate dei cannelloni riempendoli con il nasello. Adagiateli su una teglia imburrata e fate gratinare in forno per 5 minuti. Servite i cannelloni con la salsa di gamberi.

Ristorante: Torre del Saracino, Vico Equense

Cannolicchi con i cannolicchi

Ingredienti per 4 persone:
400 g di pasta di grano duro (formato ditali)
1 kg di cannolicchi di mare
250 g di pomodorini
2 spicchi d'aglio
10 cl di olio extravergine di oliva
1/2 bicchiere di vino bianco
prezzemolo
peperoncino
sale

Lasciate spurgare in abbondante acqua fredda i cannolicchi di mare. Fateli sbollentare per qualche minuto e filtrate il sugo della cottura, conservandolo a parte. In una padella fate riscaldare l'olio extravergine. Aspettate circa un minuto e aggiungete l'aglio tritato. Appena imbiondisce, versate nella padella i cannolicchi, alcuni dei quali sgusciati. Fate insaporire per qualche minuto e sfumate con vino bianco.

Appena evaporato il vino, salate e aggiungete i pomodorini precedentemente schiacciati. Lasciate cuocere per circa 10 minuti a fuoco lento. Portate a cottura la pasta di grano duro e scolatela per bene. Prima di condire, estraete dalla padella buona parte dei cannolicchi e teneteli in caldo in un altro recipiente. Aggiungete quindi la pasta e fate saltare in padella col rimanente sugo. Lasciate amalgamare e servite in piatti da portata aggiungendo a ciascuna porzione un mestolo di cannolicchi ed una spruzzata di prezzemolo tritato.

Ristorante: La Cala delle Lampare, Praiano

Caramelle ripiene di gamberi e radicchio in salsa di bianchetti, pomodorini e pomodori secchi

Ingredienti per 4 persone:
0,5 kg di gamberi freschi
250 g di radicchio
15 cl di olio extravergine di oliva
550 g di farina
4 uova
150 g di bianchetti
10 pomodorini
5 pomodori secchi

Prendete i gamberi e togliete le teste e il carapace (che verranno recuperati per fare del brodetto), tagliateli a pezzetti e fateli rosolare in un sauté con il radicchio tagliato a julienne; bagnateli quindi con del vino bianco e fate evaporare per un paio di minuti. Con il brodetto di gambero fate una besciamella con l'olio e la farina quindi mescolatela ai gamberi aggiustando di sale.

A parte preparate con la farina, le uova, tre cucchiai di olio e un pizzico di sale una pasta all'uovo che, dopo aver riposato per almeno mezz'ora, verrà tirata in una sfoglia sottile. Ritagliatela in rettangoli di circa 10 cm per 8 cm, ponetevi al centro un cucchiaio di ripieno ed infine avvolgete a modo di caramella. Fate cuocere in abbondante acqua salata le caramelle e nel frattempo in una padella fate imbiondire l'aglio nell'olio e aggiungete i bianchetti con un mestolo di brodo di gamberi e i pomodorini tagliati, un po' di prezzemolo tritato e fate cuocere per qualche minuto. Ponete al centro di ogni piatto 5 caramelle e condite con la salsa di bianchetti e pomodorini. Infine guarnite con una julienne di pomodori secchi.

Ristorante: Da Tonino, Capri

Carrettiera

Ingredienti per 4 persone:
400 g di spaghetti alla chitarra
4 filetti di acciughe
50 g di capperi
1 spicchio d'aglio
prezzemolo
pangrattato
olio extravergine di oliva

In una padella fate soffriggere l'aglio, le acciughe e i capperi precedentemente lavati. A parte, cuocete gli spaghetti in abbondante acqua salata, scolateli al dente e versateli in una padella nel sugo preparato. Fate saltare il tutto sulla fiamma unendovi del pangrattato e servite in tavola con del prezzemolo fresco tritato.

Ristorante: Cantina del Vescovo, Nocera Inferiore

Cartoccio dello chef

Ingredienti per 4 persone:
500 g di piselli
500 g di vongole
300 g di gamberetti
500 g di calamaretti
olio extravergine di oliva
1 cipolla
sale q.b.

Per la pasta fresca:
300 g di farina
6 uova

Preparate un pasta sfoglia con uova e farina e fate riposare. Nel frattempo fate soffriggere la cipolla e i piselli, poi aggiungete un po' di acqua e fate cuocere per circa 20 minuti. A parte fate cuocere insieme le vongole, i calamaretti e i gamberetti per circa 15 minuti. Frullate i piselli e mescolateli al pesce. Stendete la pasta con un mattarello e formate poi dei grossi cerchi che vi serviranno a preparare i cartocci. Lessateli leggermente e lasciateli raffreddare. Ponetevi al centro il ripieno di piselli e gamberetti, chiudete il cartoccio di pasta e fate cuocere in forno per 5 minuti.

Ristorante: Sapore di mare, Vietri sul Mare

Cavatelli con foglie di cappero

Ingredienti per 4 persone:
350 g di cavatelli
200 g di pomodorini del piennolo
2 spicchi d'aglio
30 g di capperi sotto sale
1 mazzetto di foglioline tenere di cappero
peperoncino
olio extravergine di oliva

Fate soffriggere nell'olio gli spicchi d'aglio schiacciati a mano. Unitevi i pomodorini tagliati in due pezzi, i capperi sciacquati con cura sotto acqua corrente e le foglioline precedentemente sbollentate per circa un minuto. Infine una spruzzata di peperoncino in polvere e un po' di sale. Fate cuocere a fuoco vivace, mentre in abbondante acqua salata lesserete i cavatelli. Appena pronti, trasferiteli in padella saltando il tutto. Servite caldo.

Ristorante: Bacco, Furore

Cavatelli con gamberetti, pomodorini e pesto di rucola

Ingredienti per 4 persone:

Per la pasta:
200 g di farina 00
1 uovo intero
1 cucchiaio di olio extravergine di oliva
sale
acqua tiepida

Per la salsa:
500 g di gamberetti
100 g di pomodorini
1 ciuffetto di rucola
pesto di rucola
1 dl di olio extravergine di oliva
1 spicchio d'aglio
sale e pepe q.b.

Per il pesto di rucola:
1 mazzetto di rucola
50 g di mandorle pelate
2 filetti di alici salate
olio extravergine di oliva

Unite alla farina un uovo, un pizzico di sale, un po' di acqua (tiepida) e un filo d'olio e impastate fino ad ottenere un amalgama di media consistenza. Dopo aver fatto riposare l'impasto per un'ora, stendete una sfoglia molto sottile e formate i cavatelli con le dita. Preparate il pesto di rucola passando al frullatore tutti gli ingredienti. Fate rosolare in una padella l'aglio, l'olio e i gamberetti, unite i pomodorini tagliati a pezzetti e fate amalgamare il tutto per due minuti; quindi unite la rucola fresca e il pesto di rucola. Fate cuocere in abbondante acqua salata i cavatelli, scolateli al dente e uniteli alla salsa. Ripassate in padella e disponete nei piatti.

Ristorante: San Pietro, Positano

Cavatelli con porcini e ricotta di bufala

Ingredienti per 4 persone:
400 g di cavatelli fatti a mano
500 g di porcini freschi
150 g di ricotta di bufala
1 spicchio d'aglio
olio extravergine di oliva
basilico
sale e pepe q.b.

Fate saltare in padella i porcini tagliati a fette con l'olio e l'aglio. Aggiungete sale e pepe e fate cuocere a fuoco lento. A metà cottura aggiungete un mestolino d'acqua. Terminata la cottura, lavorate a fuoco spento la ricotta nel sughetto dei porcini, aggiungendo un po' di basilico fresco. Scolate i cavatelli e fateli saltare nel sugo di ricotta e porcini. Servite la pietanza ben calda.

Ristorante: La Pergola, Capaccio

Cavatelli con zucca rossa e filetti di alici

Ingredienti per 4 persone:
320 g di cavatelli
360 g di polpa di zucca rossa
80 g di filetti di alici sott'olio
10 g di prezzemolo a foglie
1 spicchio d'aglio
50 g di formaggio pecorino
40 g di olio extravergine di oliva
1 bicchiere di vino bianco
sale q.b.

Fate rosolare in una teglia l'aglio, quindi aggiungetevi i filetti di alici e la zucca tagliata a quadretti. Bagnate con vino bianco, unite il prezzemolo, poi il peperoncino e regolate di sale. A parte cuocete la pasta al dente e saltatela in padella con la salsa ottenuta. Cospargete i cavatelli di pecorino grattugiato e servite a tavola.

Ristorante: La Volpe Pescatrice, Furore

Cavatelli di semola ai sapori cilentani

Ingredienti per 5 persone:
400 g di cavatelli di semola
150 g di alici fresche sfilettate a tocchetti
5 filetti di alici interi e puliti
50 g di pomodori rossi secchi sott'olio tagliati a julienne
150 g di cuori di carciofo tagliati a julienne
150 g di punte di asparagi tagliati a rondelle
100 g di gamberetti sgusciati
1/2 bicchiere di vino bianco per sfumare
pepe macinato fresco
olio extravergine di oliva
1 spicchio d'aglio con camicia
brandy per flambare
sale q.b.
finocchietto selvatico

Fate riscaldare la padella, versatevi l'olio, fate imbiondire l'aglio e poi toglietelo. Aggiungetevi i 5 filetti di alici infarinati, fateli dorare e teneteli in caldo. Adagiate in padella i gamberetti, i cuori di carciofo, i pomodori secchi, gli asparagi ed infine le alici tagliate a pezzetti. Salate e pepate, quindi sfumate con il vino bianco ed ultimate la cottura per circa 3 minuti. Flambate con il brandy ed unite i cavatelli cotti al dente. Amalgamate il tutto per circa un minuto e servite in piatti caldi. Guarnite con un ciuffetto di finocchietto selvatico, la julienne di pomodoro secco e il filetto di alice dorato.

Ristorante: Il Granaio dei Casabella, Paestum

Cicerchie e pasta

Ingredienti per 4 persone:
400 g di torchietti (formato di pasta corto)
300 g di cicerchie
200 g di seppioline
200 g di vongole
200 g di pomodorini
formaggio grattugiato
olio extravergine di oliva
sale e pepe q.b.
aglio e prezzemolo q.b.

Mettete a bagno le cicerchie la sera prima, e bollitele la mattina seguente. A parte fate cuocere le seppioline. In un tegame fate poi soffriggere l'aglio e i pomodorini, quindi unite le cicerchie, le seppioline tagliate a julienne e le vongole. Lessate la pasta al dente e mantecatela in padella con aggiunta di formaggio grattugiato, pepe e prezzemolo.

Ristorante: La Conchiglia, Procida

Conventuale

Ingredienti per 4 persone:
320 g di spaghetti
10 noci secche
70 g di pecorino grattugiato (a piacere)
5 alici salate di Cetara
1/2 bicchiere di vino bianco
1 spicchio d'aglio tritato
olio extravergine di oliva
prezzemolo q.b.

Mettete in una padella contenente olio di oliva le alici spinate e uno spicchio di aglio tritato.

Sfumate con mezzo bicchiere di vino bianco e, a fiamma spenta, aggiungete le noci sgusciate e tritate. A parte fate cuocere gli spaghetti per circa 6 minuti e, dopo averli scolati, saltateli nel sugo di alici e noci per mezzo minuto.

A questo punto spruzzate nella padella il pecorino grattugiato (a piacere) e fate cuocere per un altro mezzo minuto. Aggiungete un mestolo dell'acqua di cottura della pasta e lasciate sul fuoco fino ad ottenere un sughetto leggero. L'operazione deve durare al massimo un minuto. Decorate il bordo del piatto con un trito di pecorino, prezzemolo e noci spezzettate finissimamente.

Ristorante: Trattoria del Padreterno, Salerno

Crespelle all'Excelsior

Ingredienti per 4 persone:
8 crespelle di pasta fresca
350 g di funghi porcini
2 tazze di brodo
1 provola affumicata
100 g di burro
250 g di farina
2 uova
100 g di parmigiano grattugiato
sale e pepe q.b.
salsa besciamella q.b.

Con il burro, la farina e il brodo preparate un composto piuttosto compatto a cui aggiungerete i funghi porcini tagliati e trifolati, i tuorli d'uovo e il parmigiano. Unitevi poi la provola affumicata tagliata a cubetti. Con questo ripieno farcite le crespelle, adagiatele quindi delicatamente su una teglia ricoperta da salsa besciamella e spolveratele di parmigiano e burro fuso. Mettetele in forno ad una temperatura di 180° per 15 minuti e servitele calde.

Ristorante: Excelsior, Napoli

Crespelle con carciofi e formaggio di capra

Ingredienti per 4 persone:
1 l di latte parzialmente scremato
200 g di farina 00
100 g di mascarpone
500 g di formaggio di capra di Scala
4 carciofi di media grandezza
100 g di burro
parmigiano
sale, pepe e noce moscata q.b.

Preparate una salsa besciamella. Mettete il burro al fuoco in una casseruolina piuttosto fonda, appena è fuso versatevi a pioggia la farina, mescolate col cucchiaio di legno e lasciate cuocere qualche secondo. Versatevi a poco a poco il latte freddo, continuando a mescolare. Per la cottura della farina e l'assorbimento del latte occorrono circa 15 minuti, aggiungete quindi il mascarpone ed i carciofi puliti tagliati e spadellati precedentemente. Aggiustate con sale, pepe, noce moscata e parmigiano. Aggiungete infine al composto il formaggio di capra tagliato a cubetti ed amalgamate. Preparate le crespelle, tagliatele e sistematele in una teglia imburrata e spolverate con parmigiano e burro fuso. Cuocete in forno a 200° per circa 10 minuti.

Ristorante: Da Salvatore, Ravello

Ferrazzuoli alla Nannarella

Ingredienti per 4 persone:
400 g di ferrrazzuoli (pasta a mano di Gragnano piegata al ferretto) o di fusilli
10 g di uva passa
10 g di pinoli
100 g di polpa di pomodoro
200 g di pesce spada affumicato
1 spicchio d'aglio
sale e pepe q.b.
qualche fogliolina di rucola spontanea
olio extravergine di oliva

Soffriggete l'olio con l'aglio e aggiungete la polpa di pomodoro e il pesce spada tagliato a dadini. Sfumate con vino bianco e unite i pinoli e l'uva passa. Portate a cottura la pasta a mano, scolate al dente e spadellate col sugo unitamente alla manciata di foglie di rucola. Servite in piatti da portata ben caldi utilizzando qualche foglia di rucola fresca per la guarnizione.

Ristorante: Bacco, Furore

Fettucce di Gragnano con cozze, timo e bottarga di muggine

Ingredienti per 4 persone:
400 g di fettucce di Gragnano
1 kg di cozze
30 g di bottarga di muggine
olio extravergine di oliva
aglio, timo, basilico, prezzemolo
sale e pepe q.b

Pulite le cozze e fatele aprire in una pentola con pochissima acqua. Sgusciatele e tenete da parte l'acqua di cottura. In una padella imbiondite l'aglio nell'olio, con prezzemolo, timo e basilico. Aggiungete il liquido di cottura delle cozze. Cuocete le fettucce ben al dente, saltatele in padella con il sugo e aggiungete le cozze. Componete il piatto aggiungendo alla fine la bottarga grattugiata.

Ristorante: Torre del Saracino, Vico Equense

Fettuccelle ai fiori di zucca

Ingredienti per 4 persone:
400 g di farina
4 uova
20 fiori di zucca
1 cipolla
1 spicchio d'aglio
1 bustina di zafferano
1 ciuffo di prezzemolo
olio extravergine di oliva
burro
pecorino grattuggiato
peperoncino in polvere
brodo
sale q.b.

Impastate farina e uova sino ad ottenere un impasto elastico per poterlo stendere con il mattarello in modo molto sottile. Lasciatelo riposare per 30 minuti. Tagliate la pasta ricavando le fettuccelle.

Tritate l'aglio, la cipolla e soffriggete in olio e burro. Lavate e asciugate i fiori di zucca, tritateli e fateli soffriggere con aglio e cipolla a fuoco lento aggiungendo il peperoncino e un pizzico di sale. Passate tutto in frullatore e mettete il composto in un tegame aggiungendo lo zafferano sciolto nel brodo. Dopo aver cotto le fettuccelle conditele con la salsa di fiori di zucca, prezzemolo tritato, pecorino.

Ristorante: Villa Matilde, Cellole

1. Alici marinate a Ischia. (© Stockfood)

2. Calamari e pomodori. (© Stockfood)

3. Calamari scottati alla griglia. (© Stockfood)

4. Carpaccio di polipo. (© Stockfood)

5. Crocché di patate. (© Stockfood)

6. Filetto di tonno rosso. (© Stockfood)

7. Fiori di zucca ripieni di ricotta, provola, salame e acciughe. (© Stockfood)

8. Fritturina di gamberi. (© Stockfood)

9. Gamberetti con carciofi ai sapori dell'orto. (© Stockfood)

10. Impepata di cozze. (© Stockfood)

11. Insalata di mare (con aggiunta di pomodorini). (© Stockfood)

12. Involtini di alici con ricotta e menta. (© Stockfood)

13. Ostriche al gratin. (© Stockfood)

14. Parmigiana di melanzane. (© Stockfood)

15. Polpette di melanzane. (© Stockfood)

16. Sauté di vongole. (© Stockfood)

Fettuccine al nero di seppia con calamaretti e zucchine

Ingredienti per 4 persone:

Per la pasta a mano:
500 g di farina di grano duro
3 uova
acqua q.b.
1 vescica di seppia
1 pizzico di sale

Per il sugo:
250 g di calamaretti di coffa
2 zucchine medie
5 pomodorini del piennolo
aglio
olio extravergine di oliva
sale e pepe
prezzemolo

Disponete la farina a fontana e aggiungete tutti gli ingredienti. Impastate fino ad ottenere un amalgama di media consistenza imbrunito dal nero di seppia al punto giusto. Stendete la sfoglia e passate nell'apposita macchinetta. Lasciate riposare la pasta. Soffriggete l'aglio in olio extravergine, aggiungete i calamaretti precedentemente sciacquati in acqua corrente. Lasciate rosolare per alcuni minuti, quindi unite i pomodorini tagliati a dadini. A cottura quasi ultimata (si consiglia, se occorre, di aggiungere un cucchiaio di brodo di pesce se disponibile o in sostituzione l'acqua di cottura della pasta) aggiungete le bucce di zucchine precedentemente tagliate a listelli. A parte cuocete le fettuccine in acqua salata per circa due minuti. Scolate e passate in padella. Mantecate a fuoco medio e servire con abbondante prezzemolo.

Ristorante: Il Capitano, Positano

Fettuccine con le castagne di Montella e i pinoli vesuviani

La castagna di Montella proviene dai comuni della provincia di Avellino, tra i 500 e i 1000 metri. La produzione complessiva si aggira intorno ai 50-60.000 q. La commercializzazione avviene dal 4 ottobre dell'anno di produzione. Il frutto è di pezzatura medio-piccola (70-90 pezzi per kg), forma rotondeggiante con faccia inferiore piatta, base convessa, polpa bianca, croccante e di sapore dolce.

Ingredienti per 4 persone:
300 g di fettuccine senza uova
10 castagne di Montella
2 cucchiai di pinoli sgusciati
olio extravergine di oliva
25 g di burro
caciotta di pecora poco stagionata dei Monti Lattari
parmigiano reggiano
1 spicchio d'aglio
prezzemolo
1/2 noce
1 foglia di alloro
sale e pepe

Lessate le castagne per 40 minuti in acqua salata con foglie di alloro e un cucchiaio d'olio. Sbucciate e setacciate le castagne. Sminuzzate i pinoli. Mettete a cuocere in una pentola la pasta. In una padella soffriggete l'olio e l'aglio aggiungendo poi le castagne, i pinoli, il burro e due cucchiai dell'acqua di cottura delle fettuccine; aggiustate di sale e pepe. Spadellate le fettuccine mentre aggiungete parmigiano e caciotta grattugiati; amalgamate e servite guarnendo con foglie di prezzemolo intere e 1/2 noce intera.

Ristorante: President, Pompei

Fettuccine con vongole e zucchine

Ingredienti per 4 persone:
400 g di fettuccine
800 g di vongole veraci
2 zucchine
1 spicchio d'aglio
olio extravergine di oliva

Mettete le vongole in una padella sul fuoco aggiungendo due mestoli d'acqua fino all'apertura completa delle stesse. Sgusciate le vongole e lasciate da parte il sugo di cottura. Soffriggete l'aglio e l'olio ed aggiungete il sugo delle vongole e le zucchine tagliate a listarelle. Saltate il tutto con la pasta e le vongole.

Ristorante: Aurora, Capri

Fettuccine di Gragnano al ragù di pesce

Ingredienti per 4 persone:
400 g di fettuccine di Gragnano
300 g di piselli sgusciati
40 g di funghi
400 g gamberi
300 g calamari
300 g seppioline
0,5 kg di pesce da zuppa
400 g di pomodori pelati
300 g olio extravergine di oliva
2 spicchi d'aglio
1 kg di frutti di mare misti
1/2 bicchiere di vino bianco
sale grosso q.b.

Sfriggete con olio e aglio, lasciate cuocere i pesci da zuppa e passateli, aggiungete i piselli freschi e un mestolo e mezzo d'acqua e fate cuocere per circa 20 minuti. Aggiungete poi seppioline, calamari e pelati e portateli a cottura. Gli ultimi 5 minuti mettete i funghi già ammollati nel vino, i gamberi sgusciati e i frutti di mare con il loro sugo filtrato, e, se gradito, un po' di pepe o nero o rosa.

Ristorante: Cantina di Triunfo, Napoli

Fettuccine tenebrose con totano nero dei Galli e pomodorini del piennolo

Ingredienti per 4 persone:
300 g di farina
3 uova
1 totano di 300 g
100 g di pomodorini del Vesuvio
nero di seppia
olio extravergine di oliva
aglio
peperoncino
prezzemolo
sale q.b.

Fate cuocere in una pentola il totano tagliato a pezzettini di circa due cm con un fondo di aglio, olio e pochi semi di peperoncino per circa venti minuti. Aggiungete a cottura quasi ultimata qualche pezzo di pomodorino. Nel frattempo preparate le fettuccine aggiungendo nell'impasto il nero di seppia. Cuocete le fettuccine ben al dente e saltate in una padella fino ad amalgamare il tutto.

Ristorante: Tasso, Sorrento

Frittata di spaghetti

Ingredienti per 6 persone:
400 g di spaghetti lessati
4 uova
200 g di formaggio grattugiato
100 g di salame
200 g di mozzarella di bufala
olio extravergine di oliva
sale q.b.

Unite tutti gli ingredienti a freddo in un recipiente e mescolateli. Mettete sul fuoco una padella con dell'olio e, quando questo diventa sufficientemente caldo, versatevi uno strato di frittata, poi il salame e la mozzarella. Infine coprite con un altro strato di frittata e, una volta cotto il primo, girate e fate dorare anche il secondo. Servite caldo.

Ristorante: Dante e Beatrice, Napoli

Fusilli ai fiori di primavera

Ingredienti per 4 persone
400 g di fusilli
500 g di fiori di zucca
500 g di granchietti
200 g di vongole
200 g di cozze
formaggio grattugiato
olio extravergine di oliva
aglio
prezzemolo
sale q.b.

Fate soffriggere aglio e olio aggiungendo poi i granchietti, le cozze, le vonvole e infine i fiori di zucca. Cuocete al dente la pasta e mantecatela in padella con il formaggio grattugiato.

Ristorante: La Conchiglia, Procida

Fusilli all'amalfitana

Ingredienti per 4 persone:
250 g di fusilli
250 g di zucchine
250 g di cozze
250 g di vongole
100 g di grana
formaggio grattugiato
olio extravergine di oliva
1 spicchio d'aglio
prezzemolo
2 pomodori per l'insalata
sale q.b.

Tagliate alla julienne le zucchine e mettetele da parte, quindi lessate le cozze e sgusciatele conservandone l'acqua. Preparate poi un sauté di vongole soffriggendo aglio e olio e aggiungendo le zucchine, le cozze con un po' della loro acqua e i pomodorini tagliati a pezzetti. Una volta lessata la pasta al dente, versatela nel sugo ottenuto e mantecatela con formaggio grattugiato per qualche minuto. Disponete nel piatto e guarnite con prezzemolo tritato al momento.

Ristorante: Terrazza Calabritto, Napoli

Fusilli con frutti di mare e broccoletti

Ingredienti per 4 persone:
350 g di fusilli
250 g di broccoletti
1 kg di frutti di mare tra vongole, cozze, casolare, tartufi di mare
olio extravergine di oliva
pepe
aglio e prezzemolo tritati

Fate soffriggere i broccoletti per 3-4 minuti, aggiungete i frutti di mare e aspettate che si aprano.

Sgusciate e aggiungete prezzemolo, aglio e pepe. Lessate la pasta al dente e saltatela in padella.

Ristorante: Caracalé, Procida

Fusilli con tartufi di mare, pecorino e basilico

Ingredienti per 4 persone:
280 g di fusilli
400 g di tartufi di mare del Golfo
80 g di olio extravergine di oliva DOP Penisola Sorrentina
120 g di pecorino stagionato avellinese
1 spicchio d'aglio
20 foglie di basilico fresco sorrentino
sale e pepe macinato fresco q.b.

In una padella di media grandezza rosolate l'olio con l'aglio ed aggiungete i tartufi di mare con mezzo bicchiere d'acqua. Aspettate che i tartufi si aprano. Togliete la padella dal fuoco, togliete i frutti dal guscio e metteteli da parte.

Cuocete in acqua e sale i fusilli e scolateli. Quindi versate nella padella la pasta ed i tartufi. Saltate il tutto aggiungendo il pecorino macinato, il basilico tagliato alla julienne ed il pepe macinato fresco. Servite e decorate il piatto di portata con un ciuffo di basilico fresco.

Ristorante: Il Terrazzino, Piano di Sorrento

Fusilli della Baia

Ingredienti per 4 persone:
250 g di pesce spada tagliato a cubetti
300 g di zucca
400 g di fusilli freschi
vino bianco
formaggio grattugiato
1 spicchio d'aglio
olio extravergine di oliva
peperoncino
sale q.b.

Stufate la zucca con olio, aglio e peperoncino con aggiunta di acqua, quindi fate cuocere per circa 15 minuti finché il tutto si riduce a poltiglia. A parte passate in olio e aglio i cubetti di pesce spada, spruzzate con vino bianco ed eliminate l'aglio. Unite la zucca tenendo sul fuoco per qualche minuto. Lessate la pasta al dente, versatela nel sugo ottenuto e mantecatela aggiungendo un po' di formaggio grattugiato. Servite in una cialda di formaggio precedentemente preparata e, alla fine, decorate con una spolverata di prezzemolo tritato al momento.

Ristorante: Giuseppone a mare, Napoli

Fusilli di Gragnano al baccalà mantecato e provolone del monaco

Ingredienti per 6 persone:
600 g di fusilli di Gragnano (o linguine)
250 g di provolone del monaco
150 g di pomodorini
500 g di baccalà spugnato
3 spicchi d'aglio
olio extravergine di oliva
pepe e peperoncino
sale q.b.

Cuocete i fusilli in abbondante acqua salata. Deliscate il baccalà, poi infarinatelo e friggetelo in olio con aglio e peperoncino, aggiungete un poco di basilico e qualche pomodorino schiacciato, salate. Scolate la pasta e saltatela con la salsa preparata mantecando con il provolone del monaco grattugiato e aggiungendo un filo d'olio extravergine di oliva.

Ristorante: Silenzio Cantatore, Piano di Sorrento

Fusillo lungo con coccio, zucchine e provola

Ingredienti per 4 persone:

400 g di fusilli
250 g di coccio
200 g di zucchine
50 g di cipolla rossa
50 g di olio extravergine di oliva
100 g di provola
pomodorini
un po' di vino bianco

Soffriggete lentamente in una padella con l'olio la cipolla, aggiungete le zucchine e lasciate appassire con il vino. Aggiungete il coccio tagliato a tocchetti e qualche pomodorino. Cuocete per 3 minuti, amalgamate la pasta cotta e la provola per circa 2 minuti.

Ristorante: Le Trabe, Capaccio

Genovese

Ingredienti per 6 persone:

1,2 kg di punta di scamone di manzo
1,5 kg di gambetto di prosciutto crudo
500 g di strutto
500 g di lardo
2 carote, 2 gambi di sedano, 1 mazzetto di odori
1,7 kg di cipolle
1 cucchiaino di concentrato di pomodoro
3 dl di vino bianco secco
2 dl di olio extravergine di oliva
sale q.b.

Si chiama così ma nessuno a Genova la conosce. Sulla nascita di questa salsa di carne, che viene usata per condire la pasta, ci sono molte leggende metropolitane. C'è chi parla di un gruppo di marinai genovesi che la cucinavano al porto, chi di marinai napoletani che la impararano a Genova, forse un monsiù di Ginevra (Genève) la introdusse per primo. Fatto sta che, dopo il ragù, è il piatto nazionale all'ombra del Vesuvio, il vero piatto tipico da far provare all'ospite forestiero, un calcio di rigore al palato perché la genovese, come la cioccolata, non può che piacere a tutti. Ed è per questo motivo che la proponiamo in una versione particolare.

Tritate finemente cipolle, carote, sedano, odori, lardo e prosciutto. In una casseruola capiente mettete il trito, la carne legata, l'olio, lo strutto, il concentrato di pomodoro, sale e pepe. Coprite e cuocete a fuoco molto lento per almeno un'ora e mezza. Scoprite il recipiente e alzate il fuoco per far rosolare la carne, quindi versate il vino a più riprese, regolate la fiamma medio-bassa e proseguite la cottura allungando se occorre con acqua fino a quando la carne sarà morbida e la salsa scura, densa e quasi cremosa. Tagliate a fette non sottili, condite con poca salsa e servite guarnendo con purea di patate cui si sarà aggiunta una grattugiata di noce moscata.

Pasta consigliata: paccheri, ziti spezzati, maltagliati, mezzanelli
Ristorante: Vadinchenia, Napoli

Gnocchetti con baccalà

Ingredienti per 6 persone:

Per l'impasto:
500 g di farina

Per il sugo:
500 g di baccalà
prezzemolo
3 cucchiai di olio extravergine di oliva
pecorino grattugiato
2 spicchi d'aglio
pepe

Fate soffriggere in una padella larga aglio e olio, aggiungete i filetti di pomodorino e fate cuocere per dieci minuti. Pulite il baccalà togliendo le spine e la pelle e aggiungetelo ai pomodorini con prezzemolo e pepe facendolo cuocere per altri 30 minuti. Nel frattempo impastate la farina con l'acqua e fate piccoli gnocchi. Fateli bollire in una pentola e quando sono saliti in superficie toglieteli e versateli nel sugo. Mantecate in pentola con un po' di pecorino e servite.

Ristorante: Villa Matilde, Cellole

Gnocchetti di melanzane alle vongole

Ingredienti per 4 persone:

Per gli gnocchi:
500 g di farina
2 melanzane
1 uovo
1 patata bollita
sale e pepe q.b.

Per la salsa:
200 g di vongole
6 pomodorini del piennolo
aglio
olio extravergine di oliva

Sbucciate le melanzane, tagliatele a fette e mettetele al forno in una teglia con sale e pepe. Lasciate asciugare per 10 minuti. Appena pronte, frullatele con un mixer fino ad ottenere una crema e aggiungetele all'impasto di farina, uovo, sale, pepe e una patata precedentemente bollita per alcuni minuti. Impastate il tutto fino ad ottenere un amalgama di media consistenza, stendetelo e ricavatene gli gnocchi della grandezza della falange di un dito. A parte sciacquate le vongole in abbondante acqua corrente e mettetele in padella con aglio e olio. Coprite con un coperchio e fate cuocere per alcuni minuti, mentre a parte soffriggerete per qualche minuto le bucce di melanzane tagliate a striscioline. Appena aperte le vongole, aggiungete i pomodorini e lasciateli cuocere ancora per un po'. Bollite gli gnocchi in acqua salata, scolateli e aggiungeteli al sugo. Ripassate in padella su fuoco medio e servite in piatti da portata decorando con le striscioline di melanzane.

Ristorante: Il Capitano, Positano

Gnocchetti di patate con alici, "pezzuttella" e finocchietto selvatico

Ingredienti per 4 persone:

Per gli gnocchi:
200 g di farina
1 kg di patate

Per la salsa:
400 g di alici fresche
150 g di pezzuttella (caciotta stagionata)
olio extravergine di oliva
finocchietto selvatico
aglio
sale q.b.

Cuocete le patate in acqua salata, schiacciatele e lasciatele raffreddare. Impastate con la farina e formate dei piccoli gnocchi. Nel frattempo pulite le alici, spinatele e cuocetele in padella con aglio e olio. Passate al setaccio. Cuocete gli gnocchi in acqua e saltate in padella con le alici e la "pezzuttella", servite aggiungendo il finocchietto selvatico.

Ristorante: Taverna del Capitano, Nerano

Gnocchetti di patate e carote con frutti di mare e zucchine al profumo di basilico

Ingredienti per 4 persone:
400 g di patate
200 g di carote
2 uova
olio extravergine di oliva
1 kg di farina
200 g di vongole
200 g di cozze
100 g di calamaretti
100 g di gamberetti sgusciati
100 g di zucchine
100 g di pomodorini

Preparate l'impasto per gli gnocchetti con le patate bollite e schiacciate, carote ed uova, e confezionate gli gnocchi. Per il sugo, passate in padella con uno spicchio di aglio calamaretti, vongole, cozze, gamberetti e pomodorini.

A parte, sbollentate gli gnocchetti e poi manetacate il tutto aggiungendo le zucchine. Prima di servire aggiungete una julienne di basilico fresco e un filo di olio extravergine di oliva.

Ristorante: Antico Vico, Gaeta

Gnocchi con funghi porcini e friarielli

Ingredienti per 4 persone:
600 g di gnocchi di patate
300 g di friarielli
200 g di funghi porcini
1 arancia
1 spicchio d'aglio
olio extravergine di oliva
sale q.b.

Soffriggete in un po' di olio l'aglio, poi aggiungete i funghi porcini tagliati finemente e i friarielli e lasciate cuocere il tutto per 5 minuti. Fate cuocere gli gnocchi in abbondante acqua salata e conditeli con il condimento di funghi e friarielli. Aggiungete una buccia di arancia grattugiata prima di servire a tavola il piatto ben caldo.

Ristorante: Il Focolare, Casamicciola di Ischia

Gnocchi di melanzane con pomodoro fresco e provola affumicata

Ingredienti per 4 persone:
100 g di patate
100 g di farina
2 melanzane
80 g di olio extravergine di oliva
200 g di pomodori piccoli
200 g di pomodori San Marzano
150 g di provola affumicata
basilico
aglio
sale e pepe q.b.

Saltate in padella i pomodorini per qualche minuto con aglio, olio e basilico. Passateli al setaccio. Cuocete le melanzane avvolte in carta alluminio in forno e passate la polpa al setaccio. Bollite le patate e passatele al setaccio. Preparate gli gnocchi amalgamando patate, farina e melanzane e facendoli uscire da una tasca per pasticceria direttamente in una pentola di acqua bollente. In una padella mettete i pomodori a dadini, aglio, olio e basilico. Cuocete per pochi minuti e aggiungete gli gnocchi e la provola a dadini. Saltate il tutto e servite.

Ristorante: Torre del Saracino, Vico Equense

Gnocchi di patate ai frutti di mare e fagiolini

Ingredienti per 4 persone:
400 g di gnocchi
1 kg di frutti di mare
400 g di fagiolini
olio extravergine di oliva
aglio, salvia e basilico
sale q.b.

Fate aprire i frutti di mare in padella con olio e aglio. In acqua bollente cuocete gli gnocchi e una volta saliti a galla, scolatellli e saltateli in padella insieme ai fagiolini scaldati precedentemente. Guarnite con salvia e basilico.

Ristorante: Tavernelle, Paestum

Gnocchi di patate al pomodoro fresco con ricottina di Agerola leggermente affumicata e guarnizioni di pesto leggero

Ingredienti per 4 persone:
300 g di patate
200 g di farina
200 g di polpa di pomodoro
2 rossi di uovo
50 g di formaggio grattugiato
5-6 foglie di basilico fresco
100 g di scaglie di ricotta di Agerola affumicata
100 g di olio extravergine di oliva

Dopo aver preparato l'impasto necessario per realizzare gli gnocchi fate una salsa con pomodoro fresco e basilico con la quale servirete gli gnocchi ricoperti di scaglie di ricotta affumicata. Guarnite il piatto con salsa di pesto leggero e con una fogliolina di basilico al centro.

Ristorante: Il Principe, Pompei

Gnocchi di patate con zucchine, tartufi di mare e vongole veraci

Ingredienti per 6 persone:
400 g di farina
1 kg di patate a pasta gialla
2 uova fresche
sale q.b.

Per il condimento:
800 g di tartufi di mare
800 g di vongole veraci
300 g di zucchine
1 spicchio d'aglio
olio extravergine di oliva
prezzemolo
sale e pepe q.b.

Schiacciate le patate dopo averle lessate, unitele alla farina ed alle uova, aggiungete un pizzico di sale e lavorate il tutto ottenendo una pasta molto soffice e leggera. Fate tante listarelle spesse circa un centimetro, poi con un coltello tagliate tanti pezzetti lunghi circa due centimetri. Dopo averli incavati sistemateli su un telo infarinato. Fate aprire i tartufi e le vongole mettendoli in una padella con un coperchio, sgusciateli conservando il liquido che è fuoriuscito, tagliate le zucchine a julienne. Mettete l'olio in una padella facendo imbiondire l'aglio, unite le zucchine facendole cuocere per qualche minuto e aggiungete quindi le vongole e i tartufi con il liquido ricavato in precedenza. Dopo qualche minuto unite gli gnocchi lessati a parte, aggiustate di sale e pepe e saltate per qualche minuto. Servite con una manciata di prezzemolo tritato finemente.

Ristorante: Il Ceppo, Agropoli

Gnoccoloni di patate ripieni di ricotta e limone, alla polpa di granchio

Ingredienti per 4 persone:

Per gli gnoccoloni:
1 kg di patate
200 g di farina 00
500 g di ricotta
2 limoni
noce moscata
sale e pepe q.b.

Per il condimento:
200 g di pomodori ramati
300 g di polpa di granchio
fumetto di pesce
olio extravergine di oliva
sedano bianco
aglio q.b.

Pelate e bollite le patate, passatele al passaverdura e poi impastatele con la farina e le uova, sale, pepe e noce moscata. Per il ripieno lavorate la ricotta con la buccia di limone, il sale e il pepe. Stendete l'impasto con un matterello, tagliatelo con un tagliapasta rotondo di circa 8 cm, farcite gli gnoccoloni con il ripieno di ricotta, spennellate il bordo con dell'uovo sbattuto e chiudeteli come dei ravioli. Per la salsa alla polpa di granchio fate soffriggere aglio, olio e sedano tritato, unite la polpa di granchio e del pomodoro, aggiungete del fumetto di pesce e lasciate cuocere lentamente per 10 minuti. Cuocete gli gnoccoloni in acqua bollente, scolateli e mantecateli con il sugo.

Ristorante: Da Salvatore, Ravello

Lagane con fagioli e cozze

Ingredienti per 4 persone:
400 g di farina di grano
200 g di fagioli
1 kg di cozze
1 cipollotto
2 spicchi d'aglio
2 cucchiai di olio extravergine di oliva
pomodorini
prezzemolo
sedano
sale q.b.

Mettete i fagioli a bagno in un litro e mezzo d'acqua a temperatura ambiente per circa 6 ore. Al momento della cottura trasferiteli in una pentola di coccio, coprite con acqua, salate e unite il cipollotto pulito ma intero. Quindi portate ad ebollizione e lasciate cuocere a fuoco basso per circa un'ora; infine aggiungete i pomodorini privati dei semi e tagliati a pezzetti. Nel frattempo, impastate la farina con sale ed acqua, lavorando tutti gli ingredienti per 15 minuti. Tirate una sfoglia sottile, infarinatela, arrotolatela e tagliatene delle fettuccine larghe. Lasciatele cuocere con i fagioli per circa 10 minuti. A parte fate rosolare i due spicchi d'aglio, unite poi le cozze e fate cuocere per pochi minuti. Versate le cozze nella pentola con le lagane e fagioli e lasciate insaporire. Servite la minestra piuttosto densa con del peperoncino piccante.

Ristorante: 'A Cantina 'i Mustazz', Sapri

Lagane con gamberetti e olive

Ingredienti per 4 persone:
360 g di lagane
40 g di olio extravergine di oliva
20 g di olive verdi snocciolate
500 g di gamberetti
250 g di pomodorini del piennolo
sale
prezzemolo

Sgusciate i gamberetti e fatene soffriggere la polpa in una padella con aglio, olio extravergine e olive snocciolate. Lasciate rosolare e aggiungetevi i pomodorini privati dei semi e divisi a metà. Coprite con un coperchio e lasciate cuocere per 8-10 minuti. Regolate di sale e, a cottura ultimata, lasciate riposare. A parte fate cuocere le lagane in acqua bollente. A cottura quasi ultimata, scolate la pasta e aggiungetela al sugo di gamberetti. Lasciate insaporire per qualche minuto. Profumate infine con prezzemolo e servite caldo.

Ristorante: 'A Paranza, Atrani

Lagane con nastrini di peperoncini dolci e menta piperita

Ingredienti per 4 persone:
320 g di lagane
200 g di peperoni piccoli di diverso colore
50 g di olio extravergine di oliva
8 foglie di menta
1 spicchio d'aglio
sale q.b.

Grigliate i peperoni su fuoco moderato per circa 15 minuti e staccate delicatamente la pellicina. Tagliateli a nastrini sottili e versateli insieme con le foglioline di menta in una padella dove avrete fatto rosolare l'aglio. Bagnate con un mestolino di acqua, regolate di sale e lasciate insaporire per alcuni minuti. Cuocete al dente le lagane e ancora gocciolanti aggiungetele alla salsa. Ripassate in padella e servite in tavola caldo.

Ristorante: La Volpe Pescatrice, Furore

Lagane con sconcigli e pomodorini del piennolo

Ingredienti per 4 persone:
400 g di lagane
12 pomodorini del piennolo
1,5 kg di sconcigli (particolari molluschi di mare)
2 spicchi d'aglio
prezzemolo
olio extravergine di oliva
sale e pepe q.b.

Sbollentate in acqua bollente gli sconcigli fino a quando non si staccano dal guscio e, per estrarli, aiutatevi con uno stuzzicadenti. Filtrate l'acqua di cottura e conservatela a parte. Spezzettate gli sconcigli e disponeteli in padella facendoli soffriggere con aglio e olio extravergine. Aggiungetevi i pomodorini del piennolo e l'acqua precedentemente filtrata. Portate a cottura il pomodoro e lasciate riposare. Fate cuocere la pasta in acqua bollente e scolatela leggermente cruda. Aggiungete le lagane al sugo e completate in padella la cottura. Appena pronto, adagiate il tutto su un piatto da portata e servite caldo.

Ristorante: Lido Azzurro, Amalfi

Lagane con zucca e scampi profumate alla finocchiella

Ingredienti per 4 persone:

Per la pasta:
180 g di farina 00
1 uovo
20 g di latte
sale
olio extravergine di oliva
80 g di semola

Per la salsa:
120 g di zucca rossa
8 scampi di 100 g
1 spicchio d'aglio tritato
1 manciata di prezzemolo
olio extravergine di oliva
20 g di finocchiella
sale q.b.

Per preparare la pasta disponete la farina su una spianatoia a fontana e aggiungete tutti gli ingredienti. Lavorateli fino ad ottenere un impasto ben omogeneo e lasciate riposare per un po'. Stendete poi la pasta fino ad ottenere una sfoglia sottile, spolverate il piano di lavoro con della semola e tagliate la sfoglia a strisce lunghe 12 cm e larghe 25. In una padella fate soffriggere l'olio con l'aglio, aggiungete il prezzemolo, la zucca tagliata a bastoncini e infine gli scampi sgusciati. Mantenete il tutto sul fuoco per circa 10 minuti. Portate a cottura la pasta in acqua salata, scolatela e ripassatela in padella con la salsa. Disponete nel piatto aggiungendo la finocchiella per profumare.

Ristorante: La Caravella, Amalfi

Lagane e ceci

Ingredienti per 6 persone:
300 g di ceci
500 g di lagane
aglio
olio extravergine di oliva
peperoncino

Dopo aver messo a bagno i ceci per circa 12 ore in acqua tiepida, preparate le lagane impastando farina e acqua fino ad ottenere una pasta compatta. Tagliatela quindi a listarelle. Fate cuocere a questo punto i ceci e aggiungetevi il sale. Cuocete infine le lagane in abbondante acqua, scolatele e unitele ai ceci, condendo con olio extravergine di oliva (preferibilmente DOP Cilento) e aglio schiacciato. Servite caldo.

Ristorante: Al Frantoio, San Mauro Cilento

Lagane e ceci con gamberi

Ingredienti per 6 persone:
600 g di laganelle caserecce
600 g di gamberi rossi di Acciaroli
300 g di ceci
olio extravergine di oliva
prezzemolo q.b.
1 spicchio d'aglio

Dopo aver soffritto aglio e olio, saltate i gamberetti e aggiungete i ceci precotti. Fate cuocere le lagane per circa 15 minuti con una parte dei legumi, scolate il tutto e mantecate in padella. Servite il piatto ben caldo con una spruzzatina di prezzemolo tritato.

Ristorante: Giardiniello, Minori

Lasagnetta composta al ragù di scorfano

Ingredienti per 4 persone:
12 pezzi di pasta formato lasagna
1 scorfano di 800 g
300 g di pomodorini pachino
aglio
olio extravergine di oliva

Sfilettate lo scorfano e tagliatene la carne a dadini. Con la lisca e la testa preparate a parte un brodo, mettendole a cuocere con olio e acqua. Fate soffriggere in padella con aglio ed olio i dadini di pesce. Appena l'aglio imbiondisce aggiungete i pomodorini e qualche mestolo di brodo. Continuate la cottura fino a che la salsa non si sarà addensata. Lessate quindi le lasagnette e scolatele al dente. Versatele nel ragù di pesce e fate continuare poi la cottura. Servite alternando nei piatti le lasagnette al ragù di pesce. Terminate con un'abbondante manciata di prezzemolo tritato.

Ristorante: Eolo, Amalfi

Lasagnetta con ragù di astice in guazzetto di porcini

Ingredienti per 4 persone:
1 astice vivo di circa 600 g
200 g di porcini
pasta all'uovo formato lasagna
1 cipollotto novello
vino bianco
brodo vegetale
olio extravergine di oliva
basilico
aglio
farina
sale e pepe q.b.

Bollite e spolpate l'astice ricavandone dei medaglioni. Preparate la salsa con il cipollotto, l'olio di oliva ed il brodo, facendo addensare il tutto con un po' di farina. Passate in padella i porcini con olio, aglio e basilico, sfumando con mezzo bicchiere di vino bianco. Componete il piatto con le lasagnette scolate al dente, i porcini, i medaglioni di astice e la salsina.

Ristorante: Caruso, Sorrento

Linguine agli scampi

Ingredienti per 4 persone:
400 g di linguine
0,5 kg di scampi
200 g di pomodorini
aglio
olio extravergine di oliva
prezzemolo
sale e pepe q.b.

Tagliate a metà gli scampi, puliteli e lavateli. Mettete in una teglia aglio e olio, fate soffriggere e togliete l'aglio. Quindi lasciate soffriggere gli scampi e aggiungetevi i pomodorini tagliati a pezzetti. Infine aggiungete sale, pepe e prezzemolo. Scolate al dente le linguine e ripassatele in padella per un minuto.

Ristorante: Il Grigliaro, Pollica

Linguine ai frutti di mare

Ingredienti per 4 persone:
400 g di linguine
1 seppia
250 g di vongole
300 g di cozze
200 g di gamberi
1 dl di olio extravergine di oliva
2 spicchi d'aglio
3 pomodori
prezzemolo
sale e pepe q.b.

Fate aprire le cozze e le vongole, sgusciatele e filtrate l'acqua di cottura. In un tegame fate soffriggere l'aglio con l'olio; eliminate l'aglio e fatevi cuocere la seppia tagliata a piccoli pezzi. Appena cotta, aggiungete i pomodori e i gamberi.

Dopo 5 minuti unitevi le cozze, le vongole, il prezzemolo tritato e il pepe. Condite dunque le linguine lessate al dente.

Ristorante: Maria Grazia, Massa Lubrense

Linguine ai totani in salsa di arancia

Ingredienti per 6 persone:
600 g di linguine
2 totani
1 arancia
la buccia di 1 limone
1 scalogno
pangrattato
olio extravergine di oliva
sale q.b.

Lavate e pulite accuratamente i totani, tagliandoli alla julienne. In un'ampia padella, fate soffriggere lo scalogno tagliato a fettine sottili in olio di oliva, fino a farlo appassire, quindi aggiungete i totani. Nel frattempo, spremete l'arancia il cui succo va messo in una scodella sul fuoco per farlo ridurre di oltre la metà. Quasi a fine cottura dei totani, unite il succo e, al completamento della cottura del pesce, aggiungete la scorza del limone finemente grattugiata.

Amalgamate con una spolverata di pangrattato, lessate le linguine al dente e, dopo averle scolate, versatele in padella con il sugo, bagnando, se necessario, con un po' di acqua di cottura della pasta.

Ristorante: Vadinchenia, Napoli

Linguine al coccio

Ingredienti per 4 persone:
500 g di coccio
300 g di pomodorini del piennolo
350 g di linguine
1 spicchio d'aglio
50 g di olio extravergine di oliva
peperoncino, prezzemolo
sale q.b.

Mettete in una teglia l'olio col coccio, l'aglio, il sale, i pomodorini sminuzzati e qualche mestolo d'acqua. Cuocete le linguine, scolatele al dente e amalgamatele con una parte del sugo, in un tegame posto sul fuoco. Infine disponete nel piatto e aggiungete il sugo rimanente.

Ristorante: Mimì alla Ferrovia, Napoli

Linguine al coccio e alle cozze

Ingredienti per 4 persone:
400 g di linguine
1 coccio (gallinella di mare) di 800 g
1 kg di cozze
120 g di olio extravergine di oliva
4 spicchi d'aglio
6 pomodorini
basilico
prezzemolo
1 peperoncino piccante

In una casseruola fate cuocere il coccio con la metà dell'olio, due spicchi d'aglio, un po' d'acqua e poco sale. Coprite e, dopo circa 20 minuti, togliete il coccio e spinatelo senza sminuzzarlo. Filtrate con un colino il fondo di cottura e rimettetelo nella casseruola con il pesce spinato, i pomodorini tagliati a metà, il basilico. In un altro tegame fate aprire le cozze con il resto dell'olio e due spicchi d'aglio, sgusciatele (alcune lasciatele con mezzo guscio). Aggiungete le cozze al coccio e ai pomodorini con una spruzzata di prezzemolo, fate insaporire il tutto a fuoco vivo per qualche minuto. In una pentola cuocete la pasta e scolatela molto al dente, versatela in un tegame con un po' di acqua di cottura, aggiungetevi il sugo del pesce con le cozze amalgamando il tutto e portando la pasta a cottura completa. Versate su un vassoio e coprite con il resto del sugo, i pezzi di coccio, le cozze con il guscio, e ancora basilico e prezzemolo.

Ristorante: 'A Fenestella, Napoli

Liguine al granchio fellone

Ingredienti per 4 persone:
300 g di linguine
300 g di granchio
1 spicchio d'aglio
olio extravergine di oliva
prezzemolo
10 pezzi di pomodorini
sale q.b.

Schiacciate le chele di granchio e togliete la calotta. Soffriggete aglio e olio, quindi adagiatevi i granchi e i pomodorini, salate e coprite. Scolate al dente le linguine e conditele con il sugo ottenuto e il prezzemolo tritato.

Ristorante: Rosiello, Napoli

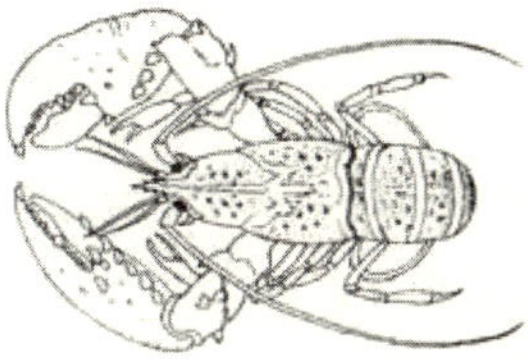

Linguine alla Dora

Ingredienti per 4 persone:
300 g di linguine
4 scampi
8 gamberoni
1 astice diviso a metà
200 g di calamari
250 g di frutti di mare
sale, pepe
olio extravergine di oliva
peperoncino
pomodorini del piennolo

Fate soffriggere aglio, olio e peperoncino, quindi unite i pomodorini tagliati a metà. Dopo qualche minuto aggiungete gli scampi, i gamberoni, l'astice e i calamari tagliati a rotelle e fate cuocere per circa 15 minuti. Salate e aggiungete il prezzemolo tritato al momento. A parte cuocete le linguine al dente e, una volta che la pasta è cotta, saltatela in padella.

Ristorante: Dora, Napoli

Linguine alla Fra' Diavolo

Ingredienti per 4 persone:
400 g di linguine
2 gamberoni
1,2 kg tra vongole, fasolare, tartufi e cozze
200 g di pomodori
olio extravergine di oliva
prezzemolo e peperoncino

Soffriggete aglio e olio, quindi unite i gamberoni puliti e sgusciati lasciando intatte le teste. Aggiungete i pomodori e i frutti di mare ben sciacquati e coprite perché questi si aprano. Unite del peperoncino. Lessate la pasta al dente e, una volta scolata, mantecatela in padella con il sugo ottenuto.

Ristorante: Da Ciro a Santa Brigida, Napoli

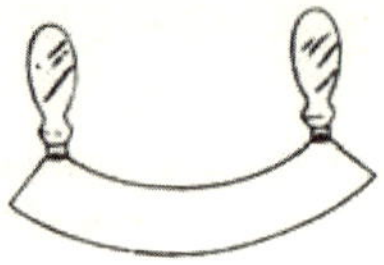

Linguine alla Mimì

Ingredienti per 4 persone:
400 g di linguine
4 scampi
4 gamberoni
600 g di frutti di mare a scelta
400 g di pomodori
100 g di olio extravergine di oliva
prezzemolo
aglio
peperoncino
sale q.b.

Soffriggete aglio, olio e peperoncino, aggiungete i frutti di mare, i gamberoni e gli scampi tagliati sul dorso. Cuocete per 20 minuti a fuoco moderato, versate le linguine cotte al dente e amalgamatele con il sugo.

Ristorante: Mimì alla Ferrovia, Napoli

Linguine all'astice

Ingredienti per 4 persone:
400 g di linguine
2 astici
10 pomodorini piccoli
olio extravergine di oliva
1 spicchio d'aglio
prezzemolo
1/2 bicchiere di vino bianco
sale q.b.

Preparate il condimento facendo soffriggere i due astici con olio, aglio e un po' di vino bianco per insaporire. Aggiungete i pomodorini tagliati a metà e del prezzemolo. Scolate le linguine a metà cottura e fatele saltare in padella con il sugo di astice pronto dopo circa mezz'ora. Condite con prezzemolo fresco e servite dividendo l'astice in due.

Ristorante: Clipper da Nunzio, Ischia

Linguine allo scoglio alla maniera ischitana

Ingredienti per 4 persone:
400 g di linguine
4 scampi freschi
4 gamberoni freschi
300 g di vongole
400 g di cozze
400 g di fasolare
300 g di polipetti
prezzemolo
pomodorini
aglio
olio extravergine di oliva
piccante a piacere
1 goccio di vino bianco
sale q.b.

In una padella o un tegame medio, fate soffriggere l'aglio nell'olio, togliendolo quando è diventato dorato. A questo punto aggiungete polipetti, scampi, gamberoni e prezzemolo. Mettete anche il vino e lasciatelo evaporare, quindi i frutti di mare (cozze, vongole e fasolare). Dopo che si sono aperti i frutti di mare, aggiungete pochi pomodorini in modo da dare al sugo un colore rosato. In una pentola con acqua bollente salata fate cuocere le linguine al dente. Al termine della cottura, le linguine, condite nel tegame con il sugo, vanno servite in un piatto da portata aggiungendo una manciata di prezzemolo fresco.

Ristorante: Da Gaetano, Ischia

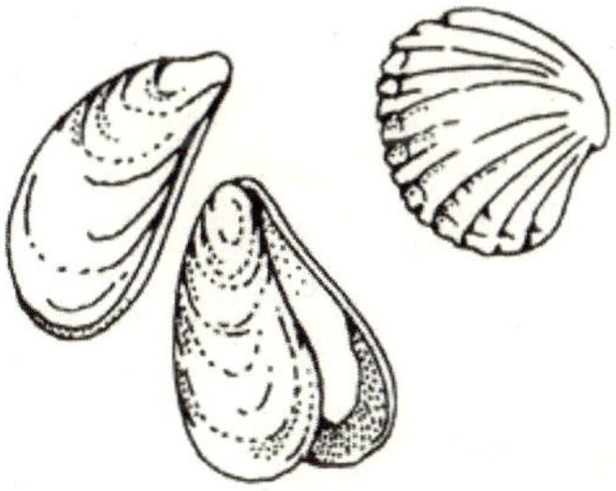

Linguine allo scoglio alla maniera procidana

Ingredienti per 4 persone:
400 g di linguine
1 astice da 500 g
4 scamponi
200 g di vongole
200 g di tartufi di mare
20 cozze
5 fasolare
pomodorini del Vesuvio
olio extravergine di oliva
sale e peperoncino q.b.

Fate soffriggere aglio, olio e prezzemolo tritato, quindi aggiungete gli scampi e l'astice già lavato, pulito e tagliato a metà. Dopo aver fatto rosolare il tutto per qualche minuto, unite i pomodorini e i frutti di mare precedentemente aperti in padella.

Cuocete la pasta al dente, scolatela e mantecatela con la salsa ottenuta aggiungendo pepe e prezzemolo.

Ristorante: Sent'Co', Procida

Linguine al sugo di scorfano

Ingredienti per 4 persone:
400 g di linguine
2 spicchi d'aglio
peperoncino
olio extravergine di oliva
prezzemolo
1 scorfano da 500-600 g
500 g di pomodorini da sugo o
1 scatola di pomodorini di collina
1 bicchiere di vino bianco
sale q.b.

Mettete in una casseruola ovale l'olio, l'aglio intero e fatelo soffriggere, togliendolo appena è imbiondito. Aggiungete lo scorfano lasciandolo cuocere per circa 5-10 minuti. Bagnate lo scorfano con il vino e fate evaporare dopodiché aggiungete i pomodorini, il peperoncino ed il prezzemolo. Continuate a far cuocere per altri 15-20 minuti aggiungendo 1 o 2 mestoli d'acqua tiepida. Una volta ottenuto un sugo consistente, togliete lo scorfano e pulitelo facendo attenzione alle lische per rimetterlo spolpato nel sugo cotto. A parte, in acqua salata e bollente, versate le linguine e fatele cuocere al dente. Dopo averle scolate bene e aver versato il sugo dello scorfano in una padella capiente, ripassate la pasta in padella e servite aggiungendo ancora un po' di prezzemolo tritato.

Ristorante: La Capannina, Capri

Linguine con colatura di alici

Ingredienti per 4 persone:
350 g di linguine
5 olive nere di Gaeta
10 olive verdi di Sorrento
1 cucchiaio di capperi
1 spicchio d'aglio
1 cucchiaio di colatura di alici
1 peperoncino piccante
olio extravergine di oliva
succo di limone
4 gherigli di noce

Snocciolate le olive e mettetele nel bicchiere del mixer. Unite una punta di peperoncino, l'aglio, i capperi, 4 cucchiai di olio, qualche goccia di succo di limone, i gherigli di noce e la colatura di alici. Frullate tutto per un minuto e mettete il composto ottenuto in una terrina. Non aggiungete sale perché la salsa è già molto saporita. Cuocete le linguine in abbondante acqua non salata, scolatele al dente, tenendo da parte un po' d'acqua di cottura, e versatele nella terrina. Mescolate bene per amalgamare i sapori e, se le linguine si ammassassero troppo, diluite con acqua di cottura. Servite subito.

Ristorante: President, Pompei

Linguine con la cicala di mare

Ingredienti per 2 persone:
200 g di linguine
1 cicala da 500 g
4 cucchiai di olio extravergine di oliva
1 spicchio d'aglio
1 pizzico di peperoncino
2 cucchiai di vino bianco
350 g di pomodorini

Fate scaldare l'olio in una padella con l'aglio intero non tagliato; quando l'aglio è biondo aggiungete la cicala (che in precedenza avrete aperto a metà e pulito delle interiora) e fate rosolare prima la parte dura e dopo la parte carnosa sino a che si sarà imbiondita, rigiratela sul lato non carnoso e versate il vino; una volta sfumato aggiungete i pomodorini e fateli ritirare. Intanto avete messo le linguine in acqua bollente e salata, toglietele al dente e mantecatele a fuoco lento.

Ristorante: Alberto, Ischia Ponte

Linguine con pannocchie

Ingredienti per 4 persone:
400 g di linguine
400 g di pannocchie (cicale di mare)
300 g di pomodorini freschi
4 cucchiai di olio extravergine di oliva
1 spicchio d'aglio
peperoncino
prezzemolo
sale q.b.

In una padella lasciate imbiondire l'aglio nell'olio, poi allontanate dal fuoco, aggiungete le pannocchie e riportate la padella sul fuoco facendo prima saltare per qualche minuto e poi aggiungendo i pomodorini a pezzetti. Salate, aggiungete un po' di peperoncino e fate cuocere per circa 20 minuti. Dopo aver cotto la pasta, conditela con il sugo e un po' di prezzemolo fresco.

Ristorante: La Bersagliera, Napoli

Linguine con peperoncini ed alicelle paesane

Ingredienti per 4 persone:
400 g di linguine
200 g di peperoncini non piccanti
250 g di alicelle fresche
2 cipolle di Vatolla di media grandezza
pecorino stagionato grattugiato q.b.
finocchietto selvatico fresco
pomodorini del piennolo
olio extravergine di oliva
sale q.b.

In una pentola con abbondante acqua salata fate cuocere le linguine spezzate per metà. Intanto preparate un soffritto con l'olio e la cipolla finemente tagliata e aggiungetevi i peperoncini precedentemente fritti in olio di oliva. Al sugo unite i pomodorini tagliati in quattro parti e, a cottura quasi ultimata, aggiungete le alicelle private delle lische ed il finocchietto selvatico.

Lasciate cuocere ancora per un minuto. Scolate le linguine, passatele in padella e fate mantecare il tutto con pecorino grattugiato. In un piatto da portata mettete le linguine al centro, aggiungete un ciuffetto di finocchietto selvatico fresco, delle julienne di pecorino fresco ed un filo di olio a crudo.

Ristorante: Terrasanta, Nocera Superiore

Linguine con polpa di pannocchie e zucchine

Ingredienti per 4 persone:
1 kg di pannocchie
400 g di linguine
8 pomodorini
4 zucchine
olio extravergine di oliva
sale q.b.
aglio
prezzemolo tritato

Fate soffriggere le pannocchie in una padella con dell'olio poi spolpatele e tenete la polpa da parte. Aggiungete al sughetto di cottura l'aglio tritato e le zucchine tagliate a julienne. Lasciate imbiondire l'aglio, poi unitevi la polpa delle pannocchie e i pomodorini precedentemente sbollentati. Fate cuocere il tutto per qualche minuto con un pizzico di sale, pepe e del prezzemolo tritato. Condite le linguine cotte al dente.

Ristorante: Caracalé, Procida

Linguine con ragù di seppia ed il suo nero

Ingredienti per 6 persone:
500 g di linguine
8 seppie per circa 1500 g
1 cipolla
1,2 kg di pomodorini
olio extravergine di oliva
sale q.b.
prezzemolo

Lavate i pomodori e metteteli sul fuoco con pochissima acqua, lasciandone da parte 6 per la decorazione. Quando i pomodori sono appassiti toglieteli dal fuoco, passateli prima con il passaverdura e poi al setaccio. Intanto pulite e spellate le seppie, recuperate il sacchetto del nero e mettetene da parte 6. Le rimanenti tritatele e mettetele a soffriggere con olio e cipollina. Aggiungete il passato di pomodoro lasciandone da parte 2 mestoli, portate a cottura e verso la fine aggiungete il nero di seppia lasciandone sempre un po' da parte. Mettete sul fuoco la pentola per la pasta e la pentola a vapore dove vanno cotte le altre seppie. Preparate con il restante passato di pomodoro, l'olio, il sale ed un po' di nero di seppia una salsa che va messa sul fondo dei piatti. Cuocete la pasta al dente, conditela con il sugo preparato, disponete le seppie nei piatti, metteteci la pasta e servite.

Ristorante: Il Melograno, Forio d'Ischia

Linguine con ricci di mare e vongole

Ingredienti per 4 persone:
250 g di linguine Setaro
30 ricci di mare
250 g di vongole
1 spicchio d'aglio
2 pomodorini del Vesuvio
olio extravergine di oliva
prezzemolo
sale q.b.

Pulite i ricci avendo cura di non perderne l'acqua che è all'interno e con un cucchiaino toglietene la polpa conservandola a parte.

Nel frattempo, preparate un sauté di vongole e quindi fate soffriggere olio e aglio (quando quest'ultimo si è dorato, toglietelo). Unite un po' di acqua del riccio, i pomodorini e il sugo del sauté, quindi fate cuocere per qualche minuto.

Lessate la pasta al dente e, una volta scolata, mantecatela in padella con la salsina ottenuta aggiungendo solo alla fine la polpa del riccio. Tenete sul fuoco non più di 2 o 3 minuti e, infine, decorate con una spruzzatina di prezzemolo finemente tritato al momento.

Ristorante: Terrazza Calabritto, Napoli

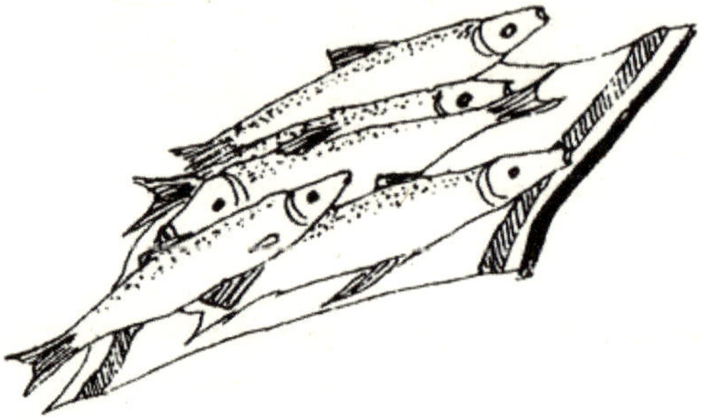

Linguine con uova di pesce fresco

Ingredienti per 4 persone:
350 g di linguine
200 g di uova di pesce fresco
4 filetti di alici salate
aglio
olio extravergine di oliva
prezzemolo q.b.

Saltate in una padella le uova di pesce fresco con olio e aglio per qualche minuto. A cottura terminata, unitevi i filetti di alici e lasciate stemperare. Condite le linguine cotte al dente, aggiungete una spruzzatina di prezzemolo fresco tritato e servite subito.

Ristorante: La Taverna del Pescatore, Castellabate

Linguine del Golfo

Ingredienti per 4 persone:
300 g di linguine
200 g di scampi
100 g di calamaretti
200 g tra cozze e vongole
200 g di pomodorini
olio extravergine di oliva
aglio e sale q.b.

Fate soffrigere con aglio e olio i pomodorini, quindi unitevi gli scampi dopo averli accuratamente puliti. Aggiungete poi i calamaretti tagliati a pezzetti ed infine i molluschi. Fate cuocere per circa 10 minuti. Nel frattempo lessate le linguine al dente e, una volta scolate, saltatele in padella con il sugo di pesce.

Ristorante: Trianon da Ciro, Napoli

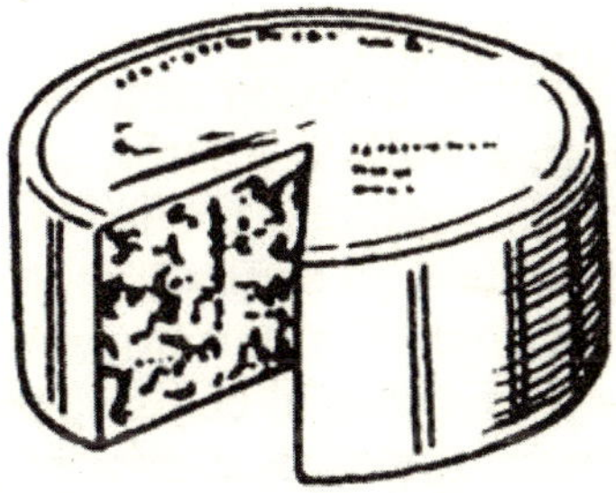

Linguine in salsa di coccio e pecorino di fossa di Sogliano

Ingredienti per 4 persone:
280 g di linguine
1 coccio di circa 500 g
100 g di pecorino di fossa di Sogliano grattugiato
200 g di pomodori maturi
1/2 bicchiere di vino bianco secco
2 spicchi d'aglio
20 g di olio extravergine di oliva
prezzemolo
sale

Fate soffriggere l'aglio tritato finemente nell'olio extravergine e, non appena imbiondisce, adagiatevi il coccio rosolandolo bene da tutti i lati. Salate, sfumate col vino bianco e, dopo aver aggiunto i pomodori tritati finemente, lasciate stufare per 15 minuti; a cottura ultimata estraete il coccio, spinatelo accuratamente per poi rimettere la polpa nella salsa. Infine, cuocete le linguine al dente e mantecatele con la salsa di pesce aggiungendo il prezzemolo tritato. Disponete nel piatto, aggiungete pecorino grattugiato e servite.

Ristorante: Sirio, Formia

Lumaconi al grano cotto e triglie con pomodori San Marzano spolverati con mollica di pane aromatizzata

Ingredienti per 4 persone:
400 g di lumaconi di Gragnano
4 triglie da 80 g cadauna
200 g di grano
100 g di pane
200 g di pomodori San Marzano
2 dl di brodo vegetale
2 spicchi d'aglio
2 foglie di alloro
20 g di scalogno
20 g di sedano
20 g di carote
2 foglie di salvia
burro
olio extravergine di oliva
sale e pepe q.b.

Mettete a bagno la sera precedente il grano, l'indomani fatelo cuocere in una casseruola con acqua fredda e portate a bollore. Proseguite la cottura per circa un'ora e mezza, quindi squamate le triglie, sfilettatele e spinatele. In una pentola con olio e aglio, mettete insieme lo scalogno, l'alloro, il sedano e le carote. Fate cuocere per 2 minuti, poi aggiungete la salvia, il grano cotto, un decilitro di brodo e parte delle triglie già sminuzzate. Dopo aver aggiustato di sale e pepe, preparate la salsa in una padella profonda con l'olio, l'aglio, l'alloro e il brodo rimasto. Cuocete i pomodori San Marzano, portate a bollore e frullate il tutto. Tostate in una casseruola di ferro la mollica di pane con aggiunta di olio, sale e pepe, quindi lessate i lumaconi di Gragnano e scolateli al dente. Imbottiteli con l'impasto di grano e triglie, riempite uno stampino imburrato a forma piramidale con il grano cotto, versate la salsa a specchio al centro del piatto e adagiatevi sopra i lumaconi. Decorate con un filetto di triglia intero scottato e completate con un'abbondante spolverata di pane tostato e un filo d'olio a crudo.

Ristorante: Le Colonne, Caserta

Mafaldine al baccalà

Ingredienti per 4 persone:
320 g di mafaldine
400 g di baccalà
30 g di capperi
30 g di olive nere
400 g di pomodori pelati
200 g di pane raffermo
peperoncino secco tritato
finocchietto
prezzemolo
aglio
olio extravergine di oliva
sale q.b.

Dal filetto del baccalà ricavate dei piccoli tranci, infarinateli e friggeteli in olio extravergine. Quindi preparate un fondo con olio, aglio, prezzemolo e adagiatevi i tranci di baccalà. Aggiungete i capperi e le olive nere snocciolate. Se necessario, aggiustate di sale e poi unite i pomodori pelati portando a cottura. Mentre la pasta è nella sua acqua, in una padella antiaderente fate tostare il pane insieme al finocchietto e al peperoncino ridotto in polvere. Scolate le mafaldine e mettetele in un ampio piatto da portata, condendo con il sugo di baccalà e cospargendo di pane ben caldo.

Ristorante: Taverna Scacciaventi, Cava de' Tirreni

Manicaretti alla Sofia

Ingredienti per 4 persone:
500 g di pasta fresca all'uovo
500 g tra polipetti, seppioline e gamberetti
10 gamberi
12 pomodorini
aglio
olio extravergine di oliva
sale q.b.

Pulite e lessate i polipetti, i gamberetti e le seppioline, sminuzzateli, conditeli con un po' di olio e sale e tenete tutto insieme in una terrina. Nel frattempo fate soffriggere l'olio e l'aglio, quindi versatevi i gamberi e i pomodorini e fateli scottare per qualche minuto. Con la pasta fresca all'uovo ricavate dei manicaretti (piccoli cannelloni) stendendola con un mattarello e tagliandola in quadrati di circa 10 cm di lato. Imbottiteli con l'impasto di pesce tritato e cuoceteli in forno per circa 15 minuti a 200°. Disponete nel piatto accompagnando i manicaretti con i gamberi e i pomodorini.

Ristorante: Ludovico, Pozzuoli

Marina Campagna

Ingredienti per 4 persone:
400 g di spaghetti
8 peperoncini verdi
12 alici
5 pomodorini
1 mazzetto di finocchietto selvatico
olio extravergine di oliva Cilento DOP
aglio

Ripulite i peperoncini verdi dai semi, tagliateli a julienne e passateli con aglio e olio in padella, ma solo leggermente, affinché rimangano callosi. Aggiungete il finocchietto con un po' di acqua, cuocendo per non più di tre minuti. Fate poi cuocere nella stessa padella anche i pomodorini in modo che rimangano crudi all'esterno e si ammorbidisca solo la buccia. Nel frattempo fate bollire l'acqua per la pasta, cuocete gli spaghetti e scolateli al dente. Alla fine condite con la salsa di peperoncini e aggiungete le alici deliscate sugli spaghetti. Servite con ciuffi di finocchietto per guarnizione.

Ristorante: Perbacco, Pisciotta

Mezzanelli al pesto cilentano

Ingredienti per 4 persone:
400 g di mezzanelli
300 g di pomodorini tondi
1 spicchio d'aglio
3 ciuffetti di basilico a foglie larghe
1 rametto di origano
1 pezzetto di peperoncino
200 g di ricotta fresca di bufala
1 manciata di ricotta secca affumicata di bufala
olio extravergine di oliva
sale

Tagliate i pomodorini a dadini e conditeli con il sale, l'olio, il peperoncino, l'origano e l'aglio tritati. Frullate il basilico con un bicchiere di olio, il sale e una manciata di ricotta secca grattugiata. Versate il composto sui pomodorini, amalgamate e rimettete il tutto nel frullatore. Trasferite il composto in una padella larga e riscaldate per due minuti. Spegnete il fuoco, aggiungete la ricotta fresca e amalgamate.

Aggiungete infine la pasta dopo averla cotta bene al dente e mantecate a fuoco spento.

Ristorante: La Pergola, Capaccio

Mezzanelli con cozze, melanzane e pecorino

Ingredienti per 4 persone:
400 g di mezzanelli
500 g di cozze
400 g di pomodorini
400 g di melanzane
200 g di pecorino
olio extravergine di oliva
aglio
prezzemolo

Lessate le cozze, sgusciatele e filtratene l'acqua di cottura. Nel frattempo tagliate le melanzane a cubetti e friggetele, quindi fate cuocere la pasta al dente. A parte preparate la salsa facendo soffriggere l'aglio, l'olio e i pomodorini e a metà cottura aggiungete le cozze e le melanzane. Scolate i mezzanelli e saltateli in padella per qualche minuto con aggiunta di pecorino grattugiato. Infine, decorate il piatto con una spruzzatina di prezzemolo tritato.

Ristorante: La Sacrestia, Napoli

Mezzanello a modo nostro

Ingredienti per 4 persone:
350 g di mezzanelli
6 cicale di mare tagliate a metà
2 seppioline sminuzzate
6 gamberetti
250 g di frutti di mare sgusciati
6 pomodorini
1/2 bicchiere di vino bianco
olio extravergine di oliva
aglio
sale
peperoncino

Fate soffriggere aglio, olio e peperoncino, quindi mettetevi a cuocere tutto il pesce precedentemente sminuzzato e i frutti di mare sgusciati e sfumate con del vino bianco. Aggiungete i pomodorini tagliati a metà e il prezzemolo fresco tritato al momento. Fate cuocere al dente i mezzanelli e ripassate in padella per qualche minuto con la salsa di pesce.

Ristorante: Dora, Napoli

Mezzelune alle melanzane e pecorino di Laticauda alla salsa tiepida d'olio extravergine e basilico

Ingredienti per 10 persone:
500 g di farina
5 uova
100 g semola
1 cucchiaio di olio extravergine di oliva
15 g di sale
1 kg di melanzane
250 g di provola
20 foglie di basilico
200 g di pecorino di Lauticauda
sale e pepe q.b.

Impastate la farina, le uova, la semola, il sale e l'olio e lasciate riposare per qualche minuto. Nel frattempo preparate il ripieno facendo friggere le melanzane tagliate a tocchetti e, dopo aver fatto asciugare l'olio in eccesso, unitevi la provola tagliata a cubetti e il basilico tritato. Con la pasta tirate una sfoglia sottile, tagliatela a dischetti di circa 10 cm e spennellate metà del dischetto con uova battute o acqua. Disponete al centro del dischetto il ripieno preparato, chiudete a mezzaluna e lessate in acqua bollente salata. Condite la pasta con un'emulsione d'olio di oliva e del pecorino grattugiato.

Ristorante: Silenzio Cantatore, Piano di Sorrento

Mezzelune con ricotta di bufala e polpa di granchio

Ingredienti per 4 persone:
1 kg di spinaci freschi
400 g di farina
2 tuorli d'uovo
400 g di ricotta di bufala freschissima
120 g di parmigiano reggiano
2 granchi
8 pomodorini di collina
1 cipolla novella
olio extravergine di oliva
noce moscata
sale
pepe
prezzemolo

Preparate innanzitutto le mezzelune di pasta. Lessate gli spinaci e frullateli. Impastate poi la farina col rosso d'uovo e gli spinaci frullati, lavoratela bene fino a renderla compatta e omogenea. Per preparare la farcia mescolate in una terrina la ricotta, le uova, il formaggio, la noce moscata e il prezzemolo. Quindi stendete la pasta e con il tagliapasta formate dei dischi su cui andrete a disporre la farcia, rivoltate i dischi a metà così da formare delle mezzelune.

Per la salsa, infine, fate soffriggere in un paio di cucchiai d'olio una cipollina novella, con un po' di aglio e i pomodorini di collina tagliati in quattro parti. Fate saltare a fuoco vivo e aggiungetevi la polpa di granchio, mescolate ed insaporite con l'aggiunta di prezzemolo, sale, pepe e un goccio di acqua tiepida. Saltatevi le mezzelune scolate al dente e servite.

Ristorante: La Veranda, Agropoli

Mezzemaniche al ragù di scorfano

Ingredienti per 2 persone:
180 g di mezzemaniche
600 g di scorfano
1 spicchio d'aglio
olio extravergine di oliva
10 pomodorini
prezzemolo
sale

Fate soffriggere in una padella l'aglio e l'olio, adagiatevi lo scorfano e i pomodorini, un po' di sale, acqua quanto basta, e coprite. A cottura quasi ultimata spinate il pesce e sbriciolate la polpa. Scolate le mezzemaniche al dente e conditele con il sugo e il pesce, amalgamando il tutto in padella a fuoco lento. Servite il piatto con ciuffetti di prezzemolo fresco.

Ristorante: Rosiello, Napoli

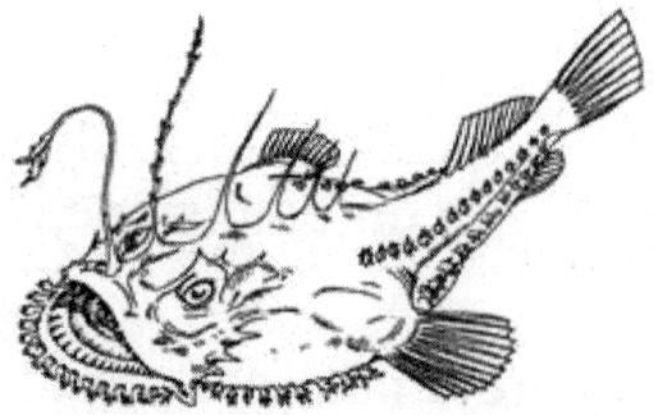

Mezzemaniche con peperoncini verdi e cozze

Ingredienti per 4 persone:
400 g di mezzemaniche rigate
500 g di cozze
250 g di peperoncini verdi
250 g di pomodorini
1 spicchio d'aglio
basilico fresco
olio extravergine di oliva
sale q.b.

Pulite, sciacquate e asciugate i peperoncini, quindi passateli appena in olio bollente e metteteli da parte. Nel frattempo lessate le cozze e sgusciatele, conservandone l'acqua di cottura. Fate rosolare uno spicchio d'aglio tritato e aggiungete i pomodorini schiacciati. Lasciate cuocere per circa cinque minuti unendo all'occorrenza un po' di acqua di cottura delle cozze. Dopo quattro minuti unite i molluschi e i peperoncini e tenete sul fuoco per altri tre minuti. Infine, aggiungete basilico fresco tritato al momento. Lessate la pasta al dente e, una volta scolata, mantecatela in padella per qualche minuto.

Ristorante: Al 53, Napoli

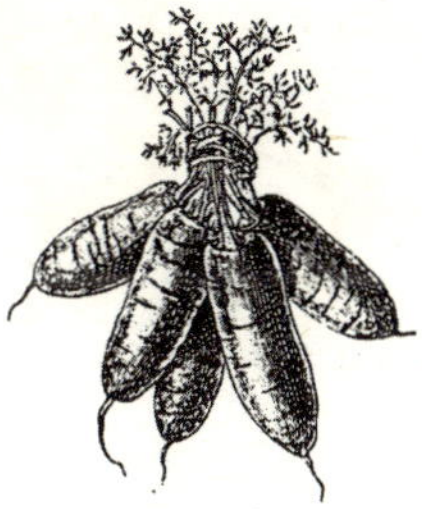

Minestra bianca

Ingredienti per 6 persone:
600 g di tubettoni
600 g di vongole
1 dl di olio extravergine di oliva
2 carote
2 gambi di sedano
prezzemolo
sale e pepe q.b.

Lavate accuratamente le vongole e fatele aprire sul fuoco in un tegame coperto. Mettetene poi da parte una dozzina che servirà a guarnire i piatti, sgusciate tutte le altre e conservatele insieme ad un po' della propria acqua di cottura. In un'altra casseruola versate l'olio, le carote e il sedano tritato, quindi il sale e il pepe e fate cuocere lentamente per circa 10 minuti. Intanto, lessate la pasta al dente, scolatela e unitela al sugo con le vongole e il prezzemolo. Fate amalgamare sul fuoco per qualche minuto e servite ben caldo guarnendo i piatti con le vongole messe da parte e un ciuffo di prezzemolo fresco.

Ristorante: Don Salvatore, Napoli

Minestrina di capelli d'angelo al crudo di tartufi marini e maggiorana

Ingredienti per 4 persone:
200 g di capellini
1 kg di tartufi di mare
200 g di pomodorini ciliegia
alcuni rametti di maggiorana
3 spicchi d'aglio
300 g di brodo di pesce
olio extravergine di oliva
sale e pepe q.b.

Aprite i tartufi di mare a crudo e conservate parte della loro acqua. In una padella fate soffriggere l'olio e l'aglio, aggiungetevi i pomodorini schiacciati e cuoceteli per due o tre minuti. Unite poi il brodo di pesce e fate restringere il sugo per una decina di minuti. Versate infine l'acqua dei tartufi, i capellini spezzati e la maggiorana e portate a cottura. Prima di servire completate il piatto con i tartufi crudi, regolate di sale e pepe e guarnite con un rametto di maggiorana e un piccolo pomodorino fresco.

Ristorante: Nonna Rosa, Vico Equense

Morette con pesce bandiera e sfusato amalfitano

Ingredienti per 4 persone:

Per la pasta:
400 g di farina
2 uova
acqua e sale q.b.

Per il condimento:
300 g di pesce bandiera sfilettato
2 limoni tipo sfusato amalfitano
1 spicchio d'aglio
1 ciuffetto di prezzemolo
olio extravergine di oliva
sale q.b.

Per preparare le morette (piccole lagane) impastate la farina e le uova con l'acqua e un pizzico di sale e fate riposare la pasta. Nel frattempo tagliate a pezzettini i filetti di pesce bandiera e metteteli in padella a rosolare con aglio e olio. A cottura quasi ultimata aggiungete la buccia di un limone tagliata a listerelle. Stendete la pasta e tagliate delle piccole lagane che farete cuocere in acqua bollente salata e poi mescolerete un minuto in padella con il pesce. Per servire guarnite con del prezzemolo tritato e ancora listarelle di buccia di sfusato amalfitano.

Ristorante: Osteria Reale, Tramonti

Nido di spaghetti alla chitarra ai fiori di zucca e salsa piccante di basilico e cozze

Ingredienti per 4 persone:
320 g di spaghetti alla chitarra
300 g di fiori zucca grandi
200 g di pomodorini ciliegia
2 mazzetti di basilico
800 g di cozze
1 cipolla
1 peperoncino
olio extravergine di oliva
3 spicchi d'aglio
sale e pepe q.b.

Preparate la salsa con la cipolla tagliata sottilmente e stufata in olio extravergine, aggiungete i pomodorini schiacciati, una decina di foglie di basilico e tutti i fiori di zucca tranne i 4 più grandi che andranno a rivestire 4 stampini di alluminio. Regolate la salsa con sale e pepe e condite gli spaghetti lessati a parte.

Riempite gli stampini con la pasta condita. Per la salsa piccante soffriggete l'olio extravergine, gli spicchi d'aglio e il peperoncino, aggiungete le cozze e fatele aprire leggermente, sgusciatele e unite una abbondante manciata di basilico tritato, fate restringere l'intingolo e servitelo attorno ai tortini sformati in un piatto fondo. Guarnite il piatto con basilico fritto e alcuni gusci di cozze.

Ristorante: Nonna Rosa, Vico Equense

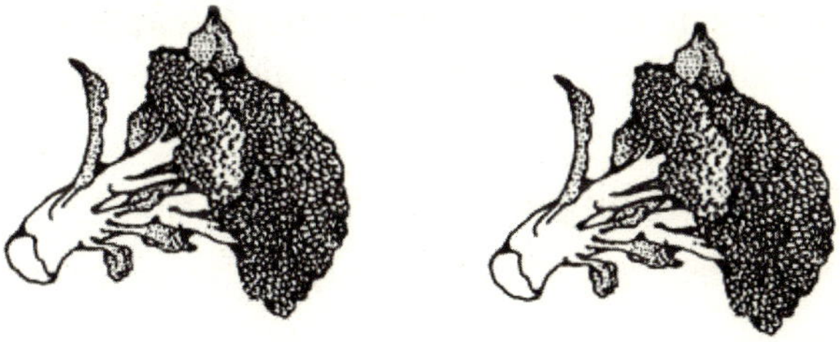

Orecchiette ai frutti di mare con cime di broccoli

Ingredienti per 5 persone:
300 g di orecchiette
600 g di pomodoro
700 g di frutti di mare (vongole, cozze e fasolare)
200 g di broccoli puliti
aglio
olio extravergine di oliva

Preparate un soffritto di aglio e olio, quindi lasciate aprire i frutti di mare. Unite poi il pomodoro, i broccoli già cotti e lasciate cuocere per circa 10 minuti. Lessate la pasta al dente e mantecate con aggiunta di parmigiano.

Ristorante: La Botte, Minori

Orecchiette alle cime di rapa

Ingredienti per 4 persone:

350 g di orecchiette
300 g di cime di rapa
1 spicchio d'aglio
1 peperoncino
olio extravergine di oliva
100 g di pecorino

Lavate e tagliate a pezzetti le cime di rapa. Cuocete le orecchiette in abbondante acqua salata e a metà cottura aggiungete le cime di rapa. Nel frattempo fate scaldare 4 cucchiai di olio, aggiungete l'aglio ed il peperoncino. Scolate la pasta e condite con il soffritto. Aggiungete infine il pecorino e servite.

Ristorante: Antica Trattoria, Sorrento

Paccheri alle calamarette sorrentine

Ingredienti per 4 persone:

350 g di paccheri
250 g di piccolissimi calamari
100 g di pomodori di Corbara
olio extravergine di oliva
aglio
prezzemolo
peperoncino
sale e pepe

Fate cuocere le calamarette per 10 minuti in una padella con aglio, olio e peperoncino; aggiungete i pomodorini tagliuzzati, il prezzemolo, sale e pepe quanto basta. Versate nella salsa ottenuta i paccheri molto al dente e continuate la cottura girando e rigirando la pasta fino a quando la salsa si sarà addensata.

Ristorante: President, Pompei

Paccheri con alici fresche, finocchietto selvatico e provolone del monaco

Ingredienti per 4 persone:

400 g di paccheri
500 g di alici
3 ramoscelli di finocchietto selvatico fresco
150 g di provolone del monaco
4 pomodorini del piennolo
olio extravergine di oliva
1 spicchio d'aglio
sale e peperoncino q.b.

Fate cuocere la pasta al dente. Nel frattempo soffriggete uno spicchio di aglio con il peperoncino e le alici deliscate. Unite una spruzzatina di vino bianco e i pomodorini, aggiungendo un mestolo di acqua di cottura della pasta. Scolate a questo punto i paccheri e saltateli in padella con la salsa di alici, unite il finocchietto selvatico e il provolone tagliato precedentemente a pezzetti.

Ristorante: San Pietro, Cetara

Paccheri con alici fresche, spunzilli e peperoncini verdi dolci

Ingredienti per 4 persone:

300 g di paccheri
2 peperoncini verdi dolci
10-12 spunzilli (pomodorini ciliegia)
150 g di alici
olio extravergine di oliva
1 spicchio d'aglio tritato
sale e basilico a foglie q.b.

Mettete a soffriggere uno spicchio di aglio tritato, i peperoncini verdi dolci tagliati ad anelli, le alici deliscate e fatte a pezzetti e i pomodorini a dadini. Aggiungetevi un mestolo dell'acqua di cottura della pasta e un pizzico di sale. Fate cuocere i paccheri al dente, scolateli e saltateli in padella con il sugo. Decorate ogni piatto con tre spunzilli e una foglia di basilico.

Ristorante: Acquapazza, Cetara

Paccheri con bolognese di polipo

Ingredienti per 4 persone:

400 g di paccheri
1 polipo da 600 g
4 polipetti da 50 g l'uno
200 g di passata di pomodoro
100 g di pomodori freschi
olio extravergine di oliva
vino bianco
cipolla
aglio
prezzemolo
sale e pepe

Pulite il polipo e immergetelo in una pentola di acqua bollente. Lasciatelo cuocere fino a quando l'acqua non riprende il bollore, scolatelo e passatelo al tritacarne. In una pentola fate soffriggere la cipolla con l'olio. Lasciate imbiondire, aggiungete il polipo tritato, il vino bianco, la passata di pomodoro ed i pomodori freschi. Salate, pepate e lasciate cuocere per 15 minuti. A parte pulite i polipetti e fateli saltare in una padella con aglio ed olio per 15 minuti.

Cuocete i paccheri, conditeli con la bolognese di polipo ed aggiungete un polipetto per ciascun piatto come guarnizione.

Ristorante: Torre del Saracino, Vico Equense

Paccheri con calamarelle all'ischitana

Ingredienti per 4 persone:
250 g di paccheri
300 g di calamarelle
200 g di pomodorini
olio extravergine di oliva
aglio e basilico q.b.

Fate soffriggere l'olio e l'aglio. Appena indorato, versate le calamarelle e lasciate cuocere per 6-7 minuti, durante i quali aggiungerete una spruzzata di vino bianco. Attendete ancora qualche minuto e poi unite i pomodorini, il basilico ed un pizzico di sale. Passate in padella i paccheri (che avrete scolati abbastanza al dente) con la salsa e servite con basilico fresco.

Ristorante: Il Pirata, Sant'Angelo d'Ischia

Paccheri con coda di rospo

Ingredienti per 6 persone:
500 g di paccheri
300 g di coda di rospo
250 g di pomodorini di collina
100 g di olive di Gaeta
30 g di capperi di Pantelleria
olio extravergine di oliva
prezzemolo
sale e pepe

Tagliate la coda di rospo a pezzetti. In una padella preparate un fondo di aglio e olio, aggiungetevi il pesce, i capperi di Pantelleria, le olive, i pomodorini di collina, il sale e il pepe. Fate cuocere per pochi minuti. A parte lessate la pasta, e poi saltatela in padella con una buona spolverata di prezzemolo fresco.

Ristorante: La Veranda, Agropoli

Paccheri con cozze, rucola e parmigiano

Ingredienti per 4 persone:
400 g di paccheri
1 kg di cozze
80 g di rucola
60 g di parmigiano a scaglie
60 g di olio extravergine di oliva
1 cucchiaio di prezzemolo tritato
1 spicchio d'aglio tritato
pepe macinato fresco
sale q.b.

Soffriggete nell'olio extravergine di oliva lo spicchio d'aglio fino a lieve doratura, versate il prezzemolo tritato e le cozze unitamente ad una parte di liquido rimasto nel guscio delle stesse. Cuocete al dente, in acqua bollente leggermente salata, i paccheri e riversateli nella pentola di cottura, con un filo di olio extravergine di oliva. Aggiungete, a fuoco lento, la rucola sminuzzata, il parmigiano a scaglie, la salsa pronta delle cozze. Amalgamate con un cucchiaio di legno per qualche minuto e servire caldo.

Ristorante: Villa Maria, Ravello

Paccheri con filetto di pescatrice e gamberetti

Ingredienti per 4 persone:
400 g di paccheri
200 g di gamberetti
200 g di filetto di pescatrice
400 g di zucca rossa
250 g di pomodorini del piennolo
aglio
prezzemolo
olio extravergine di oliva
sale

Sgusciate i gamberetti, sfilettate la pescatrice e tagliatela a dadini. In una padella fate soffriggere l'aglio nell'olio extravergine di oliva e aggiungete i tocchetti di pescatrice. Fate cuocere per pochi minuti. Unite i pomodorini del piennolo e la zucca tagliata a pezzetti e lasciate proseguire la cottura a fuoco medio per 10 minuti circa. Appena pronto, aggiungete i gamberetti. A parte passate alla cottura dei paccheri in acqua salata. Ripassate in padella il tutto e servite con una spruzzata di prezzemolo.

Ristorante: Da Gemma, Amalfi

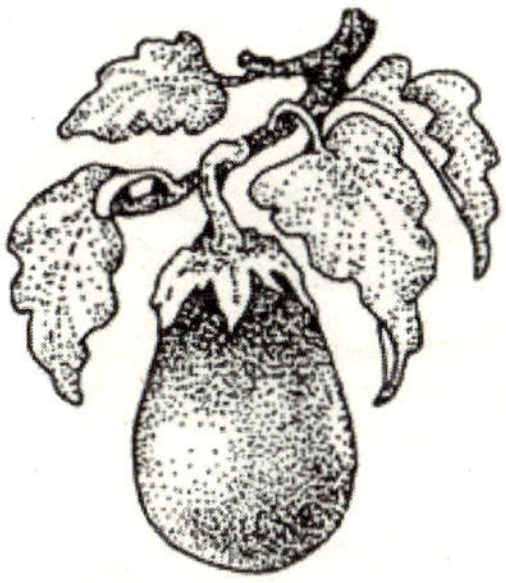

Paccheri con melanzane dorate e filettini di coccio

Ingredienti per 4 persone:
320 g di paccheri
200 g di melanzane
500 g di coccio fresco
200 g di pomodorini a ciliegia
40 g di olio extravergine di oliva
prezzemolo a foglie
sale q.b.

Una volta sbucciate le melanzane, tagliatele a dadini e mettetele sotto sale per circa 10 minuti. Quindi passatele sotto l'acqua corrente e, dopo averle leggermente strizzate, friggetele in abbondante olio extravergine di oliva. Staccate poi due filetti dal coccio lavato e pulito e tagliateli a pezzetti per poi farli soffriggere in una padella con olio e aglio precedentemente rosolato. Aggiungete i pomodorini divisi a metà e un pizzico di sale, quindi coprite e lasciate cuocere a fuoco basso per circa 10 minuti. Unite prima le melanzane fritte e le foglioline di prezzemolo, quindi i paccheri cotti al dente. Serviteli caldi, dopo averli mantecati in padella per qualche minuto.

Ristorante: La Volpe Pescatrice, Furore

Paccheri con peperoni, seppioline e sconcigli

Ingredienti per 4 persone:
350 g di paccheri
1 peperone rosso
400 g di seppioline col pizzo
500 g di sconcigli
1 spicchio d'aglio
2 pomodorini maturi di Corbara
olio extravergine di oliva
prezzemolo
basilico
sale q.b.

Tagliate il peperone a listarelle e friggetelo in olio di oliva bollente. In una padella soffriggete le seppioline e gli sconcigli, aggiungete i pomodorini tagliati, il peperone, il prezzemolo, salate e fate cuocere per alcuni minuti. Infine lessate la pasta, saltatela con il sugo e aggiungete il basilico fresco.

Ristorante: Brezza Marina, Capaccio

Paccheri con ragù di pesce e pesto al basilico

Ingredienti per 4 persone:
400 g di paccheri di Gragnano
600 g di pescatrice
250 g di pomodorini del piennolo
100 g di pesto al basilico
olio extravergine di oliva
vino bianco secco
aglio
prezzemolo tritato

Sfilettate la pescatrice e tagliatene la carne a cubetti, facendoli poi soffriggere con aglio, olio extravergine e prezzemolo tritato. Sfumate con del vino bianco secco, lasciate evaporare e aggiungete i pomodorini tagliati a metà. Fate cuocere per circa 10 minuti. A parte, portate a cottura la pasta in acqua bollente. Scolate e aggiungete i paccheri al sugo di pesce. Ripassate in padella per qualche minuto, ultimando con una cucchiaiata di pesto al basilico.

Ristorante: Hotel Santa Caterina, Amalfi

Paccheri del Vesuvio al ragù di scorfano

Ingredienti per 4 persone:
400 g di paccheri
500 g di scorfano
500 g di pomodori pelati
2 cucchiai di olio extravergine di oliva
1 spicchio d'aglio
1/2 bicchiere di vino bianco
prezzemolo
sale e pepe q.b.

Sfilettate lo scorfano mantenendo testa e lisca e sistematelo in una padella con dell'olio: quando il pesce avrà preso colore, bagnate con il vino bianco e fatelo sfumare. Unite i pomodori e fate cuocere per circa 40 minuti, quindi togliete la testa e la lisca. Con l'aiuto di un passaverdura filtrate il sugo, rimettetelo sul fuoco ed unite la polpa dello scorfano, facendo cuocere per circa 10 minuti. Salate e pepate a piacere. Portate poi ad ebollizione abbondante acqua salata e cuocete i paccheri. Una volta scolata la pasta al dente, conditela con il ragù di pesce e mantecatela in padella per qualche minuto. Aggiungete una spruzzatina di prezzemolo fresco tagliato al momento.

Ristorante: La Cucina Flegrea, Pozzuoli

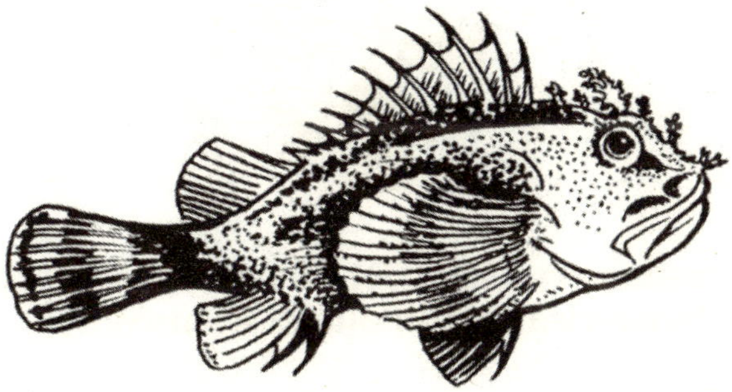

Paccheri di Gragnano al ragù di pesci di scoglio marinati

Ingredienti per 4 persone:
350 g di paccheri
500 g di pesci di scoglio (gallinella, scorfano)
250 g di pomodorini del piennolo
2 limoni
olio extravergine di oliva
sale q.b.

Togliete le lische al pesce, tagliatelo finemente e mettetelo a marinare con sale, olio, la buccia grattugiata e il succo dei limoni. Tagliate i pomodori a dadini e mettete a cuocere la pasta. Quando è pronta passatela in padella con il pesce marinato e i pomodori. Mantecate con olio a crudo e servite.

Ristorante: Palazzo Della Marra, Ravello

Paccheri di Gragnano alle alici, peperoncini verdi e pecorino

Ingredienti per 6 persone:
600 g di paccheri di Gragnano
6 alici grandi
6 peperoncini verdi
8 pomodorini del piennolo
2 spicchi d'aglio
olio extravergine di oliva
prezzemolo e sale q.b.
pecorino

Lavate e pulite le alici ottenendone 12 filetti; staccate i pomodorini, lavateli bene e fateli sgocciolare con cura. In un'ampia padella, fate soffriggere l'aglio in olio di oliva e aggiungete i filetti di alici. A metà cottura, toglieteli dal fuoco e unite i peperoncini ed i pomodorini, quindi salate e fate cuocere per qualche minuto. Dopo aver lessato i paccheri al dente, versateli in padella amalgamando il sugo e cospargete con scaglie di pecorino.

Ristorante: Vadinchenia, Napoli

Paccheri di Gragnano con alici del Tirreno, pomodorini del Vesuvio, peperoncini di fiume ricamati all'olio di frantoio

Ingredienti per 4 persone:
360 g di paccheri di Gragnano
250 g di pomodorini del Vesuvio
300 g di alici fresche
100 g di peperoncini di fiume
olio extravergine di oliva
olio di frantoio di prima spremitura DOP
aglio
prezzemolo
sale e pepe q.b.

Pulite le alici togliendo la lisca centrale e cuocete i paccheri in abbondante acqua salata. In una padella antiaderente soffriggete con olio di oliva l'aglio tritato e i filetti di alici. Aggiungete anche i peperoncini di fiume, privati di gambo e semi e tagliati a rondelle sottili, unite il prezzemolo tritato, salate e pepate e lasciate cuocere per qualche minuto. In un'altra padella fate soffriggere con olio di oliva i pomodorini del Vesuvio tagliati a listarelle senza semi, quindi salate. Scolate la pasta al dente e unite la salsa di alici e peperoncini. Formate sul piatto dei ricami con un filo d'olio di frantoio.

Ristorante: Il Buco, Sorrento

Paccheri di Gragnano con asparagi, alici e pezzottella di Torca

Ingredienti per 4 persone:
250 g di paccheri di Gragnano
200 g di asparagi
150 g di alici fresche
60 g di pezzottella di Torca (caciotta di latte vaccino stagionata)
1 finocchio
20 g di barba di finocchio selvatico
50 g di passata di pomodoro
1 limone
1 peperoncino piccante
4-5 ciuffi di prezzemolo
olio extravergine di oliva
2 spicchi d'aglio
sale

Pulite le alici, lavatele, asciugatele su un panno e mettetele in una ciotola. Ricopritele con un'emulsione ottenuta mescolando circa 5 cucchiai di olio con il succo di limone, uno spicchio d'aglio, il prezzemolo ed il peperoncino tritati. Lasciate marinare. Eliminate la parte dura degli asparagi, lavateli, tagliate i gambi finemente e mantenete le punte intere. In una larga padella soffriggete l'aglio in poco olio, eliminatelo una volta dorato e aggiungete gli asparagi e le barbe di finocchio. Saltate per un paio di minuti a fuoco medio e spegnete. Lavate il finocchio, affettatelo a velo e fatelo essiccare in forno caldo a 160° per 5 minuti. In un pentolino scaldate la salsa di pomodoro. Fate cuocere i paccheri, scolateli ancora al dente, versateli nella padella contenente gli asparagi, aggiungete le alici marinate tagliate a julienne e saltate il tutto velocemente. Suddividete la pasta nei piatti, aggiungete il finocchio essiccato, la caciotta di Torca a scagliette sottili, la salsa di pomodoro, un filo di olio extravergine e servite.

Ristorante: Don Alfonso 1890, Sant'Agata sui Due Golfi

Paccheri di Gragnano con bottarga fatta in casa, pomodorino e rucola

Ingredienti per 4 persone:
2 tonnetti (o altri pesci) con uova
300 g di paccheri
100 g di pomodorini
1 mazzetto di rucola
olio extravergine di oliva
1 bicchiere di vino bianco
sale fino

Raccogliete dai pesci le sacche delle uova e mettetele in un tegame cospargendole con un po' di sale fino e fatele asciugare al sole. Quando si sono essiccate vanno lavate con acqua e messe in un barattolo di vetro con un po' di olio. Fate cuocere la pasta in abbondate acqua salata, contemporaneamente in una padella fate dorare l'aglio nell'olio e aggiungete un cucchiaio da the di uova; bagnate con un po' di vino bianco e fate evaporare. Aggiungete al condimento 2 o 3 pomodorini tagliati e fate cuocere per pochi minuti. A cottura della pasta ultimata, scolatela e versatela nella padella. Ripassate in padella i paccheri aggiungendo un pugno di rucola precedentemente tagliuzzata.

Ristorante: Da Tonino, Capri

Paccheri di Gragnano con calamaretti e pecorino

Ingredienti per 4 persone:
350 g di paccheri di Gragnano
150 g di calamaretti
50 g di pecorino romano
10 pomodorini pachino
3 mazzetti di prezzemolo
6 foglioline di basilico
1 bicchiere di vino bianco secco
olio extravergine di oliva
sale q.b.

Pelate l'aglio e fatelo imbiondire in una padella con due cucchiai di olio extravergine, unite i calamaretti precedentemente puliti in abbondante acqua corrente e sfumate con vino bianco. Lavate i pomodorini, tagliateli in quattro parti e aggiungeteli ai calamaretti con prezzemolo e basilico tritato.

Regolate di sale; poi cuocete i paccheri in abbondante acqua salata, scolate al dente e completate la cottura in padella con i calamaretti. Mantecate con pecorino romano e guarnite con prezzemolo e basilico freschi.

Ristorante: Acqua Pazza, Ponza

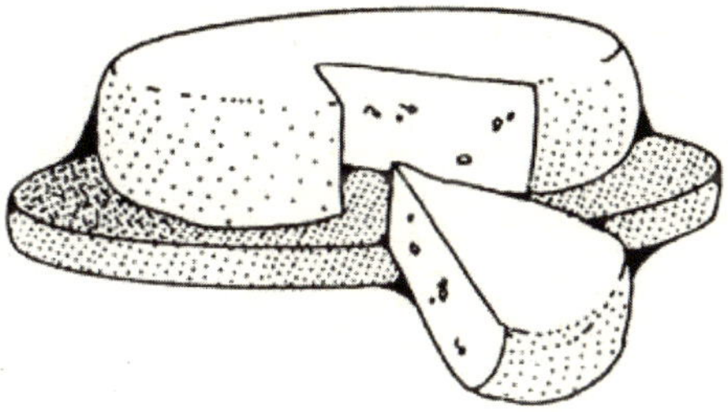

Paccheri di Gragnano con cozze e patate

Ingredienti per 4 persone:
350 g di paccheri di Gragnano
500 g di cozze
200 g di patate
5 pomodorini
prezzemolo
aglio
olio extravergine di oliva

Fate aprire le cozze con un po' d'acqua e sgusciatele. A parte preparate un soffritto con olio, aglio, pomodorini e prezzemolo. Aggiungete le cozze con un po' di liquido di cottura filtrato e le patate tagliate a tocchetti e sbollentate. Proseguite la cottura per 5 minuti. Scolate i paccheri al dente e mantecateli nel sugo.

Ristorante: La Tavernetta, Meta di Sorrento

Paccheri di Gragnano con frutti di mare e patate ai pomodorini del piennolo

Ingredienti per 6 persone:
450 g di paccheri di Gragnano
200 g di pomodorini ciliegia
1,2 kg di frutti di mare misti (vongole, cozze, tartufi, telline)
150 g di olio extravergine di oliva
200 g di patate
1 spicchio d'aglio
sale e prezzemolo q.b.

In una padella fate cuocere al salto le patate pulite e tagliate a dadini con un filo d'olio ed un pizzico di sale. In una seconda padella lasciate rosolare lo spicchio d'aglio con l'olio, eliminatelo una volta dorato e aggiungete il prezzemolo tritato e i frutti di mare ben lavati e puliti. Sgusciateli, sistemateli nel loro liquido, aggiungete le patate e i pomodorini tagliati a spicchi e lasciate cuocere per un minuto. Aggiungete la pasta cotta al dente, ripassate in padella per due minuti fino a che il sugo non si addensa, cospargete di prezzemolo e servite in tavola ben caldo, con un filo d'olio extravergine.

Ristorante: Quattro Passi, Nerano

Paccheri di Gragnano con gamberetti rosé e fiori di zucca

Ingredienti per 4 persone:
500 g di paccheri di Gragnano
200 g di gamberetti rosé
300 g di fiori di zucca
prezzemolo
basilico
olio extravergine di oliva
aglio
sale e pepe

Saltate in padella i fiori di zucca con olio e aglio a fuoco basso. Aggiungete poi i gamberetti sgusciati con del basilico, un pizzico di sale, del pepe ed un mestolo di acqua della pasta.

Fate cuocere il tutto per circa 10 minuti. Scolate i paccheri e saltateli in padella con i fiori di zucca e i gamberetti. Servite il piatto ben caldo guarnendo con il prezzemolo fresco.

Ristorante: La Pergola, Capaccio

Paccheri di Gragnano con vongole e carciofi di Paestum

Ingredienti per 4 persone:
400 g di paccheri
500 g di vongole
2 carciofi di Paestum
2 spicchi d'aglio
1 dl di olio extravergine di oliva
prezzemolo tritato

Fate aprire le vongole in una padella coperta con l'aggiunta di poca acqua, sgusciatele e conservatele nel liquido di cottura. Lavate e tagliate i carciofi a fettine sottili, fateli soffriggere con aglio e olio in una padella, quindi aggiungetevi solo il liquido delle vongole. Fate riprendere il bollore, eliminate l'aglio e spegnete. Lessate la pasta al dente, versatela nella padella con i carciofi e fatela insaporire a fuoco vivo finché il liquido non sarà completamente assorbito dalla pasta. Unite le vongole e mescolate. A fuoco spento, infine, cospargete con prezzemolo tritato e un po' di olio extravergine.

Ristorante: Antica Hostaria Massa, Caserta

Paccheri di Gragnano farciti di scampi all'aglio e scamorza con salsa di pomodorini del piennolo

Ingredienti per 4 persone:
12 paccheri di Gragnano
16 scampi medi sgusciati
150 g di scamorza
200 g di pomodorini del piennolo
2 spicchi d'aglio
4 foglioline di basilico
1 manciata di prezzemolo
4 coste di porro
olio extravergine di oliva
sale q.b.

Sgusciate gli scampi e saltateli in padella con aglio tritato, olio di oliva e prezzemolo. Lasciate raffreddare il tutto. Dopo aver tagliato la scamorza a fette molto sottili che serviranno per avvolgere gli scampi, passate alla cottura dei paccheri in abbondante acqua salata. Appena scolati, disponeteli su un panno e lasciateli asciugare. A questo punto riempite singolarmente i paccheri con gli scampi avvolti nella scamorza e legateli con le costine di porro leggermente scottate. Disponeteli in una teglia e passateli al forno. Preparate poi a parte la salsa con i pomodorini, l'aglio rosolato e il basilico e, una volta pronta, trasferitela nel frullatore. Disponeteli nel piatto cospargendo il fondo di salsa e adagiandovi sopra i paccheri guarniti di scampi e porri. Servite caldi.

Ristorante: La Caravella, Amalfi

Paccheri di Gragnano mantecati con seppioline, vongole e bianchetti

Ingredienti per 4 persone:
400 g di paccheri
600 g di vongole
400 g di seppioline
100 g di bianchetti
1 dl di olio extravergine di oliva
200 g di pomodorini del piennolo
1 mazzetto di prezzemolo
1 spicchio d'aglio
sale e pepe q.b.

Fate aprire in una padella coperta e a fuoco lento le vongole con uno spicchio d'aglio e un filo di olio extravergine di oliva. Mettetele a raffreddare, sgusciatele e lasciatene una dozzina con i propri gusci per la guarnizione finale. Tagliate i pomodorini a pezzettini e uniteli alle vongole, alle seppioline pulite e tagliate a julienne e, infine, ai bianchetti. Cuocete i paccheri in abbondante acqua salata, scolateli al dente e conditeli con la salsa di pesce, aggiungendovi del prezzemolo finemente tritato e ancora un filo d'olio di oliva. Fate mantecare per qualche minuto e guarnite con un ciuffetto di prezzemolo fresco e le vongole con i gusci tenute da parte.

Ristorante: San Pietro, Positano

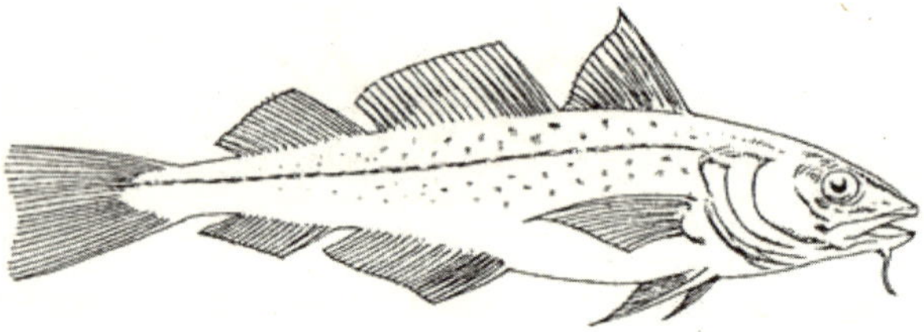

Paccheri di Gragnano ripieni di merluzzo con pomodorini e capperi

Ingredienti per 4 persone:
8 paccheri di Gragnano
300 g di filetto di merluzzo
50 g di patate lesse tagliate a cubetti
500 g di pomodorini pendolini
50 g di capperi salati di Pantelleria
1 cipolla
2 spicchi d'aglio
1 cucchiaio di prezzemolo tritato
1 pezzetto di peperoncino tritato
olio extravergine di oliva
sale e pepe q.b.

Lessate il merluzzo per 10 minuti, scolatelo, sminuzzatelo e amalgamatelo con le patate. A questo punto tritate la cipolla e l'aglio e fateli appassire a fuoco lento in alcuni cucchiai di olio. Unitevi il prezzemolo tritato, i pomodorini tagliati a spicchi, i capperi dissalati e il peperoncino tritato, e cuocete a fiamma viva per alcuni minuti; regolate di sale e pepe e ritirate dalla fiamma. Lessate la pasta in abbondante acqua salata, scolatela al dente e farcitela con il ripieno di merluzzo e patate. Disponete quindi i paccheri ripieni sui piatti da portata e conditeli con la salsa di pomodorini e capperi.

Ristorante: La Caravella, Amalfi

Paccheri imbottiti di cozze e glassati al sugo di scorfano, guazzetto di cicerchia e patate soffiate

Ingredienti per 4 persone:

Per lo scorfano:
1 scorfano da 400 g sfilettato
1 scatola di pelati
2 spicchi d'aglio
5 ml di vino bianco secco
1 rametto di timo

Per i paccheri:
20 paccheri
400 g di cozze
100 g di focaccia
1 patata media
30 g di pomodori secchi
5 foglie di basilico
1 cucchiaio di prezzemolo tritato
5 ml di olio extravergine di oliva

Per il guazzetto di cicerchie:
100 g di cicerchie
100 g di sedano, carota e cipolla in parti eguali
1 mazzetto aromatico di erbe (alloro, rosmarino, basilico, prezzemolo)
0,5 l di brodo vegetale

Preparate innanzitutto il guazzetto di cicerchie. Prendete carote, sedano, cipolla ed un mazzetto di erbette. Fate rosolare in una pentola con l'olio ed aggiungete le cicerchie dopo averle tenute a mollo per 12 ore. Bagnate con del brodo, usando, se necessario, un pizzico di bicarbonato. A parte preparate la farcia dei paccheri: fate aprire le cozze e conservate l'acqua di cottura. Tagliate della focaccia in piccoli cubetti e usate lo stesso procedimento per la patata, dopo averle tolto l'amido sotto l'acqua corrente. Quindi fatela saltare in padella con le cozze e la focaccia, aggiungendo dei pomodorini secchi, il basilico e il prezzemolo tritato. Condite con sale, pepe ed olio extravergine di oliva; ammorbidite, se necessario, con l'acqua di cottura delle cozze. Pulite e sfilettate lo scorfano che farete cuocere nella salsa di pomodoro. Infine, preparerete le patate soffiate. Tagliate delle patate a rondella, friggetele prima in olio a 120° e, quindi, trasferitele in olio a 150°. Durante la frittura muovete la casseruola in modo da creare delle "onde" per gonfiare le patate. Concludete la frittura a 160°-170°. Fate cuocere i paccheri in acqua bollente. Quando sono pronti, fate un letto di cicerchie adagiandovi sopra i paccheri farciti con, qua e là, delle fette di patate soffiate e, infine, aggiungete lo scorfano. Guarnite il piatto con dei filetti di scorfano ripassati in padella e delle erbette.

Ristorante: Palazzo Sasso Rossellini's, Ravello

Paccheri in salsa di ceci e lupini

Ingredienti per 4 persone:

350 g di paccheri di Gragnano
250 g di ceci lessati
500 di lupini di mare
olio extravergine di oliva
aglio
peperoncino
prezzemolo
sale e pepe

Cuocete i ceci per 10 minuti in una padella con aglio, olio e peperoncino; fate raffreddare e frullate in un mixer per pochi attimi, fino ad ottenere una purea di ceci. In una padella fate soffriggere l'aglio nell'olio; aggiungete i lupini, un mestolo di acqua e coprite fino a quando i frutti di mare non saranno tutti aperti.

Sgusciateli e nel sughetto aggiungete 4 cucchiai medi di purea di ceci e stemperate.

Versate poi nella salsa ottenuta i paccheri molto al dente e fate continuare la cottura fino a quando la salsa si sarà addensata.

Ristorante: President, Pompei

Paccheri ischitani

Ingredienti per 4 persone:

400 g di paccheri di Gragnano
400 g di gamberoni
100 g di olive nere
50 g di capperi
200 g di pomodorini
olio extravergine di oliva
1 bicchiere di vino bianco
prezzemolo
2 spicchi d'aglio
sale

In un tegame fate soffriggere l'aglio nell'olio e toglietelo quando è diventato dorato.

A questo punto mettete i gamberoni sgusciati, le olive nere, i capperi ed un po' di vino bianco. Dopo che il vino è evaporato, aggiungete il prezzemolo ed i pomodorini tagliati in due. In una pentola con molta acqua fate cuocere i paccheri al dente, scolateli e ripassateli in padella con la salsa dei gamberoni.

Ristorante: Da Gaetano, Ischia

Pacchero al ragù di scorfano

Ingredienti per 4 persone:
1 scorfano di scoglio da 600 g
320 g di paccheri
150 g di pomodorini
100 g tra sedano, carote e cipolline
olio extravergine di oliva
prezzemolo
aglio
pepe nero

Pulite lo scorfano, sfilettatelo e spinatelo; quindi preparate con testa e lische il fumetto di pesce. A parte pulite bene i filetti dello scorfano da spine e pelle e tagliateli in una dadolata molto fine.

Cuocete la pasta e toglietela al dente. In una padella, preferibilmente di rame, schiacciate uno spicchio di aglio e versate un filo di olio di oliva, unite la dadolata di scorfano con i pomodorini tagliati e privati dei semi, quindi salate e bagnate col fumetto.

Portate a cottura e aggiungete i paccheri, mantecate in padella con del prezzemolo. Servite con un filo di olio versato a crudo e una spolverata di pepe nero.

Ristorante: Al Cenacolo, Salerno

Pacchero con fiori di zucca

Ingredienti per 4 persone:
300 g di paccheri
200 g di fiori di zucca
300 g di cozze
1 spicchio d'aglio
formaggio grattugiato
olio extravergine di oliva
sale e pepe

Soffriggete a fuoco medio olio e aglio, quindi mettetevi le cozze fino a farle aprire. Tagliuzzate e fate cuocere nel sughetto ottenuto i fiori di zucca aggiungendo un po' di pepe e del formaggio grattugiato. Una volta cotta la pasta al dente, saltatela in padella.

Ristorante: Le Bistrot, Cava de' Tirreni

Pacchero con gamberi e zucchine

Ingredienti per 6 persone:
600 g di paccheri
500 g di zucchine
12 gamberoni
1 pizzico di parmigiano grattugiato
olio extravergine di oliva
aglio e sale q.b.

Fate soffriggere in una padella l'aglio nell'olio ed eliminatelo quando diventa dorato. Unite le zucchine tagliate a rondelle e fatele cuocere per 10 minuti a fuoco vivo, quindi aggiungete un po' d'acqua e, una volta coperto, tenetele sul fuoco per mezz'ora finché non si ridurranno a crema.

A parte fate soffriggere dell'altro aglio nell'olio, unite i gamberoni per un minuto e mezzo e salate. Dopodiché toglieteli dall'olio, puliteli mettendo da parte la polpa e lasciando i gusci sul fuoco con l'aggiunta di un po' di acqua. Quando le zucchine sono quasi pronte, unitevi i crostacei con il sugo filtrato e un pizzico di parmigiano.

Lessate la pasta al dente e, una volta scolata, saltatela in padella. Servite caldo.

Ristorante: La Vineria del Mare, Pozzuoli

Pacchero dolcemare

Ingredienti per 4 persone:
300 g di paccheri di Gragnano
800 g di totani
600 g di pomodorini freschi
1 spicchio d'aglio
prezzemolo
50 g di uvetta
50 g di pinoli
olio extravergine di oliva
1 pizzico di cannella
1 pizzico di peperoncino piccante
sale

In una padella fate imbiondire lo spicchio d'aglio in olio extravergine, con una manciata di prezzemolo finemente tritato, e aggiungetevi subito dopo i totani tagliati a pezzetti. Dopo qualche minuto aggiungete i pinoli, l'uvetta, la cannella e un pizzico di peperoncino. Dopo 3 minuti, versate i pomodorini tagliati a cubetti.

Aggiustate di sale e lasciate cuocere finché i totani non risulteranno teneri sotto la forchetta. Cuocete nel frattempo i paccheri in abbondante acqua salata, scolate la pasta 3 minuti prima della cottura, passatela nella padella con i totani ed amalgamate il tutto.

Ristorante: Umberto a Mare, Ischia

Panzerotti neri con ricotta e gamberoni

Ingredienti per 4 persone:

Per la pasta:
200 g di farina di grano duro
2 uova
2 sacche di nero di seppia
1 cucchiaio di olio extravergine di oliva
sale

Per il ripieno:
200 g di ricotta
500 g di gamberoni

Per la salsa:
300 g di gamberetti
100 g di pomodorini
1 spicchio d'aglio
4-5 foglie di menta
olio extravergine di oliva
sale e pepe

Preparate la pasta all'uovo con l'aggiunta del nero di seppia e lasciatela riposare al fresco per almeno un'ora. Cuocete i gamberoni al vapore per alcuni minuti, poi sgusciateli, puliteli e tagliate la polpa a cubetti.

Passate la ricotta al setaccio e unitela ai gamberoni. Tirate poi la sfoglia e formate dei quadrati da farcire con il ripieno; chiudeteli con le mani e sigillateli con l'apposito attrezzo per la pasta.

Lessate i panzerotti in abbondante acqua salata e passate alla preparazione della salsa. In una padella fate imbiondire i gamberetti puliti e sgusciati in olio e aglio, poi unite i pomodorini a pezzetti e le fogliolline di menta.

Scolate e saltate i panzerotti nella padella con la salsa di gamberetti per qualche minuto e servite.

Ristorante: La Caravella, Amalfi

Pappardelle ai Due Fratelli

Ingredienti per 4 persone:
320 g di pappardelle
4 carciofi
100 g di vongole
300 g di gamberetti
olio extravergine di oliva
aglio
4 pomodorini
sale q.b.

Pulite i carciofi, affettateli e cuoceteli in padella con aglio, olio e sale. Saltate in padella i gamberetti, le vongole ed i pomodorini. Aggiungete poi i carciofi. Scottate le pappardelle e saltatele con tutti gli ingredienti.

Ristorante: I Due Fratelli, Santa Maria di Castellabate

Pappardelle al pesto di zucchine con calamari e gamberi

Ingredienti per 4 persone:
250 g di pappardelle
8 gamberoni di media grandezza sgusciati e tagliati a dadini
4 calamari tagliati a striscioline
1 bicchiere di vino bianco
20 g di burro
1 cucchiaio di olio
1 cipollina
sale e pepe q.b.

Per il pesto napoletano:
250 g di zucchine
foglioline di 2 mazzetti di basilico
foglioline di 3 mazzetti di prezzemolo
1 cipollina
3 cucchiai di aceto bianco
100 g di olio extravergine di oliva
sale e pepe q.b.

Versate in una pentola dell'acqua bollente salata e immergetevi la parte verde delle zucchine facendola cuocere per circa un minuto. Nel frattempo sbollentate le foglioline di prezzemolo e passatele in acqua fredda, quindi scolate sia le zucchine che il prezzemolo e con un frullatore fatene un pesto insieme al basilico e alla cipollina. A questo punto unite un filo d'olio e, quando avrà raggiunto una consistenza cremosa, regolate di sale e pepe e mettetelo da parte. Cuocete le pappardelle al dente e, una volta scolate, mettetele nella padella dove precedentemente avrete soffritto la dadolata di gamberi, i calamari e la cipolla sfumando con il vino bianco. Saltate la pasta per qualche minuto e poi aggiungete il pesto. Aggiustate di sale e pepe e servite ben caldo.

Ristorante: Timpani e Tempura, Napoli

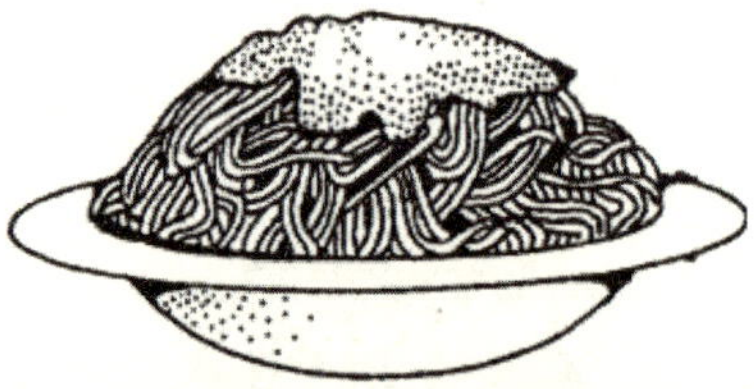

Pappardelle bicolori con tartufi di mare

Ingredienti per 2 persone:
150 g di pappardelle fresche
20 g di tartufi di mare
50 g di pomodorini del Vesuvio
aglio
olio extravergine di oliva
prezzemolo
sale

Preparate il sugo con olio, aglio, pomodorini e tartufi di mare. Cuocete le pappardelle ben al dente e conditele con il sugo ed una spolverata di prezzemolo.

Ristorante: Salvatore, Termini di Massa Lubrense

Pappardelle con bottarga e provola

Ingredienti per 4 persone:
300 g di pappardelle
200 g di provola
10-12 pomodorini detti spunzilli
1 spicchio d'aglio tritato
olio extravergine di oliva
basilico
bottarga grattugiata a piacere

Fate soffriggere uno spicchio di aglio tritato, il basilico, gli spunzilli interi e, dopo qualche minuto, la bottarga. Dopo aver cotto e scolato le pappardelle, saltatele in padella con l'aggiunta della provola (preferibilmente di bufala) tagliata precedentemente a pezzetti.

Completate, quindi, con un'altra grattugiata di bottarga e con una spruzzatina di prezzemolo.

Ristorante: Acquapazza, Cetara

Pappardelle con polpa di riccio e zucca

Ingredienti per 6 persone:
40 g di polpa di zucca
600 g di pappardelle
aglio
olio extravergine di oliva.
10 pomodorini rossi
menta fresca
1 cucchiaio di polpa di riccio

Tagliate la zucca a pezzettini e in una padella mettete aglio tritato e olio. Quando questo è bollente, aggiungete la zucca e fatela cuocere a fuoco vivo per circa 15 minuti. Dopo 5 minuti unite i pomodorini e fate cuocere per altri 10 minuti.

Cuocete la pasta al dente e, una volta scolata, saltatela in padella con un cucchiaio di polpa di riccio per qualche minuto. Aggiungete qualche fogliolina di menta fresca prima di servire.

Ristorante: La Vineria del Mare, Pozzuoli

Pappardelle con radicchio e tartufi di mare

Ingredienti per 4 persone:
400 g di farina
4 uova intere
1 kg di tartufi di mare
1 insalata di radicchio
olio extravergine di oliva
sale q.b.

Soffriggete in una padella uno spicchio d'aglio, mettete i tartufi di mare lasciandoli finché non si apriranno. Nel frattempo cuocete le pappardelle al dente e, una volta scolate, saltatele con i frutti di mare. Alla fine aggiungete il radicchio precedentemente tagliato alla julienne.

Ristorante: La Sacrestia, Napoli

Pappardelle sotto il cielo di Napoli

Ingredienti per 4 persone:
4 scampi
360 g di pappardelle
200 g di zucchetta verde
200 g di pomodori verdi
100 g di olio extravergine di oliva
aglio
prezzemolo
sale q.b.

Mettete sul fuoco una padella con aglio, olio e scampi. Fate soffriggere pochi minuti e aggiungete la zucchetta tagliata a rondelle. Cuocete a parte le pappardelle in acqua e sale, quindi scolatele al dente. Tagliate i pomodori a dadini e aggiungeteli alle pappardelle e agli scampi. Saltate ancora e servite con una spruzzata di prezzemolo fresco.

Ristorante: La Cantinella, Napoli

Pasta con le zucchine

Ingredienti per 4 persone:
400 g di spaghetti
600 g di zucchine
3 dl di olio extravergine di oliva
50 g di burro
100 g di parmigiano grattugiato
100 g di caciocavallo
sale e basilico q.b.

Ecco la mitica ricetta che ha fatto storia. Al posto degli spaghetti potete utilizzare i mezzanelli, le penne di media grandezza, i paccheri.

Tagliate le zucchine a rondelle a fatele asciugare al sole per un'ora. Mettete in una padella una parte dell'olio e il burro, aggiungete le zucchine e proseguite la cottura per 20 minuti.

Cuocete gli spaghetti al dente e ultimate la preparazione mantecandoli nella padella con i formaggi.

Aggiungete per ultimo il basilico.

Ristorante: Maria Grazia, Nerano

Pasta e fagioli

Ingredienti per 4 persone:
400 g di tubettoni
500 g di fagioli lessati
olio extravergine di oliva
1 spicchio d'aglio
2 pomodorini

Fate soffriggere l'olio e l'aglio con i pomodorini tagliati a metà, quindi calate i fagioli precedentemente lessati e aggiungete acqua a sufficienza per cuocere la pasta.

Una volta cotti i tubettoni, servite ben caldo.

Ristorante: Il Leon d'Oro, Napoli

Pasta e fave novelle

Ingredienti per 4 persone:
300 g di pasta spezzata (preferibilmente vermicelli)
300 g di fave novelle
2 cipollotti novelli
olio extravergine di oliva
sale q.b.

Pulite i cipollotti, lavateli e affettateli finemente. Fateli appassire in un tegame profondo unendo 5 cucchiai di olio extravergine di oliva, quindi aggiungete le fave sgranate, aggiustate di sale e, dopo aver coperto, fate cuocere per circa 10 minuti. Aggiungete acqua sufficiente per cuocere la pasta direttamente nel tegame con le fave, spegnete la fiamma e fate riposare un minuto prima di servire.

Ristorante: Al Frantoio, San Mauro Cilento

Penne alla Pirata

Ingredienti per 4 persone:
300 g di penne rigate
200 g di pomodorini freschi piccoli
100 g di parmigiano
100 g di pecorino
1 pugno di capperetti di Pantelleria
10 olive nere di Gaeta
1 cipollina novella
olio extravergine di oliva
1 noce di burro
basilico e sale q.b.

Fate soffriggere in un tegame l'olio con la noce di burro, la cipollina e i capperi. Appena indorata la cipolla, aggiungete i pomodorini, con il basilico e il sale. Dopo circa tre minuti di cottura a fuoco basso aggiungete pecorino e parmigiano, quindi le olive.

Scolate la pasta al dente e unitela alla preparazione nella padella a fiamma lenta.

Ristorante: Il Pirata, Sant'Angelo d'Ischia

Penne sciuè sciuè

Ingredienti per 4 persone:
400 g di penne lisce (o zitoni)
500 g di pomodori pelati San Marzano
provolone del monaco grattugiato
olio extravergine di oliva
una noce di burro
basilico
aglio

Portate l'acqua ad ebollizione, calate la pasta e nel frattempo in un tegame capiente di terracotta unite l'olio, il pomodoro San Marzano e il burro con uno spicchio di aglio leggermente schiacciato. Fate cuocere per qualche minuto, scolate la pasta quasi cruda e aggiungetela al sugo. Portate a cottura aggiungendo qualche misurino d'acqua calda e al termine del procedimento unite il basilico e il provolone grattugiato. Mantecate su fuoco moderato e servite caldo.

Ristorante: Bacco, Furore

Pennette ai fiori di zucca, zucchine e scamorza affumicata

Ingredienti per 4 persone:
360 g di pennette rigate
100 g di pomodorini ciliegia
150 g di provola affumicata
300 g di zucchine
100 g di fiori di zucca
2 dl di brodo vegetale
2 dl di olio extravergine di oliva
20 g di pecorino grattugiato
20 g di basilico
10 g di cipolla
5 g di scalogno
15 g d'aglio
sale e pepe q.b.

Preparate un fondo di olio, aglio, cipolla, scalogno tritato. Aggiungete le zucchine ed i fiori di zucca tagliati a julienne ed insaporite con sale, pepe e basilico. Fate cuocere per 5 minuti e poi bagnate con il brodo vegetale. Subito dopo aggiungete i pomodori a pezzi e fate cuocere ancora per 5 minuti.

A parte lessate le pennette al dente e conditele con la salsa. Mantecate il tutto con il pecorino grattugiato, la provola affumicata e il basilico.

Ristorante: La Fratanza, Nocera Superiore

Piccoli cannelloni profumati allo sfusato amalfitano

Ingredienti per 4 persone:

Per la pasta all'uovo:
500 g di farina di frumento
1 bustina di zafferano
5 uova
10 g di sale

Per la farcia:
400 g di ricotta dolce
200 g di polpa di manzo macinata
100 g di parmigiano grattugiato
buccia grattugiata di 2 limoni
300 g di salsa di pomodoro passato
1 cipollina
1 foglia di alloro
1 bicchiere di vino rosso
prezzemolo e basilico q.b.

Disponete su un tavolo la farina ad anello, al centro le uova, lo zafferano precedentemente sciolto in poca acqua e il sale.

Amalgamate gli ingredienti con le mani fino ad ottenere un impasto senza grumi e ben compatto, quindi avvolgetelo in un panno umido e lasciate riposare in frigo per 2-3 ore. Staccate poi dall'impasto diverse parti, appiattitele con il mattarello ricavando delle sfoglie sottili che vanno poi ridotte a quadroni di circa 10 centimetri quadrati (per ogni porzione occorreranno 3 sfoglie).

Dopo aver scottato le sfoglie, passatele in acqua fredda e sistematele su una superficie oleata. Preparate a questo punto la farcia, facendo rosolare la carne macinata in una padella con olio e cipolla tagliata finemente e con la foglia di alloro per circa 5 minuti.

Sfumate con un bicchiere di vino rosso e lasciare cuocere per 6-7 minuti, quindi unite la ricotta setacciata, la scorza dei limoni frullata, il parmigiano, il basilico, il pepe e il sale. Disponete su ciascuna delle sfoglie di pasta un cucchiaio di farcia e arrotolatele. Imburrate una pirofila e sistematevi i cannelloni.

Quindi coprite con la salsa di pomodoro, cospargete di formaggio e fate gratinare in forno ben caldo per 8-10 minuti.

Ristorante: La Volpe Pescatrice, Furore

Pizzelle, foglie e vongole

Per le pizzelle (6 persone):
300 g di farina
120 g circa di acqua
15 g sale
10 g di olio extravergine di oliva

Per il condimento:
500 g di vongole veraci
12 fiori di zucca
1 fascio di scarole lessate
12 pomodorini ciliegia
2 spicchi d'aglio
basilico
sale e pepe
olio extravergine di oliva
30 g di pecorino

Disponete la farina su un tavolo da lavoro, mettete al centro il sale e l'olio ed aggiungete l'acqua poco alla volta. Lavorate affinché l'impasto risulti compatto ed omogeneo. Stendete la pasta allo spessore di circa 3 mm e con il tagliapasta ricavatene tanti dischetti.

Fate aprire le vongole con l'olio di oliva e l'aglio; togliete le vongole e liberatele dai gusci.

Nel sughetto di cottura mettete i fiori di zucca e fate cuocere con le scarole e i pomodorini, aggiustate di sale ed aggiungete alla fine le vongole sgusciate.

Fate cuocere le pizzelle in acqua bollente e salata, scolatele e conditele con il sugo, completando con prezzemolo, basilico, pepe e pecorino.

Ristorante: George's del Parker's Hotel, Napoli

Polenta morbida con sconcigli piccanti

Ingredienti per 2 persone:
400 g di farina di mais macinata fine
600 g di sconcigli
300 g di passata di pomodoro
olio extravergine di oliva
prezzemolo
aglio
peperoncino

Sbollentate e sgusciate gli sconcigli e soffriggeteli in olio, aglio e peperoncino. Unite poi la passata di pomodoro e il prezzemolo sminuzzato e lasciate cuocere lentamente per circa un'ora aggiungendo, se necessario, una cucchiaiata d'acqua.

Il risultato finale deve essere un sugo abbastanza denso. Con la farina di mais preparate una polenta piuttosto fluida (max 15 minuti di cottura) avendo cura di aggiungere a metà cottura un cucchiaio di olio soffritto con aglio e prezzemolo. Versate la polenta ad anello nei piatti di portata e completate il centro con gli sconcigli ben caldi. Decorate con prezzemolo sminuzzato.

Ristorante: Da Nonna Sceppa, Paestum

Ravioli al limone

Ingredienti per 4 persone:

Per la pasta a mano:
400 g di farina
4 uova
1 pizzico di sale

Per il ripieno:
400 g di ricotta
1 limone
100 g di zucchini
1 pizzico di parmigiano
1 tuorlo d'uovo
1 limone
50 g di burro
2 foglie di menta
200 g di panna
parmigiano grattugiato

Disponete la farina a fontana su un tavolo da lavoro e aggiungete le uova e il sale. Impastate fino ad ottenere un amalgama di media consistenza. Stendete l'impasto e ricavate tante piccole sfoglie di forma ovale da riempire successivamente col composto ottenuto con ricotta, buccia di limone grattugiata, parmigiano, tuorlo d'uovo e bucce di zucchini tagliate a dadini. Chiudete le sfoglie completando così i ravioli e lasciate riposare in frigo. Portate ad ebollizione l'acqua e aggiungete i ravioli. Fate cuocere per qualche minuto, scolate, e unite in padella al burro sciolto ed alle bucce di limone tagliate a striscioline. Completate la cottura aggiungendo menta e panna da cucina. Ripassate con poco parmigiano grattugiato.

Ristorante: Hotel Santa Caterina, Amalfi

Ravioli al prezzemolo ripieni di molluschi e filetti di triglie di scoglio

Ingredienti per 4 persone:

Per la pasta al prezzemolo:
1 kg di farina 00
8 rossi d'uovo
200 g di purea di prezzemolo
sale q.b.
olio extravergine di oliva

Per il ripieno:
600 g di vongole veraci
600 g di lupini
600 g di cozze
1 kg di tartufi di mare
1 kg di fasolare
8 pomodori San Marzano
8 filetti di triglie di scoglio

Per il piatto:
4 triglie
cerfoglio

Preparate la pasta mescolando gli ingredienti sopra citati, solo dopo aver predisposto la purea di prezzemolo che si ottiene cominciando a sbollentare 400 grammi di foglie di prezzemolo in acqua salata. Appena completato questo procedimento immergete le foglie in acqua ghiacciata e toglietele appena sono raffreddate. Frullate il tutto con un poco d'acqua di cottura, quindi passare al setaccio la purea e mescolatela con gli altri ingredienti. Aprite i frutti di mare separatamente, estraeteli dal guscio, puliteli accuratamente, tagliateli e mischiateli tra loro aggiungendo i pomodori essiccati al sole, precedentemente sbollentati e privati dei semi. Aggiungete inoltre un filo d'olio e un po' di pepe. Una volta ottenuto il ripieno, fate dei ravioli con la pasta al prezzemolo, immergeteli nell'acqua salata e appena cotti trasferiteli in una padella con un po' di fondo di pesce e una ratatuia di verdurine. Scottate a parte i filetti di triglia e decorate con un po' di cerfoglio.

Ristorante: Al Palazzo di Palazzo Murat, Positano

Ravioli allo scorfano

Ingredienti per 4 persone:

Per la pasta all'uovo:
500 g di farina
5 uova
1 pizzico di sale
1 filo di olio extravergine di oliva

Per il ripieno
500 g di polpa di scorfano tritata
20 g di foglie di sedano tritate
sale e pepe q.b.

Per la salsa:
40 g di cubetti di cipolle sbollentate
40 g di cubetti di sedano sbollentato
2 pomodori San Marzano spellati e tagliati a listarelle
200 g di zuppetta di pesce leggera
olio extravergine di oliva
sale, pepe e prezzemolo tritato q.b.

Mischiate farina, uova, sale e olio e impastate energicamente a mano per circa 30 minuti, poi fate riposare la pasta in luogo fresco per un'ora, coperta con uno straccio umido.

A parte pulite gli scorfani e unite alla loro polpa il sedano, il sale e il pepe riponendo poi il tutto in frigorifero. Trascorsa l'ora di riposo della pasta, stendetela e fate una sfoglia sottile; adagiate sulla sfoglia un po' di ripieno e confezionate i ravioli. Cuocete i ravioli in acqua salata e uniteli alla zuppetta di pesce ristretta preparata con le cipolle, sedano e pomodori. Regolate di sale, aggiungete il prezzemolo e servite in piatti individuali.

Ristorante: Le Sirenuse, Positano

Ravioli capresi con pomodorino e basilico

Ingredienti per 4 persone:

Per i ravioli:
1 kg di farina 00
0,5 l di acqua
50 cl di olio di oliva

Per la farcia:
600 g di caciotta secca caprese
300 g di fiordilatte
100 g di ricotta
2 tuorli
1 manciata di parmigiano
1 grattatina di noce moscata
1 mazzetto di maggiorana
sale

Per la salsa:
500 g di pomodori San Marzano
olio extravergine di oliva
basilico

Disponete la farina a fontana e aggiungete l'acqua e l'olio. Impastate fino a quando otterrete un composto liscio e morbido. Lasciate riposare per un paio d'ore. Grattugiate a scaglie la caciotta e tagliate a cubettini il fiordilatte. Aggiungete la ricotta e impastate amalgamando con i tuorli, il parmigiano, la noce moscata e la maggiorana. Tirate la pasta fino ad ottenere una sfoglia molto sottile. Ricavate i ravioli con uno stampino e farciteli. Richiudeteli bene e cuoceteli in acqua salata. Per il condimento, spellate i pomodori e privateli dei semi. Scaldate un po' d'olio, mettetevi i pomodori per qualche minuto e poi aggiungete il basilico a cottura ultimata.

Ristorante: Quisisana, Capri

Ravioli con zucca

Ingredienti per 5 persone:
150 g di farina
margarina
0,5 l di latte
150 g di funghi porcini
150 g di acqua
150 g di provola affumicata
olio extravergine di oliva
aglio
parmigiano

Per l'impasto:
300 g di zucca rossa
200 g di margarina

Cuocete la zucca e passatela. A parte, in una teglia, fate cuocere la margarina e la farina finché non si assorbirà l'acqua prodotta, unite il mezzo litro di latte, quindi la zucca e mescolate per circa 5 minuti. Aggiungete i funghi porcini tagliati a pezzetti e la cipolla e fate cuocere per circa 7 minuti. Per la salsa, invece, cuocete la zucca fino a farla asciugare con un soffritto di aglio e olio lasciando cuocere per 15-20 minuti. Mettete nel passatutto e unite i funghi porcini con 150 g di acqua di cottura della pasta che nel frattempo avrete messo a cuocere. Mantecate con parmigiano e provola affumicata.

Ristorante: La Botte, Minori

Ravioli di bianchetti e panura con salsa di zucchine

Ingredienti per 4 persone:

Per la pasta:
2 uova
200 g di farina
sale e pepe q.b.

Per il ripieno:
200 g di bianchetti
100 g di pane raffermo
erbe aromatiche q.b.
aglio q.b.

Per la salsa:
300 g di zucchine
1 cipolla
olio extravergine di oliva

Preparate la pasta versando la farina a fontana. Aggiungete 2 uova, sale e lavorate bene. Quando l'impasto è pronto conservate in frigo. In una padella mettete olio, aglio e soffriggete i bianchetti per pochi minuti. Aggiungete il pane raffermo (panura) dopo averlo frullato con le erbe aromatiche. Con il ripieno ottenuto farcite i ravioli.

Per la salsa: fate un soffritto di cipolle, aggiungete le zucchine tagliate a dadolata. Infine sbollentate i ravioli e passateli in padella insieme con la salsa.

Ristorante: Palazzo Della Marra, Ravello

Ravioli di cicerchie e fagioli zolfini con calamaretti profumati al rosmarino, salsa al nero di seppia

Ingredienti per 4 persone:
200 g di cicerchie
50 g di fagioli zolfini
70 g di lardo
3 carote
2 cipolle
aglio
2 coste di sedano
1 mazzetto aromatico
brodo di pollo
brodo vegetale
rosmarino
olio extravergine di oliva
1 busta di nero di seppia
50 g di coulis di pomodoro
vino bianco
50 g di calamaretti

Per la pasta all'uovo:
1 kg di farina 00
9 uova
olio extravergine di oliva
sale q.b.

In una casseruola con poco fate rosolare lentamente olio, sedano, carote, cipolla, lardo e aglio, aggiungete le cicerchie precedentemente ammollate ed il mazzetto guarnito, bagnate con vino bianco, fate evaporare ed ultimate la cottura con brodo di pollo e vegetale.

Ripetete lo stesso procedimento con i fagioli zolfini avendo cura di non stracuocerli. Frullate le cicerchie ottenendo una purea che dividerete in 2 parti. Alla prima parte aggiungerete i fagioli zolfini ed userete il composto ottenuto per farcire i raviolini, mentre dividerete la seconda quantità di purea in altre 2 parti: ad una aggiungerete soltanto il brodo, all'altra anche la busta di nero di seppia. Cuocete i raviolini in acqua salata, che non dovrà bollire troppo forte per non rovinare la pasta, e saltateli con la crema di cicerchie chiare, un po' di fagioli zolfini pelati e interi.

Nel frattempo scaldate la crema al nero di seppia e disponetela a cerchio sul piatto, adagiatevi sopra i raviolini, guarnite il bordo del cerchio con coulis di pomodoro tiepido ed infine adagiate al centro del piatto i calamaretti saltati, decorate con olio al rosmarino.

Ristorante: Quisisana, Capri

Ravioli di gamberi e pezzogna

Ingredienti per 6-8 persone:

Per la pasta fresca:
300 g di farina
9 uova

Per il ripieno:
300 g di gamberi
1 kg di pezzogna

Per la salsa:
300 g di pomodorini
450 g di vongole
olio extravergine di oliva
sale q.b.

Cuocete a vapore la pezzogna per circa 30 minuti, quindi aggiungete i gamberetti e fate cuocere ancora per 5 minuti.

Deliscate il pesce, frullatelo e preparate i ravioli imbottendoli con questo ripieno. Cuocete i ravioli in acqua abbondante e conditeli con pomodorini e vongole.

Guarnite i piatti con una spolverata di rucola.

Ristorante: Sapore di mare, Vietri sul Mare

Ravioli di mousse di baccalà su passata di ceci e scaglie di tartufo

Ingredienti per 2 persone:

400 g di ceci già cotti
300 di baccalà già ammollato
sfoglia all'uovo sufficiente per 10 ravioli
1 tartufo bianco (o nero di primissima qualità)
zafferano
panna (non vegetale)

Unite ai ceci un cucchiaio di panna e un pizzico di zafferano e frullate fino ad ottenere un composto liscio ed omogeneo. Aggiustate di sale e tenete in caldo. Applicate al baccalà una delle tante varianti della mousse di stoccafisso alla vicentina e usatelo per ottenere dei ravioli piccoli ma ben pieni. Cuocete i ravioli al vapore per quattro minuti, disponeteli nel piatto di portata e conditeli con la passata di ceci. Aggiungete scaglie di tartufo bianco e servite.

Ristorante: Da Nonna Sceppa, Paestum

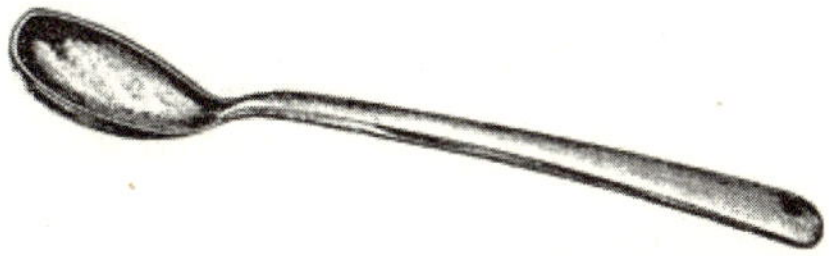

Ravioli di pesce

Ingredienti per 4 persone:

Per la farcia:
400 g di seppie
400 g di polipetti
2 cucchiai di olio extravergine di oliva
2 spicchi d'aglio
1 bicchiere di vino bianco
prezzemolo tritato
3 uova

Per la salsa:
300 g di frutti di mare
150 g di gamberi
2 cucchiai di olio di oliva
2 spicchi d'aglio tritati
200 g di pomodorini
2 foglie di basilico

Per la pasta: mescolate tutti gli ingredienti fino ad ottenere un impasto liscio e soffice. Fate riposare per 30 minuti. Stendete una sfoglia non molto sottile e tagliatela in tanti dischetti. Disponete la metà dei dischetti sul tavolo di servizio e l'altra metà in un recipiente intervallandoli con la semola.

Per la farcia: in una padella antiaderente soffriggete in 50 g di olio i due spicchi d'aglio. Appena imbionditi, versate il prezzemolo tritato, le seppie e i polipetti, bagnate con il vino bianco e portate a cottura (30 minuti circa). Aggiungete acqua bollente se necessario. Raffreddate e passate il tutto al mixer. Versate il composto ottenuto in un sacco da pasticceria e distribuitelo al centro dei dischetti di pasta disposti sul tavolo di servizio. Coprite con gli altri dischetti avendo cura di spennellarli con bianco d'uovo e di chiuderli lungo la circonferenza con una leggera pressione delle dita.

Per la salsa: soffriggete in una padella l'olio di oliva con l'aglio tritato, appena quest'ultimo diventerà biondo aggiungete il prezzemolo e dopo qualche minuto i frutti di mare ed il pesce scelto; fatelo rosolare e poi unite i pomodorini e le foglie di basilico spezzettati (cottura 4-5 minuti).

Cuocete in acqua bollente salata i ravioli (circa 10 minuti) e passateli in padella con la salsa. Serviteli caldi.

Ristorante: Villa Maria, Ravello

Ravioli di scampi all'umido di vongole veraci

Ingredienti per 4 persone:

Per la sfoglia:
250 g di farina
2 uova
1 cucchiaio di olio extravergine di oliva
sale q.b.

Per il ripieno:
16 scampi di media grandezza
250 g di friarielli

Per la salsa:
500 g di vongole veraci
1 pomodoro maturo
100 g di olio extravergine di oliva
1 spicchio d'aglio

Preparate la sfoglia avendo cura che sia molto sottile e ritagliatela con uno stampo circolare per ravioli. Farcite con uno scampo sgusciato e i friarielli saltati in padella con aglio, olio e sale. Per la salsa preparate un sauté di vongole. Togliete poi le vongole dal loro guscio per lasciarle nella salsetta con aglio e olio con la quale condirete i ravioli precedentemente cotti per 6-7 minuti in abbondante acqua salata. Servite il tutto in un piatto da portata con al centro un po' di friarielli, una testa di scampo e i 4 ravioli in circolo aggiungendovi infine una dadolata di pomodoro fresco.

Ristorante: Il Principe, Pompei

Ravioli di scarola alla moda del Focolare

Ingredienti per 4 persone:
sfoglia per la pasta all'uovo
5 scarole
15 olive nere snocciolate
20 g di capperi
100 g di pinoli
100 g di noci sminuzzate
50 g di uvetta
olio extravergine di oliva
6 spicchi d'aglio
un po' di vino cotto
parmigiano grattugiato
sale q.b.

Per preparare la farcia dei ravioli fate soffriggere in un po' di olio le olive, i capperi e l'aglio, aggiungete poi la scarola, l'uvetta e i pinoli e lasciate stufare il tutto per 10 minuti. Lasciate raffreddare il composto e poi frullatelo. A questo punto confezionate i ravioli con della pasta all'uovo classica e la farcia di scarole. Cuocete i ravioli in abbondante acqua salata. Conditeli con olio extravergine di oliva, il parmigiano, le noci tritate e un filo di vino cotto.

Ristorante: Il Focolare, Casamicciola di Ischia

Ravioli di spolichini in salsa di cozze

Ingredienti per 10 persone:
1 kg di farina
300 g di spolichini (fagioli freschi)
200 g di semola
6 uova intere
latte q.b.
200 g di provoletta affumicata
1 kg di cozze
olio extravergine di oliva
pecorino fresco
50 g parmigiano grattugiato
noce moscata
2 spicchi d'aglio
sale e pepe q.b.

Preparate la pasta all'uovo classica, lasciatela riposare per un'ora e poi lavoratela. Per preparare il ripieno fate bollire gli spolichini, fateli raffreddare e poi passateli al setaccio. Aggiungetevi un po' di pecorino fresco, il parmigiano, un pizzico di noce moscata, la provoletta affumicata tagliata a pezzettini, 2 uova, il sale, un po' di pepe. Infine, preparate la salsa di cozze: fate un sauté, liberatele dal guscio e fatele rosolare con aglio e olio. Cuocete infine i ravioli, cospargeteli con la salsetta delle cozze ripassandole in padella per qualche minuto.

Ristorante: Antico Francischiello, Massa Lubrense

Ravioli di zucchine con calamaretti

Ingredienti per 4 persone:

Per la sfoglia:
500 g di farina 00
sale e acqua bollente

Per la farcia:
750 g di zucchine
1 cipolla media
olio extravergine di oliva
parmigiano
sale e pepe q.b.

Per la salsa:
400 g di calamaretti
olio extravergine di oliva
vino bianco secco
aglio

Lavorate la farina con acqua calda e sale fino ad ottenere un impasto morbido. A parte preparate la farcia per i ravioli tagliando le zucchine a dadini e soffriggendole per alcuni minuti con cipolla, olio, sale e pepe. Passate tutto in un mixer con l'aggiunta di un uovo intero e parmigiano e frullate fino ad ottenere un impasto di media consistenza. A parte stendete l'impasto e formate la sfoglia con l'aiuto di un mattarello, ricavando poi tanti quadratini da riempire con l'impasto di zucchine. Richiudete i ravioli e lasciate riposare. Nel frattempo pulite i calamaretti sotto acqua corrente e fateli rosolare per pochi minuti con aglio e olio. A fine cottura sfumate con del vino bianco. Fate bollire i ravioli in acqua salata, scolateli e versateli in padella. Mantecate con i calamaretti per qualche minuto e servite con prezzemolo e parmigiano.

Ristorante: Donna Rosa, Positano

Ravioli farciti con mousse di gamberi in salsa di pescatrice e frutti di mare sgusciati

Ingredienti per 4 persone:
500 g di pasta fresca
150 g di polpa di pescatrice
250 g di frutti di mare misti
200 g di gamberetti sgusciati
2 spicchi d'aglio
olio extravergine di oliva
sale, pepe e prezzemolo q.b.

In una casseruola con i bordi alti, mettete l'olio, uno spicchio d'aglio, fate rosolare e aggiungetevi i gamberetti sgusciati. Cuocete il tutto per circa 10 minuti e passate nel mixer. Nel frattempo pulite la pescatrice e ricavatene solo la polpa che taglierete a dadini. Lavate e bollite i frutti di mare, sgusciateli e conservate il brodetto di cottura. Intanto i gamberetti si saranno raffreddati; preparate i ravioli con il metodo classico.

Per la salsa, invece, mettete in una padella il secondo spicchio d'aglio con l'aggiunta di olio, fate rosolare, aggiungete la polpa di pescatrice ed i frutti di mare sgusciati. Fate rosolare il tutto, aggiungendo un mestolo di brodetto conservato in precedenza. Intanto fate cuocere i ravioli in acqua salata e, una volta cotti, uniteli alla salsa di pesce. Servite in un piatto con prezzemolo tritato al momento.

Ristorante: La Cantinella, Napoli

Ravioli ripieni di pesce con fiori di zucca e rana pescatrice

Ingredienti per 4 persone:
600 g di pasta all'uovo
300 g di fiori di zucca
400 g di rana pescatrice
olio extravergine di oliva
1 spicchio d'aglio
1 spruzzatina di brandy
sale q.b.

Per la farcia:
300 g di rana pescatrice
200 g di gamberi
300 g di nasello
fiori di zucca q.b.

Fate soffriggere olio e aglio, quindi immergetevi la rana pescatrice sfilettata e coprite, facendo cuocere per circa 5 minuti e sfumando con una spruzzatina di brandy. Con la pasta all'uovo ricavate la sfoglia per i ravioli. Per la farcia fate sbollentare i tre tipi di pesce con qualche fiore di zucca e passate tutto al mixer. Riempite i ravioli e fateli cuocere in acqua bollente. Dopo averli scolati sistemateli in un piatto da portata ricoprendoli con la salsa di pesce ben calda. Decorate con i fiori di zucca.

Ristorante: Sea Garden, Salerno

Ravioli ripieni di razza con sugo al profumo di finocchietto selvatico

Ingredienti per 4 persone:
1 kg di razza
500 g di gamberi
olio extravergine di oliva
aglio
1 kg di farina 00
4 uova
finocchietto selvatico

Preparate la pasta all'uovo con il metodo classico, e ricavatene dei piccoli fazzoletti per i ravioli. Pulite e sfilettate la razza e saltatela in padella con aglio e olio. Riducetela in piccolissimi pezzi e riempite i ravioli. A parte, con i gamberi interi non sgusciati preparate il fumetto.

Saltate poi l'aglio in una padella e fatevi addensare il fumetto aggiungendovi i ravioli e profumando con del finocchietto selvatico. Girate sul fuoco per un minuto e servite subito.

Ristorante: La Taverna del Pescatore, Castellabate

Ravioloni alla lucana

Ingredienti per 4 persone:

Per la pasta:
500 g di farina di frumento
2 uova
sale q.b.

Per la farcia:
100 g di salsiccia lucana
2 uova
300 g di ricotta
1 manciata di prezzemolo
sale q.b.

Per il ragù:
100 g di carne di vitella e 100 g di capra o di maiale con l'osso
2 cucchiai di lardo pestato
500 g di pomodori pelati
1 cipolla
1 bicchiere di vino rosso
3 cucchiai di olio extravergine di oliva (o strutto)
sale

Inoltre:
2 manciate di cacioricotta grattugiato

Mettete lo strutto (o l'olio) in una pentola alta. Aggiungete la cipolla tritata e le carni di vitella e di capra tagliate a pezzettoni. Rosolate e sfumate con il vino. Unite i pomodori e il lardo, coprite e mettete a cuocere almeno per un'ora. Nel frattempo con la farina, due uova, tre pizzichi di sale e un bicchiere d'acqua preparate la pasta incorporando nella farina le uova, il sale e, un po' alla volta, l'acqua. Lavorate l'impasto fino a renderlo omogeneo e fatelo riposare dieci minuti almeno. A parte preparate in una terrina la ricotta, la salsiccia, due uova, il prezzemolo tritato, un pizzico di sale amalgamando e mescolando bene. Spianate la pasta fino ad ottenere uno spessore di circa quattro millimetri. Disponete sulla sfoglia il preparato della terrina a palline, mantenendo una distanza di circa 7 cm l'una dall'altra. Piegate la sfoglia a portafoglio sigillando i bordi con una forchetta. Lessate i ravioli in acqua salata scolateli e conditeli con il ragù. Imbiancate i piatti con il cacioricotta grattugiato.

Ristorante: La Tana, Maratea

Reginelle con patate alla Nerano

Ingredienti per 4 persone:
300 g di pasta formato reginelle
200 g di patate
100 g di pomodorini
olio extravergine di oliva
origano, sale e peperoncino q.b.

In una pentola portate ad ebollizione l'acqua e versatevi le patate tagliate a tocchetti. Quando l'acqua bolle nuovamente aggiungetevi le reginelle. Nel frattempo in una padella soffriggete i pomodorini nell'olio, con l'origano, un pizzico di sale ed il peperoncino. Scolate la pasta con le patate e saltate il tutto in padella. Servite ben caldo.

Ristorante: Scoglio, Nerano

Rigatoni alla Boccaccio

Ingredienti per 6 persone:

600 g di rigatoni
100 g di salmone affumicato
200 g di gamberetti freschi
200 g di funghi porcini freschi (se secchi 50 g)
200 cl di panna
salsa di pomodoro
olio extravergine di oliva
1 spicchio d'aglio
1 bicchiere di vino bianco

Mettete in una padella l'olio e l'aglio tritato. Appena inizia a friggere aggiungete i gamberetti sgusciati e condite con sale e pepe a piacere. Fate rosolare e bagnate con del vino, fate evaporare un poco e aggiungete il salmone a pezzettini e i funghi. Fate cuocere il tutto per qualche minuto. Aggiungetevi quindi la panna formando una crema rosata. Cuocete la pasta e versatela nella padella con il sugo di pesce e i funghi e fate saltare sul fuoco per qualche istante.

Ristorante: Boccaccio, Acciaroli

Rigatoni alla eoliana

Ingredienti per 4 persone:

300 g di rigatoni
200 g di pesce spada
150 g di pomodorini del piennolo
100 g di olive verdi
olio extravergine di oliva
aglio
peperoncino
prezzemolo

Fate soffriggere in olio, aglio e peperoncino i pomodorini tagliati a pezzetti. Dopo circa dieci minuti di cottura, aggiungete il pesce spada tagliato a dadini con le olive verdi. Lessate la pasta al dente e saltatela, una volta scolata, con il sugo di pesce ottenuto. Completate il piatto con prezzemolo fresco sminuzzato al momento.

Ristorante: Trianon da Ciro, Napoli

Rigatoni alla pescatora

Ingredienti per 4 persone:

400 g di rigatoni
150 g di polipi
150 g di calamari
100 g di seppie
100 g di gamberetti
300 g tra cozze e vongole
2 spicchi d'aglio
olio extravergine di oliva
prezzemolo fresco

Fate aprire le cozze e le vongole, quindi sgusciatele. Tagliate a dadini i calamari, i polipi e le seppie. Mettete dell'olio e due spicchi di aglio in un tegame (eliminandoli quando si dorano). Unite il pesce sminuzzato e fatelo cuocere per una buona mezz'ora aggiungendo, se necessario, l'acqua delle cozze e delle vongole che avrete conservato. Unite poi i molluschi sgusciati e i gamberetti e fate cuocere per circa 6 minuti. Lessate la pasta al dente e, una volta scolata, mantecatela in padella. Prima di portare in tavola, completate con una spruzzatina di prezzemolo fresco tritato al momento.

Ristorante: Al 53, Napoli

Rigatoni con cozze e sciurilli

Ingredienti per 4 persone:
400 g di rigatoni di Setaro
1 kg di cozze
200 g di sciurilli (piccoli fiori di zucca)
basilico in foglie
olio extravergine di oliva
sale e pepe q.b.

Lasciate aprire le cozze a fuoco medio e sgusciatele, conservando a parte il liquido di cottura. Preparate in padella un soffritto leggero di aglio e olio e fatevi cuocere i fiori di zucca per qualche minuto. Se necessario aggiungete un po' di acqua di cottura delle cozze, salate e pepate a piacere. Nel frattempo cuocete i rigatoni e fateli saltare nella padella con il condimento per un paio di minuti. Decorate con qualche foglia di basilico fresco.

Ristorante: Europeo, Napoli

Riso e patate con provolone del Monaco e tartufo nero di Bagnoli Irpino

Ingredienti per 4 persone:
200 g di riso Arborio
500 g di patate sbucciate
50 g di pancetta
100 g di provolone del Monaco
40 g di lardo
1,5 l di brodo di manzo
30 g di tartufo nero di Bagnoli Irpino
1 cipolla
olio extravergine di oliva
sale e pepe q.b.

Soffriggete in una casseruola olio, cipolla, lardo, pancetta. Dopo un minuto aggiungete la patate tagliate a tocchetti ed il riso. Continuate la cottura aggiungendo il brodo caldo a mestoli fin quando non si sarà assorbito tutto il liquido. Al termine incorporate il provolone del Monaco tagliato a listarelle ed amalgamate il tutto. Servite la minestra piuttosto densa aggiungendo un filo di olio extravergine di oliva e lamelle di tartufo.

Ristorante: Torre Ferano, Vico Equense

Riso mantecato di carciofi con branzino e menta

Ingredienti per 4 persone:
80 g di riso superfino carnaroli
cipolla tritata, burro e brodo vegetale q.b.
50 g di branzino crudo
foglie di menta
olio extravergine di oliva
salsa soia
1 carciofo
vino bianco
3 scampi o gamberi

Per la crema di carciofi:
1 scalogno
brodo vegetale
1 carciofo
olio extravergine di oliva
vino bianco
aglio
timo
sale q.b.

Fate riposare lentamente lo scalogno, aggiungete mezzo spicchio d'aglio e il carciofo pulito e tagliato a julienne, fate rosolare a fuoco vivo e bagnate con vino bianco, lasciate evaporare ed aggiungete il brodo vegetale. Appena il carciofo è cotto, frullate la crema con l'olio e setacciatela. Pulite il branzino, sfilettatelo e tagliate a metà i filetti che poi dovete battere un po'. Tritate e tostate la cipolla, aggiungete il riso e bagnate con vino bianco dopo averlo tostato un poco. Una volta evaporato il vino, iniziate ad aggiungere il brodo, lasciate asciugare bene e aggiungete ancora brodo ripetendo questa procedura fino a cottura raggiunta. Prima, a metà cottura, aggiungete la crema di carciofi. Terminata la cottura, aggiungete dei carciofi affettati e cotti in aglio e timo in padella calda; mantecate il riso aggiungendo olio extravergine di oliva, menta tagliata a julienne e correggete di sale.

Disponete il riso nel piatto, disponetevi sopra il branzino battuto e spennellato con la soia, guarnite con alcune foglie di menta fritta. Concludete con un filo di fondo di crostacei.

Ristorante: Quisisana, Capri

Risotto ai gamberi e fiori di zucca

Ingredienti per 4 persone:
230 g di riso per risotti
20 gamberi sgusciati
8 fiori di zucca tritati
1 cucchiaio di cipolla tritata
1 dl di vino biano secco
80 g di burro
1 cucchiaio di prezzemolo tritato
80 g di parmigiano grattugiato
1 l di brodo di crostacei o di dadi
sale q.b.

Appassite in 40 g di burro la cipolla tritata, aggiungete i gamberi, i fiori di zucca tritati e poi bagnate con il vino. Versate il riso rimestando con un cucchiaio di legno per qualche minuto. Aggiungete il brodo e portate il riso a cottura, rimestando continuamente. Lontano dal fuoco aggiungete il prezzemolo tritato ed amalgamate con il restante burro ed il parmigiano grattugiato.

Ristorante: Villa Maria, Ravello

Risotto alla crema di scampi e caviale

Ingredienti per 4 persone:
500 g di riso
500 g di scampi
25 g di caviale
1 cipolla
vino bianco
latte
cognac
olio extravergine di oliva
sale e prezzemolo q.b.

Fate imbiondire in una padella profonda con dell'olio una cipolla tagliata finemente e gli scampi spaccati sul dorso, fino a farli rosolare. Versate il riso e quindi bagnate con vino e cognac facendo sfumare. Aggiungete l'acqua per far cuocere il riso e un po' di latte. Al termine della cottura decorate il piatto con una spolverata di caviale e di prezzemolo fresco sminuzzato al momento.

Ristorante: Ludovico, Pozzuoli

Risotto alla pescatora

Ingredienti per 4 persone:
300 g di riso
100 g di seppioline
100 g di gamberi
200 g di frutti di mare
nero di seppia
fumetto di pesce
brodo
prezzemolo
olio extravergine di oliva
aglio
sale

Fate tostare il riso con l'aglio e l'olio, sfumate con del vino bianco, e a metà cottura aggiungete le seppie, i gamberetti e i frutti di mare. Aggiungete poi quanto basta di fumetto di pesce, poche gocce di nero di seppia e del brodo per portare il risotto a cottura. Una volta pronto, prima di servire, cospargete di prezzemolo fresco.

Ristorante: I Due Fratelli, Santa Maria di Castellabate

Risotto alla pescatora

Ingredienti per 4 persone:
320 g di riso
250 g di seppie
250 g di polipi
250 g tra cozze, vongole e gamberetti
salsa di pomodoro
brodo q.b.
olio extravergine di oliva
aglio
pepe
sale
prezzemolo

Pulite e lavate le seppie e i polipi. Mettete in una teglia l'olio e l'aglio, fate soffriggere e aggiungete le seppie e i polipetti tagliati in piccoli pezzi, poi la salsa di pomodoro. Infine condite con sale, pepe e prezzemolo. A parte fate soffriggere il riso con aglio e olio, aggiungete mezzo bicchiere di vino bianco.

Fate evaporare e aggiungete la salsa con le seppie e polipetti e a mano a mano il brodo, fino al completo assorbimento. Fate cuocere per circa 20 minuti.

Guarnite con cozze, gamberi e vongole che avrete scottato insieme, a parte, per pochi minuti.

Ristorante: Il Grigliaro, Pollica

Risotto alle verdure mediterranee

Ingredienti per 4 persone:
10 cucchiai di riso vialone nano
1 l di brodo vegetale
1 peperone
2 zucchine
2 melanzane
2 fette di zucca
1 cespo di radicchio
5 pomodorini
1 cipolla
olio extravergine di oliva
burro
parmigiano grattugiato
vino bianco secco
prezzemolo
basilico
sale

Pulite il peperone, le zucchine, le melenzane, la zucca, il radicchio, i pomodorini e tagliate tutto a cubetti molto piccoli. Passate le verdure in padella con un po' d'olio per 5 minuti. In una casseruola, a parte, fate sciogliere una noce di burro con tre cucchiai d'olio, aggiungete la cipolla e quindi il riso.

Fate tostare e sfumate con mezzo bicchiere di vino bianco. Proseguite la cottura aggiungendo il brodo per 10 minuti. Quindi unite le verdure e continuate a cuocere per un paio di munuti.

Mantecate con burro e parmigiano e servite con un filo di olio extravergine e del basilico fresco.

Ristorante: Antica Trattoria, Sorrento

Risotto certosino

Ingredienti per 4 persone:

400 g di riso carnaroli
300 g di gamberi sgusciati
200 g di scampi sgusciati
200 g di funghi porcini tagliati a fette sottili
200 g di polpa di pomodoro
fumetto di pesce
olio extravergine di oliva
1 costa di sedano
1 carota
1 porro
1 cipolla
prezzemolo tritato
1 bicchiere di vino bianco
50 g di burro
sale q.b.

Soffriggete in una casseruola carota, cipolla, porro e sedano finemente tritati per circa cinque minuti, quindi unitevi gamberi e scampi sgusciati insieme con i funghi.

Lasciate rosolare ancora per qualche minuto, poi aggiungete un bicchiere di vino bianco. Quando quest'ultimo è evaporato, mettete la polpa di pomodoro e un mestolo di fumetto di pesce.

Fate cuocere a fuoco moderato per un quarto d'ora e nel frattempo preparate il riso pilaf.

A cottura ultimata (circa 15 minuti in forno a 160°) versatelo nel sugo per altri 15 minuti avendo cura di bagnarlo di tanto in tanto con il fumetto di pesce.

Servite all'onda, spolverando con il prezzemolo tritato (a piacere mantecate con il parmigiano).

Ristorante: Rosolino - Il posto accanto, Napoli

Risotto con cappasante e asparagi

Ingredienti per 6 persone:

700 g di riso carnaroli
12 cappasante
500 g di asparagi
1 cipolla
1 spicchio d'aglio
1 bicchiere di vino bianco
olio extravergine di oliva
1 noce di burro
erba cipollina e prezzemolo q.b.

Pulite le cappasante e fatele soffriggere in una pentola con aglio e olio. A parte mettete in una casseruola l'olio e la cipolla a soffriggere, unitevi gli asparagi tagliati a pezzetti e poi il riso.

Sfumate con del vino bianco e aggiungete dell'acqua per portare a cottura.

A cottura quasi ultimata, unite una noce di burro e le cappasante ed infine guarnite il piatto con del prezzemolo fresco sminuzzato al momento e un po' di erba cipollina.

Ristorante: Giardiniello, Minori

RISO.

Risotto con crema di asparagi e gamberetti all'arancia

Ingredienti per 4 persone:
400 g di riso parboiled
300 g di gamberetti rosa
200 g di asparagi
100 g di burro
2 arance
3 cucchiai di olio extravergine di oliva
1 l di acqua
200 g di panna da cucina
1 cipolla di media grandezza
2 cucchiai di Pernod
sale, prezzemolo, aglio e pepe nero q.b.

Mettete in una pentola la cipolla con il burro, fatela rosolare per due minuti, unitevi il riso e scottatelo girando per 30 secondi circa. Aggiungete 200 ml di acqua, e, appena assorbita, aggiungetene altri 200 ml, fate assorbire nuovamente e spegnete, togliendo dal fuoco e facendo raffreddare per due ore circa. Tagliate gli asparagi a dadini e rosolateli in una padella con un poco di aglio, aggiungete 200 ml di acqua e fate cuocere sino a completa evaporazione dell'acqua. Tenete da parte alcune punte di asparagi che serviranno in seguito per la decorazione. In un mixer mettete insieme gli asparagi e la panna, salate, pepate e frullate. A parte gusciate i gamberi, sminuzzate il prezzemolo e l'aglio e rosolate tutto in una padella per circa un minuto. Sfumate con il Pernod e il succo di arancia, ed aggiungetevi la crema di asparagi ottenuta in precedenza, continuando la cottura per un minuto. Aggiungete il riso e diluite il tutto con l'acqua. Fate assorbire e ripetete lo stesso procedimento con l'aggiunta di acqua per altre 2 volte. Fate assorbire definitivamente e riponete nel piatto, grattugiate sopra la scorza dell'arancia, evitando di mettere la parte bianca, e completate la guarnizione del piatto con delle punte di asparagi.

Ristorante: Il Cormorano, Agropoli

Risotto con crostacei e fiori di zucca fritti

Ingredienti per 1 persona:
80 g di riso carnaroli
100 g di gamberetti
50 g di carote
50 g di sedano
1 noce di burro
50 g di cipolle
20 g di brandy
100 g di pomodorini
vino bianco
10 g di cipolla tritata
3 fiori di zucca
olio extravergine di oliva
prezzemolo
olio di semi
80 g di farina
2 tuorli d'uovo

Preparate del brodo di gambero facendo rosolare i gusci dei gamberetti con un filo d'olio di oliva, unitevi il sedano, le carote e la cipolla tagliati a dadini e fate cuocere per qualche minuto. Aggiungetevi i pomodorini e bagnate con del vino bianco. Fate evaporare il liquido, unitevi 2 l di acqua e fate bollire. A parte, in un tegame fate sciogliere una noce di burro e rosolatevi la cipolla tritata quindi versate il riso e tostatelo per circa cinque minuti. Bagnate con un bicchiere di vino bianco, fate sfumare e continuate la cottura con il brodo dei gamberi per un quarto d'ora. Mantecate con una noce di burro e un pizzico di prezzemolo ed unite alla fine i gamberetti sgusciati. Preparate ora i fiori di zucca. Puliteli aprendoli a ventaglio e preparate una pastella con la farina, due tuorli e un po' d'acqua. Immergete i fiori di zucca nel composto ottenuto e friggete in olio di semi finché le pizzette non si saranno dorate su entrambi i lati. Servite il risotto accompagnato dalle frittelle.

Ristorante: Megaris, Napoli

Risotto con gamberetti su una passata di frutti di mare

Ingredienti per 4 persone:
280 g di riso
1 patata lessa
250 g di gamberetti
200 g di passata di pomodoro fresco
1,5 kg di frutti di mare
olio extravergine di oliva
prezzemolo e basilico q.b.
fumetto di pesce
1 spicchio d'aglio

Pulite i frutti di mare, sgusciateli e teneteli da parte nella propria acqua di cottura. Fate imbiondire in una casseruola con dell'olio di oliva uno spicchio di aglio, quindi aggiungetevi il riso, fatelo tostare e unite il fumetto di pesce caldo. A mezza cottura aggiungete la passata di pomodoro e quasi alla fine unite i gamberetti sgusciati. Ultimate la cottura aggiungendo un po' di prezzemolo fresco tritato. Nel frattempo, passate i frutti di mare nel mixer, aggiungetevi la patata e passate il tutto in un setaccio fine. Mantenete in caldo il tutto a bagnomaria. Ultimata la cottura del riso, disponete la passata di frutti mare a specchio nel piatto, e mettete al centro uno stampino in cui avrete messo il riso. Dopo qualche minuto estraete la forma e guarnite con un filo di olio crudo.

Ristorante: Al Cenacolo, Salerno

Risotto con gamberi e zucca

Ingredienti per 4 persone:
400 g di riso carnaroli
500 g di zucca
300 g di gamberetti
olio extravergine di oliva
100 g di parmigiano grattugiato
1 cipollina intera
1 bicchiere di vino bianco
50 g di burro
1 mazzetto di rucola
sale e pepe q.b.

Fate rosolare il riso a crudo in una pentola con una cipollina intera e sbucciata, quindi togliete la cipolla, spruzzate un po' di vino bianco e bagnate il riso con del fumetto di pesce precedentemente preparato con le teste e i gusci dei gamberi. Nel frattempo, fate stufare la zucca per circa 10 minuti con un po' di aglio e sale. A metà cottura del riso, aggiungete la zucca e unite un po' alla volta il fumetto. A circa due minuti dalla fine della cottura aggiungete i gamberetti sgusciati. Infine mantecate il riso con burro e un pugno di formaggio parmigiano. Dopo aver sistemato il riso nel piatto, aggiustato di sale e pepe, aggiungete della rucola per guarnire.

Ristorante: San Pietro, Cetara

Risotto con gamberi in bianco

Ingredienti per 4 persone:
320 g di riso vialone nano
400 g di gamberi
1 spicchio d'aglio
3 dl di olio extravergine di oliva
prezzemolo
1 cipolla

In una pentola rosolate con 2 decilitri d'olio la cipolla intera ed aggiungetevi il riso facendolo tostare uniformemente. Nel frattempo avrete fatto bollire dell'acqua salata che verserete sul riso tostato sino a coprirlo a filo. Mettete in forno a 300° per 10 minuti; finita la cottura, togliete dal forno e versate il riso su un piatto. Per la salsa fate rosolare l'aglio tritato con l'olio rimanente e, non appena imbiondisce, mettete i gamberi sgusciati e fate saltare per qualche minuto, aggiungetevi il riso e il court bouillon preparato in precedenza con le teste di gamberi, cuocete a fuoco vivo, aggiungete il prezzemolo e servite.

Ristorante: Sirio, Formia

Risotto con mela, gamberi e zafferano

Ingredienti per 4 persone:

350 g di riso vialone nano
200 g di gamberi freschi
1 bustina di zafferano
1,5 l di fumetto di pesce
2 mele
80 g di burro
80 g di parmigiano
30 g di cipolla
1 dl di vino bianco

Rosolate il burro e la cipolla tritata, quindi aggiungete il riso e lasciatelo tostare sfumando con del vino bianco. Unite 100 g di mela tritata e i gamberi freschi, precedentemente sgusciati, e lasciate cuocere per 15 minuti circa, aggiungendo a mano a mano qualche mestolo di fumetto di pesce. Ultimate la cottura con l'aggiunta dello zafferano e mantecate con il burro e una manciata di parmigiano. Servite ben caldo decorando con qualche fettina di mela.

Ristorante: L'Arsenale, Minori

Risotto con polpa di mazzancolle e fiori di zucchine

Ingredienti per 4 persone:

320 g di riso
200 g di mazzancolle
30 g tra cipolle e carote sminuzzate
1 gambo di sedano
12 fiori di zucchine
40 g di olio extravergine di oliva
10 g di cipolla
sale e pepe q.b.

In una pentola contenente due litri d'acqua, aggiungete carote, cipolle, un gambo di sedano e i gusci delle mazzancolle. Dopo aver lasciato cuocere per un paio d'ore a fuoco basso, avrete ottenuto il fumetto che, prima di essere usato, andrà filtrato. In un tegame fate rosolare le mazzancolle con un po' di cipolla, aggiungetevi il riso, lasciate tostare e alla fine bagnate e fate cuocere con il fumetto.

Dopo circa 15 minuti, unite i fiori di zucca puliti, aggiustate di sale e mantecate prima di servire in tavola.

Ristorante: La Volpe Pescatrice, Furore

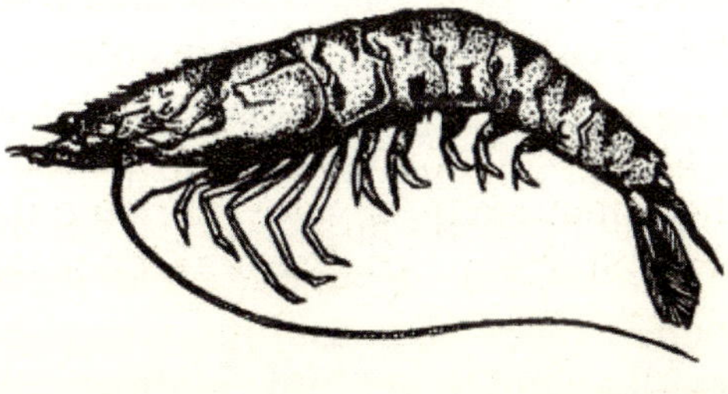

Risotto con scampi e agrumi della Penisola Sorrentina

Ingredienti per 4 persone:
350 g di riso carnaroli
8 scampi di media grandezza
6 cl di olio extravergine di oliva
2 spicchi d'aglio schiacciati
1 dl di vino bianco secco
5 cl di brandy
burro

Per il brodo vegetale:
1 cipolla
2 carote
1 ciuffo di sedano bianco
50 g di prezzemolo
1 pomodoro ramato
1,5 l di acqua

Per il brodo di agrumi:
la buccia di 1 limone
1 arancia
1/2 cedro
1 l di acqua
sale

Con l'acqua e le verdure preparate un brodo vegetale che farete bollire per circa 30 minuti. A parte lasciate le bucce di agrumi tagliate a listarelle in acqua e sale per circa 40 minuti, portate ad ebollizione circa mezzo litro d'acqua ed aggiungetevi le bucce, aggiustate di sale e fate cuocere a fuoco lento per 6 minuti. In una padella fate soffriggere l'aglio con l'olio e qualche buccia prelevata dal brodo, unitevi gli scampi con la coda precedentemente incisa in lunghezza e bagnate col brandy. Aggiungete un mestolo d'acqua e fate evaporare. Coprite e fate cuocere per 8-10 minuti a seconda della grandezza degli scampi, quindi eliminate l'aglio. Nel frattempo tostate il riso con 3 cl di olio e una noce di burro, bagnate con il vino bianco e fate continuare la cottura con il brodo vegetale alternando con un po' di brodo di agrumi e tutto il fondo di cottura del pesce. In ultimo aggiungete un po' di prezzemolo tritato e olio mantecando il riso aiutandovi con una spatola di legno. Sistemate in un piatto da portata con al centro il riso che dovrà risultare umido e morbido, sopra gli scampi e intorno alcune bucce di agrumi prelevate dal brodo.

Ristorante: Antica Hostaria Massa, Caserta

Risotto con scampi e julienne di limone

Ingredienti per 4 persone:
400 g di riso vialone nano
1 kg di scampi
4 limoni
brodo di pesce
1 cipolla
prezzemolo
olio extravergine di oliva

Sbucciate i limoni avendo cura di non asportare molta parte bianca, quindi affettatene la buccia alla julienne. Pulite gli scampi e tagliateli a metà. Riscaldate dell'olio in una padella larga e fate imbiondire la cipolla, aggiungetevi gli scampi, la julienne di limone e due mestoli di brodo di pesce. Fate cuocere finché evaporerà quasi tutto il liquido. A cottura ultimata sgusciate gli scampi lasciandoli nel loro condimento e, a parte, fate cuocere il riso nel brodo di pesce. A metà cottura aggiungetevi gli scampi. Decorate il piatto con ciuffetti di prezzemolo.

Ristorante: Veliero Tortuga, Napoli

Risotto con scampi e melanzane fondenti

Ingredienti per 4 persone:

320 g di riso carnaroli super fino "Tenuta Castello"
4 melanzane di media misura (circa 450 g)
16 scampi freschi
aglio in confettura
vino bianco
brodo vegetale
olio extravergine di oliva

Lavate le melanzane, tagliatele a metà e cuocetele a vapore per 10 minuti. Fatele raffreddare e pelatele, mettendo poi la polpa ottenuta in un colapasta e lasciate riposare per qualche ora. Poi frullatele e passatele al setaccio. A parte pulite gli scampi e con le carcasse confezionate un brodo ristretto. Passate quindi alla preparazione del risotto. Tostate il riso in una capace casseruola dai bordi bassi per alcuni secondi, sfumate con del vino bianco, bagnate con il brodo di scampi e salate. Rimestate spesso e aggiungete poco alla volta il brodo vegetale fino ad arrivare a metà cottura. A questo punto aggiungete la purea di melanzane e solo pochi secondi prima di togliere dal fuoco unitevi gli scampi tagliati per metà nel senso della lunghezza.

A cottura ultimata mantecate con olio di oliva, insaporite con aglio in confettura e dopo alcuni minuti servite.

Ristorante: Le Sirenuse, Positano

Risotto con zucca e porcini

Ingredienti per 4 persone:

500 g di riso
500 g di zucca
250 g di porcini
aglio
prezzemolo
formaggio grattugiato
olio extravergine di oliva
100 g burro

Fate soffriggere in una padella con olio di oliva un po' di burro e aglio, quindi aggiungete il riso e fate amalgamare. Appena quest'ultimo si è imbiondito, unite la zucca e i porcini tagliati a pezzetti e portate il risotto a cottura per un massimo di 15 minuti. Aggiungete il formaggio grattugiato e un filo d'olio di oliva a crudo.

Ristorante: La Cantina di Sica, Napoli

Risotto mantecato con una spuma di finocchio ed intingolo di canocchie

Ingredienti per 4 persone:

Per il risotto:
200 g di riso vialone nano
1 l di brodo di pesce
1 scalogno tritato
olio extravergine di oliva

Per l'intingolo:
300 g di canocchie
2 cipolle
3 spicchi d'aglio
50 g di burro
300 g di pomodoro San Marzano
1 cucchiaio di pomodoro concentrato

Per la spuma di finocchio:
2 finocchi di media grandezza
1 l di latte
sale e pepe q.b.

Preparate innanzitutto la spuma di finocchio che vi servirà a sostituire il burro per mantecare il risotto. Tagliate a quarti i finocchi e lasciateli sbianchire in acqua. Cuoceteli nel latte salato leggermente e frullate. Per l'intingolo di canocchie preparate un fondo di cipolla ed aglio, aggiungete le canocchie tagliate a metà (tenendone 4 da parte per la guarnizione). Fate rosolare ed unite del burro.

Quando quest'ultimo si è sciolto spumeggiando, mettete dei pomodori pelati e svuotati e del concentrato di pomodoro. Coprite con ghiaccio ed acqua e fate cuocere per 2 ore e mezza. Separate le carcasse dal sugo, tirate via la polpa e passatela al tritaverdure.

Amalgamate di nuovo il tutto e fate ridurre sul fuoco. Nel frattempo preparate il risotto, mantecatelo con la spuma di finocchio e distribuitelo sul fondo del piatto. Al centro posizionate delle fettine di finocchio essiccato, due canocchie rosolate in padella e condite con un cordone di intingolo di canocchie servito anche a parte in una salsiera.

Ristorante: Palazzo Sasso Rossellini's, Ravello

Rotelle ai peperoncini verdi

Ingredienti per 4 persone:
400 g di rotelle
400 g di pomodorini freschi
400 g di peperoncini verdi dolci
100 g di parmigiano
2 cucchiai di olio extravergine di oliva
2 spicchi d'aglio
basilico
olio di semi per friggere
sale q.b.

Dopo aver ben lavato i peperoncini verdi, eliminate il gambo, friggeteli in abbondante olio di semi e fate sgocciolare. In un altro tegame largo e basso soffriggete l'aglio nell'olio di oliva, eliminatelo e aggiungete i pomodorini spezzettati.

Fate cuocere per qualche minuto in questo sugo i peperoncini e salate. Dopo aver cotto la pasta, saltatela in una metà del sugo aggiungendo il parmigiano.

Aggiungerete poi nel piatto da portata il resto del sugo, spolverando con un po' di parmigiano e basilico fresco.

Ristorante: Ciro a Santa Brigida, Napoli

Sagnarelli con totanetti e broccoletti

Ingredienti per 4 persone:
320 g di pasta sagnarelli
300 g di broccoletti
1 kg di totanetti piccoli
aglio
olio extravergine di oliva
olio di peperoncino
sale q.b.

Mettete a soffriggere i broccoletti in aglio e olio. A metà cottura aggiungete i totanetti tagliati a julienne, spadellate e fate amalgamare. Dopo sette minuti versatevi la pasta ancora molto al dente e fate mantecare il tutto per altri quattro minuti.

Servite ancora fumante dopo aver condito il piatto con dell'olio di peperoncino a crudo.

Ristorante: Chinappi, Formia

Scarpariello

Ingredienti per 4 persone:
400 gr di pasta corta (penne o mezzanelli)
300 g di pomodorini piccoli
100 g di parmigiano
olio extravergine di oliva
basilico
2 spicchi d'aglio
sale q.b.

Fate cuocere la pasta e nel frattempo fate soffriggere in una padella l'olio con l'aglio, fino a farlo dorare. Lavate e tagliate a pezzetti i pomodorini. Metteteli a cuocere per circa 10 minuti. Scolate la pasta a metà cottura, versatela nella padella col sugo e conditela aggiungendo molto parmigiano. Fate saltare il tutto fino a completare la cottura della pasta, facendo amalgamare bene. Condite con basilico fresco e servite caldo.

Ristorante: Clipper da Nunzio, Ischia

Schiaffoni dello chef

Ingredienti per 4 persone:
500 g di schiaffoni
2 melanzane di media grandezza
200 g tra polipetti, calamari e seppioline
100 g di pomodorini
olio extravergine di oliva
2 spicchi d'aglio
sale q.b.

Preparate un soffritto con aglio, olio e pomodorini freschi, quindi aggiungete il pesce pulito e tagliato a julienne. Unite poi le melanzane a tocchetti e fate cuocere il tutto per 10 minuti. Lessate e scolate la pasta al dente, mantecatela in padella con il sughetto per qualche minuto e servite ben caldo.

Ristorante: Leucio, Caserta

Scialatielli ai frutti di mare

Ingredienti per 4 persone:
400 g di scialatielli
200 g di fasolare
300 g di vongole
300 g di tartufi
300 g di cozze
100 g di pomodorini del Vesuvio
1 spicchio d'aglio
olio extravergine di oliva
prezzemolo tritato

Fate soffriggere in una padella ampia l'olio e l'aglio, versatevi tutti i frutti di mare e lasciateli sul fuoco finché non si apriranno aggiungendo, all'occorrenza, un po' d'acqua ed infine i pomodorini tagliati a metà. Lessate la pasta al dente e mantecatela in padella per qualche minuto. Infine, condite con una spruzzatina di prezzemolo.

Ristorante: Giuseppone a mare, Napoli

Scialatielli ai frutti di mare con polpa di granchio e crema di zucchine

Ingredienti per 5 persone:

450 g di scialatielli
150 g di bastoncini di polpa di granchio
5 zucchine
1 cipolla
50 g di burro
4 pomodorini
1 ciuffo di basilico
1 spicchio d'aglio
olio extravergine di oliva
sale q.b.

Fate stufare per pochi minuti in una pentola con dell'olio di oliva la cipolla, il basilico, i pomodorini e le zucchine. Mettete nel tritatutto e sistemate la crema ottenuta in una pentola con un po' di burro e i bastoncini di polpa di granchio tagliati a pezzetti. Fate cuocere in padella per 5 minuti, lessate la pasta al dente e, una volta scolata, mantecatela.

Ristorante: La Botte, Minori

Scialatielli alla napoletana

Ingredienti per 4 persone:

350 g di scialatielli
500 g di seppie
500 g di cozze
4 scampi
200 g di pomodorini
olio extravergine di oliva
2 spicchi d'aglio
1 bicchiere di vino bianco
sale, basilico e prezzemolo q.b.

Pulite le seppie e tagliatele a listelle, mettetele a soffriggere in un tegame con l'aglio e l'olio e lasciatele rosolare con un po' di vino bianco. A parte, mettete le cozze in un tegame con un mestolo d'acqua, l'olio e l'aglio e fatele aprire. Dopo averle sgusciate, sistematele insieme alla loro acqua di cottura filtrata e unitele ai pomodorini nel tegame con le seppie. Cuocete il tutto per 10 minuti e alla fine aggiungete prezzemolo, basilico e sale. A parte fate cuocere gli scialatielli, mantecateli con la salsa di pesce e servite guarnendo ciascun piatto con uno scampo appena scottato.

Ristorante: 'A Fenestella, Napoli

Scialatielli con zucchine e calamaretti

Ingredienti per 4 persone:
400 g di scialatielli
300 g di calamaretti
300 g di zucchine
1 bicchiere di vino bianco
1 bicchiere di acqua
olio extravergine di oliva
sale e pepe q.b.

Tagliate le zucchine a listarelle molto sottili e fatele cuocere in una padella con dell'olio.

A metà cottura unitevi i calamaretti precedentemente puliti e fate sfumare con del vino bianco per circa 5 minuti, aggiungendovi dell'acqua se necessario.

Cuocete gli scialatielli al dente e scolateli. Saltate la pasta per qualche minuto in padella e aggiustate di sale e di pepe.

Ristorante: Le Bistrot, Cava de' Tirreni

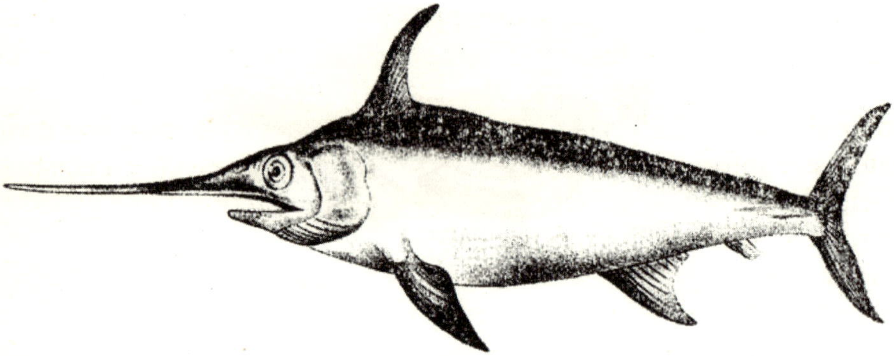

Sedanini con pesce spada, zafferano e finocchio selvatico

Ingredienti per 4 persone:
400 g di sedanini
vino bianco
400 g di pesce spada (in un'unica fetta)
finocchietto selvatico fresco
2 bustine di zafferano
olio extravergine di oliva
aglio
sale

Soffriggete aglio e olio, quindi unite il pesce spada tagliato a dadini da crudo e fatelo dorare sfumandolo con vino bianco.

Unite a questo punto il finocchietto selvatico tritato e un po' di acqua di cottura del pesce.

Verso fine cottura sciogliete lo zafferano e aggiungetelo al tutto, mantecate infine la pasta lessata al dente e servite caldo.

Ristorante: La Stanza del Gusto, Napoli

Sformatino di riso alla partenopea

Ingredienti per 4 persone:
320 g di riso vialone nano
8 pomodorini vesuviani
1 cipolla tritata
1 l di brodo vegetale
formaggio grattugiato
basilico a foglie
olio extravergine di oliva
sale e pepe q.b.

Per il ripieno:
200 g di mozzarella di bufala campana
20 polpettine di carne
100 g di piselli novelli
600 g di broccoli calabresi
300 g di fegatini di pollo

Mettete a rosolare in una pentola d'acciaio un filo d'olio e la cipolla tritata. Non appena la cipolla sarà appassita aggiungete il riso e fatelo tostare per alcuni minuti, mescolando con un cucchiaio di legno, poi aggiungete un mestolo di brodo bollente.

Quando sarà evaporato il brodo aggiungetene ancora poco alla volta per quattro minuti, quindi allontanate la pentola dal fuoco e aspettate che si raffreddi.

Nel frattempo imburrate degli stampini da forno con del burro fuso e pane grattugiato. Riempite gli stampini con il riso freddo e al centro collocatevi la mozzarella di bufala tagliata a quadratini, i piselli sbollentati, le polpettine di carne e le foglie di basilico. Chiudete gli stampini con il rimanente riso e infornate per 11 minuti a 180°. Infine sfornateli e adagiateli su un letto di broccoletti calabresi, precedentemente sbollentati e collocati al centro di un piatto da portata.

Aggiungete i fegatini di pollo spadellati e leggermente dorati con un filo d'olio. Servite decorando con un ciuffetto di basilico.

Ristorante: Al Palazzo di Palazzo Murat, Positano

Spaghetti ai ricci di mare

Ingredienti per 4 persone:
400 g di spaghetti
50 ricci di mare appena pescati
2 cucchiai di olio extravergine di oliva
1 ciuffetto di menta
1 spicchio d'aglio
4 fettine di limone
il succo di 1 limone
pepe e prezzemolo q.b.

Mettete il frutto dei ricci lavati e puliti in una ciotolina, unite l'olio, il pepe e l'aglio tritato, quindi il prezzemolo, la menta e il succo di un limone. Girate fino ad ottenere una crema e poi cuocete la pasta al dente. Disponete nei piatti dopo aver condito gli spaghetti in padella e guarnite con fettine di limone e menta.

Ristorante: Sent' Co', Procida

Spaghetti alla baccalaiola

Ingredienti per 4 persone:
500 g spaghetti
600 g di baccalà
500 g di pomodori pelati
50 g di capperi
1 spicchio d'aglio
olio di semi
olio extravergine di oliva
1 piccolo mazzetto di prezzemolo
farina q.b.

Private il baccalà della pelle e delle lische, poi tagliatelo a pezzetti, infarinatelo e friggetelo in abbondante olio di semi bollente. A cottura ultimata scolate i pezzetti di baccalà dall'olio. A parte, soffriggete in olio di oliva dell'aglio con dei capperi ben lavati, unitevi i pomodori pelati, salate e coprite lasciando cuocere il tutto per 20 minuti. A metà cottura aggiungetevi i cubetti di baccalà fritto. In un'altra pentola cuocere degli spaghetti semplici o alla chitarra in abbondante acqua salata. Scolate al dente e condite la pasta col sugo preparato. Servite caldo con il prezzemolo fresco tritato.

Ristorante: Cantina del Vescovo, Nocera Inferiore

Spaghetti alla chitarra

Ingredienti per 4 persone:
350 g di farina
4 uova
100 g di pancetta
6 pomodori
1 peperoncino rosso
olio extravergine di oliva
sale e pepe q.b.

Fate rosolare la pancetta tagliata a dadini, quindi unite il peperoncino tritato e i pomodorini schiacciando il tutto con una forchetta. Lasciate che il sughetto si addensi e aggiungete il sale e il pepe a piacere. A parte versate a fontana su un piano di marmo o di legno la farina e, al centro, rompete le uova, aggiungete un po' d'acqua, lavorate a mano la pasta e poi tiratela con un matterello sulla chitarra. Si otterranno delle striscioline di pasta che verranno cotte in abbondante acqua salata.

Scolate e servite con il sugo ben caldo.

Ristorante: 'A Cantina 'i Mustazz', Sapri

Spaghetti alla chitarra con gamberoni e uova di riccio

Ingredienti per 4 persone:
300 g di pasta alla chitarra "Latini"
50 g di uova di riccio
12 gamberoni
4 pomodori verdi
1 spicchio d'aglio
1 bicchiere di vino bianco
olio extravergine di oliva
1 mazzetto di foglie di basilico tritate
sale q.b.

Liberate dei gusci i gamberoni lasciando le teste e fateli saltare in padella con aglio, olio e i pomodori privi di semi a pezzettini. Fate sfumare con un bicchiere di vino bianco.

Togliete i gamberi e fate andare il sughetto per altri 5 minuti facendo evaporare il vino.

Nel frattempo infilate i gamberoni in una sorta di stecco da spiedo. Saltate gli spaghetti una volta scolati al dente e serviteli in piatto piano con aggiunta di uova di riccio, un trito di basilico e uno spiedino di gamberoni.

Ristorante: Orestorante, Ponza

Spaghetti alla Pupatella

Ingredienti per 4 persone:
350 g di spaghetti
500 gr di vongole
1 granchio grande e vivo
olio extravergine di oliva
sale e pepe
1 spicchio d'aglio
peperoncino
prezzemolo

Soffriggete l'olio, l'aglio e il peperoncino in una padella dove farete aprire le vongole che poi sguscerete.

Avvolgete in un panno bianco per alimenti il granchio e riducetelo a pezzetti, aiutandovi con un battitutto, facendo attenzione a far colare tutto il liquido nella padella con le vongole. Prelevate poi dal panno quanta più polpa di granchio è possibile e aggiungetela al sughetto.

Fate cuocere gli spaghetti al dente e ripassateli in padella a fiamma viva nella salsa di granchio. Servite guarnendo con grandi ciuffi di prezzemolo.

Ristorante: President, Pompei

Spaghetti alle vongole

Ingredienti per 2 persone:
200 g di spaghetti
500 g di vongole
3 cucchiai di olio extravergine di oliva
1 spicchio d'aglio intero
1 pizzico di peperoncino

Fate scaldare l'olio quanto basta in una padella con lo spicchio di aglio intero e quando diventa biondo versatevi le vongole. Spegnete il fuoco quando le conchiglie si saranno aperte tutte (capita sempre che qualcuna non si apre, in quel caso eliminatela).

Fate cuocere nel frattempo gli spaghetti in acqua bollente e salata, toglieteli molto al dente e mantecateli a fuoco lento nel sughetto delle vongole per non più di due minuti.

Ristorante: Alberto, Ischia Ponte

Spaghetti artigianali con alici, capperi, olive nere e pomodorini

Ingredienti per 2 persone:
200 g di spaghetti
80 g di alici salate
40 g di capperi
60 g di olive nere
160 g di pomodorini
1 spicchio d'aglio
olio extravergine di oliva
peperoncino q.b.

In una padella con quattro cucchiai di olio extravergine fate soffriggere l'aglio tagliato fine ed unitevi le alici salate cuocendole fino a farle sciogliere. Snocciolate e tagliate finemente le olive nere, tagliate a cubetti i pomodorini ed aggiungeteli insieme ai capperi interi alla salsa. Lasciate cuocere ancora per cinque minuti. Portate nel frattempo ad ebollizione l'acqua e cuocetevi gli spaghetti per 6 minuti. Scolateli e versateli nella padella con la salsa, mescolando e terminando la cottura per altri 2 minuti. Servite in un piatto da portata, aggiungete un po' di peperoncino a piacere e guarnite con alici intere e pomodorini.

Ristorante: Taverna del Capitano, Nerano

Spaghetti bucati con cozze, olive e capperi

Ingredienti per 4 persone:
400 g di spaghetti
1,2 kg di cozze
100 g di olive di Gaeta
300 g di pomodorini
50 g di capperi di Pantelleria dissalati
1 spicchio d'aglio
olio extravergine di oliva
sale q.b.

In una padella fate imbiondire l'aglio e poi toglietelo, quindi inserite i capperi, i pomodorini privati dei semi e aperti con le mani, le olive denocciolate e due mestoli di acqua di cottura delle cozze precedentemente fatte aprire solo con aggiunta di un po' d'acqua. Versate, infine, una parte dei molluschi sgusciati. Cuocete la pasta al dente e, una volta scolata, saltarla in padella per qualche minuto con il sughetto ottenuto. Unire poi prezzemolo tritato al momento.

Ristorante: Timpani e Tempura, Napoli

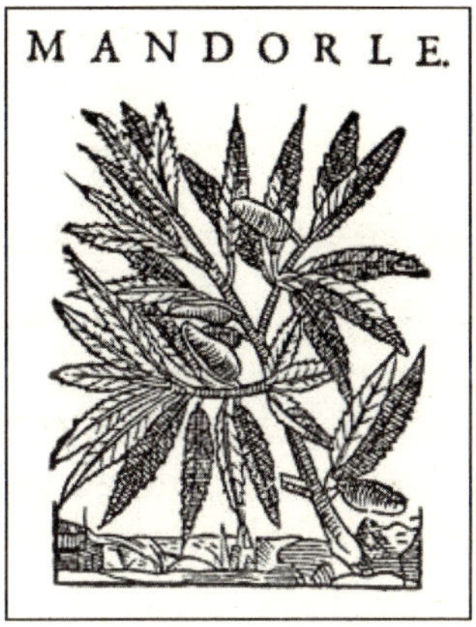

Spaghetti con acciughe, mandorle e noci all'amalfitana

Ingredienti per 4 persone:
400 g di spaghetti
100 g di olio extravergine di oliva
2 spicchi d'aglio
8 filetti di acciughe
1 peperoncino
50 g di noci
50 g di mandorle
prezzemolo
pangrattato
sale

Fate soffriggere olio, aglio e peperoncino, e quando l'aglio sarà biondo, aggiungete i filetti di acciuga, fateli stemperare, aggiungete un pizzico di sale e un mestolo piccolo d'acqua e fate cuocere per circa cinque minuti. Lessate al dente gli spaghetti e lasciateli mantecare nel sughetto con una spolverata di pangrattato e le noci e le mandorle grattugiate. Guarnite prima di servire con del prezzemolo fresco tritato.

Ristorante: Cantina di Triunfo, Napoli

Spaghetti con alici e peperoni verdi

Ingredienti per 4 persone:
400 g di spaghetti
500 g di alici fresche spinate
500 g di peperoni verdi
100 g di pomodorini
olio extravergine di oliva
prezzemolo tritato
sale e pepe q.b.

Tagliate a pezzetti i peperoni verdi e friggeteli in olio di oliva. Fate soffriggere le alici spinate con olio, un pizzico di sale e del prezzemolo tritato. Una volta che il pesce è diventato bianco, unitevi i peperoni e i pomodorini già passati in padella e fate cuocere tutto per 7-8 minuti. Lessate la pasta al dente, scolatela e mantecatela con l'aggiunta di pepe. Cospargete il piatto di prezzemolo tritato e servite ben caldo.

Ristorante: Sent'Co', Procida

Spaghetti con colatura di alici di Cetara secondo Franco

Ingredienti per 4 persone:
400 g di spaghetti
2 cucchiai di colatura di alici
2 cucchiai di olio extravergine di oliva
prezzemolo
1 spicchio d'aglio
pinoli e noci (a piacere)

Fate bollire l'acqua per gli spaghetti. Nel frattempo preparate il condimento a crudo: in una zuppiera mettete l'olio, la colatura di alici, l'aglio schiacciato a mano e un po' di prezzemolo tritato. Ricordate di non aggiungere sale all'acqua di cottura. Scolate gli spaghetti al dente e conditeli nella zuppiera. A piacere potete addolcire il piatto con pinoli o noci tritate.

Ristorante: San Pietro, Cetara

Spaghetti con colatura di alici di Cetara secondo Gennaro

Ingredienti per 4 persone:
300 g di spaghetti
2 cucchiai di colatura di alici
1 spicchio d'aglio tritato
olio extravergine di oliva
prezzemolo e peperoncino q.b.

Preparate in una zuppiera da portata tutti gli ingredienti: l'olio di oliva, il prezzemolo e l'aglio tritati, la colatura di alici e il peperoncino a piacere. Fate cuocere gli spaghetti al dente e, una volta scolati, aggiungeteli al sughetto con un cucchiaio dell'acqua di cottura della pasta. Saltateli a crudo e decorate con una spruzzatina di prezzemolo fresco.

Ristorante: Acquapazza, Cetara

Spaghetti con colatura di alici di Cetara secondo Pasquale

Ingredienti per 4 persone:
400 g di spaghetti
colatura di alici di Cetara
1 spicchio d'aglio
prezzemolo
peperoncino piccante
olio extravergine di oliva

Mettete in una insalatiera l'aglio, il prezzemolo e il peperoncino tritati. Cuocete la pasta senza sale al dente e unitela al condimento. Aggiungete la colatura a vostro gusto.

Ristorante: Il Convento, Cetara

Spaghetti con pesce spada e peperoncini verdi

Ingredienti per 4 persone:
400 g di spaghetti
300 g di pesce spada
100 g di peperoncini verdi dolci
8 pomodorini
1 spicchio d'aglio
olio extravergine di oliva
olio di semi
prezzemolo e pepe q.b.
fumetto q.b.

Fate sbollentare un pezzo di pesce spada e fatelo raffreddare sotto un getto d'acqua corrente. A parte pulite i peperoncini verdi e friggeteli in olio di semi.

In una casseruola fate rosolare l'aglio nell'olio, quindi aggiungete il pesce spada che farete sbriciolare, i peperoncini verdi e il prezzemolo. Fate rosolare il tutto, poi unite due pomodorini tagliati a metà e fate soffriggere ancora per pochi minuti. Sfumate con un mestolino di fumetto di frutti di mare o di pesce (o, se non fosse possibile, con l'acqua di cottura della pasta). Una volta che gli spaghetti sono cotti al dente, scolateli e saltateli in padella con il sugo. Servite ben caldo con una spolverata di prezzemolo fresco e pepe macinato al momento.

Ristorante: Crescenzo, Procida

Strichetti di pastapane al ragù bianco di polpettine

Ingredienti per 4 persone:

Per la pasta:
700 g di farina 00
300 g di pane grattato grossolanamente
10 uova intere
sale
olio extravergine di oliva

Per il ragù:
2 carote
1 porro
1 cipolla bionda
1 spicchio d'aglio
3 gambi di sedano
2 zucchine
500 g di carne di vitello tritata
100 g di lardo di Colonnata
100 g di pane in cassetta bagnato nel latte
50 g di pancetta o guanciale
100 g di salsiccia
alloro e qualche foglia di basilico
zafferano in pistilli
1 bicchiere di vino bianco
500 g di ottimo brodo vegetale
sale e pepe q.b.

Per preparare la pasta amalgamate energicamente la farina, il pangrattato, le uova, il sale e l'olio ottenendo un composto liscio. Tirate quindi dei fogli sottili e ritagliate con l'apposita rotella dei quadrati di 2 cm per lato, ripiegate poi la pasta come per un tortellino, ma senza farcia, e passate a preparare la salsa.

Fate delle piccolissime polpette tritando molto finemente la carne di vitello, la salsiccia, la pancetta, il pane in cassetta bagnato nel latte ed il lardo, infarinatele e passatele in padella con olio molto caldo. In un'altra pentola fate rosolare tutte le verdure tagliate in brunoise, la foglia d'alloro, il basilico, aggiungete le polpettine, condite con sale e pepe, bagnate con vino bianco e poi fatelo evaporare. Continuate la cottura della salsa con il brodo vegetale per circa 15 minuti e aggiungete un poco di zafferano per dare un leggero colore giallo. Controllate l'equilibrio tra i diversi sapori e condite gli strichetti con il ragù bianco servendo poi il piatto con un filo d'olio extravergine e un po' di caciotta sarda grattugiata.

Ristorante: La Colombaia del Quisisana, Capri

Strozzapreti con scampi, pomodorini e scaglie di pecorino

Ingredienti per 4 persone:

Per la pasta:
240 g di farina
80 g di acqua calda
30 g di strutto
sale

Per la salsa:
4 scampi
300 g di pomodorini
100 g di pecorino poco stagionato
olio extravergine di oliva
1 spicchio d'aglio
sale e pepe q.b.

Mescolate la farina con l'acqua, lo strutto e il sale. Dalla pasta ottenuta ricavate dei tocchetti di un centimetro circa che poi saranno allungati a mano sul tagliere. A parte preparate la salsa facendo soffriggere in una padella l'o-

PORRO.

PEPE BIANCO

CIPOLLA.

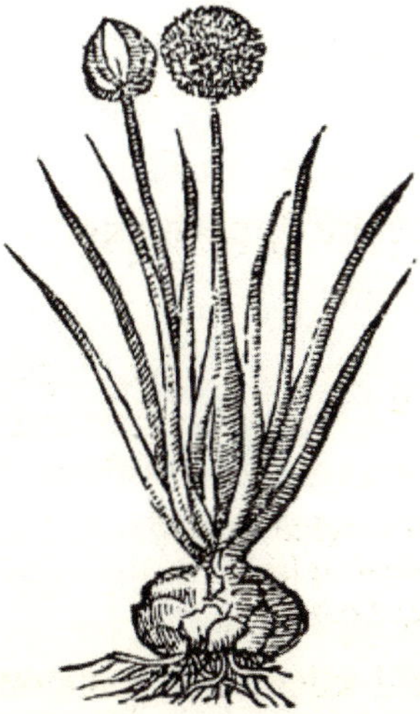

CAROTA.

lio, lo spicchio di aglio, i pomodorini e gli scampi. Dopo cinque minuti aggiungete gli strozzapreti scolati bene al dente e ripassate in padella. Componete il piatto aggiungendo una generosa manciata di pecorino a striscioline.

Ristorante: Caruso, Sorrento

Tacconelle con polipo, cozze e rucola

Ingredienti per 4 persone:
400 g di "tacconelle"
300 g di polipo
300 g di cozze
200 g di pomodorini ciliegia
50 g d'aglio
50 g di prezzemolo
3 cucchiai di olio extravergine di oliva
3 g di peperoncino rosso piccante
10 g di pecorino grattugiato
sale e pepe q.b.

Fate aprire le cozze con olio, aglio e prezzemolo, sgusciatele e conservate l'acqua di cottura. Tagliate a pezzetti il polipo. A parte preparate un fondo di olio extravergine di oliva, aglio tritato, prezzemolo e peperoncino. Aggiungetevi il polipo e fatelo cuocere per 20 minuti e, subito dopo, unite i pomodorini ed un po' d'acqua delle cozze. Lasciate insaporire per altri 5 minuti e, alla fine, unite le cozze. Lessate la pasta, mantecatela con la salsa ed aggiungete la rucola sminuzzata, un filo di olio extravergine a crudo e del pecorino grattugiato.

Ristorante: La Fratanza, Nocera Superiore

Taccozzette con seppioline in zuppa di friarielli al peperoncino e listarelle di bresaola di bufalo

Ingredienti per 4 persone:
200 g di taccozzette
120 g di friarielli
2 spicchi d'aglio
30 g di scalogno
2 foglie di alloro
50 g di cotica di prosciutto
3 dl di brodo vegetale
80 g di bresaola di bufalo
100 g di seppioline
olio extravergine di oliva
15 g di peperoncino tritato
grana grattugiato
burro
sale e pepe q.b.

Tagliate i friarielli, quindi mettete in una casseruola l'olio, l'aglio, metà del peperoncino tritato, l'alloro, lo scalogno ridotto in polvere e un pezzo di cotica di prosciutto. Lasciate appassire, poi aggiungete i friarielli e bagnate con il brodo. Fate bollire e mantenete sul fuoco; unite sale e pepe, togliete l'aglio, l'alloro e la cotica; infine, frullate una parte della zuppa e passatela al passino. Unitela all'altra parte e, non appena bolle, versate le taccozzette di Gragnano. Scolate la pasta al dente, aggiustate con grana grattugiato e un pezzetto di burro. A questo punto sistematela nelle fondine e, una volta pulite e tagliate le seppioline, versate olio e aglio e saltate il pesce per qualche minuto. Dopo aver tagliato la bresaola alla julienne, decorate ogni singolo piatto con listarelle di salume, seppioline e peperoncino.

Ristorante: Le Colonne, Caserta

Tagliatelle alla Bersagliera

Ingredienti per 4 persone:

Per la pasta:
400 g di farina
4 uova
30 g di erbe marine

Per il sugo:
200 g di pomodorini
500 g di frutti di mare
4 polipetti veraci
4 cucchiai di olio extravergine di oliva
1 spicchio d'aglio
sale q.b.

Mescolate insieme la farina con le uova, aggiungete le erbe marine dopo averle fatte sbollentare, asciugare dell'acqua di cottura e tritate finemente. Impastate fin quando il composto risulterà ben compatto. Tagliate a strisce la sfoglia per passarla nella macchina per la pasta. Formate 4 nidi con le tagliatelle e lasciate asciugare e riposare. Mettete in una padella l'olio, fate imbiondire l'aglio e aggiungete i pomodorini e i polipetti con una punta di sale. Fate cuocere a fuoco lento sino a metà cottura i polipi per circa 15 minuti. Aggiungetevi i frutti di mare dopo averli ben lavati e fate procedere a fuoco vivace fino a completamento della cottura. Cuocete le tagliatelle, scolatele e amalgamatele con una parte del sugo di pesce. Disponete nei piatti, aggiungendo su ogni piatto i frutti di mare, i polipetti e ancora un po' di sugo.

Ristorante: La Bersagliera, Napoli

Tagliatelle con rucola, gamberetti e aceto balsamico

Ingredienti per 6 persone:
600 g di tagliatelle
300 g di gamberetti
2 cucchiai di aceto balsamico
1 mazzetto di rucola tritato
olio extravergine di oliva
2 spicchi d'aglio tritati
prezzemolo
200 g di pomodorini in barattolo
1 bicchiere di vino bianco
sale e pepe

Mettete in una padella l'olio e l'aglio tritato e fatelo appassire. Aggiungete i gamberetti puliti e sgusciati e condite con sale, pepe e prezzemolo a piacere. Fate soffriggere, bagnando con del vino bianco, per pochi minuti. Unite i pomodorini e fate cuocere per altri 5 minuti. Una volta cotte le tagliatelle, versatele nel tegame con i gamberetti, aggiungete la rucola tritata, l'aceto balsamico e fate saltare il tutto per un minuto. Servite subito.

Ristorante: Boccaccio, Acciaroli

Tagliatelle con vongole e cime di broccoli

Ingredienti per 4 persone:
400 g di tagliatelle
300 g di vongole veraci
500 g di cime di broccoli
2 cucchiai di olio extravergine di oliva
1 spicchio d'aglio
sale q.b.

Portate ad ebollizione in una pentola l'acqua e cuocetevi le cime di broccoli. A cottura ultimata, fate rosolare in una padella l'aglio in un po' d'olio e saltate i broccoli. Aggiungete poi le vongole. A parte, in una pentola con abbondante acqua salata, calate le tagliatelle e fatele cuocere al dente. Scolate la pasta e saltatela in padella con il sugo.

Ristorante: La Cucina Flegrea, Pozzuoli

Tagliatelle di farina di ceci al ragù di pescatrice con funghi porcini allo zafferano e maggiorana

Ingredienti per 4 persone:

Per la pasta:
100 g di farina 00
100 g di farina di ceci
1 uovo
1 cl di acqua
olio extravergine di oliva
sale e pepe q.b.

Per il ragù:
1 pescatrice da 500 g
1 bustina di zafferano
250 g di porcini
1 pomodoro
olio extravergine di oliva
maggiorana
prezzemolo
sale e pepe q.b.

Per il biscotto:
50 g di farina 00
50 g di farina di ceci
10 g di parmigiano
40 g di burro
sale e pepe q.b.

Per le tagliatelle disponete la farina a fontana e unite la restante parte degli ingredienti. Impastate il tutto fino ad ottenere un composto omogeneo. Fate riposare per 20 minuti in un contenitore coperto da uno straccio bagnato. Stendete la pasta il più sottile possibile, piegatela a rettangoli, evitando di farla attaccare e tagliatela dello spessore di mezzo centimetro. Per il biscotto di guarnizione disponete la farina sempre a fontana, aggiungete tutti gli ingredienti e amalgamate fino ad ottenere un composto omogeneo. Stendete l'impasto e tagliate a forma rettangolare di circa 3 centimetri. Forate al centro i biscotti con una forchetta e infornare a 170° per 20 minuti. Per il ragù, sfilettate la pescatrice e con le lische preparate un fumetto ristretto, soffriggendo con aglio e olio, e sfumando con del vino bianco secco. Appena pronto, aggiungete sale, pepe, prezzemolo e pomodoro, e fate bollire per circa un'ora. A cottura ultimata passate al colino. Soffriggete poi i filetti di pesce tagliati a tocchetti, salate, pepate e sfumate con vino bianco. Aggiungete poi al fumetto lo zafferano ed i porcini precedentemente fritti, unitevi una spruzzatina di maggiorana tritata e di prezzemolo e lasciate cuocere per 5 minuti. Calate le tagliatelle in abbondante acqua, aggiungete un filo d'olio e salate. Appena cotta, scolate la pasta e saltatela in padella col sugo di pescatrice. Disponete i biscotti al centro del piatto e adagiatevi le tagliatelle aiutandovi con un forchettone. Guarnite i piatti con il sugo e dei rametti di maggiorana e servite con un filo di olio e del prezzemolo fresco.

Ristorante: Marina Grande, Amalfi

Tagliolini alle erbe selvatiche

Ingredienti per 6 persone:

Per i tagliolini:
300 g di farina
300 g di erbette selvatiche
2 uova fresche
sale q.b.

Per il condimento:
1,2 kg di polipo medio
2 spicchi d'aglio
1 manciata di prezzemolo
olio extravergine di oliva q.b.

Dopo aver lessato le erbette selvatiche strizzatele e mettetele nel passaverdure, adagiate il composto ottenuto sulla farina preparata sulla spianatoia e amalgamate con le uova e un pizzico di sale, ottenendo un impasto consistente e liscio. Tagliatelo in più pezzi e passateli nella macchina per la pasta fino ad ottenere i tagliolini che potrete anche fare a mano, lavorando delle sfoglie molto sottili con il mattarello, arrotolandole e ricavandone poi i tagliolini con un coltello. Adagiate dunque la pasta su un piano infarinato per non farla attaccare. A parte mettete l'olio in una padella, fate imbiondire l'aglio, unite il polipo dopo averlo tagliato a pezzetti, fatelo cuocere per circa trenta minuti, coperto, a fuoco moderato, quindi sfumatelo con un po' di vino secco bianco. A cottura ultimata unitevi i tagliolini precedentemente lessati. Amalgamate il tutto in padella per qualche minuto, spruzzate con del prezzemolo tritato e disponete in piatti da portata caldi.

Ristorante: Il Ceppo, Agropoli

Tagliolini al merluzzo

Ingredienti per 4 persone:
350 g di tagliolini freschi all'uovo
100 g di polpa di merluzzo
2 rametti di finocchietto selvatico
1 bicchiere di vino bianco secco
1 cucchiaio di parmigiano grattugiato
olio extra vergine di oliva
sale

Pelate l'aglio e doratelo in una padella antiaderente con due cucchiai di olio. Unite i filetti di merluzzo e sfumate con un bicchiere di vino bianco secco. Lavate e spezzettate il finocchietto e aggiungetelo ai filetti di merluzzo, lasciandone una metà da parte. Regolate di sale il sugo e passate a cuocere la pasta in abbondante acqua salata. Scolate i tagliolini al dente e ripassateli in padella con la salsa di merluzzo. Mantecate con parmigiano e guarnite con il rimanente finocchietto fresco.

Ristorante: Acqua Pazza, Ponza

Tagliolini al sugo di scorfano

Ingredienti per 4 persone:

Per i tagliolini:
200 g di farina
2 uova
sale

Per il sugo:
4 piccoli scorfani da 100 g ciascuno
500 g di pomodori
olio extravergine di oliva
1 bicchiere di vino bianco secco
1 spicchio d'aglio
peperoncino, prezzemolo e sale q.b.

Impastate la farina con le uova e il sale, lavorate bene l'impasto e stendetelo in sfoglie sottili da cui ricaverete i tagliolini dallo spessore di circa 5 mm. Pulite, squamate e diliscate gli scorfani. In un tegame con l'olio soffriggete l'aglio e il peperoncino, unite le lische dei pesci e fate rosolare bene. Bagnate con il vino e lasciatelo evaporare, aggiungete i pomodori spezzettati, saltate e fate cuocere per un quarto d'ora. Passate il sugo ottenuto con un setaccio sottile e raccoglietelo in una padella dove per 5 minuti andranno cotti i filetti di scorfano tagliati a listarelle. Lessate la pasta al dente, versatela nella padella con il sugo di pesce e fate saltare per alcuni minuti. Completate il piatto con un filo d'olio e il prezzemolo tritato.

Ristorante: Taverna del Capitano, Massa Lubrense

Tagliolini bicolori in salsa di seppioline leggermente al nero

Ingredienti per 4 persone:

Per i tagliolini:
200 g di farina tipo 00
200 g di semola di grano duro
4 uova
sale
nero di seppia

Per la salsa:
400 g di seppioline
aglio
olio extravergine di oliva
sale e prezzemolo q.b.
vellutata di pomodori San Marzano

Separate la porzione di farina in due parti, disponendole a fontana su un tavolo da lavoro. Aggiungete tutti gli ingredienti per la pasta, ad esclusione del nero di seppia che va unito soltanto ad uno dei due impasti in fase di preparazione. Amalgamate i due composti, stendete la sfoglia e tirate con un'apposita macchinetta i tagliolini. A parte pulite le seppioline sotto abbondante acqua corrente conservando le vesciche di nero. Fatele soffriggere in padella con aglio ed olio per qualche minuto, quindi aggiungete un po' di nero e la vellutata di pomodoro. Continuate la cottura ancora per 15 minuti circa.

Cuocete la pasta in acqua salata e, appena pronta, aggiungetela al sugo di seppioline continuando la cottura in padella. Servite con abbondante prezzemolo tritato.

Ristorante: Eolo, Amalfi

Tagliolini con carciofi e cicale di mare con valeriana

Ingredienti per 6 persone:
600 g di tagliolini
2 carciofi
12 cicale di mare
ricotta salata grattugiata (facoltativa)
valeriana q.b.
1 spicchio d'aglio
olio extravergine di oliva
1 bicchiere di vino bianco
sale e pepe q.b.
brodo vegetale q.b.

Pulite i carciofi, tagliateli a julienne e fateli rosolare con l'aglio e le cicale di mare. Dopo qualche minuto aggiungete il vino bianco e fate sfumare. Mettete poi un po' di brodo vegetale e ultimate la cottura. Dopo aver salato, pepato e aggiunto la valeriana, scolate i tagliolini e amalgamateli con il sugo in padella per circa due minuti.

Ristorante: Il Granaio dei Casabella, Paestum

Tagliolini con gamberi e bottarga di muggine

Ingredienti per 4 persone:
320 g di tagliolini
600 g di gamberi
40 g di bottarga di muggine
cognac
olio extravergine di oliva
scorza grattugiata di 1 limone

In padella fate rosolare e sfumare con olio e cognac i gamberi. In acqua bollente cuocete i tagliolini. Una volta cotti, scolateli e mantecateli in padella. Quindi, prima di servire, aggiungete la bottarga grattugiata e la scorza di limone grattugiata.

Ristorante: Le Tavernelle, Paestum

Tagliolini con pistilli di zafferano, zucchine e gamberi

Ingredienti per 10 persone:

1 kg di farina 00
100 g di semola
15 tuorli d'uovo
5 uova intere
500 g di gamberi
500 g di zucchine
sale
olio extravergine di oliva
4 bustine di zafferano
brandy
prezzemolo
parmigiano grattugiato

Impastate la farina con la semola e le uova e fate riposare il composto per mezz'ora. Nel frattempo preparate la salsa: fate soffriggere un po' d'aglio nell'olio di oliva, aggiungete i gamberetti, bagnate con del brandy, e aggiungete le zucchine trifolate con i pistilli di zafferano. Fate cuocere i tagliolini e amalgamate il tutto nella salsa con un po' di prezzemolo e parmigiano.

Ristorante: Antico Francischiello, Massa Lubrense

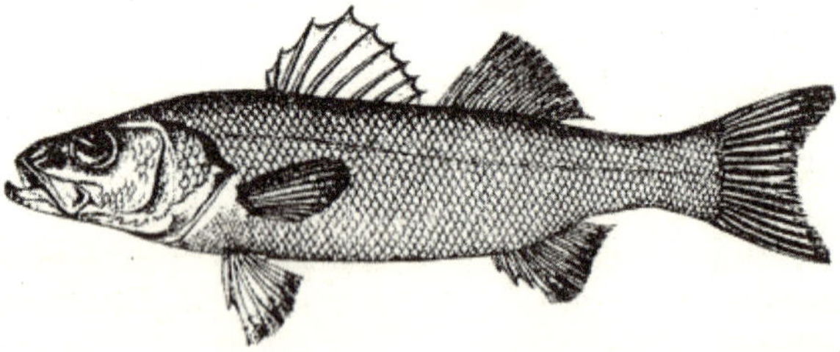

Tagliolini del Padreterno

Ingredienti per 4 persone:

380 g di tagliolini all'uovo
300 g di spigola
1 zucchina di media grandezza
1 carota di media grandezza
1 pomodoro
1 spicchio d'aglio tritato
parmigiano a scaglie q.b.
basilico
prezzemolo
3 cucchiai di olio extravergine di oliva
1 bicchiere di vino bianco
sale q.b.

Riponete in una padella in cui è stato versato dell'olio uno spicchio di aglio tritato, la carote e la zucchina tagliate alla julienne, quindi fate soffriggere a fiamma moderata. Nel frattempo, tagliate il pomodoro a dadini e tritate il basilico lasciandoli da parte.

Sfilettate la spigola da crudo, poi dividetela in quattro parti e mettetela nella padella con il condimento. Fate rosolare il tutto per 3 minuti bagnando con un bicchiere di vino bianco. Poi unitevi il pomodoro e il basilico, coprite e fate cuocere per altri 3 minuti. Aggiungete, infine, mezzo mestolo di acqua della pasta. Cuocete i tagliolini, scolateli e saltateli in padella. Guarnite le varie porzioni con il parmigiano a scaglie precedentemente preparato.

Ristorante: Trattoria del Padreterno, Salerno

Tortelli di friarielli al ragù di salsicce e crema di broccoli calabresi

Ingredienti per 6 persone:

Per la pasta:
375 g di farina 00
125 g di semola di grano duro
15 rossi d'uovo
50 g d'acqua
olio extravergine di oliva
sale q.b.

Per la farcia:
1 kg di friarielli (broccoli di rapa)
1spicchio d'aglio
2 cucchiai di mascarpone
1 uovo intero
1 albume
200 g di pane in cassetta
sale e pepe q.b.
olio extravergine di oliva
poco pecorino romano grattugiato

Per il ragù:
1 kg di salsiccia
2 scalogni tritati
1 spicchio d'aglio tritato
1 foglia d'alloro
2 bicchieri di vino bianco
500 g di ottimo brodo vegetale
sale e pepe q.b.

Per la crema di broccoli calabresi:
500 g di broccoli calabresi
1 scalogno
150 g di patate pelate e tagliate a cubetti
250 g di ottimo brodo vegetale
olio extravergine di oliva
sale e pepe q.b.

Preparate la pasta per i tortelli impastando tutti gli ingredienti fino ad ottenere un composto liscio ed omogeneo, avvolgetelo in una pellicola e mettetelo in frigorifero.

Nel frattempo preparate la farcia con i friarielli bolliti e ben strizzati, frullateli con l'aglio, le uova, il pane in cassetta sbriciolato ed il mascarpone. Il ripieno dovrà risultare ben amalgamato e senza grumi, aggiustate di sale e pepe ed un po' d'olio extravergine e aggiungete una manciatina di pecorino romano. A questo punto con la pasta tirate delle sfoglie molto fini dalle quali ricaverete con l'apposito anello un disco di pasta del diametro di 11 cm, adagiatevi sopra un po' di farcia, piegate a metà la pasta e procedete come per un tortellone.

A parte, togliete la salsiccia dal budello e sbriciolatela, fatela soffriggere con l'aglio e lo scalogno tritati, quindi bagnate con il vino e fate evaporare.

Aggiustate di sale e lasciate cuocere con il brodo per circa 20 minuti.

Nel frattempo soffriggete lo scalogno tritato e le patate, aggiungete il brodo vegetale e quando bolle mettetevi i broccoli calabresi.

Portateli a cottura, colateli e frullateli fino ad ottenere una crema abbastanza fluida (se dovesse risultare troppo densa diluitela con un po' di brodo di cottura).

Con questa crema di broccoletti ricoprite il centro del piatto sul quale adagerete i tortelli cotti e conditi con il ragù di salsiccia, guarnite con dei piccoli ciuffi di broccoli e scaglie di pecorino romano.

Ristorante: La Colombaia del Quisisana, Capri

Tortino di riso al ragù di frutti di mare

Ingredienti per 4 persone:

Per il risotto:
300 g di riso
100 g di code di gambero sgusciate
1 spicchio d'aglio
1 cipolla
prezzemolo
2 uova
brodo vegetale
vino bianco secco
olio extravergine di oliva
sale e pepe q.b.

Per la salsa:
800 g di frutti di mare
olio extravergine di oliva
1 spicchio d'aglio
prezzemolo q.b.

Lavate più volte i frutti di mare, fateli aprire in padella, a fuoco vivo, quindi sgusciateli e conservate il loro liquido di cottura filtrato. Preparate il risotto partendo da aglio e cipolla tritati, soffritti in poco olio caldo; unite le code di gamberi sminuzzate, il riso, fate insaporire, sfumate con un bicchiere di vino e proseguite la cottura unendo poco alla volta circa mezzo litro di brodo caldo. Alla fine salate, spegnete e incorporate al risotto le uova, il prezzemolo tritato, una macinata di pepe e lasciate raffreddare. A parte, soffriggete aglio e olio, unite i frutti di mare con il loro liquido, un trito di prezzemolo e lasciate sbollentare per qualche minuto. Preparate con il risotto 4 tortini, dorateli in padella; quindi serviteli con il ragù di frutti di mare.

Ristorante: Quattro Passi, Nerano

Totani al fumo di melanzane e provola su letto di pesce spada alla mentuccia

Ingredienti per 4 persone:
400 g di pasta a forma di totani affettati
350 g di pesce spada tagliato a fettine sottili
1 bicchiere di vino bianco secco
20 g di burro
100 g di provola affumicata
3 dl di latte
1 cipollotto
2 melanzane
parmigiano
basilico
menta fresca
1 spicchio d'aglio
prezzemolo
sale e pepe q.b.
qualche fettina di pomodoro
trito di carote per guarnire

Pelate le melanzane e tagliatele a cubetti. Soffriggete il cipollotto tritato e unite le melanzane. Salate, pepate e sfumate con del vino bianco. Fate evaporare per poi aggiungere 2 dl di latte. Lasciate asciugare il tutto a fuoco lento per circa 15 minuti. Appena pronto, passate nel frullatore. A parte disponete le fette di pesce spada su una placca da forno bassa e condite con olio, sale, pepe, vino bianco, mentuccia fresca, prezzemolo e un po' d'acqua. Fate poi sciogliere il burro in una padella, aggiungete alcune foglie di basilico e la crema di melanzane. Stemperate con la restante dose di latte, portate ad ebollizione ed aggiungete la provola affumicata. Lessate la pasta in abbondante acqua salata, scolate e saltate in padella. Infornate il pesce spada a 180° per 3 minuti e dividete le fette in 4 piatti. Adagiatevi sopra la pasta lasciando intravedere il pesce spada e decorate con foglioline di menta, fettine di pomodoro e trito di carote.

Ristorante: Marina Grande, Amalfi

Trofie con cozze e zucchine

Ingredienti per 4 persone:
320 g di trofie
1 kg di cozze
500 g di zucchine di media grandezza
aglio
olio extravergine di oliva
basilico a ciuffetti
1 manciata di parmigiano grattugiato

Pulite bene le cozze e fatele aprire in una pentola coperta e senza aggiunta di acqua. Sgusciate i molluschi e tenete da parte i frutti, quindi filtratene con un colino a trama molto fitta l'acqua di cottura e conservatela. Pulite le zucchine e tagliatele alla julienne, scaldate in una padella dell'olio extravergine di oliva per farvi dorare uno spicchio d'aglio e versatevi le zucchine.

A metà cottura unite le cozze insieme alla loro acqua e al termine della cottura aggiungete del basilico e poi le trofie precedentemente lessate in abbondante acqua salata. Aumentate la fiamma per far saltare il tutto per pochi minuti e prima di spegnere il fuoco completate con una spruzzata di parmigiano.

Ristorante: Veliero Tortuga, Napoli

Trofie con zucchine e gamberetti

Ingredienti per 4 persone:
350 g di trofie
200 g di gamberetti
2 zucchine
12 pomodorini
olio extravergine di oliva
1 spicchio d'aglio
sale q.b.
1 bicchiere di brandy

Mentre cuociono le trofie in abbondante acqua salata, preparate un soffritto di aglio, olio, un po' di brandy, i pomodorini e aggiungetevi le zucchine tagliate a rondelle sottili. Lavate e lessate i gamberetti, tagliateli a pezzetti e fateli cuocere insieme al soffritto per circa 10 minuti. Scolate la pasta al dente, poi unitela al sugo e servite dopo averla mantecata per qualche minuto in padella.

Ristorante: Leucio, Caserta

Trofie di mare

Ingredienti per 4 persone:

400 g di trofie
200 g di pescatrice
250 g tra cozze e tartufi di mare sgusciati
200 g di broccoli
200 g di pomodorini
1 rametto di maggiorana tritato
olio extravergine di oliva
1 bicchiere di vino bianco
1 spicchio d'aglio tritato
sale e pepe q.b.

Pulite e tagliate a ciuffetti i broccoli e cuoceteli in acqua bollente. Pulite e tagliate a pezzetti la pescatrice e i pomodorini a cubetti e fate rosolare in una padella con aglio e olio. Aggiungetevi le cozze e i tartufi sgisciati e poi i broccoli e la maggiorana.

Fate sfumare con il vino bianco, lasciando evaporare il tutto, e lasciate cuocere per altri 15 minuti. Scolate le trofie e conditele nella padella con il condimento di pesce.

Ristorante: Rosolino - Il posto accanto, Napoli

Trucioli con stoccafisso, olive nere, capperi e pomodorini

Ingredienti per 4 persone:

Per i trucioli:
300 g di semola di grano duro
8 cl (ca.) di acqua bollente
sale q.b.

Per il condimento:
150 g di stoccafisso già ammollato
40 g di olive nere
20 g di capperi
200 g di pomodorini vesuviani
6 cl di vino bianco secco
1 spicchio d'aglio
1,5 dl di olio extravergine di oliva
sale q.b

Preparate i trucioli. Versate la semola in una ciotola ed iniziate ad impastare versando acqua bollente leggermente salata. Lavorate la pasta a lungo finché sarà liscia, setosa e, soprattutto, molto consistente. Formate una palla, avvolgetela nella pellicola e lasciatela riposare per mezz'ora. Stendete poi la pasta e ricavatene tante strisce sottili, larghe quanto una tagliatella e lunghe circa 10 cm; avvolgetele a mano a mano intorno ad un ferretto (da maglia) o ad un pezzetto di legno in modo da formare un "truciolo" quindi sfilatele. Preparate il condimento. Versate l'olio in una padella, riscaldatelo con l'aglio, aggiungete lo stoccafisso tagliato a dadini, le olive nere, i capperi ed i pomodorini tagliati a pezzetti. Fate rosolare per qualche minuto poi sfumate con il vino bianco e lasciate evaporare a fiamma vivace. Fate cuocere per un paio di minuti e poi spegnete.

Cuocete la pasta in abbondante acqua salata, scolatela al dente, versatela nella padella con il condimento, saltatela, distribuitela nei piatti e servite immediatamente.

Ristorante: Don Alfonso 1890, Sant'Agata sui Due Golfi

Tubetti al coccio

Ingredienti per 4 persone:
400 g di tubetti
1 coccio (gallinella di mare)
qualche pomodorino fresco
1 patata
2 carote
2 gambi di sedano
2 cipolle
1 spicchio d'aglio
1 ciuffetto di prezzemolo
1 foglia di alloro
2 chiodi di garofano
olio extravergine di oliva
sale e peperoncino q.b.

Pulite il coccio dalle interiora e sciacquatelo bene. Riempite d'acqua una casseruola larga e alta aggiungendo una costa di sedano e una carota tagliata grossolanamente. Mettetevi il pesce e portate ad ebollizione. Dopo averlo lessato, sfilettate il coccio, riversate la testa e le lische nella pentola facendo restringere il fumetto che poi sarà filtrato. In una casseruola da stufato fate imbiondire nell'olio la cipolla, l'aglio, il sedano, la carota affettata, i pomodorini tagliati a metà e l'alloro. Aggiungete nel soffritto i filetti, aggiungete il fumetto e la pasta. Procedete come per un risotto sino alla cottura. Lasciate riposare, aggiungete un filo d'olio, il peperoncino e una spruzzata di prezzemolo.

Ristorante: Taverna Scacciaventi, Cava de' Tirreni

Tubetti alla Chiaja

Ingredienti per 4 persone:
1 kg di cozze
500 g di pomodorini freschi
500 g di tubetti
2 dl di olio extravergine di oliva
2 spicchi d'aglio

Cuocete le cozze in un recipiente profondo, sgusciatele e mettete da parte l'acqua di risulta. In un tegame soffriggete l'aglio e l'olio e, dopo qualche minuto, versate i pomodorini ben lavati. Dopo circa 5 minuti versate le cozze e quando il sugo si è insaporito unite un po' d'acqua messa precedentemente da parte. Portate ad ebollizione, versate la pasta e salate. Una volta cotti al dente i tubetti, scolateli e mantecateli per qualche minuto sul fuoco aggiungendo una spruzzatina di prezzemolo.

Ristorante: Don Salvatore, Napoli

Tubetti con totani e patate

Ingredienti per 4 persone:
300 g di tubetti
4 patate
500 g di totani
olio extravergine di oliva
sale, pepe, peperoncino, prezzemolo
2 spicchi d'aglio
500 g di pomodori pelati

Soffriggete l'aglio in olio di oliva ed aggiungete i totani precedentemente puliti e tagliati a pezzetti. Lasciate cuocere 5 minuti a fuoco moderato per poi aggiungere le patate sbucciate e tagliate a cubetti ed una presa di prezzemolo tritato. Salate, pepate e lasciate cuocere altri 10 minuti. Aggiungete poi i pomodori pelati ed un po' di peperoncino.

Chiudete il tegame e lasciate cuocere finché le patate non soranno morbide aggiungendo un po' d'acqua di tanto in tanto. A cottura ultimata allungate l'acqua e fatela bollire.

Aggiungete i tubetti e cuocete. Servite con una spruzzata di prezzemolo fresco.

Ristorante: Cantina del Vescovo, Nocera Inferiore

Tubettoni alla Callia

Ingredienti per 4 persone:
450 g di tubettoni
350 g di tonnetto fresco
200 g di pomodorini
1 spicchio d'aglio
50 g di capperi
50 g di olive nere
olio extravergine di oliva
prezzemolo q.b.
sale, pepe

Sfilettate e pulite il tonnetto, quindi tagliatelo a dadini. In una casseruola fate rosolare l'aglio nell'olio, aggiungete le olive nere, i capperi e il prezzemolo, infine i pomodorini tagliati a metà.

Quando questi ultimi sono appassiti, unite il tonnetto, fate cuocere per qualche minuto e correggete di sale e pepe. Una volta che i tubettoni hanno raggiunto una cottura al dente, scolateli e saltateli in padella con il sugo. Servite ben caldo con una spolverata di prezzemolo tritato al momento.

Ristorante: Crescenzo, Procida

Tubettoni alla Nerone

Ingredienti per 4 persone:

400 g di tubettoni
1 calamaro medio
100 g di concentrato di pomodoro
5 pomodorini del Vesuvio
olio extravergine di oliva
prezzemolo
aglio
peperoncino
sale q.b.

Soffriggete in padella olio extravergine, aglio, peperoncino, con un calamaro tagliato finemente, aggiungete un po' di concentrato di pomodoro stemperato in acqua di cottura della pasta e qualche pomodorino fresco tagliato a tocchetti.

Cuocete il tutto e infine aggiungete la sacca nera del calamaro per il colore; spadellate i tubettoni al dente, versateli in una pirofila guarnendo con foglie di prezzemolo.

Ristorante: President, Pompei

Tubettoni con le cozze e i fiori di zucca

Ingredienti per 4 persone:

350 g di tubettoni
200 g di pomodorini
250 g di fiori di zucca
500 g di cozze
olio extravergine di oliva
aglio
prezzemolo
sale q.b.

In una casseruola aprite le cozze con poca acqua (1/2 bicchiere) e sgusciatele. In una padella fate friggere i fiori di zucca (precedentemente puliti) con aglio, olio e sale.

Appena cotti, aggiungete i molluschi sgusciati e i pomodorini, quindi lasciate insaporire a fuoco vivace per qualche minuto. Lessate i tubettoni al dente, aggiungeteli al sugo preparato mantecandoli per pochi minuti. Infine completate con una spruzzatina di prezzemolo fresco tritato al momento.

Ristorante: Da Ciro a Santa Brigida, Napoli

Tubettoni con sgombro, pomodorini e origano

Ingredienti per 2 persone:
150 g di tubettoni
250 g di sgombro fresco
100 g di pomodorini
origano fresco
olio extravergine di oliva
succo di 1 limone
aceto balsamico
sale e pepe q.b.

Pulite lo sgombro e mettetelo in acqua acidulata con succo di limone per un'ora. Tagliatelo a medaglioni e cuocetelo in una pentola bassa con olio, aglio fresco, pomodorini aggiungendo alla fine l'origano ed una spruzzatrina di aceto balsamico. Cuocete la pasta e conditela con il sugo.

Ristorante: Salvatore, Termini di Massa Lubrense

Tubettoni primavera

Ingredienti per 4 persone:
500 g di tubettoni
400 g di zucchine
500 g di cozze
prezzemolo
100 g di burro
3 spicchi d'aglio
olio extravergine di oliva
formaggio grattugiato

Fate soffriggere in una padella con dell'olio di oliva uno spicchio d'aglio e una noce di burro. Aggiungete le zucchine tagliate a disco e portate a cottura. Preparate un souté di cozze e, non appena i molluschi si sono aperti, sgusciateli e aggiungete un po' del sugo nelle zucchine.

Lessate la pasta al dente e versatela nella padella mantecando e unendo una spruzzatina di formaggio e prezzemolo tritato al momento.

Ristorante: La Cantina di Sica, Napoli

Vermicelli alle vongole

Ingredienti per 4 persone:
400 g di vermicelli
400 g di vongole
1 spicchio d'aglio
1 spruzzatina di vino bianco
olio extravergine di oliva
prezzemolo q.b.
pepe, sale

Lessate i vermicelli in acqua e sale, nel frattempo preparate un trito di aglio e lasciatelo soffriggere in padella con olio extravergine di oliva. Non appena rosolato l'aglio, unite le vongole e una spruzzatina di vino bianco. Coprite e fate cuocere per circa tre minuti, quindi aggiungete un mestolo di acqua di cottura della pasta. Ripassate in padella aggiungendo le vongole, una manciata di pepe e il prezzemolo tritato.

Ristorante: San Pietro, Cetara

Vermicelli cu' 'o pesce fujuto

Ingredienti per 6 persone:
6 etti di vermicelli
8 pomodorini del piennolo
3 spicchi d'aglio
1 manciata di basilico
olio extravergine di oliva
sale q.b.

Lavate e liberate dai semi i pomodorini schiacciandoli nell'acqua di una pentola. Sgocciolateli con cura. Soffriggete gli spicchi d'aglio (schiacciati a mano) in olio fino a imbiondirli. Unite i pomodorini, salateli e fateli cuocere per pochi minuti. Preparate la pasta, conditela con il sugo aggiungendo foglie di basilico sminuzzato a mano.

Ristorante: Bacco, Furore

Virgole di pasta con cicerchie di Punta Campanella e seppie

Ingredienti per 1 persona:
70 g di virgole di pasta
10 g di purea di cicerchie
1 dl di vino bianco
20 g di cicerchie intere (cotte)
50 g di seppie
20 g di pomodoro
20 g di cipolla

Cuocete le seppie con la cipolla, il vino bianco e il pomodoro. Fate cuocere le cicerchie, passatele al setaccio e unitele alle seppie, quindi colate la pasta molto al dente e saltate in padella per qualche minuto.

Ristorante: Hotel Vesuvio - Caruso Roof Garden, Napoli

Ziti alla genovese di tonno

Ingredienti per 4 persone:
400 g di ziti
400 g di tonno rosso fresco
2 kg di cipolla
1 costa di sedano
1 carota
pecorino stagionato grattuggiato
olio extravergine di oliva
sale

Tagliate finemente le cipolle, il sedano e la carota, fateli rosolare a fuoco lento per un quarto d'ora in una pentola con l'olio di oliva. Aggiungete il tonno e cuocete a cuoco basso versando, se occorre, un po' d'acqua. Portate avanti la cottura per circa tre ore, sino a quando le cipolle non saranno diventate una crema.

Spezzate gli ziti, cuoceteli in acqua abbondante e conditeli con la salsa. Spolverate, a piacere, con il pecorino.

Ristorante: Il Convento, Cetara

Zuppa alla marescialla (piatto tipicamente invernale)

Ingredienti per 6-8 persone:
800 g di frattaglie di vitello con pariata
sedano
qualche carota
1 cipolla
4 pomodorini
formaggio grattugiato
sale, pepe q.b.

Tagliate a pezzi le frattaglie e, soprattutto, l'intestino grasso del vitello che, una volta sciolto, funge da olio e insaporisce il piatto. Mettete tutto a cuocere nell'acqua con sedano, cipolla, carote e pomodorini sminuzzati per circa un'ora e mezza finché la pariata si è totalmente sciolta. Aggiungete pepe e formaggio.

Ristorante: Il Leon d'Oro, Napoli

Zuppa con borragine e cozze

Ingredienti per 4 persone:
1 kg di erbette di campo
1 kg di cozze
sale e olio
pane di grano

Pulite e stufate le erbette per qualche minuto. Aprite e cuocete le cozze, unendo a fine cottura l'acqua e i molluschi alle verdure. Servite con pane di grano leggermente tostato e condite con un filo d'olio a crudo.

Ristorante: La Stanza del Gusto, Napoli

Zuppa di cicerchie con scampi e porri fritti

Ingredienti per 2 persone:
150 g di cicerchie
100 g di porri tagliati alla julienne
30 g di cipolla
10 g di olio extravergine di oliva
20 g di rosmarino
3 scampi
30 g di Pernod
1 pizzico di sale
olio di semi per friggere

Mettete a bagno le cicerchie per un'intera notte in acqua fredda. In un tegame versate l'olio e le cipolle facendole rosolare a fuoco basso, unite le cicerchie e il sale tenendole sul fuoco per qualche minuto. Bagnate con il Pernod, fate evaporare per qualche minuto e aggiungete dell'acqua calda. Fate cuocere fino ad ottenere una purea densa, frullate e passate le cicerchie in un setaccio non molto fine. Fate bollire a fuoco lento e unite il rosmarino. Pulite i porri, tagliateli alla julienne e friggeteli in olio di semi finché non si doreranno. In un pentolino fate bollire dell'acqua salata, sbollentate gli scampi per pochi minuti e sgusciateli. In un piatto mettete la zuppa di cicerchie, aggiungete sopra gli scampi e i porri.

Ristorante: Megaris, Napoli

Zuppa di maltagliati con zucca e fagioli

Ingredienti per 6 persone:
500 g di maltagliati
1 kg di fagioli cannellini
1 kg di zucca
olio extravergine di oliva
1 gambo di sedano
3 spicchi d'aglio
origano, sale e peperoncini q.b.
3 pomodorini freschi

Mettete a bagno i fagioli la sera precedente, fateli cuocere in acqua abbondante e a metà cottura aggiungete sedano, pomodorini, origano, quindi aglio, olio e sale. Tagliate a dadini la zucca, versatela in un fritto di aglio e olio, aggiungete peperoncini e sale. A fine cottura dei fagioli aggiungete la zucca, lasciate insaporire e poi togliete dal fuoco. A parte fate bollire l'acqua con sale a cui aggiungerete i maltagliati. Scolate la pasta al dente e unitela a fagioli e zucca lasciandola cuocere per circa 5 minuti.

Ristorante: Villa Matilde, Cellole

Zuppa di sciurilli

Ingredienti per 4 persone:
500 g di zucchine
250 g di fiori di zucchine chiusi
250 g di talli di zucchine
olio extravergine di oliva
2 spicchi d'aglio
sale

Soffriggete l'aglio in una pignatta di coccio, unite le zucchine tagliate a dadini, i fiori e i talli lavati e spezzettati. Salate, coprite la pentola e fate cuocere per una ventina di minuti mescolando di tanto in tanto. Servite in scodella con dadini di pane tostato a parte.

Ristorante: Rosiello, Napoli

Zuppa di spolichini con calamaretti

Ingredienti per 4 persone:

400 g di spolichini (fagioli bianchi freschi)
400 g di calamaretti
olio extravergine di oliva
sale e pepe q.b.
sedano
aglio
4 o 5 pomodorini freschi
qualche fetta di pane casereccio

Fate cuocere i fagioli freschi con l'olio di oliva e un battuto di aglio e sedano. In una teglia rosolate a parte, leggermente, i calamaretti con aglio e olio. Uniteli agli spolichini, colorate con qualche pomodorino fresco, aggiungete sale e pepe a piacere e lasciate insaporire il tutto, a fuoco lento, per pochi minuti. Con delle fette di pane casereccio preparate dei crostini, da servire insieme alla zuppa.

Ristorante: Europeo, Napoli

Secondi piatti

LO PISCIAVINNOLO

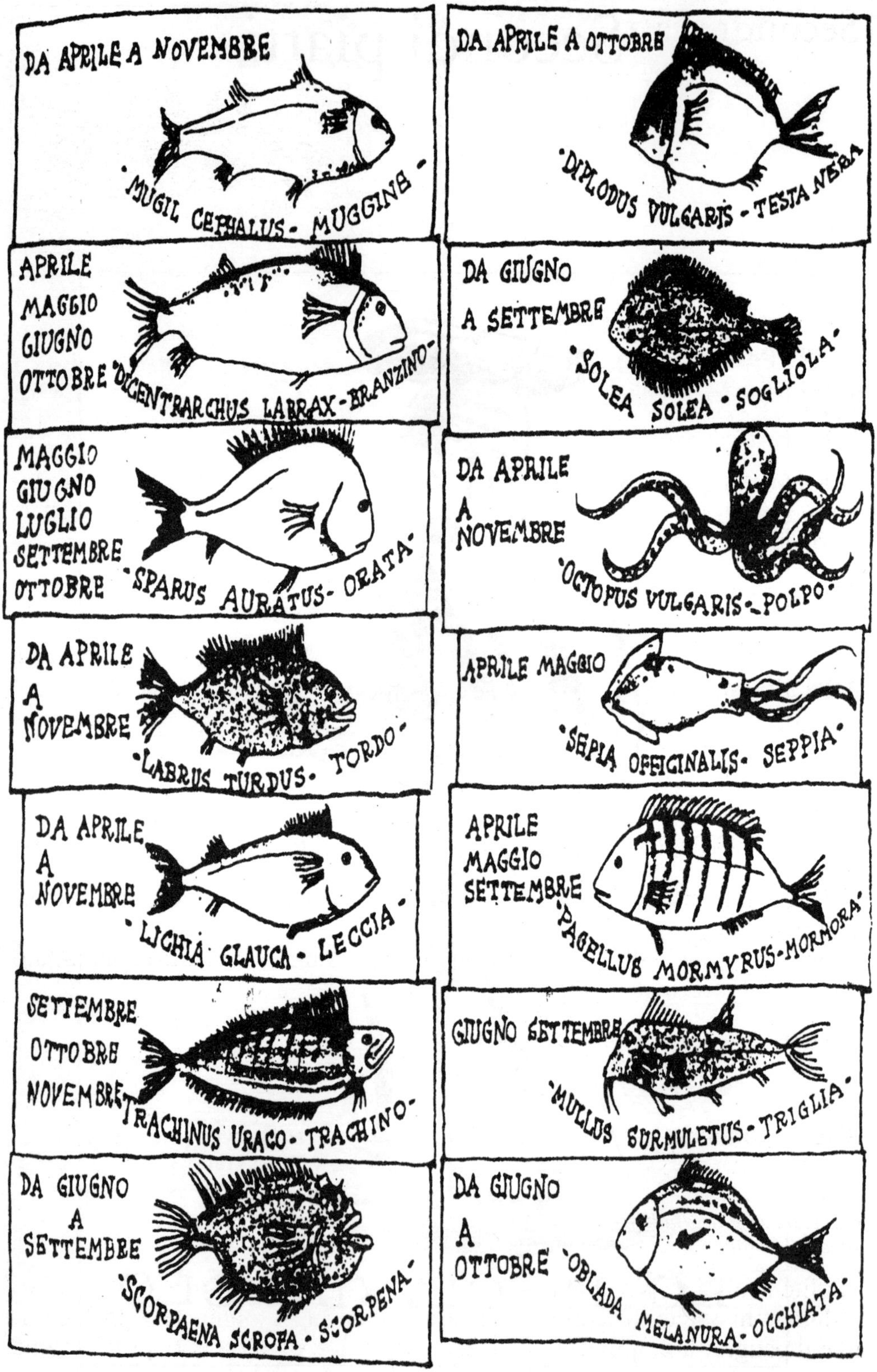

DA APRILE A NOVEMBRE
·MUGIL CEPHALUS· MUGGINE·
DA APRILE A OTTOBRE
·DIPLODUS VULGARIS - TESTA NERA
APRILE
MAGGIO
GIUGNO
OTTOBRE
·DICENTRARCHUS LABRAX-BRANZINO·
DA GIUGNO
A SETTEMBRE
·SOLEA SOLEA · SOGLIOLA·
MAGGIO
GIUGNO
LUGLIO
SETTEMBRE
OTTOBRE
·SPARUS AURATUS· ORATA·
DA APRILE
A
NOVEMBRE
·OCTOPUS VULGARIS·_POLPO·
DA APRILE
A
NOVEMBRE
·LABRUS TURDUS· TORDO·
APRILE MAGGIO
·SEPIA OFFICINALIS· SEPPIA·
DA APRILE
A
NOVEMBRE
· LICHIA GLAUCA · LECCIA ·
APRILE
MAGGIO
SETTEMBRE
·PAGELLUS MORMYRUS-MORMORA·
SETTEMBRE
OTTOBRE
NOVEMBRE
·TRACHINUS URACO· TRACHINO·
GIUGNO SETTEMBRE
·MULLUS SURMULETUS·TRIGLIA·
DA GIUGNO
A
SETTEMBRE
·SCORPAENA SCROFA · SCORPENA·
DA GIUGNO
A
OTTOBRE
·OBLADA MELANURA· OCCHIATA·

Secondi piatti

Acqua pazza

Ingredienti per 4 persone:
1 kg di pesce da zuppa
100 g di pomodorini
olio extravergine di oliva
sale q.b.

Lavate e pulite bene il pesce e mettetelo in una casseruola con i pomodorini, l'olio, il sale e dell'acqua quanto basta. Coprite il tutto con un coperchio e fate cuocere per circa 15 minuti.

Ristorante: I Due Fratelli, Santa Maria di Castellabate

Alici alla maruzzella

Ingredienti per 4 persone:
400 g di alici spinate e pulite
olio extravergine di oliva
pangrattato
prezzemolo
aglio

Realizzate una base per il gratin di pane con il prezzemolo, l'aglio, il pepe e l'olio.

Mettete il composto nelle alici aperte e spinate e avvolgetele in piccoli involtini.

Poneteli in una teglia con limone e olio, cospargete con altro pangrattato condito ed infornate a 180° per pochi minuti.

Ristorante: Il Grigliaro, Pollica

Alici in tortiera

Ingredienti per 4-6 persone:
0,5 kg di alici
olio extravergine di oliva
succo di limone
prezzemolo
pangrattato

Pulite le alici e spinatele.

Mettete in una teglia l'olio e uno strato di pesci. Aggiungete il prezzemolo e il pangrattato, quindi fate un secondo strato di alici e ricopritele come prima. Alla fine versate il succo di limone e fate cuocere in forno a 180° per circa 20 minuti.

Ristorante: Al Frantoio, San Mauro Cilento

Alici 'mbuttunate

Ingredienti per 4-6 persone:
1 l di salsa di pomodoro fresco
1 kg di alici
3 uova intere
formaggio caprino q.b.
olio extravergine di oliva
prezzemolo e sale

Pulite e spinate le alici, poi fate cuocere la salsa di pomodoro per circa 10 minuti a fuoco moderato. Preparate il ripieno con uova, formaggio grattugiato e prezzemolo, quindi sistematela tra due alici aperte. Dopo averle messe nel tegame contenente la salsa, fate cuocere per circa 10 minuti.

Ristorante: Al Frantoio, San Mauro Cilento

Alici ripiene

Ingredienti per 4 persone:
24 alici grandi della costa cilentana
formaggio misto di capra e di mucca
1 uovo
0,5 l di passato di pomodoro
0,5 l di olio per friggere
prezzemolo
aglio
farina
sale e pepe q.b.
peperoncino in polvere

Diliscate le alici, apritele e asciugatele. A parte preparate un impasto con l'uovo sbattuto, il formaggio, il sale e il pepe (a piacere anche del peperoncino in polvere). Mescolate rendendo l'impasto compatto e abbastanza sodo. A piccole dosi riempite un'alice sovrapponendovene poi un'altra, comprimete leggermente e andate avanti così fino alla fine. Infarinate, togliete la farina in eccesso e friggete in olio caldo a fuoco medio, 3 minuti per ogni lato.

Scolate su un foglio di carta assorbente. In un tegame a parte, possibilmente di coccio (creta), fate scaldare poco olio nel quale avrete messo uno spicchio di aglio schiacciato. Fatelo colorire leggermente per poi tirarlo via e aggiungetevi il passato di pomodoro, aggiustate con sale, pepe ed abbondante prezzemolo. Fate cuocere per dieci minuti (se necessario mettere un poco di acqua tiepida), infine mettete in questa salsa le alici, fatele insaporire a fuoco medio e servitele ben calde.

Ristorante: La Veranda, Agropoli

Anguille del Sele in foglie di alloro

Ingredienti per 2 persone:

4 anguille del Sele grosse (ma non capitoni)
20 foglie di alloro di buone dimensioni
1 spicchio d'aglio
olio extravergine di oliva
aceto di vino rosso non industriale

Appendete l'anguilla ad un gancio infilzandola per le mandibole. Praticate sotto la testa una leggera circoncisione e, aiutandovi con un canovaccio, sfilate la pelle come fosse un calzino. Eliminate la testa e dividete il rimanente in tre tronchi che andranno immersi in una marinata di olio, aceto, alloro e lo spicchio d'aglio solo schiacciato. Dopo due ore di macerazione scolate le anguille ed adagiatele sulla griglia avendo cura di mantenerla a buona distanza dalla brace, usando, comunque, le foglie di alloro come protezione.

A cottura ultimata (dieci minuti circa) disponete le anguille nei piatti da portata e bagnatele con un'emulsione di olio e aceto (poco) che non sia la marinata usata in precedenza.

Ristorante: Da Nonna Sceppa, Paestum

Aragosta Thermidor

Ingredienti per 4 persone:

1 aragosta da 1 kg
1 carota
1 cipolla
1 costola di sedano
1 dl di Cherry
fumetto di pesce
2 dl di vino bianco
250 g di besciamella con tuorlo d'uovo
1 cucchiaino di senape
30 g di parmigiano grattugiato
burro
sale
pepe a granelli
1 mazzetto di erbette

Sistemate l'aragosta per la cottura legandola ad un'asticella, quindi preparate un court-buillon con circa 3 dl di acqua aggiungendo le verdure mondate, il mazzetto di erbette profumate, una manciata di sale e qualche granello di pepe. Immergetevi il pesce e cuocetelo per circa 25 minuti. Scolatelo, tagliatelo a metà e togliete la polpa che va conservata intatta e sistemata in una padella. Bagnatela con lo Cherry facendolo evaporare a fuoco bassissimo. Intanto in un altro recipiente mettete il vino bianco e il fumetto di pesce a fuoco vivo fino a ridurlo di due terzi. Aggiungete la besciamella con la senape e continuate a cuocere per qualche minuto, sbattendo con una frusta. Versate nei due mezzi gusci metà della salsa e adagiatevi sopra i pezzi di aragosta. Coprite con il sugo rimanente, cospargete di parmigiano e pezzettini di burro. Infine, gratinate in forno per circa 5 minuti.

Ristorante: Rosolino - Il posto accanto, Napoli

Aragosta ubriacata

Ingredienti per 4 persone:
1 aragosta da 1 kg
1 bicchiere di vino bianco secco
olio extravergine di oliva ligure
succo di limone
sale
1 mazzetto di insalatina mista (meglio se selvatica)

Mettete in una pentola l'aragosta versandovi un bicchiere di buon vino bianco secco, lasciando che l'aragosta assorba parte del vino per circa due ore. Aggiungete poi due litri di acqua e lasciate cuocere lentamente. A cottura ultimata, dividete l'aragosta in due parti e pulitela delle interiora, bagnandola nuovamente nell'acqua e vino di cottura. Adagiatela infine su un letto di insalatina selvatica e conditela con dell'olio extravergine di oliva ligure, poche gocce di limone e un pizzico di sale. Servitela in tavola ancora calda.

Ristorante: President, Pompei

Astice alla griglia, cipollotti e agrumi capresi

Ingredienti per 1 persona:
1 astice da 400 g
30 g di arancia
10 g di limone
60 g di cipollotti
1 dl di brodo di pesce
20 g di olive taggesche snocciolate
10 g di succo d'arancia
sale
pepe nero
prezzemolo
50 g di burro
zucchero
aceto di vino bianco

Tagliate l'astice a metà e privatelo dell'intestino, conditelo con sale e pepe, quindi mettetelo sulla griglia. A parte fate cuocere a fuoco lento i cipollotti con poco burro, zucchero, aceto di vino bianco e un po' di brodo di pesce. Quando il tutto è pronto versate in un piatto, adagiatevi l'astice con una spruzzatina di succo di arancia. Infine, guarnite con gli spicchi di arancia e limone e le olive taggiasche.

Ristorante: Hotel Vesuvio - Caruso Roof Garden, Napoli

Baccalà alla Angelina

Ingredienti per 4 persone:
1 kg di baccalà
2 spicchi d'aglio
2 cucchiai di olio extravergine di oliva
olio di semi per la frittura
100 g di olive verdi
100 g di olive nere
pomodorini
capperi
prezzemolo
sale

Tagliate a pezzi il baccalà, infarinatelo e friggetelo in olio di semi. In una padella con dell'olio di oliva fate rosolare l'aglio e i pomodori tagliati a pezzetti, fate cuocere per circa 10 minuti, poi aggiungete il baccalà fritto, le olive, i capperi, il peperoncino e un pizzico di sale. Lasciate insaporire per circa mezz'ora, quindi unite il prezzemolo e un po' di pepe. Girate per qualche minuto e servite.

Ristorante: 'A Cantina 'i Mustazz', Sapri

Baccalà alla Bersagliera

Ingredienti per 4 persone:
800 g di baccalà
0,5 l di latte fresco
1 kg di patate
200 g di olive verdi snocciolate
1 cipolla
olio extravergine di oliva
pepe
vino bianco q.b.

Immergete il baccalà nel latte fresco per circa un'ora, asciugate, infarinate e friggete in olio extravergine di oliva. Fatelo rosolare per 3 minuti e aggiungete le patate affettate a rotelle. Dopo circa 3 minuti aggiungete la cipolla a fettine, e in ultimo le olive verdi snocciolate. A fine cottura spruzzate un po' di vino bianco e aggiungete un po' di pepe. Ultimate la cottura nel forno per 15 minuti a 150°.

Ristorante: La Bersagliera, Napoli

Baccalà alla napoletana

Ingredienti per 4 persone:
2 kg di baccalà ammollato
500 g di pomodori San Marzano
1 cipolla media
1 l di olio extravergine di oliva
1 ciuffo di basilico
3 peperoni di vario colore

Arrostite e pelate i peperoni privandoli dei semi e recuperandone il sugo di cottura, quindi spezzettateli a listarelle. In una padella alta riscaldate l'olio e friggete il baccalà precedentemente privato della lisca e della pelle.

Fate scolare su un panno-carta l'olio in eccesso e dopo aver versato in un'altra padella il contenuto di un mestolo d'olio per friggere, ammorbidite la cipolla tagliata a fettine e tenetela da parte. Riducete in filetti il pomodoro privandolo dei semi. In un tegame capiente ponete due cucchiai di olio e non appena si fa caldo versatevi la cipolla, il basilico e i pomodori, lasciando cuocere per cinque minuti. Adagiate poi i pezzi di baccalà e le liste di peperoni bagnando il tutto col sugo di cottura dei peperoni.

Coprite con un coperchio e infornate per trenta minuti a 150°. Infine regolate di sale.

Ristorante: Timpani e Tempura, Napoli

Baccalà arrostito con la verza

Ingredienti per 4 persone:
1 kg di baccalà
1 verza
1 spicchio d'aglio
olio extravergine di oliva
2 cucchiai di aceto balsamico
sale e pepe q.b.

Mondate e lavate la verza. In una padella soffriggete l'aglio con l'olio ed aggiungetevi la verza tagliata a listarelle. Girate continuamente la verza per 15 minuti ed insaporite con sale e pepe. A parte lavate e tagliate il baccalà a pezzi di 100-150 grammi ciascuno cuocendolo su una piastra precedentemente riscaldata, rigirando i pezzi di tanto in tanto. Infine preparate una salsetta con olio, aceto balsamico, sale e pepe con la quale condirete il baccalà. Disponete nei piatti mettendo il baccalà su di un letto di verza e servite cospargendo di prezzemolo fresco tritato.

Ristorante: Cantina del Vescovo, Nocera Inferiore

Baccalà e cicerchie

Ingredienti per 6 persone:
1 kg di cicerchie
6 fette di baccalà da 100 g ciascuna
1/2 bicchiere di olio extravergine di oliva
1 spicchio di aglio
sale q.b.

Dopo aver messo in ammollo per circa 18 ore le cicerchie e averle sciacquate, fatele bollire e passatele al setaccio. Fate soffriggere l'aglio a parte in mezzo bicchiere di olio e aggiungetevi il baccalà. A cottura ultimata, sistematelo in un piatto da portata su un mestolo di cicerchie messo al centro e condite con il suo sugo.

Ristorante: Al Frantoio, San Mauro Cilento

Baccalà e patate

Ingredienti per 4-6 persone:
0,5 kg di baccalà spugnato
0,5 kg di patate
pangrattugiato
1 spicchio di aglio
prezzemolo
olio extravergine di oliva
sale

Tagliate le patate a fette di mezzo centimetro di spessore e salatele. Ponete in una teglia prima uno strato di patate, quindi uno di baccalà e condite con prezzemolo e aglio. Dopo aver ricoperto con un nuovo strato di patate, aggiungete aglio, prezzemolo, sale, pangrattato e un filo di olio d'oliva. Fate cuocere in forno per circa 45 minuti.

Ristorante: Al Frantoio, San Mauro Cilento

Bocconcini di bufalo con verdure

Ingredienti per 6-8 persone:
0,5 kg di punta di petto di bufalo
100 g di piselli
brodo di carne
2 carote
1 cipolla
3 zucchine
2 tuorli d'uovo
2 cucchiai di prezzemolo tritato
1 bicchiere di vino bianco
1 cucchiaio di farina
succo di limone
sale e pepe q.b.

Dopo aver tagliato la carne a listarelle e averle infarinate, fatele indorare nell'olio caldo, aggiungete la cipolla tritata, il vino e lasciate evaporare. Fate cuocere per circa 30 minuti aggiungendo il brodo a mano a mano, quindi unite i piselli, le carote e le zucchine, facendo cuocere per altri 30 minuti.

Nel frattempo, mescolate i tuorli d'uovo con il succo di limone, versateli sulla carne, mescolate a fuoco basso. A cottura ultimata, completate con una spolverata di pepe e prezzemolo.

Ristorante: Villa Matilde, Cellole

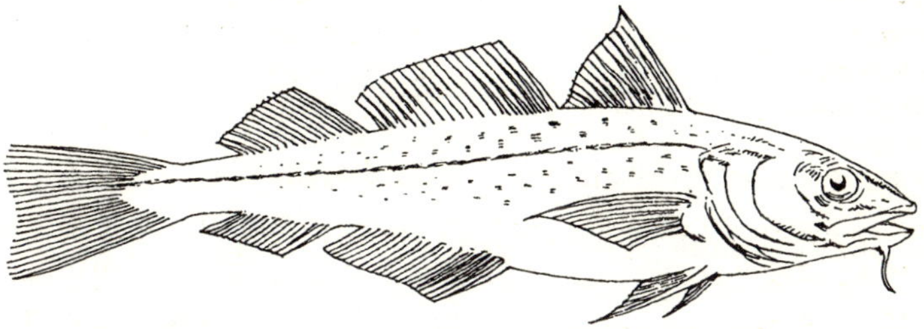

Bocconcini di merluzzo argentato al vapore con fegatini di coniglio alle cipolle croccanti e salsa balsamica

Ingredienti per 4 persone:
800 g di filetto di merluzzo
200 g di fegatini di coniglio
300 g di cipolle
100 g di farina
sale e pepe
qualche rametto di rosmarino
olio extravergine di oliva
20 g di aceto balsamico tradizionale

Cuocete il merluzzo a vapore per 7-8 minuti circa, affettate sottilmente 50 g di cipolla e saltatela in padella con l'olio, i fegatini tagliati a tocchetti e alcuni rametti di rosmarino, regolate di sale e pepe. A parte affettate le restanti cipolle ad anelli, infarinatele, e friggetele in abbondante olio di oliva.

Servite i filetti di merluzzo con le cipolle fritte e un'emulsione di olio, sale e aceto balsamico, guarnite con i fegatini di coniglio, pepe e un rametto di rosmarino.

Ristorante: Nonna Rosa, Vico Equense

Bracioletta di triglie con pancetta nostrana, porri e castagne di Serino

Ingredienti per 4 persone:

600 g di triglie
100 g di pancetta
1 porro
160 g di castagne
1/2 bicchiere di vino bianco
olio extravergine di oliva
aglio
sale e pepe q.b.

Sfilettate le triglie e con i filetti preparate degli involtini con una fetta di pancetta e il porro tagliato a julienne. Fermateli con uno stuzzicadenti o un filo di porro. Intanto, in una padella con olio caldo mettete le castagne e lasciatele cuocere, aggiungendo del vino bianco, per 10 minuti. Adagiatevi gli involtini di triglie, condite con aglio, sale e pepe, e fate cuocere per ancora 4-5 minuti coperto. Disponete nel piatto gli involtini con le castagne e decorate con porri fritti.

Ristorante: Taverna del Capitano, Nerano

Braciolina di pesce spada al pane saporito

Ingredienti per 6 persone:

6 fettine di pesce spada tagliate sottili
10 fettine di pancarré
1 uovo intero
50 g di pecorino
1 spicchio d'aglio
40 g di olio extravergine di oliva
8 pomodorini
100 g di olive di Gaeta
prezzemolo
vino bianco

Passate al mixer il pane, il formaggio, l'uovo, l'aglio, il prezzemolo, il sale e il pepe. Distribuite il composto sulle fettine di pesce spada e arrotolatele. In un tegamino fate rosolare aglio e olio, aggiungendo i pomodorini tagliati a metà e le olive snocciolate. Adagiatevi le bracioline di pesce e cuocetele per 5 minuti, aggiungendo un po' di vino bianco. Una volta pronte, potranno essere accompagnate da verdurine croccanti o stufate in padella per qualche minuto con olio extravergine e sale.

Ristorante: George's del Parker's Hotel, Napoli

Branzino al forno con patate e capperi

Ingredienti per 4 persone:

1 kg di branzino
500 g di patate
1 cucchiaio di capperi
acqua
origano
olio extravergine di oliva
sale
il succo di 2 limoni

In una casseruola fate soffriggere olio e aglio, quindi sistematevi il branzino e le patate precedentemente tagliate a quarti. Unite dell'acqua a seconda della grandezza del pesce, aggiungete il sale, il succo dei due limoni e i capperi. Fate cuocere in forno per circa 20 minuti a 180°, quindi disponete nei piatti guarnendo con una spruzzatina di prezzemolo e con le patate messe al lato del pesce. A piacere decorate anche con qualche fettina di limone.

Ristorante: Sent'Co', Procida

Brasato di bufala all'Aglianico

Ingredienti per 6 persone:
900 g di carne magra di bufala
0,5 l di vino rosso
1 bicchiere di olio extravergine di oliva cilentano
30 g di burro
1 spicchio di aglio
1 gambo di sedano
2 carote
1 rametto di rosmarino
alcune foglie di basilico
farina bianca e sale q.b.

Alcune ore prima di cuocere il pezzo di carne, steccatelo con l'aglio tagliato a filetti; quindi legatelo come fareste per un arrosto. Salate il pezzo di carne, sistematelo in una casseruola e versatevi sopra mezzo litro di vino rosso. Al momento di cuocerlo ponetelo al fuoco nella stessa casseruola in cui è rimasto a macerare. Fate cuocere la carne nel vino per circa un'ora a fuoco lento.

Intanto mondate tutte le verdure, lavatele e tagliatele a pezzetti. Mettete sul fuoco una larga casseruola con l'olio, fatevi rosolare per 15 minuti le verdure, quindi salate. Versatevi dentro la carne con il sugo e continuate la cottura per un'ora, rigirandola di tanto in tanto. A cottura ultimata, sollevate la carne dal sugo e tritate le verdure nel passaverdura. Fate addensare il sughetto con la farina che avrete stemperato prima a parte in un poco di sugo. Mescolate con un cucchiaio di legno e fate bollire il sugo ancora per 10 minuti. Togliete la casseruola dal fuoco, incorporate il burro crudo al sughetto e versate il tutto sulla carne tagliata a fette e disposta su un piatto da portata. Presentate come contorno dei cavolfiori lessati e dorati nel burro.

Ristorante: La Veranda, Agropoli

Calamaretti ripieni

Ingredienti per 4 persone:
8 calamari piccoli
500 g di caciotta secca o ricotta
100 g di parmigiano reggiano
2 uova
maggiorana
500 g di pomodori pelati
1 bicchiere di vino bianco
aglio
olio extravergine di oliva
prezzemolo q.b.

Pulite i calamari. Preparate il ripieno con la caciotta grattugiata, il parmigiano, le uova e la maggiorana. Riempite i calamari e chiudete con gli stuzzicadenti. Soffriggete i calamari già riempiti in una casseruola con aglio, olio e peperoncino per 5 minuti. Appena rosolati, bagnate con il vino e fate evaporare. Aggiungete poi i pomodori, lasciando cuocere per altri 20 minuti e quando i calamaretti saranno cotti, aggiungete il prezzemolo tritato. Servite eventualmente con crostini di pane casereccio molto sottili.

Ristorante: La Capannina, Capri

Calamari farciti al radicchio trevigiano in guazzetto

Ingredienti per 6 persone:
6 calamari
3 ceppi di radicchio trevisano
2 spicchi d'aglio
pangrattato
250 g di pomodori a dadini
30 g di basilico
30 g di prezzemolo
20 g di scalogno
0,5 l di vino bianco secco

Lavate le foglie esterne del radicchio, arrotondate la radice, tagliatela a metà per lungo e fatela brasare in padella con olio e vino. A parte fate rosolare lo scalogno con olio, unitelo al pangrattato, fate asciugare e, una volta spostata la pentola dal fuoco, aggiungete prezzemolo e basilico tritati. Quindi salate, pepate, spargete questa panata sul radicchio ed introducetelo nella sacca dei calamari. Preparate il guazzetto: fate appassire lo scalogno nell'olio, aggiungete i pomodori a dadini, il vino e fate legare. Infine unite i calamari farciti e fate cuocere una decina di minuti, spolverate con prezzemolo e servite su un piatto caldo.

Ristorante: Vadinchenia, Napoli

17. Seppioline con piselli (da guarnire a piacere con granella di nocciole). (© Stockfood)

18. Tartara al tonno fresco marinato con erba cipollina. (© Stockfood)

19. Zuppa di pesci, crostacei e molluschi. (© Stockfood)

20. Carrettiera. (© Stockfood)

21. Fettuccine al ragù di pesce. (© Stockfood)

22. Frittata di spaghetti. (© Stockfood)

23. Fusilli all'amalfitana. (© Stockfood)

24. Linguine agli scampi (qui abbinate a dei bucatini con le sardine). (© Stockfood)

25. Linguine ai frutti mare. (© Stockfood)

26. Minestra bianca. (© Stockfood)

27. Penne alla Pirata. (© Stockfood)

28. Ravioli di pesce. (© Stockfood)

29. Risotto alla pescatora. (© Stockfood)

30. Risotto con gamberi in bianco. (© Stockfood)

31. Scarpariello. (© Stockfood)

32. Spaghetti alle vongole. (© Stockfood)

Calamari farciti con provola e zucchine

Ingredienti per 4 persone:

4 calamari freschi da 120 g ciascuno
250 g di zucchine fritte a fettine
160 g di provola affumicata
4 foglie di basilico
2 cucchiai di parmigiano grattugiato
1 spicchio di aglio tritato
60 g di olio extravergine di oliva
1 cucchiaio di prezzemolo tritato
2 dl di vino biano secco
sale e pepe macinato fresco q.b.

Pulite e sciaquate i calamari, asportandone la testa, e fateli sgocciolare. In un recipiente versate le fettine di zucchine fritte, la provola affumicata a pezzetti, le foglie di basilico sminuzzate, spolverate con il parmigiano grattugiato ed il pepe macinato fresco, rigirate il tutto per amalgamare il composto e, con questo, riempite i calamari e chiudeteli con la testa asportata, aiutandovi con qualche stuzzicadenti. In un tegame soffriggete nell'olio l'aglio tritato fino a lieve doratura, aggiungete il prezzemolo tritato e poi versatevi i calamari farciti. Bagnate con del vino bianco e portate a cottura il pesce tenendo conto che la farcia non ha bisogno di cottura. Aggiungete un po' d'acqua, se necessario. Servite i calamari ben caldi, ricoperti della loro salsina di cottura.

Ristorante: Villa Maria, Ravello

Calamari imbottiti

Ingredienti per 4 persone:

4 calamari
2 uova
200 g di ricotta
20 vongole e 20 cozze sgusciate
olio extravergine di oliva
pane raffermo
2 pomodori freschi
capperi
prezzemolo
sale e pepe q.b.

Lavate e pulite i calamari. Poi imbottiteli con un composto fatto di pane raffermo, uova, ricotta, frutti di mare (vongole e cozze sgusciate), del pomodoro fresco tagliato a cubetti, un trito di capperi, sale e pepe. Mettete tutto in un sacco *à poche* e imbottite i calamari. Chiudete con uno stecchino e infornate con un fondo di aglio, pomodori e acqua. Cottura coperta, per 25 minuti a 180°. Gli ultimi 5 minuti scoperti. Servite i calamari tagliati a rondelle, con una spolverata di prezzemolo e pomodorini messi a guarnizione.

Ristorante: Perbacco, Pisciotta

Calamari ripieni alla caprese

Ingredienti per 4 persone:

800 g di calamari (4 da 200 g)
200 g di zucchine
1 spicchio d'aglio tritato
1 manciata di prezzemolo tritato
150 g di pancarré
2 uova
60 g di parmigiano reggiano
olio extravergine di oliva
1 cipolla
sale e pepe q.b.

Pulite con cura i calamari asportandone i tentacoli. Tagliate le zucchine a rondelle e friggetele in abbondante olio. Tritate i tentacoli insieme alle zucchine fritte e fate rosolare in padella con aglio e olio.

Unite il prezzemolo tritato, salate e pepate il tutto. In un recipiente mettete le uova, il parmigiano e il pancarré tagliato a cubetti. Mescolate per bene e riempite i calamari, chiudendone l'estremità con uno stuzzicadenti di legno. Mettete i calamari in un tegame con olio e cipolla tritata e fateli rosolare per pochi minuti.

Cuocete il tutto a temperatura moderata per circa 20 minuti. Questa ricetta può essere eseguita anche con l'aggiunta di pomodoro.

Ristorante: Quattro Passi, Nerano

Calamari ripieni alla vesuviana

Ingredienti per 4 persone:

8 calamari medi
8 pomodorini del Vesuvio
3 zucchine
1 spicchio di aglio
sale
pepe
foglie di basilico
1 cucchiaio di piccoli capperi
3 cucchiai di pangrattato
olio extravergine di oliva
1 patata bollita e macinata
vino bianco

Pulite i calamari. Tagliate a rondelle le zucchine e friggetele. Tagliate a dadini i pomodori e metteteli in una pirofila; aggiungete le zucchine, i capperi e il basilico finemente tagliati, il pangrattato, il sale, il pepe, un filo di olio, schiacciate e amalgamate il tutto con una forchetta.

Riempite i calamari con questo composto e sigillateli con il ciuffetto di tentacoli. Adagiate i calamari in una teglia, aggiungete l'olio, un filo di acqua, l'aglio, e spolverate con del pangrattato. Infornate per 20-30 minuti secondo la grandezza dei calamari.

A cottura ultimata adagiate i calamari in un piatto da portata, e passate la teglia con il sughetto del pesce su un fornello della cucina; aggiungeteci la patata macinata e una spruzzatina di vino bianco e con la forchetta girate l'intingolo per amalgamarlo. Versate la salsetta cremosa sui calamari e serviteli ben caldi.

Ristorante: President, Pompei

Calamari ripieni con gamberi al profumo di limone

Ingredienti per 4 persone:
4 calamari medi
500 g di gamberi
800 g di pomodorini ciliegia
200 g di mollica di pane
25 g di prezzemolo
25 g di aglio
20 g di basilico
2 cucchiai di olio extravergine di oliva
peperoncino rosso piccante q.b.
30 g di buccia di limone
1 kg di cicorietta di campo
sale e pepe q.b.

Preparate la farcia con le teste dei calamari, facendole saltare in padella con olio, aglio e prezzemolo. Aggiungete poi i gamberi sgusciati. Mescolate il tutto con i pomodorini, la buccia di limone a pezzettini, il basilico e la mollica di pane. Farcite i calamari e fate cuocere per 20 minuti in un sauté con olio, aglio, peperoncino, il resto dei pomodorini e il prezzemolo. Servite i calamari tagliati a medaglioni con la salsa di cottura, su di una base di cicorietta selvatica saltata in padella.

Ristorante: La Fratanza, Nocera Superiore

Calamaro ripieno con zucchine

Ingredienti per 4 persone:
500 g di calamari
500 g di zucchine piccole
olio extravergine di oliva
2 spicchi di aglio
4 pomodorini
basilico
sale

Friggete le zucchine essiccate al sole e tagliate a piccole rondelle. A parte soffriggete nell'olio con l'aglio leggermente rosolato i tentacoli e le alette dei calamari tagliati finemente, per pochi minuti. Unite l'intingolo di pesce alle zucchine fritte, aggiungete abbondante basilico, un pizzico di sale e riempite con questo composto i calamari, chiudendo le estremità con degli stuzzicadenti. Passate in forno caldo per una ventina di minuti, condite con olio di oliva a crudo e qualche pomodorino per dare un tocco di colore al piatto. Tagliate i calamari a rondelle prima di servire.

Ristorante: Europeo, Napoli

Caponata di carne podolica

Ingredienti per 4 persone:
500 g di pancia di manzo podolico sottovuoto avvolta in rete elastica
200 g di pomodori freschi
olio extravergine di oliva
aglio
basilico e prezzemolo
un poco di aceto di vino
cubetti di pane tostato al forno

Fate cuocere la carne per due ore in abbondante acqua. Quando la carne si è raffreddata, tagliatela a cubetti. Tagliate a pezzettini i pomodori freschi, schiacciateli e conditeli con aglio, basilico, prezzemolo, olio e sale e lasciate macerare il tutto per alcune ore. Prima di servirla aggiungete i cubetti di pane.

Servite freddo.

Ristorante: Il Focolare, Casamicciola di Ischia

Caprese di mormora

Ingredienti per 4 persone:
24 filetti di pesce mormora
16 fettine di mozzarella di bufala della piana di Paestum
300 g di fagiolini
20 cannolicchi di mare
8 fettine di melanzane viola
olio extravergine d'oliva
basilico secco
sale q.b.
5 spicchi d'aglio

Scottate i filetti di mormora dalla parte della pelle in una padella antiaderente con un leggero filo di olio extravergine d'oliva e qualche spicchio d'aglio schiacciato in camicia. A cottura ultimata, ponete i filetti su una placchetta, salateli leggermente e spolverateli di basilico secco. A parte, arrostite sulla brace o su una padella di ghisa le melanzane e i cannolicchi. Nello stesso tempo, lessate in acqua bollente e salata i fagiolini e, a cottura, raffreddateli in acqua ghiacciata. Costruite il piatto alternando a torre i filetti di mormora, le melanzane, i cannolicchi, i fagiolini e la mozzarella di bufala. Irrorate con un filo di olio extravergine di oliva della DOP Colline Salernitane e servite caldo.

Ristorante: Il Faro di Capo d'Orso, Maiori

Carciofi a' tianella

Ingredienti per 4 persone:
8 carciofi non troppo grandi
olio extravergine d'oliva
4 spicchi d'aglio
1 fetta di lardo
prezzemolo
pepe
sale

Mondate e lavate i carciofi, lasciateli in acqua dopo averli allargati con le mani. Intanto preparate un battuto di prezzemolo, aglio, lardo, sale e pepe. Riempite i carciofi con il composto preparato e disponeteli in un tegame con l'olio ed un po' d'acqua. Lasciate stufare i carciofi a fuoco moderato a tegame chiuso per mezz'ora almeno. Eventualmente cuoceli insieme ad una patata.

Servite caldo.

Ristorante: Cantina del Vescovo, Nocera Inferiore

Carrozza di pesce castagna con melanzane in agrodolce, pinoli tostati e salsa di basilico

Ingredienti per 4 persone:
8 filetti di pesce castagna o altro pesce azzurro
4 fettine di fiordilatte
300 g di pomodorini
2 melanzane
50 g di pinoli
4 uova
farina
olio extravergine di oliva
1 cucchiaino di zucchero
2 mazzetti di basilico
aceto
sale

Ponete tra due filetti di pesce una fettina di fiordilatte, passateli nella farina e nell'uovo sbattuto e poi friggeteli. Asciugate l'eccesso di olio. Tagliate le melanzane a grossi tocchetti e friggetele. Aggiungete un po' di aceto ed il cucchiaino di zucchero e mettete da parte. Preparate una salsa con i pomodorini, basilico e pinoli tostati.

Amalgamate e cuocete per 5 minuti.

Per comporre il piatto mettete le melanzane in una formina da posizionare al centro, adagiandovi accanto il pesce. Decorate con la salsa al basilico ottenuta frullando le foglie e un po' di olio.

Ristorante: La Conca, Meta di Sorrento

Cartoccio di pescato

Ingredienti per 4 persone:
4 tranci di spigola (800 g in tutto)
4 mazzancolle
600 g di cozze e vongole
200 g di zucchine
200 g di pomodorini
olio extravergine di oliva
basilico
sale

Preparate un foglio di carta forno 40 x 50. Posizionate al centro tutti gli ingredienti e conditeli con olio, poco sale, basilico e zucchine. Chiudete a portafoglio dopo avere unto con un uovo sbattuto i contorni cercando di fare attenzione alle fuoriuscite di aria. Passate in forno a 200° per circa 15 minuti.

Ristorante: Antico Vico, Gaeta

Cassuolina di scoglio

Ingredienti per 4 persone:
1,5 kg di pesce di scoglio (scorfano, coccio, triglia, tracina, lucerna, seppia)
8 gamberoni rossi
800 g di frutti di mare (vongole veraci, cozze, tartufi di mare)
100 g di pomodorini
1 spicchio di aglio
1 ciuffo di prezzemolo
peperoncino piccante q.b.
2 cucchiai di olio extravergine di oliva
sale q.b.

Eviscerate e squamate i pesci, sfilettateli. Tagliate la seppia a striscioline. In una casseruola (cassuolina) fate soffriggere l'olio con l'aglio, aggiungete il prezzemolo ed il peperoncino, unite le seppie e i pomodorini, fate insaporire, aggiungete 2 mestoli d'acqua e salate.

Fate cuocere per 10 minuti, mettete in cottura nel tegame un attimo prima lo scorfano e la lucerna e subito dopo gli altri pesci con i frutti di mare sgusciati. Servite in un piatto fondo aggiungendo un filo d'olio extravergine.

Ristorante: Umberto a Mare, Ischia

Coccio con scampi in camicia e frutti di mare

Ingredienti per 4 persone:
2 cocci (gallinelle di mare) da 500 g l'uno
4 scampi medi
4 fiori di zucca
200 g di vongole
200 g di cozze
200 g di fasolari
aglio
olio extravergine di oliva
pomodorini del piennolo

Sfilettate il coccio e sgusciate gli scampi conservandone a parte le teste. La polpa, invece, inseritela nei fiori di zucca e rosolate in padella con olio extravergine, aglio e i filetti di coccio.

Sfumate con vino bianco secco, lasciate asciugare e aggiungete i frutti di mare precedentemente sciacquati in abbondate acqua corrente. Quindi, i pomodorini del piennolo. Coprite con un coperchio e lasciate cuocere per circa cinque minuti. Servite con abbondante prezzemolo e sugo di cottura.

Ristorante: Hotel Santa Caterina, Amalfi

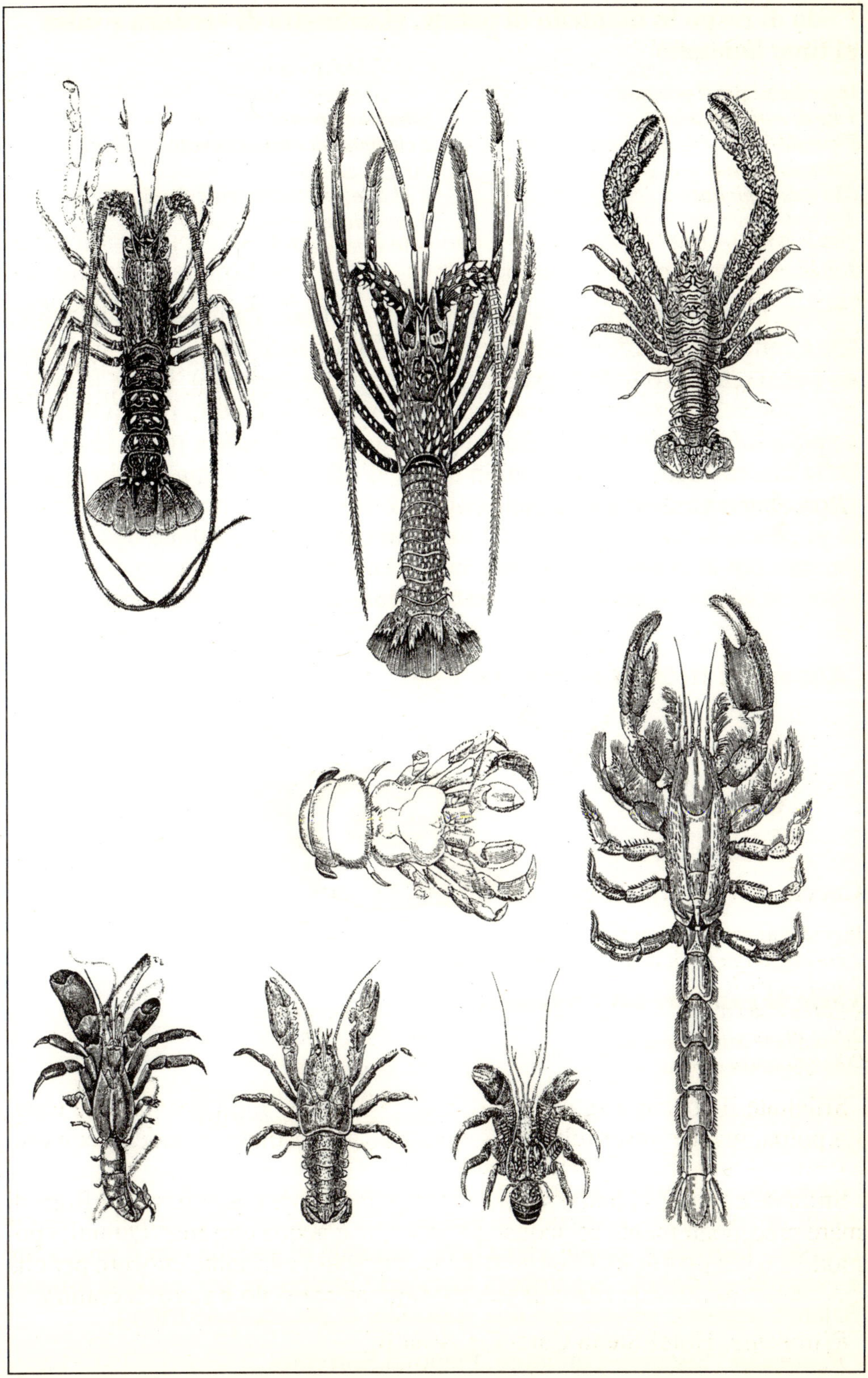

Coda di rospo in mantello di patate, giardinetto di verdura e salsa al timo limonato

Ingredienti per 4 persone:

1 kg di coda di rospo
2 patate
250 g di carote
250 g di fagiolini
250 g di zucchine
250 g di broccoli
1 dl di crema di latte
fumetto di pesce
1 ciuffetto di timo limonato
50 g di pomodorini concassé
1 dl di olio extravergine di oliva
1 bicchiere di vino bianco
sale e pepe q.b.

Pulite la coda di rospo e formate otto medaglioni. Pelate le patate, tagliatele a rettangolo e affettatele finemente. Disponetele ad incrocio avvolgendo i medaglioni (6 fette di patate per ciascun medaglione). Pulite le verdure e cuocetele al vapore. In mancanza del vapore la cottura può avvenire in acqua e sale, insaporendole poi in padella con olio, sale e pepe. In una padella fate rosolare i medaglioni in un po' d'olio extravergine. Tolti i medaglioni, bagnate la stessa padella con un bicchiere di vino bianco, il fumetto di pesce, la crema di latte e il timo limonato, ottenendone una salsa da passare poi al colino. Disponete le verdure nei piatti, adagiando i medaglioni al centro. Condite con la salsa e guarnite con i pomodorini concassé.

Ristorante: Hotel San Pietro, Positano

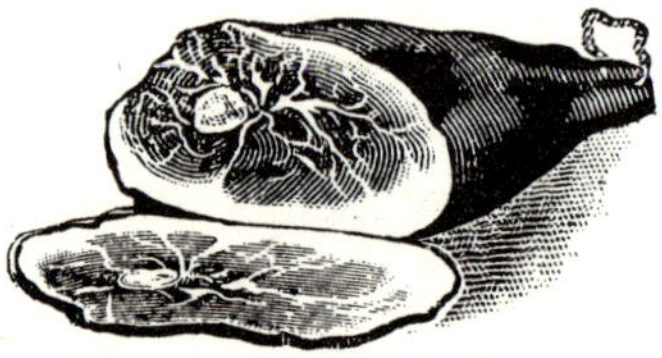

Code di gamberi del Professore

Ingredienti per 10 persone:

2 kg di gamberi bianchi
4 uova
100 g di farina
0,5 l d'olio di semi
0,5 kg di patate
100 g di prosciutto crudo
50 g di prezzemolo tritato
sale e pepe q.b.

Sgusciate i gamberi, asciugateli su carta assorbente, passateli nella farina e nell'uovo battuto, rosolateli in una padella capiente ed eliminate l'olio in eccesso. Tagliate le patate a tocchetti, saltatele in padella con il prosciutto a listarelle ed unitele ai gamberi, lasciando insaporire per qualche minuto. Salate e pepate e servite con una spruzzata di prezzemolo tritato.

Ristorante: Silenzio Cantatore, Piano di Sorrento

Code di gamberi in crosta di patate con salsa di crostacei

Ingredienti per 4 persone:
12 code di gamberi
250 g di patate
2 uova
50 g di pane grattugiato
sale e pepe q.b.
olio extravergine di oliva

Per la salsa:
500 g di porro
1 gambo di sedano
1 cipolla
1 scalogno
12 carote
4 spicchi di aglio
pane grattugiato
prezzemolo q.b.
1 bicchiere di vino bianco
olio extravergine di oliva
teste di crostacei

Passate le patate su una grattugia a fori larghi, impastatele poi con le uova e aggiustate di sale e pepe. Schiacciando l'impasto con una mano si sentirà un composto omogeneo che consentirà di avvolgervi le code di gamberi. Una volta passate nel pane grattugiato, friggetele in abbondante olio extravergine di oliva. Per preparare la salsa mettete a freddo tutti gli ingredienti in una casseruola e lasciate bollire per circa mezz'ora, frullate e passare alla *chinoise*, quindi aggiustate di gusto. Servite i gamberi su un letto di salsa.

Ristorante: Le Colonne, Caserta

Coniglio alla zi' Fonzo

Ingredienti per 4 persone:
1 coniglio
1 cipolla
2 spicchi d'aglio
2 peperoni rossi
2 peperoni verdi
2 pomodori
olio extravergine di oliva
1 bicchiere d'acqua
1 rametto di rosmarino
sale e peperoncino piccante q.b.

In una padella fate rosolare la cipolla, l'aglio e il coniglio tagliato a pezzi. Aggiungete un bicchiere d'acqua e fate cuocere. A parte lavate i peperoni privandoli dei semi e tagliateli a pezzetti, quindi uniteli al coniglio con un pizzico di sale, il pomodoro e il peperoncino piccante. Fate cuocere il tutto a fuoco lento e servite ben caldo.

Ristorante: 'A Cantina 'i Mustazz', Sapri

Coniglio di fossa all'ischitana

La ricetta tradizionale dell'isola d'Ischia prevedeva, in origine, anche l'uso delle interiora del coniglio e di strutto per la rosolatura. Il coniglio, allevato in una fossa di 2 metri per 2, scavava il cunicolo che arrivava fino a 50-70 m di profondità e aveva un sapore schietto e ruspante. È da sempre un piatto tipico dell'isola. La "CuniIschia: l'isola dei conigli", è un gruppo di giovani allevatori che sta riprendendo questo antico metodo di allevamento. È divenuto Presidio Slow Food.

Ingredienti per 4 persone:
1 coniglio intero
2 bicchieri di vino bianco
10 pomodori
1 testa d'aglio intera
olio extravergine di oliva
peperoncino piccante
prezzemolo
basilico fresco
timo
rosmarino

Tagliate il coniglio in dieci pezzi. Riscaldate un po' di olio di oliva e mettete i pezzi di coniglio a soffriggere a fuoco vivace con la testa di aglio intera. Lasciatelo rosolare per 20 minuti circa, girando di tanto in tanto i singoli pezzi per una migliore rosolatura. Successivamente trasferite il coniglio in un tegame di terracotta e bagnatelo con del vino bianco. Lasciatelo asciugare dal vino e aggiungetevi le spezie e il resto degli ingredienti. Per completare la cottura aggiungete un po' di brodo vegetale o acqua. Lasciate cucinare per una buona mezz'ora ancora e aggiustate di sale. Servite a tavola nella terracotta poggiata su di un tagliere di legno.

Ristorante: Il Focolare, Casamicciola di Ischia

Controfiletto di vitello e tonno brasati insieme, con ortaggi caramellati ed erbe amare

Ingredienti per 4 persone:

Per il pane alle erbe:
100 g di pancarré
50 g di erbe aromatiche
1 spicchio d'aglio
3 ml di olio extravergine di oliva

Per il controfiletto:
1 controfiletto di vitello da 600 g ca.
1 filetto di tonno fresco da 200 g ca.
3 spicchi d'aglio
1 rametto di timo
1 rametto di rosmarino
1 mazzetto di erbe amare

Per le patate:
4 patate di media grandezza
500 g di rucola selvatica
1 limone
olio extravergine di oliva

Per gli ortaggi:
1 porro intero tagliato in quattro
12 scalogni
4 carote
4 coste di sedano
2 spicchi d'aglio
1 rametto di rosmarino
zucchero a velo
olio extravergine di oliva
1 rametto di timo
burro e sale q.b.

Preparate innanzitutto il pane alle erbe, frullando tutti gli ingredienti fino a che il pane non diventerà di colore verde. Per preparare il vitello disossate un controfiletto e steccatelo con il tonno. Legateli insieme, salate, pepate e fate rosolare lentamente. A cottura quasi ultimata spumeggiate con del burro e aromatizzate con l'aglio, il timo e il rosmarino. A parte fate sbianchire due patate in acqua salata con aglio, alloro ed aceto. Fatele rosolare bene in una padella e farcitele con la rucola. Preparate poi gli ortaggi. Prendete i porri, tagliati e sbollentati in olio, burro e brodo e cuoceteli ad 80°; uno scalogno *confit*, cioè cotto lentamente in un cartoccio con sale, pepe, zucchero a velo, olio e timo in forno a 140° (per 45 minuti). Infine pelate e tagliate a bastoncini il sedano e le carote e fate rosolare. Ripassate in padella il controfiletto insieme agli ortaggi con olio, un po' di burro, sale, pepe, timo e aglio *confit*.

Infine, su un vassoio da portata mettete un piccolo tagliere cosparso di pane alle erbe, accompagnate con le patate e 2 bruschette con prosciutto crudo e una testa d'aglio tagliata e scottata alla griglia. Aggiungete, poi, gli ortaggi, sovrapponetevi il vitello e decorate con mazzi di erbe fresche e secche.

Ristorante: Palazzo Sasso Rossellini's, Ravello

Corvine in brodetto con pomodorini

Ingredienti per 4 persone:
4 corvine da 350 g ciascuna
5 pomodorini
50 g di olio extrevergine di oliva
1/2 cucchiaio di sugna
aglio e sale q.b.

Pulite e tagliate trasversalmente le corvine. Fate sfriggere l'aglio con l'olio, aggiungetevi il pesce, i pomodorini, il sale e un mestolo piccolo di acqua. Quindi unite la sugna e lasciate cuocere col coperchio a fuoco lento per circa 5 minuti.

Servite accompagnando con dei crostini di pane fritto.

Ristorante: Cantina di Triunfo, Napoli

Croccante frittura di murena al profumo di alloro

Ingredienti per 4 persone:
1 kg di murene
1 cipolla
4 foglie e 4 rametti di alloro
olio di semi per friggere
sale e farina q.b.

Lavate le murene, eviscerate le e togliete la pelle. Dopo averle spinate, ricavatene tanti filetti da infarinare e infilzare in un rametto di alloro. Intanto, lavate e asciugate le foglie di alloro, spellate la cipolla, tagliatela a rondelle ed infarinate il tutto. Mettete l'olio in due padelle separate, portate ad una temperatura di 160° e friggete in una gli spiedini di murene e nell'altra la cipolla e l'alloro. Salate il tutto e servite ben caldo.

Ristorante: Taverna del Capitano, Nerano

Fagioli e calamaretti

Ingredienti per 4 persone:
600 g di calamaretti
400 g di fagioli
1 gambo piccolo di sedano
1 cipolla
olio extravergine di oliva
1 spicchio d'aglio
sale e peperoncino q.b.

Cuocete i fagioli in acqua, sale, sedano e cipolla. A parte rosolate i calamaretti in una padella con olio, aglio e peperoncino. Frullate i fagioli, disponeteli a specchio sul piatto e adagiatevi i calamaretti. Completate con un filo d'olio extravergine di oliva a crudo.

Ristorante: Tavernelle, Paestum

Filetti di pesce San Pietro al lardo di Colonnata, con zuppa di patate e porri

Ingredienti per 2 persone:
300 g di pesce San Pietro
30 g di lardo di Colonnata
150 g di patate
70 g di porri
cipolla, sedano e carota
olio extravergine di oliva
sale q.b.

Sfilettate il pesce San Pietro ed avvolgete i filetti con il lardo di Colonnata. Cuoceteli in una padella antiaderente con un filo d'olio. Nel frattempo preparate la zuppa con olio d'oliva, un trito di carota, sedano e cipolla.

Fate soffriggere i porri e le patate tagliate a dadini. Disponete nel piatto da portata la zuppa con i filetti adagiati sopra.

Ristorante: Salvatore, Termini di Massa Lubrense

Filetti di pezzogna dell'Isola dei Galli al limone

Ingredienti per 6 persone:
3 pezzogne di circa 500 g l'una
olio extravergine d'oliva
1 spicchio d'aglio
prezzemolo tritato q.b.
1 limone spremuto
400 g di brodo di pesce
sale q.b.

Eviscerate i pesci, raschiateli e da ciascuno ricavate due filetti. In una teglia con olio e aglio mettete i filetti di pesce precedentemente passati nella farina, aggiungete un pizzico di sale, il brodo di pesce e infornate a 200°.

A cottura ultimata irrorate il tutto con il succo di limone e il prezzemolo tritato.

Ristorante: Quattro Passi, Nerano

Filetti di scorfano ai funghi

Ingredienti per 4 persone:
500 g di filetti di scorfano
200 g di porcini freschi
200 g di piopparelli
12 gamberi sgusciati
fumetto di pesce
olio extravergine d'oliva
1 spicchio di aglio
1 mazzetto di prezzemolo
sale e pepe q.b.

Adagiate in una casseruola i filetti di scorfano tagliati a tranci, le code di gambero, i porcini tagliati a lamelle e i funghi piopparelli. Unitevi gli aromi tritati, un filo d'olio e il fumetto di pesce. A questo punto coprite e lasciate stufare lentamente per circa 15 minuti. Servite caldo decorando con un filo di olio extravergine.

Ristorante: Taverna Scacciaventi, Cava de' Tirreni

Filetti di sogliola al pepe nero con finocchio selvatico e salsa di zucca

Ingredienti per 4 persone:
400 g di filetti di sogliola
2 melanzane
60 g di pomodorini
10 g di finocchio selvatico
5 g di pepe nero
5 g di parte verde di finocchio
100 g di zucca
1 cl di vino bianco
1 limone
40 g di pangrattato
15 g di olive verdi
10 g di capperi
5 g di aglio
8 cl di olio extravergine di oliva
sale q.b.

Cuocete la zucca in pochissima acqua o al vapore finché sarà tenera, poi frullatela, passatela al setaccio e salatela. Tritate la parte verde del finocchio, l'aglio, le olive snocciolate e i capperi.

Dividete in due le melanzane, svuotatele all'interno, tagliate la polpa ricavata a piccoli dadini, mettetela in un'insalatiera, unite i pomodorini tagliati, il pangrattato ed il trito preparato dopodiché mescolate il tutto e farcite le melanzane.

Disponetele in una pirofila oliata e fate cuocere in forno a 200° con un po' di vapore per una decina di minuti. A parte, cospargete i filetti di sogliola con il pepe nero ed il finocchio selvatico tritato, salateli leggermente, inumiditeli con il vino bianco, il succo di limone e un po' di olio, poi arrotolateli e grigliateli velocemente. A questo punto metteteli nella pirofila con le melanzane e terminate la cottura in forno a 200° per 2-3 minuti.

Disponete infine le melanzane ed i filetti di sogliola sui piatti, decorate con la salsa di zucca, dei ciuffetti verdi di finocchio, qualche goccia d'olio e servite.

Ristorante: Don Alfonso 1890, Sant'Agata sui Due Golfi

Filetti di triglia con salsa al basilico

Ingredienti per 4 persone:
8 triglie di media grandezza
3 mazzetti di basilico
olio extravergine di oliva
sale e pepe q.b.
1 bicchiere di vino bianco secco
200 g di riso bianco
30 g di burro
1 peperone rosso

Sfilettate le triglie e passatele in padella antiaderente con un filo d'olio. Fatele rosolare mantenendole con il dorso verso l'alto, aggiungendo poi sale, pepe e sfumando con del vino bianco. Fate evaporare per 5 minuti circa. A parte bollite il riso e appena pronto conditelo in padella con burro, sale e pepe. Preparate infine la salsa di basilico frullando i tre mazzetti di basilico, un decilitro di olio e un pizzico di sale. Disponete il riso in quattro formine e rovesciate il contenuto su di un lato del piatto da portata. Versatevi al centro la salsa di basilico e adagiatevi sopra i filetti di triglia. Servite decorando con qualche strisciolina di peperone rosso.

Ristorante: Il Capitano, Positano

Filetti di triglie composti con pomodorini e finocchietto selvatico

Ingredienti per 4 persone:
8 triglie da circa 100 g
100 g di pomodorini pachino
olio extravergine d'oliva
1 spicchio di aglio
1 mazzetto di finocchietto selvatico
mollica di pane q.b.

Sfilettate le triglie e con le lische preparate un brodo di pesce. Componete i filetti con una farcia di finocchietto fresco, aglio e un po' di mollica di pane passati in padella e poi al mixer. Fate soffriggere i filetti in padella con aglio ed olio, aggiungete i pomodorini tagliati e un po' di brodo. Continuate la cottura per circa 10 minuti. Completate il piatto aggiungendo il resto del finocchietto selvatico tritato.

Ristorante: Eolo, Amalfi

Filetti di triglie gratinati

Ingredienti per 4 persone:
4 triglie medie
olio extravergine di oliva
1 spicchio di aglio
origano
pane grattugiato
8 capperi di Pantelleria
4 olive bianche
8 olive nere di Gaeta
4 pomodorini
sale e pepe q.b.

Sfilettate le triglie e adagiatele in una teglia. A parte bagnate il pane grattugiato nell'olio e aggiungete pepe, sale, origano e aglio tritato. Formate un impasto e con questo coprite le triglie. Aggiungete i capperi, le olive, i pomodorini, tutti tagliati a pezzettini, e infornate a 200° per 5 minuti circa. Disponete nei piatti decorando con prezzemolo e qualche foglia di limone.

Ristorante: Donna Rosa, Positano

Filetto di baccalà con ovuli

Ingredienti per 4 persone:
500 g di baccalà
4 ovuli
300 g di pomodorini freschi
2 fettine di pane tostato
olio extravergine di oliva
pepe e prezzemolo q.b.

Fate saltare in padella i pomodorini tagliati in 4 parti. Aggiungete un mestolo d'acqua non salata, i filetti di baccalà e fate cuocere per circa 10 minuti a fuoco lento. A cottura quasi ultimata aggiungete gli ovuli affettati sottili. Completate la cottura e servite con crostini di pane.

Ristorante: La Pergola, Capaccio

Filetto di cernia bianca con radicchio al forno

Ingredienti per 6 persone:
6 filetti di cernia bianca (1,8 kg)
30 foglie di radicchio
2 filetti di alici salate
10 olive verdi sminuzzate
1 ramoscello di sedano
olio extravergine di oliva
sale
aceto balsamico

Fate appassire le foglie di radicchio in acqua bollente per pochi secondi, sistematele nella teglia da forno oleata in precedenza e mettetevi sopra i filetti di cernia.

Preparate un trito con le olive, le alici salate, il sedano e disponetelo sulla cernia, condite con olio, sale e aceto balsamico. Fate cuocere per circa sette minuti in forno a 220°.

Servite caldo.

Ristorante: Il Ceppo, Agropoli

Filetto di dentice al sale grosso in purea rustica di patate

Ingredienti per 4 persone:
800 g di filetto di dentice
500 g di patate
50 g di olio extravergine di oliva
80 g di olive nere tagliate a metà
sale grosso q.b.

Spennellate di olio il dentice, spolveratelo con il sale grosso da ambo le parti e arrostitelo in una padella di ferro senza olio. A parte fate cuocere le patate a vapore, poi schiacciatele con una forchetta, incorporandovi l'olio e le olive, un pizzico di sale e di pepe. Servite il filetto di dentice adagiato sulla purea di patate e condite con un filo di olio a crudo.

Ristorante: Le Trabe, Capaccio

Filetto di dentice in padella con aglio e rosmarino canditi

Ingredienti per 4 persone:
4 filetti di dentice
200 g di fagioli cannellini passati
100 g di ceci bolliti e frullati
4 rametti di rosmarino
4 grossi spicchi d'aglio
100 g di zucchero
1 bicchiere di acqua
olio extravergine di oliva

Una volta sfilettato il pesce, mettetelo a cuocere dalla parte della pelle (senza toglierla) in una padella con un filo di olio. In un pentolino, mettete a bollire l'aglio fino a quando diventerà morbido. In un altro portate a 110° lo zucchero con l'acqua fino a quando non si caramellerà e candite l'aglio e il rosmarino. Servite nel piatto, ponendo al centro un cucchiaio di legumi passati, poi il filetto ed infine l'aglio ed il rosmarino canditi. Condite con un filo di olio a crudo.

Ristorante: Orestorante, Ponza

Filetto di orata in crosta di pane profumato al basilico

Ingredienti per 4 persone:
2 orate da 500 g
300 g di pancarré
100 g di burro
1 mazzetto di basilico
olio extravergine di oliva
sale q.b.

Sfilettate le orate, privatele delle spine, salatele e sistemate i filetti in una teglia unta di olio. Passate il pane al cutter ed aggiungete il basilico tritato ed il burro morbido, setacciate l'impasto ottenuto e coprite i filetti di orata. Fate cuocere in forno preriscaldato a 200°, combinato al 20% di umidità, per circa 7 o 8 minuti.

Servite caldo.

Ristorante: Da Salvatore, Ravello

Filetto di pesce bianco con fagottino di patate e verdurine

Ingredienti per 4 persone:
1 kg di pesce bianco (preferibilmente orata o spigola)
300 g tra carote e zucchine
400 g di patate
il succo di 1 limone
olio extravergine di oliva
aglio e prezzemolo tritati
sale

Sfilettate il pesce, quindi saltatelo in olio extravergine di oliva con aglio e prezzemolo tritati. Una volta dorato, lasciate imbiondire le verdurine tagliate alla julienne e aggiungete sale, pepe e prezzemolo tritato. A parte sbollentate le patate e schiacciatele, poi conditele con sale e pepe. Nel frattempo preparate delle formine con le patate e le verdure e sistematele nei piatti da portata e, dopo avervi adagiato i filetti di pesce, condite con il sughetto di cottura.

Ristorante: Caracalé, Procida

Filetto di pezzogna alle patate e pecorino in salsa di aglio dolce

Ingredienti per 4 persone:
4 filetti di pezzogna da 200 g ca.
400 g di patate
100 g di pecorino
10 spicchi d'aglio
200 g di latte
1 mazzetto di prezzemolo
olio extravergine di oliva
sale e pepe q.b.

Impanate i filetti di pezzogna nel pecorino grattugiato e lessate le patate a metà cottura. In una teglia unta d'olio di oliva fate un letto di patate tagliate sottili e poggiatevi sopra i filetti di pezzogna; rivestite poi con altre fettine di patate, salate, pepate e versatevi un filo d'olio. Infornate per una decina di minuti circa. Sbollentate gli spicchi d'aglio per una ventina di minuti nel latte, fateli raffreddare e passateli al mixer aggiungendo olio extravergine, sale e pepe. Servite i filetti di pezzogna con la salsa d'aglio e le bucce di patate disidratate, guarnite con olio extravergine e pepe macinato fresco.

Ristorante: Nonna Rosa, Vico Equense

Filetto di pezzogna croccante, salsa di fave gialle e ragù di pomodorini, chiodini e calamaretti

Ingredienti per 4 persone:
1 pezzogna da 350 g sfilettata
50 g di calamaretti baby
200 g di fave gialle secche
40 g di fave fresche sgusciate
30 g di funghi chiodini
4 pomodorini del Vesuvio
olio extravergine di oliva
1 foglia di alloro
50 g di lardo
50 g tra porro e scalogno
sale e pepe q.b.

Tenete a bagno le fave gialle dalla sera prima e fatele poi cuocere in acqua con una foglia d'alloro. Quando saranno ben cotte scolate l'acqua in eccesso, togliete la foglia d'alloro e unitele ad un soffritto di porro, scalogno e un po' di lardo. Frullate il tutto fino ad ottenere una crema liscia ed omogenea che condirete con olio extravergine, sale e pepe.

Nel frattempo fate saltare in una padella molto calda i calamaretti precedentemente puliti, i chiodini, i pomodorini prima pelati e privi di semi, tagliati in quattro, e le fave fresche sgusciate. Lasciate insaporire il tutto per qualche minuto.

Infine, in una padella antiaderente molto calda fate rosolare molto bene i filetti di pesce, solo dalla parte della pelle, fino a che non raggiungeranno la cottura desiderata. Quindi adagiate i filetti nel piatto sulla crema calda di fave gialle, e sistemate intorno al pesce il ragù ottenuto, condite con un filo di oliva extravergine e servite.

Ristorante: Quisisana, Capri

Filetto di pezzogna farcito con olive verdi, pomodori secchi e capperi su crema di patate

Ingredienti per 4 persone:
4 pezzogne da 300 g ciascuna
8 olive verdi
20 capperi
4 pomodori secchi
4 patate
2 cucchiai di olio extravergine di oliva
50 g di burro
2 cl di latte
1 mazzetto di basilico
sale e pepe q.b.

Sfilettate le pezzogne eliminando tutte le spine con un'apposita pinzetta. Mettete in ammollo i pomodori secchi, tagliateli e stendeteli su una teglia unta di olio. Salate e tostate in forno per 5-10 minuti a 180°. Snocciolate le olive e sciacquatele insieme ai capperi. In una teglia con l'olio adagiate 4 degli otto filetti di pezzogna a disposizione e, dopo averli salati e pepati, stendete su ciascuno un po' di olive, capperi, pomodori secchi tostati e basilico. Coprite ciascun filetto di pezzogna con i restanti quattro precedentemente salati e pepati. Pressate bene e infornate a 180° per 10-15 minuti. Pelate le patate, tagliatele a dadini e lessatele in acqua salata al punto giusto. Fate sciogliere il burro in una pentola e aggiungete le patate precedentemente passate nel passaverdura. Allungate con il latte e girate energicamente. Aggiustate di sale e pepe. Appena pronto, disponete al centro di un piatto la crema di patate e adagiatevi sopra il pesce farcito inumidendo il tutto col sugo di cottura rimasto nella teglia. A piacere si può dare un po' di colore al piatto con olio, prezzemolo, qualche fetta di pomodoro e delle foglioline di basilico.

Ristorante: Marina Grande, Amalfi

Filetto di pezzogna gratinato agli agrumi

Ingredienti per 3 persone:
1 pezzogna da 1 kg
pangrattato
1 limone
prezzemolo
olio extravergine di oliva
capperi q.b.

Sfilettate il pesce e ricavatene 4 filetti. Mischiate il pangrattato con il prezzemolo, la buccia di limone grattugiata ed i capperi tritati finemente. Usate il composto per coprire i filetti di pesce. Dorateli leggermente in una padella antiaderente con un po' d'olio, quindi infornateli per 5 minuti a 180°.

Ristorante: Aurora, Capri

Filetto di pezzogna gratinato alle mandorle con marinata di finocchi

Ingredienti per 4 persone:
1 pezzogna di 800 g
2 finocchi
100 g di mandorle
olio extravergine di oliva
1 limone
sale e pepe q.b.

Sfilettate le pezzogne facendo ben attenzione a togliere tutte le lische e fatele cuocere nel forno ben caldo per pochi minuti condendo con sale, pepe, olio extravergine e delle mandorle precedentemente tritate. Nel frattempo condite del finocchio con abbondante limone, sale, pepe e olio extravergine. Componete il piatto disponendo i filetti affiancati con i finocchi a julienne.

Ristorante: Tasso, Sorrento

Filetto di pezzogna in crosta di patate e lavanda

Ingredienti per 4 persone:

2 pezzogne di 600 g ciascuna
300 g di patate grandi
10 g di fiori di lavanda
olio extravergine di oliva
sale e pepe q.b.

Pulite e sfilettate le pezzogne, tagliate le patate a fette sottilissime con l'aiuto di una mandola o un'affettatrice. Adagiate i filetti in una teglia precedentemente unta con olio extravergine di oliva, quindi ricoprite con le patate e i fiori di lavanda. Aggiungete sale e pepe e infornate per circa 5 minuti a 200°.

Appena pronto servite in piatti da portata decorando con qualche mazzettino di fiori di lavanda.

Ristorante: L'Arsenale, Minori

Filetto di ricciola alla procidana

Ingredienti per 4 persone:

4 filetti di ricciola di 250 g ciascuno
1 spicchio d'aglio
2 bicchieri di vino
100 g di capperi
100 g di olive nere
olio extravergine di oliva
prezzemolo
sale e pepe q.b.

Sfilettate e spellate la ricciola. In una casseruola fate rosolare l'aglio nell'olio, aggiungete le olive nere, i capperi, il prezzemolo e il pesce. Fate cuocere in abbondante vino, correggete di sale e pepe. Spolverate con una manciata di prezzemolo tritato al momento.

Servite caldo.

Ristorante: Crescenzo, Procida

Filetto di ricciola di lenza al forno con salsa di olive di Sorrento

Ingredienti per 4 persone:

1 kg di ricciola fresca
120 g di olive di Sorrento
200 g di patate
aglio
olio extravergine di oliva
vino bianco
pepe, sale e prezzemolo

Cuocete la ricciola al forno o al sale e ricavatene 4 filetti. Per la salsa mettete in una padella l'olio, l'aglio, le olive a pezzetti e sfumate con il vino bianco. Sbollentate le patate tagliate a fette circolari. Componete il piatto disponendo i filetti di ricciola su un letto di patate e infornate per 10 minuti a 180°.

Ristorante: Caruso, Sorrento

Filetto di rombo con finocchi e zucca in salsa al Taurasi

Ingredienti per 1 persona:
160 g di filetto di rombo spellato
50 g di finocchi tagliati a lamelle
30 g di zucca tagliati a dadini
erba cipollina
aneto

Per la salsa:
30 g di scalogno
50 g di carote
1 l di Taurasi
0,5 l di fumetto di pesce
250 g di fondo di vitello

Riducete in una padella tutti gli ingredienti della salsa fino a metà della consistenza iniziale ottenendo una crema corposa e poi filtratela. A parte fate rosolare i filetti di pesce su entrambi i lati e salateli. Saltate la zucca e i finocchi tagliati a pezzetti. Per la composizione del piatto, sistemate al centro la verdura e sopra il rombo rosolato e guarnito con erba cipollina, aneto e un filo di salsa al Taurasi.

Ristorante: Megaris, Napoli

Filetto di rombo in gabbia di patate

Ingredienti per 6 persone:
3 rombi da 500 g cadauno
1,5 kg di patate
olio extravergine di oliva
1 bicchiere di vino bianco
sale e prezzemolo q.b.

Dopo aver filettato i rombi, tagliate le patate con la mandola e sistemate il pesce in una teglia con olio, sale e pepe. Adagiatevi sopra le patate crude e, una volta dorate in forno a 200°, spruzzate con del vino bianco e fate cuocere per circa 20 minuti. Sistemate in un piatto da portata e decorate con una spruzzatina di prezzemolo fresco sminuzzato al momento.

Ristorante: Giardiniello, Minori

Filetto di salmone in crosta con vellutata di limone

Ingredienti per 4 persone:
600 g di salmone
100 g di mollica di pane
200 g di zucchine
200 g di pasta sfoglia tirata molto sottile
2 cucchiai di olio extravergine di oliva
10 g di aglio
10 g di rucola
basilico q.b.
1 dl di succo di limone
10 g di prezzemolo
5 g di pecorino
300 g di misticanza
sale e pepe q.b.

Sfilettate il salmone, togliete le spine e la pelle e dividete a metà il filetto. A parte frullate la mollica di pane, il basilico, l'aglio, il pecorino e la rucola. Saltate nell'olio le zucchine tagliate a julienne mescolandole, poi, con il frullato a base di mollica e farcite i filetti. Avvolgeteli nella pasta sfoglia e fate cuocere a 180° per 10 minuti. Servite guarnendo con la misticanza e condite con la citronette.

Ristorante: La Fratanza, Nocera Superiore

Filetto di sarago ai pomodorini appassiti con tortino di patate e taccole

Ingredienti per 6 persone:
3 saraghi da 60 g cadauno
150 g di pomodorini secchi
300 g di patate
300 g di taccole
3 dl di olio extravergine di oliva
1 spicchio di aglio
prezzemolo
basilico
sale e pepe

Sfilettate il pesce e diliscatelo completamente. In una padellina fate rosolare l'aglio tritato, aggiungete i pomodorini secchi e fate cuocere per qualche minuto con un mestolino d'acqua; adagiatevi il pesce, aggiustate di sale e prezzemolo e aggiungete le verdure precedentemente tagliate a tocchetti e sbollentate. Portate il pesce a cottura. Ritirate dalla padella le verdure e formate 6 tortini con uno stampino rotondo, affiancatevi i filetti di pesce e salsate con il condimento. Infine, condite con un'emulsione di olio d'oliva e basilico.

Ristorante: George's del Parker's Hotel, Napoli

Filetto di scorfano su coulì di ceci con cipollotti in agrodolce

Ingredienti per 4 persone:

2 scorfani da 400 g ciascuno
500 g di ceci
8 cipollotti bianchi
sale, prezzemolo e pepe q.b.
50 g di zucchero
1 bicchiere di aceto
100 g di olio extravergine di oliva
2 carote
2 gambi di sedano
1 foglia di alloro
1 spicchio d'aglio
1 cipolla intera
50 g di burro

Sfilettate gli scorfani recuperandone testa e lische, quindi teneteli in acqua fresca per circa due ore. Con la testa e le lische preparate un fumetto di pesce con aggiunta di carote, due gambi di sedano, una foglia di alloro, uno spicchio d'aglio e una cipolla intera. Dopo circa un'ora di cottura, passate il fumetto ottenuto in un colino fine e mettetene due mestoli da parte che andranno eventualmente aggiunti ai ceci. Cuocete nel frattempo i ceci tenuti a mollo la sera prima e a cottura ultimata passateli nel frullatore, quindi nel colino fine finché non si otterrà una crema omogenea. Salate e aggiungete del prezzemolo fresco tritato al momento. In una padella a parte fate sciogliere del burro insieme ad un cucchiaio di olio extravergine di oliva e ai cipollotti interi. Fateli soffriggere leggermente e unitevi un mestolo di coulì di ceci, bagnate con aceto e aggiungete lo zucchero, facendo caramellare per circa 10 minuti. In un'altra padella antiaderente mettete dell'olio e, una volta che questo si sarà riscaldato, aggiungete i filetti di scorfano, salateli e pepateli dal lato della pelle. Fate cuocere per circa otto minuti e, se necessario, unite un cucchiaio di fumetto. Infine, per la preparazione del piatto, fate una base di coulì di ceci, sistematevi sopra i filetti di pesce ad incrocio e poi i quattro cipollotti glassati in agrodolce. Completate con un filo d'olio d'oliva a crudo.

Ristorante: Timpani e Tempura, Napoli

Filetto di sgombro spadellato con aceto di Falanghina, cipolla rossa di Tropea e julienne di zucchine

Ingredienti per 4 persone:

1 kg di sgombri
2 zucchine
2 cucchiai di aceto di Falanghina
1 ramo di rosmarino
foglie di salvia
1 cipolla rossa di Tropea
2 cucchiai di aceto
olio extravergine di oliva

Sfilettate gli sgombri. Mettete in una padella dell'olio extravergine di oliva, fatevi rosolare la cipolla di Tropea insieme al rosmarino e alle zucchine tagliate a julienne. Dopo avere ben rosolato, aggiungete gli sgombri, poi l'aceto di Falanghina, e fateli cuocere coprendoli con un coperchio per evitare di fare evaporare troppo il sugo di cottura. Dopo 5 minuti, servite.

Ristorante: Chinappi, Formia

Filetto di sogliola alla Cantinella

Ingredienti per 4 persone:
3 sogliole da 350 g cadauna (sfilettate e pulite)
100 g di vino bianco secco
50 g di olio extravergine di oliva
50 g di burro
50 g di spezie ed erbe miste
200 g di crema di carciofi
olio tartufato
sale q.b.

Mettete sul fuoco una padella con l'olio, infarinate le sogliole (dopo averle sfilettate e pulite per bene) e passatele nella padella facendo cuocere bene entrambi i lati. A questo punto aggiungete su ogni filetto le spezie, le erbe miste ed il burro, e fate gratinare per pochi minuti. Sistemate in 4 piatti i filetti di sogliola con la crema di carciofi, l'olio tartufato e un po' di prezzemolo tritato.

Ristorante: La Cantinella, Napoli

Filetto di spigola alla Nelson

Ingredienti per 4 persone:
2 spigole da 300 g cadauna
8 gamberoni sgusciati
100 g di farina
1 bicchierino di brandy
1 bicchiere di vino bianco
olio extravergine di oliva
1 spicchio d'aglio
prezzemolo tritato q.b.

Sfilettate le spigole e passatele nella farina, quindi soffriggetele in olio e aglio tritato bagnando prima con un po' di brandy e poi con un po' di vino bianco. Portate a cottura i gamberoni e, dopo averli sistemati nei piatti, fate tirare il sugo e aggiungete una spruzzatina di prezzemolo. Servite insieme ai filetti.

Ristorante: Giuseppone a mare, Napoli

Filetto di spigola in crosta di patate

Ingredienti per 4 persone:
2 spigole da 300 g cadauna
1 patata di media grandezza
1 cucchiaino di rosmarino
1 cucchiaio di olio extravergine di oliva
sale e prezzemolo q.b.

Lavate e pulite le spigole, poi filettatele e spellatele. Tagliate le patate a fette sottili e lunghe, quindi mettete i filetti in una teglia, aggiungetevi un pizzico di sale e coprite il tutto con le patate. Versatevi dell'olio di oliva, con una spruzzatina di rosmarino e cuocete in forno a 220° per circa 8 minuti. Decorate il bordo del piatto con una pioggia di prezzemolo.

Ristorante: Trattoria del Padreterno, Salerno

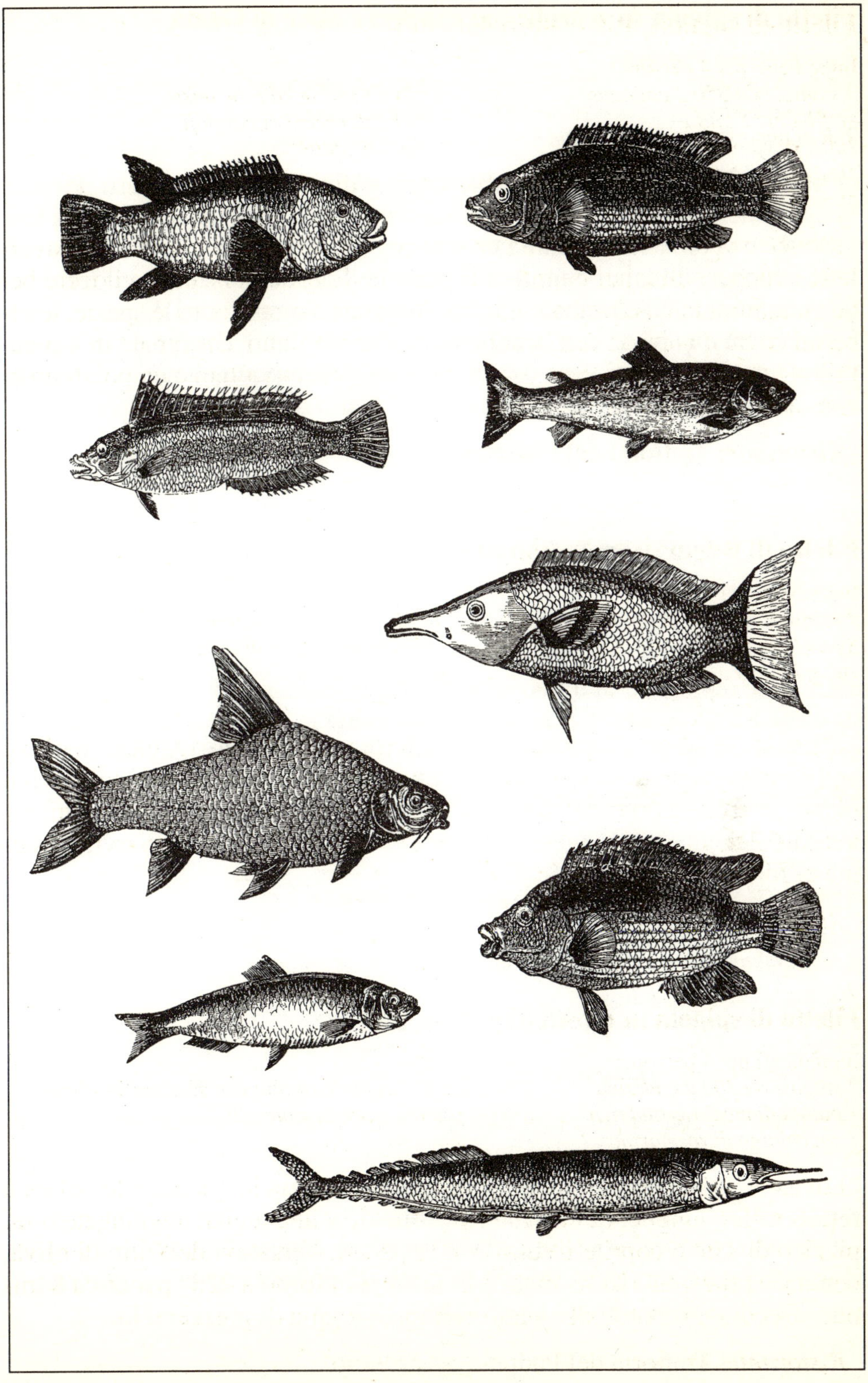

Filetto di spigola su scarola con capperi e olive di Gaeta

Ingredienti per 4 persone:

1,2 kg di spigole
2 scarole lisce
1 dl di olio extravergine di oliva
200 g di olive nere
60 g di capperi
2 spicchi d'aglio

Pulite e squamate le spigole, sfilettatele e dividetele in otto parti. Pulite e lavate bene le scarole, tagliatele grossolanamente e mettetele in acqua bollente. In una padella capiente fate soffriggere olio e aglio, le olive snocciolate, i capperi dissalati e unitevi le scarole. Lasciate insaporire il tutto per qualche minuto ed eliminate l'aglio. Adagiate sopra i filetti di pesce incrociando ogni due pezzi con la pelle rivolta verso l'alto, coprite e fate cuocere per circa 10 minuti. Servite sollevando contemporaneamente le scarole con i filetti di spigola e aggiungendo nel piatto un filo d'olio a crudo.

Ristorante: Trattoria del Padreterno, Salerno

Filetto di tonno su pesto al basilico

Ingredienti per 4 persone:

400 g di filetto di tonno
100 g di pesto di basilico
sale
olio extravergine di oliva

Ricavate dal filetto di tonno 4 belle fette e scottatele in padella per 2 minuti con un filo d'olio extravergine. Sistemate le porzioni in un piatto piano. Condite con il pesto di basilico e un filo di olio extravergine.

Ristorante: Umberto a Mare, Ischia

Filetto di vitellone agerolese alla maggiorana

Ingredienti per 4 persone:

4 fette di filetto di manzo da 180 g l'una
pane grattugiato

Per la salsa di marinatura:

100 cl di olio extravergine di oliva
100 g di maggiorana
peperoncino e aglio sminuzzati
sale q.b.
4 fettine di limone

Preparate la marinatura con tutti gli ingredienti e unitevi le fettine di filetto di manzo. Lasciate riposare per 10 minuti circa preparando nel contempo una brace con fuoco di media intensità. Sollevate i filetti dalla salsa di marinatura, passateli nel pane grattugiato e poggiateli sulla griglia aggiungendo eventualmente ai carboni un po' di cenere. Lasciate imbiondire il pangrattato e servite al sangue in piatti da portata con la guarnizione di una fetta di limone sfusato amalfitano.

Ristorante: Bacco, Furore

Frittelle di baccalà e germogli di rovo

Ingredienti per 4 persone:
300 g di baccalà dissalato
50 g di mollica di pane raffermo
1 bicchiere di latte
4 cucchiai di farina
7 germogli di rovo
1 spicchio d'aglio
olio extravergine di oliva per friggere
sale

Tritate finemente il baccalà, l'aglio ed i germogli di rovo (tenerne da parte 4 per la guarnizione). Unite la mollica di pane ammorbidita nel latte e strizzata ed amalgamate il tutto aggiustando di sale. Prendete un cucchiaio di impasto, premetelo tra le mani per appiattirlo. Dategli la forma di stella con l'ausilio di un tagliapasta di tale forma.

Friggete adagio le stelle di baccalà in olio caldo e depositatele man mano su carta assorbente. Servite le frittelle calde guarnendo con i germogli tenuti da parte.

Ristorante: Don Alfonso 1890, Sant'Agata sui Due Golfi

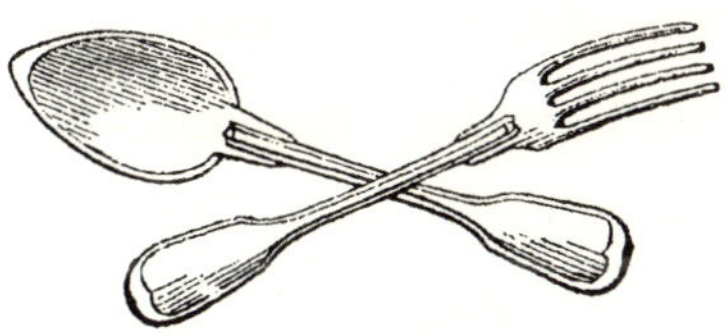

Fritto di paranzella

Ingredienti per 4 persone:
1 kg di pesce di paranza
olio extravergine di oliva
sale q.b.

Friggete il pesce in abbondante olio, fatelo asciugare e servite ben caldo.

Ristorante: Il Leon d'Oro, Napoli

Frittura di fragagli

Ingredienti per 4 persone:
400 g di fragagli
olio extravergine di oliva
sale e pepe q.b.

Mettete abbondante olio in una padella e attendete che diventi bollente. Nel frattempo infarinate i pesci e friggeteli. Fate scolare l'olio in eccesso su carta assorbente e servite ben caldi con sale e pepe.

Ristorante: Al 53, Napoli

Gamberetti di nassa sgusciati in pastella con le cozze

Ingredienti per 4 persone:
500 g di gamberi di media grandezza
200 g di cozze sgusciate
(circa 1 kg col guscio)
4 tuorli di uova fresche
15 cl di latte fresco
100 g di pane grattugiato
1 l di olio extravergine di oliva
sale
prezzemolo
pepe nero

In un recipiente frullate i tuorli di uova e aggiungete latte, prezzemolo tritato, un pizzico di sale e di pepe. Fate riposare il liquido ottenuto per qualche minuto. Nel frattempo sgusciate i gamberetti freschi in abbondante acqua corrente, mentre a parte versate le cozze in una pentola e attendete l'apertura dei gusci su fuoco vivace. Appena pronto, togliete i frutti e conservateli in un recipiente.

In una pentola ben capiente versate un litro di olio d'oliva e lasciate riscaldare sul fuoco. Infarinate le cozze, bagnatele nel liquido in precedenza ottenuto e passatele nel pane grattugiato. Quindi passate nel pane grattugiato i gamberi sgusciati, infarinati e successivamente immersi nel liquido a base di uova e latte. Fate friggere non più di un minuto nell'olio bollente insieme alle cozze impanate, sollevate, asciugate bene su un foglio di carta assorbente e servite ben caldi e croccanti.

Ristorante: La Cala delle Lampare, Praiano

Gamberoni al forno con rucola di campo e pomodorini

Ingredienti per 4 persone:
1 kg di gamberoni
3 mazzetti di rucola
6 pomodorini del Vesuvio
aglio
olio extravergine di oliva

Sgusciate e pulite i gamberoni lasciando la testa. Tagliate finemente pomodorini ed aglio aggiungendo l'olio.

Sistemate in una teglia da forno i gamberoni e copriteli con la salsetta. Passate in forno per 5 minuti a 180°. Servite sistemando nei piatti i gamberi caldissimi su un letto di rucola.

Ristorante: Antica Trattoria, Sorrento

Gamberoni alla parigina

Ingredienti per 4 persone:
20 gamberoni
parmigiano a scaglie
rucola
limone
citronette
pangrattato
3 uova
farina
olio extravergine di oliva

Passate i gamberoni sgusciati nella farina, battete uova, sale e pepe, quindi aggiungete pangrattato. Dopo averli fritti, sistemateli in un piatto su un letto di rucola e scaglie di parmigiano condendo con una citronette di olio, prezzemolo tritato, pepe e limone.

Ristorante: Giuseppone a mare, Napoli

Gamberoni alla parmigiana

Ingredienti per 4 persone:
20 gamberoni
50 g di burro
100 g di panna
1 bicchierino di cognac
aglio e prezzemolo q.b.

Sciogliete il burro in un largo tegame e nel frattempo sgusciate i gamberoni, lasciando la testa e la coda. Fateli rosolare da entrambi i lati unendo il cognac e, quando è evaporato, aggiungete il sale, la panna e il prezzemolo. Servite tutto su crostoni abbrustoliti.

Ristorante: 'A Fenestella, Napoli

Gamberoni all'arancia

Ingredienti per 4 persone:
20 gamberoni
1 bicchiere di spremuta di arancia
4 cucchiai di olio extravergine di oliva
1/2 bicchiere di Grand Marnier
pepe verde e prezzemolo q.b.
vino bianco

Disponete i gamberoni in una padella ed aggiungetevi il succo d'arancia, l'olio, il Grand Marnier ed un goccio di vino bianco. Il tutto condito con sale e prezzemolo. Coprite la padella e fate cuocere a fiamma media. Tempo di cottura: circa 5 minuti. Servite ancora fumante.

Ristorante: Il Pirata, Sant'Angelo d'Ischia

Gamberoni all'arancia su letto di fagiolini e pomodorini

Ingredienti per 4 persone:
1 kg di gamberoni
150 g di pomodorini
500 g di fagiolini
1 arancia
1 limone
1 mazzetto tra rosmarino e menta
olio extravergine di oliva
origano e sale q.b.

Pulite i gamberoni privandoli dell'intestino e lasciando le code, marinateli per circa 8 ore nel succo di arancia, con il rosmarino, l'origano, la menta e un pizzico di sale. A parte pulite e lessate i fagiolini, tagliate i pomodorini privandoli dei semi e condite con olio extravergine di oliva, un cucchiaino di succo di limone e dell'altra menta. Sistemate sul fondo di un piatto da portata i fagiolini e i pomodorini, quindi, dopo aver tolto i gamberoni dalla marinatura, conditeli leggermente con dell'olio di oliva e metteteli sul letto di fagiolini e pomodorini. Servite aggiungendo un filo di olio extravergine di oliva.

Ristorante: Al Cenacolo, Salerno

Gamberoni allardiati arrostiti con olio al limone

Ingredienti per 4 persone:
12 gamberoni
100 g di lardo tagliato a fettine
olio extravergine di oliva
3 limoni
1 mazzetto di prezzemolo
sale e pepe bianco q.b.
1 cespo di insalata

Preparate innanzitutto la salsa emulsionando il succo di due limoni con sale, pepe bianco e olio d'oliva. Sgusciate i gamberoni lasciando solamente la coda e sistemateli nel composto ottenuto unendo una spruzzatina di prezzemolo fresco tritato al momento e facendoli marinare per circa dieci minuti. Avvolgete una fettina di lardo intorno a ciascun gamberone e arrostiteli. Serviteli ancora caldi, con dell'insalata fresca condita con sale, olio e limone.

Ristorante: La Stanza del Gusto, Napoli

Gamberoni alla sorrentina

Ingredienti per 4 persone:

24 gamberoni
aglio
olio extravergine di oliva
peperoncino
limone
prezzemolo
sale

Sgusciate i gamberoni crudi e fateli rosolare in un soffritto di aglio, olio e peperoncino. Unite, se necessario, dell'acqua e un po' di succo di limone. A cottura ultimata decorate con una spolverata di prezzemolo.

Ristorante: Ludovico, Pozzuoli

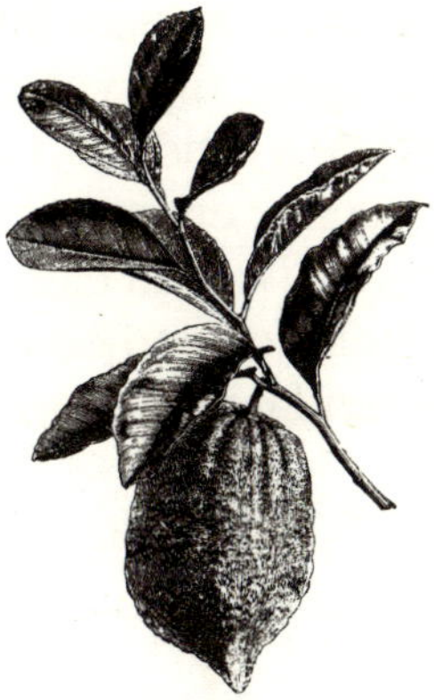

Gamberoni gratinati con tartufo su crema di limone

Ingredienti per 4 persone:

24 gamberoni
50 g di tartufo di Bagnoli Irpino
4 patate
2 limoni
0,5 l di latte
50 g di parmigiano
200 g di mollica di pane raffermo
2 spicchi di aglio
olio extravergine di oliva
sale

Bollite le patate e fatene un purè con il latte ed il parmigiano amalgamandovi poi il succo di un limone. Lasciate intiepidire. Nel frattempo, sgusciate i gamberi lasciandogli la testa e disponeteli in una teglia bassa da forno con l'aglio tritato, il succo del secondo limone, un pizzico di sale e la mollica di pane sbriciolata, fino a coprirli; poi irrorate con l'olio fino ad impregnarne il pane. Mettete al forno a 220° per 10 minuti, fino a quando il pane non sarà dorato. Adagiate nel piatto un cucchiaio di crema di limone, disponetevi sopra i gamberoni e completate con del tartufo fresco grattugiato.

Ristorante: Orestorante, Ponza

Gamberoni reali e mozzarella di bufala in panura, su caponatina di pomodorini, olive e capperi in fiore

Ingredienti per 4 persone:
12 gamberoni rossi freschi
500 g di mozzarella di bufala
150 g di farina 00
300 g di pomodorini a ciliegina
300 g di pane bianco al latte
150 g di olive verdi e nere
3 uova
80 g di capperi in fiore
sale e pepe q.b.
1 spicchio d'aglio
1 fascetto di basilico
olio extravergine di oliva

Sgusciate i gamberoni privandoli della testa, parte della carcassa e del filo schienale, preservando la coda. Nel frattempo tagliate a fette spesse la mozzarella, e con l'aiuto di un coppapasta formate dei dischi di circa 6 cm. Adagiate su questi il gamberone, salate e pepate, passate nella farina, nell'uovo e successivamente nel pane bianco. Intanto a parte in una padella lasciate rosolare lo spicchio d'aglio, una volta dorato eliminatelo e aggiungete le olive snocciolate tagliate a rondelle, i capperi e i pomodorini tagliati a spicchi. Salate e pepate e lasciate cuocere a fuoco vivo per 2 minuti. Friggete poi i gamberoni in olio d'oliva ben caldo (dovranno risultare biondi e croccanti). Disponete la salsetta di pomodorini sul fondo del piatto, adagiateci sopra i gamberoni. Lucidate con olio e servite ben caldo.

Ristorante: Il Buco, Sorrento

Gamberoni rossi scottati in padella con patate

Ingredienti per 4 persone:
1 kg di gamberoni
4 patate
olio extravergine di oliva
1 bicchierino di brandy
1 bicchierino di vino secco bianco
1 spicchio d'aglio
sale e prezzemolo tritato q.b.

Pelate e tagliate le patate a dadini, cuocetele con l'olio, un po' di acqua, il vino bianco ed il sale per qualche minuto. Sgusciate e adagiate i gamberoni in padella, aggiungete l'olio, il prezzemolo, il sale e l'aglio tritato. Scottate quindi i gamberoni per qualche minuto da ambo i lati, sfumate con il brandy e serviteli sulle patate precedentemente sistemate nei piatti.

Ristorante: Il Ceppo, Agropoli

Gliommarelli in salsa di pomodoro

Ingredienti per 4 persone:
trippa e animelle di 3 capretti lattanti
800 g di salsa di pomodoro
aglio e prezzemolo q.b.
olio extravergine di oliva
sale e pepe nero q.b.

Pulite bene le budella, apritele da un lato e lavatele più volte con acqua calda. Prendete quattro o cinque rametti di prezzemolo, un pezzo di animella, uno spicchio d'aglio a pezzetti e mischiateli in un preparato. Avvolgete il tutto con il budello e chiudete annodando con le estremità. Riepete l'operazione con il resto delle budella, poi soffriggete gli involtini a fuoco lento per venti minuti. Scolateli e cuoceteli in salsa di pomodoro per mezz'ora. Salate e pepate.

Ristorante: Trattoria Zu Pascali, Massa di Maratea

Dalla costa fino all'appennino sannitico questo piatto povero contadino è difficile da trovare nei ristoranti. Gliommarelli in Lucania, glumerieddi nell'alta Calabria, 'mbruglitielli nel Cilento, ammugliatielli in Irpina (qui anche di agnello), tanti nomi per un piatto apprezzato solo da chi ha il palato ancora antico e non omologato. Il modo più comune per farli è comunque alla brace.

Anche questa è cucina di costa.

Grigliata di pesce

Ingredienti per 4 persone:
200 g di pesce spada
4 gamberoni
4 seppioline
4 pezzi di dentice
olio extravergine di oliva
2 limoni
1 mazzetto di menta
sale q.b.

Cuocete il pesce sulla griglia e condite, a piacere, con olio d'oliva, un pizzico di sale, delle fettine di limone e delle foglie di menta fresca.

Ristorante: Il Grigliaro, Pollica

Guazzetto di triglie con frutti di mare e scarola saltata

Ingredienti per 2 persone:

4 triglie da 200 g ciascuna
1 kg di frutti di mare
500 g di pomodorini
50 g di sedano
50 g di cipolla
50 g di finocchio
pepe bianco a granelli
1 scarola liscia
1 bicchiere di vino bianco
olio extravergine di oliva
sale

Sfilettate le triglie privandole delle spine e fate rosolate le lische con le verdure (sedano, cipolla, finocchio e pepe bianco). Aggiungetevi i pomodorini, bagnate con il vino bianco e fatelo sfumare ottenendo una salsa ristretta. In una padella antiaderente soffriggete le triglie con un filo d'olio e in un'altra saltate la scarola. Dopo aver salato, filtrate la salsa e sistemate in un piatto da portata prima le scarole poi le triglie. Infine condite con la salsa.

Ristorante: Megaris, Napoli

Guazzetto tiepido di ricci di mare con insalata di paccheri, cappesante e burrata

Ingredienti per 4 persone:

12 ricci di mare
4 paccheri di Gragnano
4 cappesante
4 pomodorini del Vesuvio
1 spicchio di aglio
1 mazzetto di prezzemolo
1 burrata di 250 g ca.
olio extravergine di oliva
sale q.b.

Emulsionate a freddo i ricci di mare, i pomodorini tagliati a dadini, l'aglio, il prezzemolo e l'olio. Riscaldate poi il tutto per pochi minuti a bagnomaria. Fate cuocere i paccheri molto al dente e farciteli a metà con la burrata.

A questo punto componete il piatto adagiando sul fondo l'emulsione di riccio, quindi il pacchero farcito ed infine la cappesanta.

Ristorante: Torre del Saracino, Vico Equense

Insalata calda di pesce al profumo di limone

Ingredienti per 4 persone:
4 scampi
4 gamberoni
200 g di anelli di calamari
4 dadini di salmone
4 dadini di coda di rospo
4 cappesante
8 code di scampi
12 gamberetti
200 g di moscardini
4 cicale di mare
1 bicchiere di aceto bianco
prezzemolo tritato

Per la citronette:
4 cucchiai di olio extravergine di oliva
4 cucchiai di succo di limone
sale e pepe q.b.

In una pentola portate ad ebollizione dell'acqua salata con l'aggiunta di un bicchiere di aceto bianco, quindi, quando bolle, aggiungete il pesce e fate cuocere per circa 5 minuti. Guarnite a piacere l'insalata ancora calda con verdure cotte al vapore e prezzemolo tritato; infine, condite con la citronette.

Ristorante: Le Colonne, Caserta

Involtini all'uva

Ingredienti per 8 persone:
300 g di salsiccia tritata
8 fettine di vitello
2 uova sode
2 cucchiai di olio extravergine di oliva
2 bicchieri di vino rosso
200 g di uva nera da vino
2 spicchi d'aglio
prezzemolo
sale e pepe
rosmarino
farina q. b.

Impastate il trito di salsiccia con le uova, il prezzemolo e il pepe. Dopo aver sistemato l'impasto al centro degli involtini di vitello e averli chiusi con degli stuzzicadenti, infarinateli. Fate riscaldare l'olio con l'aglio e il rosmarino. Fate rosolare gli involtini e insaporiteli con sale e pepe. A doratura avvenuta, aggiungete il vino rosso e fate cuocere per circa 40 minuti a fuoco medio. Nel frattempo lavate, pulite dai semi i chicchi di uva e aggiungeteli alla carne. Fate addensare la salsetta e servite caldo.

Ristorante: Villa Matilde, Cellole

Involtini di pesce spada ai sapori autunnali

Ingredienti per 4 persone:
800 g di pesce spada
50 g di uvetta passita
50 g di pinoli
4 foglie di vite tenere
60 g di olio extravergine di oliva
1 bicchiere di vino bianco secco
parmigiano a scaglie
1 cucchiaio di aceto
prezzemolo a foglie
1 mazzetto di menta
sale q.b.

Sistemate su un piano da lavoro il pesce spada tagliato a fettine, al centro dei filetti inserite i pinoli, l'uvetta precedentemente ammorbidita in acqua tiepida, le foglie di vite tagliate a striscioline, le scaglie di parmigiano, olio, sale e pepe. Arrotolate in modo da ottenere degli involtini e bloccateli con degli stuzzicadenti. Dopo averli messi in una pirofila oleata, bagnate con del vino bianco e un cucchiaio di aceto, quindi aggiungete menta e prezzemolo tritato, aggiustate di sale e lasciate cuocere in forno per 10-12 minuti.

Ristorante: La Volpe Pescatrice, Furore

Involtini di pesce spada alla Francischiello

Ingredienti per 4 persone:
4 fette di pesce spada di 200 g ciascuna
4 foglie di limone grandi
100 g di gamberetti
150 g di pane in cassetta
olio extravergine di oliva
10 g di capperi
1 spicchio d'aglio
1 mazzetto piccolo di prezzemolo
sale e pepe q.b.

Preparate la farcia per gli involtini con il pane in cassetta sminuzzato, i capperi tritati, un po' d'aglio, il prezzemolo, il sale e il pepe. Prendete una fetta di pesce spada sottile, aggiungete un po' di gamberetti sgusciati, un po' dell'impasto e chiudete il tutto con uno stuzzicadenti. Arrotolate in una foglia di limone e cuocete al forno per 10 minuti.

Ristorante: Antico Francischiello, Massa Lubrense

Involtini di pesce spada con fiori di zucca

Ingredienti per 4 persone:
4 fette di pesce spada tagliate sottili
250 g di fiori di zucca
1 uovo
pane raffermo
150 g di pomodori
200 g di gamberetti
200 g di cozze
200 g di vongole
200 g di seppie
1 bicchiere di vino bianco
1 fettina di cipolla
1 spicchio d'aglio
prezzemolo
olio extravergine di oliva

Sgusciate i gamberetti e pulite le seppie, tritate il tutto e lasciate rosolare con l'aglio, annaffiando con un mezzo bicchiere di vino bianco. Aggiungete i fiori di zucca crudi e i frutti di mare precedentemente aperti e saltati in padella con aglio e olio. Lasciate raffreddare il tutto, poi aggiungete il pane e l'uovo amalgamando bene il ripieno. Farcite le fette di pesce, arrotolatele e rosolatele nella cipolla, aggiungendo i pomodorini tagliati a spicchi e un mezzo bicchiere di vino.

Lasciate cuocere per venti minuti e cospargete di prezzemolo solo a cottura ultimata.

Ristorante: Rosolino - Il posto accanto, Napoli

Involtini di pesce spada con olive e capperi

Ingredienti per 4 persone:
12 fettine di pesce spada
erba cipollina

Per il ripieno:
100 g di olive nere di Gaeta snocciolate
1 manciata di capperi di Pantelleria al naturale
basilico
1 pizzico di pangrattato
olio extravergine di oliva
sale e pepe bianco q.b.

Per il ripieno unite tutti gli ingredienti e passateli al frullatore. Stendete le fettine di pesce spada e spalmate il composto su ciascuna di esse. Arrotolate, legando con erba cipollina, e passate alla griglia per 5 minuti, aggiungendo un po' di sale e un filo d'olio extravergine. Servite disponendo nei piatti gli involtini a stella con un po' di insalatina fresca.

Ristorante: Acqua Pazza, Ponza

Involtini di pesce spada con zucchine, gamberetti e ricotta

Ingredienti per 4 persone:
600 g di pesce spada
100 g di zucchine
100 g di ricotta
100 g di gamberetti
2 fette di pancarré
olio extravergine di oliva
1 spicchio d'aglio
sale e pepe q.b.

Tagliate il pesce spada in 8 fette, stufate le zucchine con aglio, olio e sale. Poi frullate i gamberetti con la ricotta e le zucchine. Mettete il composto sulle fette di pesce spada, avvolgete ad involtino e chiudete con uno stuzzicadenti. Sistemateli in una teglia e condite con sale, olio e briciole di pancarré. Cuocete in forno a 180° per circa 5 minuti.

Ristorante: I Due Fratelli, Santa Maria di Castellabate

Involtini di trippa di stoccafisso

Ingredienti per 2 persone:
4 trippe di stoccafisso salate
400 g di pomodorini
50 g di pecorino romano
1 mazzetto di prezzemolo
aglio e pepe nero q.b.
olio extravergine di oliva

Reidratate con acqua corrente (una notte intera) le trippe di stoccafisso, asciugatele e mettete al loro interno il pecorino, l'aglio, il prezzemolo e il pepe nero.

Avvolgetele molto strette aiutandovi con uno stuzzicadenti. In un tegame piuttosto alto soffriggete dolcemente l'aglio e unitevi i pomodorini. Dopo qualche minuto aggiungete un bicchiere d'acqua, immergetevi gli involtini, coprite e cuocete a fuoco lento per circa 90 minuti.

Ristorante: Da Nonna Sceppa, Paestum

Lattuga e fave

Ingredienti per 4 persone:
1 kg di lattuga
1 kg di fave
olio extravergine di oliva
aglio
finocchio selvatico
pancetta arrotolata o guanciale

Lavate la lattuga e lessatela in abbondante acqua salata. A parte tagliate a dadini la pancetta arrotolata (o il guanciale) e fate soffriggere. Aggiungete a questo punto le fave e il finocchio selvatico e portate a cottura. Scolate la lattuga, unitela alle fave e completate la cottura.

Condite il tutto con un filo di olio extravergine di oliva crudo e aglio. Servire caldo.

Ristorante: Al Frantoio, San Mauro Cilento

Lesso di sgombro in farina di pistacchi ai carciofi capuanelli

Ingredienti per 4 persone:
500 g di carciofi
500 g di sgombri
20 g di burro
30 g di sedano
30 g di carota
30 g di cipolla
1 foglia di alloro
2 spicchi d'aglio
1 bicchiere di vino bianco Fiano
1,5 dl di brodo vegetale
olio extravergine di oliva
50 g di farina di pistacchi
1 cotica di maiale
sale e pepe q.b.

Pulite e tagliate i carciofi a pezzetti. In una casseruola fate appassire un trito di sedano, carota, cipolla, alloro e uno spicchio d'aglio con un filo d'olio. Unite i carciofi, fateli dorare, sfumate con il vino bianco e continuate la cottura per mezz'ora unendo un po' di brodo vegetale (preparato con l'aggiunta di una cotica di maiale). Pulite gli sgombri e lessateli in una pentola con acqua bollente con mezza carota, il sedano, uno spichio d'aglio e mezza cipolla. Dopo circa 15 minuti, togliete dal fuoco e fate raffreddare, filettate gli sgombri e fateli rotolare nella farina di pistacchi, quindi versate i carciofi a specchio in un piatto da portata e adagiatevi gli sgombri infarinati, spolverate e completate con una macinata di pepe e un filo d'olio a crudo.

Ristorante: Le Colonne, Caserta

Lombo di coniglio ripieno con verdure su salsa d'aglio con tortino di scarole e patate salate

Ingredienti per 4 persone:
4 lombi di coniglio, all'incirca kg 1,8
1,2 kg di patate
4 carote
4 zucchine
rete di maiale
olio extravergine di oliva
sale e pepe q.b.
timo
prezzemolo

Ingredienti per farcia:
300 g di polpa di coniglio
75 g di pancarré
75 g di lardo
50 g di olio extravergine di oliva

Ingredienti per salsa d'aglio:
1 spicchio d'aglio piccolo
200 g di olio extravergine di oliva
1 patata piccola bollita
6 pomodorini

Per il tortino di scarole:
3 scarole medie
150 g di olive medie di Gaeta
50 g di uva passa
50 g di pinoli
1 spicchio d'aglio
olio extravergine di oliva
sale q.b.
vino cotto

Per il fondo di coniglio:
carcasse di coniglio
scarti di verdure
vino bianco d'Ischia
1 cipollina
acqua q.b.

Disossate i lombi del coniglio e mettete da parte le carcasse per il fondo. Pareggiate i lombi e preparateli per la farcitura, mettendoli su strati di pellicola. Preparate la farcia passando al mixer tutti gli ingredienti elencati fino ad ottenere un composto omogeneo. Spalmatelo sui lombi salati e pepati, aggiungete carote e zucchine tagliate a julienne, arrotolateli, avvolgeteli nella retina di maiale e poi nella pellicola. Bolliteli per 10-15 minuti, secondo la dimensione. Intanto preparate le patate tornite, cotte al vapore e salate.

A parte preparate il tortino di scarole. Lavate la verdura, tagliatela grossolanamente e mettetela in una padella dove avrete soffritto uno spicchio d'aglio che poi toglierete. Quando le scarole sono appassite aggiungete l'uva passa e i pinoli. Salate il tutto. Per il fondo di coniglio usate le carcasse messe da parte, facendole rosolare con una cipollina, aggiungete gli scarti di verdure e del vino bianco. Fate evaporare, aggiungete dell'acqua fino a coprire il tutto, portate alla giusta densità e filtrate. Infine, per la salsa d'aglio frullate tutti gli ingredienti elencati, aggiungendo l'olio lentamente, fino ad ottenere un composto denso.

Disponete nei piatti mettendo accanto ai lombi il tortino di scarole ottenuto aiutandovi con una formina e le patate salate, il tutto condito con il fondo del coniglio e la salsa d'aglio.

Ristorante: Il Melograno, Forio d'Ischia

Mazzancolle in aceto balsamico

Ingredienti per 4 persone:
20 mazzancolle
1/2 bicchiere di aceto balsamico
1/2 bicchiere di vino bianco
1 spicchio d'aglio
olio extravergine di oliva
pepe e sale q.b.

Fate soffriggere l'olio e l'aglio, quindi toglietelo quando si è dorato e aggiungete i gamberoni sfumando con mezzo bicchiere di vino bianco. Unite pepe e sale facendo cuocere per circa 5 minuti. Aggiungete a questo punto mezzo bicchiere di aceto balsamico e fate cuocere ancora per 3 minuti.

Ristorante: Le Bistrot, Cava de' Tirreni

Medaglioni d'agnello in crosta di aromi, patate gratinate e lasagnette di zucchine

Ingredienti per 4 persone:
1 kg di sella d'agnello
4 fettine di pancarré
1 ciuffetto di timo
1 ciuffetto di rosmarino
1 ciuffetto di basilico
50 g di pinoli
50 g di burro
50 g di olio extravergine di oliva
500 g di patate
200 g di crema di latte
3 zucchine
3 pomodori
sale e pepe q.b.

Disossate il carré d'agnello e formatene quattro medaglioni. Frullate il pancarré con i pinoli, il timo, il rosmarino, il basilico, il burro e l'olio extravergine d'oliva ottenendo un impasto per formare la crosta. Pelate le patate e affettatele a disco. Disponetele in una teglia aggiungendovi sale, pepe e crema di latte. Cuocete in forno a 150° per 30 minuti. Formate dei piccoli timballi. Tagliate le zucchine in 12 fette e formatene 4 lasagnette imbottendole con pomodorini e basilico. Gratinatele al forno per 5 minuti. Quindi rosolate in una padella con olio extravergine d'oliva i medaglioni e disponetevi sopra la crosta di pane aromatica precedentemente ottenuta. Mettete in forno a 200° per circa cinque minuti. Disponete i medaglioni, le lasagnette di zucchine e i tortini di patate nei piatti unendo la salsa d'agnello.

Ristorante: Hotel San Pietro, Positano

Medaglioni di pesce spada in bellavista

Ingredienti per 4 persone:
600 g di pescespada
150 g di pangrattato
200 g di pomodori
50 g di grana grattugiato
1 spicchio d'aglio
sale, pepe nero e prezzemolo q.b.
3 cucchiai di olio extravergine di oliva
2 cucchiai di acqua
20 g di pinoli
50 g di olive nere

Comprate il pesce spada già tagliato a fette sottili. Condite il pangrattato con il parmigiano, l'aglio, il sale, il pepe, il prezzemolo, l'olio e l'acqua e mettete il composto sulle fettine di pesce.

Aggiungete un'oliva snocciolata per fetta, 4 cubetti di pomodoro, 6 pinoli, chiudete il tutto, piegando a metà, ottenendo un portafoglio di pescespada. Mettetevi sopra una fetta di pomodoro tagliata sottile ed al centro ultimate con un'oliva.

Mettete i medaglioni in una teglia unta di olio. Infornate per circa 15 minuti a 180°. A cottura ultimata irrorate con un poco d'olio.

Servite caldo.

Ristorante: Il Cormorano, Agropoli

Merluzzo gratinato con verdure cotte al vapore

Ingredienti per 4 persone:
700 g di merluzzo
pane biscottato
500 g di verdure (bietole, spinaci, etc)
olio extravergine di oliva
sale q.b.

Pulite e filettate il merluzzo, poi adagiatelo in una teglia, spolverizzatelo con il pane biscottato e conditelo con olio e sale. Passatelo al forno per circa 20 minuti insieme alle verdure cotte al vapore.

Ristorante: Sapore di mare, Vietri sul Mare

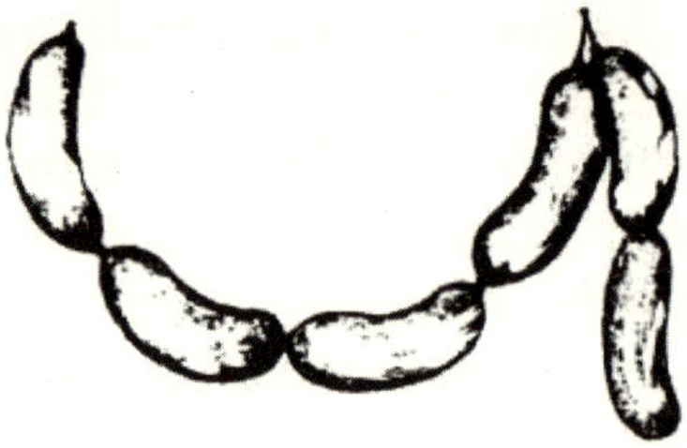

Migliaccio di farina di grano saraceno

Ingredienti per 4 persone:
300 g di farina di grano saraceno
300 g di salsiccia secca
100 g di mozzarella
4 uova
50 g di sugna
100 g di cigoli
50 g di uva passa (se gradita)
sale e pepe q.b.

Scaldate in una pentola 1,5 l di acqua salata e condita con la sugna; appena prenderà a bollire versate a pioggia la farina mescolando in continuazione con un cucchiaio di legno per circa 40 minuti. Lessate le uova e affettatele, tagliando poi a dadini sia la salsiccia che la mozzarella. Quando la polenta risulterà densa e cotta, aggiungete il pepe, i cigoli (in assenza dei residuati della preparazione della sugna si può utilizzare la pancetta tagliata a dadini e precedentemente saltata in padella) e, se gradita, l'uva passita. Spolverate di pangrattato una tortiera precedentemente unta con la sugna e disponete uno strato di polenta aggiungendo sopra mozzarella, uova e salsiccia secca.

Ricoprite con un secondo strato di polenta e infornate il migliaccio a calore regolare. Appena dorato, estraete dal forno e lasciate riposare per qualche minuto.

Servite caldo e ancora fumante.

Ristorante: Bacco, Furore

Millefoglie di pezzogna con patate e olive

Ingredienti per 4 persone:
600 g di filetti di pezzogna
500 g di patate
600 g di olive nere
200 g di pomodorini
2 cucchiai di olio extravergine di oliva
1 spicchio d'aglio
prezzemolo tritato

Tagliate a rondelle le patate precedentemente bollite, dividete i filetti di pezzogna in quattro parti e inseriteli tra le patate. Cospargete di olio e salate, quindi unite lo spicchio d'aglio e i pomodorini tagliati a metà. Infornate a 170° per circa 15 minuti e servite condendo con il sugo di cottura. Completate, infine, con una spruzzatina di prezzemolo tritato.

Ristorante: La Cucina Flegrea, Pozzuoli

Moscardini e lenticchie di Castelluccio

Ingredienti per 4 persone:
12 moscardini di circa 50 g cadauno
400 g di lenticchie di Castelluccio
12 pomodorini
olio extravergine di oliva
1 spicchio di aglio
2 carote
sale e peperoncino q.b.

Cuocete le lenticchie in acqua con sale, carote e peperoncino. Sbollentate i moscardini e rosolateli in padella con olio, aglio e pomodorini. Una volta pronti, disponete le lenticchie al centro del piatto ed adagiatevi i moscardini.

Ristorante: Le Tavernelle, Paestum

Nocette di pesce spada con pinzimonio tiepido

Ingredienti per 4 persone:
600 g di pesce spada
12 filetti di acciughe
100 g di olive nere
olio extravergine d'oliva
prezzemolo
rafano
2 spicchi di aglio
4 gambi di sedano
4 carote
2 cipolline
aceto balsamico
sale

Ricavate 8 nocette di pesce spada. Preparate un pesto con le acciughe, le olive ed il prezzemolo. Mettete il composto tra due nocette, chiudete bene e passate in padella ben calda per pochi minuti. A parte preparate il pinzimonio con le verdure, l'olio e l'aglio.

Nel piatto disponete il pinzimonio ed adagiatevi sopra le nocette. Guarnite con una goccia di aceto balsamico.

Ristorante: Torre del Saracino, Vico Equense

Nodini di San Pietro con dadolata di pomodorini

Ingredienti per 4 persone:
1 pesce San Pietro da 1 kg
400 g di pomodorini
pane grattugiato
1 mazzetto di rucola
1 noce di burro
100 g di farina
1/2 bicchiere di vino bianco
olio extravergine d'oliva
sale

Sviscerate il pesce San Pietro, privatelo della pelle e sfilettatelo in modo da ottenere otto filetti di uguali dimensioni. Preparate la farcitura con un trito di rucola, un pizzico di sale e un cucchiaio di pane grattugiato. Disponete al centro di un piatto i filetti di pesce componendo dei nodini e avendo cura di legarli con degli stuzzicadenti. Passateli nella farina e friggeteli. A questo punto sostituite l'olio con una noce di burro, sfumate con mezzo bicchiere di vino bianco e bagnate con un po' di fumetto di pesce precedentemente preparato. Aggiungete la dadolata di pomodorini e portate il tutto a cottura.

Ristorante: La Sacrestia, Napoli

Olivette di magro al profumo di melograno

Ingredienti per 4 persone:
600 g di polpa di manzo macinata
100 g di carote
100 g di sedano bianco
400 g di olio extravergine di oliva
100 g di parmigiano reggiano
50 g di panna
2 cipolle
3 tazze di brodo vegetale
1 bicchiere di latte
1 bicchiere di vino bianco
2 uova
3 fette di pane in cassetta
succo di melograno
basilico e sale q.b.

Dopo aver fatto rosolare per circa 5 minuti cipolle, carote, sedano bianco e basilico tritato, aggiungete un mestolo di brodo a più riprese. Per preparare le olivette, invece, lavorate in un'insalatiera la polpa macinata di magro insieme al pane ammorbidito in un po' di latte, il parmigiano reggiano, le uova, il pepe e il prezzemolo. Formate con il composto ottenuto delle piccole polpettine e cuocetele nel soffritto di verdure. Sfumate con un bicchiere di vino bianco, e aggiungete quindi la panna precedentemente stemperata e il succo di melograno. Lasciate cuocere per circa 10-12 minuti.

Ristorante: La Volpe Pescatrice, Furore

Ombrina all'acquapazza

Ingredienti per 4 persone:
1 ombrina boccadoro da 900 g
200 g di pomodorini del piennolo
3 spicchi d'aglio
prezzemolo
pane casereccio
olio extravergine di oliva
sale

Pulite e squamate il pesce. Mettetelo in una teglia con l'olio, l'aglio, il prezzemolo e i pomodorini tagliati in quattro. Aggiungete l'acqua necessaria a coprire l'ombrina, mettete il coperchio sulla teglia e cuocete a fuoco medio per 15 minuti circa. Servite con il sugo di cottura e con crostini strofinati con l'aglio e conditi con olio extravergine di oliva.

Ristorante: La Brace, Praiano

Orata agli agrumi

Ingredienti per 4 persone:
1 orata di 1,2 kg
2 limoni
2 arance
2 patate
1 spicchio di aglio
olio extravergine d'oliva
1 rametto di prezzemolo

Pulite e squamate l'orata, quindi sbucciate gli agrumi e tagliateli a tocchetti. Bollite le patate e, a parte, fate soffriggere aglio e olio. Immergetevi il pesce aggiungendo un po' d'acqua fino a coprirlo per metà. Salate e coprite (il tempo di cottura varia dai 15 ai 30 minuti in base alla grandezza del pesce). Una volta cotta l'orata, sistematela in una pirofila e al fondo di cottura aggiungete del succo di limone e metà degli agrumi precedentemente sminuzzati. Tenete sul fuoco fino ad ottenere una salsa densa e filtratela poi con il passino versandola sull'orata. Unite a questo punto l'altra metà di agrumi e le patate tagliate a dadini. Decorate il piatto con un rametto di prezzemolo e fettine di agrumi.

Ristorante: Terrazza Calabritto, Napoli

Orata con dadolata di pomodorini alle erbe

Ingredienti per 4 persone:
4 orate di 300 g l'una
15 pomodorini del piennolo
rosmarino
origano
basilico
prezzemolo
timo
1 spicchio di aglio
olio extravergine di oliva
sale e pepe q.b.

Pulite e sfilettate le orate e scottatele in una padella antiaderente tiepida. Cuocetele per circa 7 minuti sistemandole con il dorso rivolto verso l'alto e aggiungendo soltanto sale e pepe. A parte soffriggete in una padella l'aglio nell'olio e aggiungetevi i pomodorini precedentemente tagliati a dadini e tutte le erbe profumate e le spezie. Lasciate cuocere per pochi minuti e deponete nei piatti le orate condite con il sugo ancora caldo. Servite con un filo d'olio extravergine.

Ristorante: Il Capitano, Positano

Orata con le zucchine

Ingredienti per 4 persone:
1 orata di 1 kg
800 g di zucchine lunghe piccole freschissime
2 spicchi di aglio
3 cucchiai d'olio extravergine di oliva
1 cucchiaio di pangrattato
1 manciata di prezzemolo
qualche foglia di basilico
sale e pepe q.b.

Squamate l'orata e pulitela dalle interiora. Praticate due incisioni sul dorso di ambo i lati. Preriscaldate il forno a 200°. Lavate e affettate le zucchine con uno spessore di 3 mm circa. Tritate finemente l'aglio, il basilico, il prezzemolo; soffriggete il battuto in padella con due cucchiai di olio, aggiungendo le zucchine e girando con cura per qualche minuto; travasatele delicatamente in una pirofila da forno. Aggiungetevi l'orata, 1/2 bicchiere di acqua, l'olio rimasto, il sale, il pepe; quindi infornate per circa mezz'ora. Dopo i primi 15 minuti spolverate con il pangrattato e aspettate che si dori accendendo il grill del forno all'ultimo minuto. Servite l'orata ancora calda.

Ristorante: President, Pompei

Keller

Orata in crosta di patate

Ingredienti per 4 persone:
800 g di orata
4 patate
olio extravergine di oliva
1 spicchio d'aglio
prezzemolo fresco
1/2 bicchiere di brandy
50 g di burro
sale q.b.

Sfilettate il pesce e mettete in una padella un filo d'olio di oliva con una noce di burro. Fate soffriggere l'orata e sfumate con il brandy. Nel frattempo tagliate a disco (di 1 cm di spessore) le patate e friggetele in padella, quindi sistematevi sopra il pesce e cuocete in forno ben caldo per circa 10 minuti.

Ristorante: La Cantina di Sica, Napoli

Orata mandorlata

Ingredienti per 4 persone:
1 kg di orata
200 g di mandorle tritate
rosmarino
olio extravergine di oliva
sale q.b.

Pulite e sfilettate l'orata, riponetela in una teglia con olio, sale e rosmarino, quindi cospargetela di mandorle tritate. A questo punto cuocetela in forno a 200° per circa 10 minuti e servitela ben calda.

Ristorante: Leucio, Caserta

Parmigiana di melanzane e patate

Ingredienti per 4-6 persone:
4 melanzane
5 patate medie
250 g di passata di pomodoro
5 uova
formaggio di capra grattugiato
farina
olio extravergine di oliva
basilico
sale

Sbucciate le patate, tagliatele a fette rotonde e friggetele in olio di oliva. Sbucciate quindi le melanzane e affettatele nel senso della lunghezza per uno spessore di circa 1 cm. Battete le uova con una forchetta e aggiungete una presa di sale. Passate le melanzane affettate prima nella farina, poi nelle uova battute e quindi friggetele. Prendete una teglia, sistemate le patate su uno strato di melanzane e poi aggiungete la salsa e il formaggio di capra grattugiato. Ripetete questa operazione una seconda volta e guarnite con un po' di salsa e formaggio.

Ristorante: Al Frantoio, San Mauro Cilento

Peperoni imbottiti

Ingredienti per 4 persone:
4 peperoni grandi
300 g di melanzane
50 g di olive nere
20 g di capperi
150 g di pane tostato o pane raffermo tagliato a dadini
3 alici salate
4 spicchi d'aglio
olio extravergine di oliva
prezzemolo
pepe
sale

Tagliate in dadini le melanzane e friggetele in olio abbondante. Passate i peperoni in forno per spellarli, eliminate i semi. In un tegame appena unto di olio, soffriggete le olive snocciolate, i capperi ripuliti dal sale, le acciughe spezzettate e l'aglio. Mescolate a questo composto il pepe, il prezzemolo tritato e le melanzane e farcite i peperoni. Chiudeteli con un grosso dado di pane raffermo.

Disponete i peperoni in un solo strato in un tegame già unto con olio, aggiungete ancora olio, condite con un pochino di sale e infornate in forno caldo per circa quaranta minuti.

Ristorante: Maria Grazia, Nerano

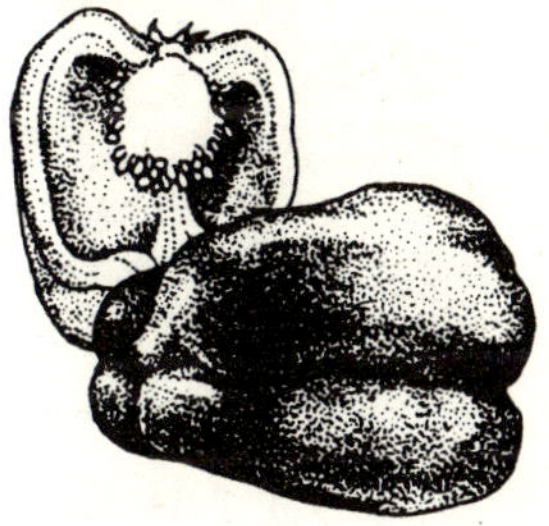

Pesce al forno con patate tostate

Ingredienti per 4 persone:
1 orata da 1 kg
olio extravergine di oliva
aglio
prezzemolo
patate fresche
sale
limone
menta

Dopo aver pulito il pesce e tolto le squame, mettete al suo interno un ciuffo di prezzemolo e una fogliolina di menta. Prendete una casseruola non troppo alta e mettete il pesce, l'olio e il sale. Introducete il tutto nel forno. Sbucciate le patate, tagliatele a rondelle e fatele cuocere nel forno con poco olio. Terminata la cottura del pesce, aggiungete le patate cotte con una spruzzata di limone. Servite caldo.

Ristorante: Da Gaetano, Ischia

Pesce azzurro dorato con pomodori di riso e formaggio

Ingredienti per 4 persone:
1 kg di pesce bandiera
4 pomodori
200 g di riso
200 g di caciocavallo
1 uovo
200 g di farina
1 l di birra
olio extravergine di oliva
sale e pepe q.b.

Preparate una pastella lavorando l'uovo con la farina, aggiungete successivamente la birra e lasciate riposare l'impasto per circa 30 minuti. Togliete la lisca al pesce, passatelo nella pastella e friggetelo. Intanto preparate i pomodori, svuotateli al centro e riempiteli con il riso sbollentato e mantecato con il caciocavallo tagliato a dadini. Servite mettendo al centro il pomodoro ripieno di riso e tutt'intorno il pesce fritto.

Ristorante: Palazzo Della Marra, Ravello

PREZZEMOLO

Pesce bandiera con formaggio di Tramonti

Ingredienti per 4 persone:
800 g di pesce bandiera
250 g di caciocavallo dolce di Tramonti
1 spicchio d'aglio
1 mazzetto di prezzemolo
olio extravergine di oliva
sale q.b.

Pulite, lavate e sfilettate in otto parti uguali il pesce. Sul centro di quattro filetti poggiate una fettina di caciocavallo di Tramonti di uguali dimensioni e ricoprite con un altro filetto di pesce. Salate a piacere e fate cuocere su una teglia con olio, aglio schiacciato e prezzemolo, in forno a 120° per circa dieci minuti. Appena pronto, servite caldo con un'emulsione di olio extravergine di oliva e prezzemolo tritato al momento.

Ristorante: Osteria Reale, Tramonti

Pesce bandiera in panure di agrumi con cianfotta di verdure vesuviane in salsa di arance

Ingredienti per 4 persone:
4 filetti di pesce bandiera di 200-250 g ciascuno
4 arance
2 limoni
1 dl di fumetto di pesce
1 dl di succo di arancia
sale q.b.

Per la cianfotta di verdure:
cavolfiori, fagiolini, pomodori, zucchini, peperoni
1 dl di olio extravergine di oliva
sale q.b.

Sfilettate il pesce bandiera, a parte preparate la buccia di limone e arancia finemente tritata e disidratata nel forno. Per la salsa fate ridurre in padella il succo delle arance e dei limoni con il fumetto di pesce e con l'olio di oliva extravergine. Sminuzzate le verdure, saltatele con un po' di olio e sale. Dorate i filetti di pesce in padella e poi passateli nella panure di arance e limoni e rifinite nel forno per circa 3-4 minuti.

Disponete i filetti di pesce al centro del piatto, copriteli di salsa di agrumi e guarniteli con la cianfotta.

Ristorante: Il Principe, Pompei

Pesce bandiera nella foglia di fico

Ingredienti per 6 persone:
1,2 kg di pesce già sfilettato
6 foglie grandi di fico
3 cucchiai di parmigiano
3 cucchiai di pane grattugiato
prezzemolo
sale, pepe
olio extravergine di oliva

Prendete la foglia di fico ben lavata e adagiatevi il pesce, condite con sale, pepe, prezzemolo, formaggio, pane grattugiato e un filo d'olio. Chiudete la foglia con uno stecchino e cuocete sulla griglia a fuoco lento per circa 5 minuti.

Ristorante: Boccaccio, Acciaroli

Pesce del Golfo di giornata cotto al vapore

Ingredienti per 4 persone:
1,2 kg di pesce fresco del giorno
olio extravergine di oliva
aglio e prezzemolo

Prendete il pesce, pulitelo, aromatizzatelo con il prezzemolo e l'aglio. Mettetelo in una teglia da forno con olio extravergine d'oliva e fatelo cuocere per circa 10 minuti.

Ristorante: La Taverna del Pescatore, Santa Maria di Castellabate

Pesce fresco all'acqua pazza

Ingredienti per 4 persone:
1,2 kg di pesce del pescato del giorno
15 pomodorini piccoli
olio extravergine di oliva
1/2 bicchiere di vino bianco
aglio e prezzemolo q.b.

Fate soffriggere aglio, olio in padella. Aggiungete il pesce fresco di giornata e fatelo rosolare da ambedue i lati per una decina di minuti. Insaporite con del vino bianco. Aggiungete acqua e i pomodorini tagliati sottili. Fate cuocere il tutto per circa 15 minuti. Servite con prezzemolo fresco.

Ristorante: Clipper da Nunzio, Ischia

Pesce in pasticcio con ortaggi

Ingredienti per 4 persone:
400 g di pasta sfoglia
600 g di patate
1 kg di ricciola (variante con pezzogna o lampuca)
6 carciofi
aglio
olio extravergine di oliva
pepe

Foderate uno stampo con la pasta sfoglia, quindi cuocete patate e carciofi con aglio, olio e un po' di pepe. Aggiungete sale fino, fate lessare al punto giusto il pesce, deliscatelo, poi riempite lo stampo con un letto di patate e carciofi. Dopo aver coperto con dei pezzi di pesce, ripetete questa operazione per due volte, chiudete con un coperchio di sfoglia e fate cuocere in forno a 180° per circa 30 minuti.

Ristorante: Cantina di Triunfo, Napoli

Pesce in umido alla procidana

Ingredienti per 4 persone:
2 kg di pesce luna
500 g di pomodorini
1 bicchiere di vino bianco
aglio e prezzemolo tritati
olio extravergine di oliva
sale, peperoncino

Dopo aver sbollentato il pesce, sfilettatelo e lasciatelo rosolare in olio e aglio per circa 10 minuti. Sfumate con mezzo bicchiere di vino bianco e, a parte, sbollentate i pomodorini, quindi spellateli e frullateli. Unite il passato ottenuto al pesce, poi peperoncino e prezzemolo tritato al momento. Fate cuocere per circa 20 minuti e servite ben caldo.

Ristorante: Caracalé, Procida

Pesce San Pietro all'acqua pazza bianca con patate

Ingredienti per 4 persone:
1 pesce San Pietro da 1,5 kg
300 g di patate
aglio
olio extravergine di oliva
prezzemolo
sale

Sviscerate il pesce e rosolatelo in padella con olio non bollente e aglio. A parte tagliate le patate a rondelle, sbollentatele e unitele in una teglia al San Pietro con l'aggiunta di due bicchieri d'acqua e qualche ciuffo di prezzemolo a foglie larghe. A cottura ultimata, sfilettatele il pesce e adagiate in un piatto da portata aggiungendo il sugo e le patate.

Ristorante: Lido Azzurro, Amalfi

Pesce San Pietro in crosta di erbe aromatiche e pinoli

Ingredienti per 4 persone:
1 kg di pesce San Pietro
100 g di pane grattugiato
60 g di pinoli grattugiati
50 g di burro
erbe aromatiche
olio extravergine di oliva

Preparate la crosta lavorando tutti gli ingredienti e fate riposare per 30 minuti in frigo. Togliete la lisca al pesce e stendere i filetti ottenuti sopra la crosta. Mettete in forno per 30 minuti e servite con olio crudo aromatizzato.

Ristorante: Palazzo Della Marra, Ravello

Pesce spada ai profumi del Mediterraneo

Ingredienti per 4 persone:
1 kg di pesce spada a fette
250 g di pomodorini del piennolo
capperi
olive nere di Gaeta
aglio
olio extravergine di oliva
sale
prezzemolo

Soffriggete l'aglio in una teglia con olio d'oliva extravergine e aggiungete capperi e olive nere di Gaeta. Lasciate insaporire per alcuni secondi prima di unire i pomodorini del piennolo. Portate a cottura il tutto per circa 5 minuti. Adagiate nella teglia il pesce spada a fette e proseguite a fuoco medio per altri cinque minuti.

Disponete nei piatti e servite caldo.

Ristorante: Da Gemma, Amalfi

Pesce spada alla griglia

Ingredienti per 4 persone:
4 fette di pesce spada
olio extravergine di oliva
limone
sale, menta

Arrostite le fette di pesce spada sulla brace per un paio di minuti. Precedentemente avrete preparato la salsina con olio, limone, sale e menta fresca, agitando il tutto con una spatola fino ad ottenere una salsa melmosa. Prima di servire versate la salsa sul pesce in modo omogeneo.

Guarnite il piatto con menta e limone.

Ristorante: Il Pirata, Sant'Angelo d'Ischia

Pesce spada con pane insaporito

Ingredienti per 4 persone:
4 fette di pesce spada
100 g di pane grattugiato
aglio
peperoncino
finocchietto fresco
olio extravergine di oliva
sale
pecorino

Pulite e tagliate il pesce spada a fette dello spessore di un dito. Prendete il pane cafone raffermo, grattugiatelo e insaporitelo con un battuto di aglio, peperoncino, finocchietto fresco, olio extravergine di oliva, sale e una spruzzatina di formaggio pecorino.

Impanate nel preparato le fettine di pesce spada e passatele alla griglia per la cottura.

Ristorante: 'A Paranza, Atrani

Pesce spada steccato alle acciughe e grigliato, tortino di pomodoro alla caprese rivisto, insalata di rucola e parmigiano

Ingredienti per 4 persone:
1 filetto intero di pesce spada di 600 g da tagliare in 4 pezzi uguali
12 ciliegine di mozzarella
2 acciughe dissalate
4 pomodori grossi tondi
12 pomodorini pachino
12 pomodori secchi
100 g di rucola selvatica
50 g di scaglie di parmigiano
zucchero a velo
olio extravergine d'oliva
timo e aglio q.b.

Per l'olio al basilico:
100 g di foglie di basilico
100 ml di olio extravergine di oliva
sale e pepe q.b.
20 g di pinoli tostati

Preparate innanzitutto il tortino di pomodoro. Tagliate a fette di 4 mm circa i pomodori grossi, stendeteli su di una placca, aggiungete lo zucchero a velo, olio, timo ed aglio e disidratate in forno a 80° per 2 ore circa. Componete il tortino con rondelle di ciliegine di mozzarella essiccate e pomodori secchi. Dategli forma di fiore. A parte poi pulite il pesce spada, ricavandone dei tranci da porzione. Quindi steccate semplicemente con filetti di acciughe e grigliate. Mettete il tortino di pomodoro al centro; alternate, intorno, spicchi di pomodoro svuotati e pelati con ciliegine di mozzarella.

Sul tortino, verticalmente, posizionate il pesce spada grigliato. Decorate con foglie di rucola e scaglie di parmigiano, pinoli ed olio al basilico, che avrete preparato emulsionando tutti gli ingredienti su citati.

Ristorante: Palazzo Sasso Rossellini's, Ravello

Pesce spatola con pangrattato alle erbe

Ingredienti per 4 persone:
2 kg di pesce spatola
1 confezione di pancarré
olio extravergine di oliva
sale, pepe
prezzemolo, menta, timo, erba cipollina
1 limone
1 arancia
20 g di parmigiano

Prendete il pancarré e tagliate la parte esterna scura. Sbriciolate bene e mettete in un recipiente con prezzemolo, menta, timo, parmigiano, erba cipollina, buccia di limone, buccia di arancia, olio e succo di limone. Frullate il tutto. Oleate una teglia da forno e disponetele i filetti di pesce coprendoli con il pangrattato alle erbe. Aggiungete un filo d'olio e del succo di limone. Infornate a 200 ° per circa 15 minuti. Servire il piatto ben caldo decorato con erbe aromatiche.

Ristorante: La Pergola, Capaccio

Pezzogna al finocchio selvatico

Ingredienti per 6 persone:
1,8 kg di pezzogna di Sorrento
finocchio selvatico dei Monti Lattari
2 bicchieri di spumante brut
olio extravergine di oliva
sale, pepe
prezzemolo

Una volta pulito il pesce riempitelo con il finocchio selvatico. Fatelo cuocere in forno a 220° per 40 minuti con aggiunta di aglio e olio. A metà cottura bagnate con due bicchieri di spumante brut e, dopo circa 20 minuti, sfornate e servite caldo.

Ristorante: Giardiniello, Minori

Pezzogna al forno con olive bianche

Ingredienti per 4 persone:
1 kg di pezzogna
40 g di olive bianche
olio extravergine di oliva
cipolla e sedano q.b.
1 rametto di maggiorana
1 bicchiere di vino bianco

Pulite il pesce e mettetelo in una teglia con un soffritto di sedano, cipolla, capperi e un rametto di maggiorana. Unite le olive bianche e un bicchiere di vino bianco e mezzo di acqua. Fate cuocere in forno a 200° per 15-18 minuti.

Ristorante: Leucio, Caserta

Pezzogna alla brace

Ingredienti per 5 persone:
2 pezzogne da 500 g ciascuna
olio extravergine di oliva
limone
menta
sale

Pulite il pesce e arrostitelo sulla brace. Una volta cotto su entrambi i lati, conditelo con una salsetta ottenuta con olio, aglio, limone e menta. Servite ben caldo.

Ristorante: La Botte, Minori

Pezzogna all'acqua pazza

Ingredienti per 4 persone:
800 g di pezzogna
4 pomodorini
1 spicchio di aglio
olio extravergine di oliva
sale q.b.
prezzemolo fresco
1/2 bicchiere di vino bianco

Soffriggete aglio e olio in una padella, quindi mettete il pesce e bagnate con vino bianco. Aggiungete i pomodorini tagliati a fette ed eventualmente acqua.

Fate cuocere qualche minuto e servite dopo aver aggiunto prezzemolo tritato al momento.

Ristorante: Dante e Beatrice, Napoli

Pezzogna all'acqua pazza

Ingredienti per 4 persone:
1,2 kg di pezzogna
6 pomodorini
olio extravergine di oliva
aglio
sale
peperoncino

Pulite e diliscate il pesce. Fate soffriggere aglio, olio e peperoncino, quindi unite il pesce e aggiungete dell'acqua fino a coprirlo. Fate cuocere per mezz'ora e servite caldo con una spruzzatina di prezzemolo.

Ristorante: Dora, Napoli

Pezzogna all'acqua pazza alla amalfitana

Ingredienti per 4 persone:
1 pezzogna da 1,2 kg
pomodorini di Corbara a piacere
1 sedano
2 carote
2 spicchi d'aglio
olio extravergine di oliva
prezzemolo
sale

Pulite e squamate il pesce. Mettetelo in una teglia con acqua, aggiungete i pomodorini, il sedano, le carote, il prezzemolo, l'olio e lasciate cuocere a fuoco medio per venti minuti circa. Servitelo sfilettato nel sugo di cottura.

Ristorante: 'A Paranza, Atrani

Pezzogna all'acqua pazza alla cetarese

Ingredienti per 4 persone:
1,2 kg di pezzogna
1 bicchiere di vino bianco
1 spicchio di aglio
pomodorini a piacere
olio extravergine di oliva
prezzemolo tritato

Pulite e squamate il pesce, quindi fate soffriggere l'aglio e mettete nella padella la pezzogna per cuocerla su entrambi i lati. Sfumatela con mezzo bicchiere di vino bianco e aggiungete acqua, pomodorini interi e un pizzico di sale. Cuocete per circa 10-15 minuti e sistemate in un piatto da portata. Decorate con una bruschetta e pomodorini cotti. Per finire, decorate con prezzemolo.

Ristorante: Acquapazza, Cetara

Pezzogna alla mediterranea

Ingredienti per 4 persone:
1 pezzogna da 1 kg
300 g di patate
olio extravergine di oliva
sale, pepe
prezzemolo

Sfilettate la pezzogna, tagliate le patate a rondelle, mettetele nell'acqua bollente per qualche minuto. Adagiate su carta argentata il filetto di pezzogna e rivestitelo con le rondelle di patate, condite con il sale, olio, pepe e prezzemolo e un pizzico d'aglio; chiudete il cartoccio e cuocetelo nel forno per 15 minuti.

Ristorante: Antico Francischiello, Massa Lubrense

Pezzogna al sale

Ingredienti per 4 persone:
1 kg circa di pesce
2 kg di sale grosso
olio extravergine d'oliva
prezzemolo e limone q.b.

Stendete molto sale in una teglia da forno. Adagiatevi sopra il pesce spennellato con dell'olio crudo. Ricoprite il tutto con altro sale grosso. Infornate a 220° circa per una ventina di minuti. Servite il pesce già spinato con della salsetta fresca a base di olio, sale, limone e prezzemolo.

Ristorante: Clipper da Nunzio, Ischia

Pezzogna con crema di patate e lardo di Colonnata profumata al limone

Ingredienti per 4 persone:
1 kg di pezzogna
600 g di patate di San Gregorio Magno
1 limone
70 g di lardo di Colonnata
olio extravergine di oliva
rosmarino e prezzemolo
2 spicchi d'aglio

Pulite la pezzogna, quindi poggiate le patate in una teglia da forno dopo averle tagliate a rondelle. A questo punto imbottite il pesce con il lardo di Colonnata ridotto a fettine sottili, con aglio passato al setaccio, prezzemolo, rosmarino e sale. Adagiate la pezzogna sul letto di patate e 2 spicchi d'aglio schiacciati. Salate e aggiungete un filo d'olio di oliva e un po' di acqua.

Cuocete in forno a 180° per circa 30 minuti. A cottura ultimata, passate le patate al mixer, aggiustate di sale e unite il succo di mezzo limone. Sistemate la crema ottenuta in un piatto da portata insieme alla pezzogna spinata con aggiunta di pepe nero e olio extravergine.

Ristorante: Al Cenacolo, Salerno

Pezzogna con patate ed olive

Ingredienti per 4 persone:
1 pezzogna da 1 kg
1 kg di patate
aglio
olio extravergine di oliva
prezzemolo
pomodorini

Pulite la pezzogna in abbondante acqua corrente eliminando le squame. In una padella fate soffriggere l'aglio con l'olio extravergine. Quindi unite il pesce lasciandolo rosolare e successivamente le patate tagliate a fette sottili ed i pomodorini. Aggiungete un po' d'acqua e continuate la cottura a fuoco moderato finché il pesce non sarà cotto. Spinate e servite.

Ristorante: Eolo, Amalfi

Pezzogna in crosta di ceci

Ingredienti per 4 persone:

Per la pasta di ceci:
500 g di farina di ceci
7 g di lievito di birra
1 pizzico di sale
250 ml di acqua

Per il pesce:
1 pezzogna da 1,2 kg
olio extravergine di oliva
sale q.b.

Disponete la farina a fontana, quindi unite tutti gli ingredienti compreso il lievito di birra precedentemente sciolto in acqua tiepida. Impastate fino ad ottenere un panetto di media consistenza e fatelo lievitare per 30 minuti. Appena pronto, dividetelo in due parti e tirate due sfoglie non troppo sottili. Sfilettate la pezzogna e adagiatela sulla pasta di ceci precedentemente stesa. Coprite con la restante sfoglia arrotolando i bordi fino ad ottenere la forma di un pesce. Sistemate in una teglia con carta oleata da forno e infornate per 30 minuti.

Appena pronto, portate il pesce a tavola e aprite la sfoglia. Servite con un filo d'olio e un pizzico di sale.

Ristorante: Acqua Pazza, Ponza

Pezzogna in guazzetto di rucola, pomodorini e fiori di zucca

Ingredienti per 4 persone:
1,2 kg di pezzogna
300 g di pomodorini del piennolo
2 mazzetti di rucola
16 fiori di zucca freschi
8 crostini di pane casereccio al finocchietto selvatico
100 g di olio extravergine d'oliva delle colline vicane
2 spicchi d'aglio
800 g di acqua
sale e pepe macinato fresco q.b.

Pulite e diliscate il pesce. In un tegame largo ed alto rosolate l'olio e l'aglio. Aggiungete i pomodorini schiacciati con le mani, quindi le pezzogne con l'acqua.

Coprite il tegame con un coperchio e cuocete per 15 minuti. Infine aggiungete nel tegame la rucola ed i fiori di zucca già puliti precedentemente, continuate la cottura per qualche minuto. Servite il tutto con crostini di pane al finocchietto grigliato.

Ristorante: Il Terrazzino, Piano di Sorrento

Pezzogna scaloppata

Ingredienti per 4 persone:
1,2 kg di pezzogna
300 g di zucchine
2 uova
farina e burro q.b.
pomodori per l'insalata
sale
olio extravergine di oliva
formaggio grattugiato
1 spicchio d'aglio
prezzemolo tritato al momento

Dopo aver pulito il pesce, diliscatelo, tagliatelo a pezzi e infarinatelo. Passatelo per qualche minuto in olio bollente e fate dorare le parti su entrambi i lati; quindi, in un fondo precedentemente imburrato, sistemate le zucchine tagliate alla julienne e i pomodori ridotti a cubetti. Salate. Per preparare lo zoccolo su cui va adagiato il pesce, sbattete le uova con formaggio, sale e pepe e, dopo aver tagliato le zucchine a fette, unitele al battuto. In una teglia imburrata fate uno strato sottile e cuocetelo in forno a 180° per circa 15 minuti. Una volta raffreddato il tutto, staccate con un bicchiere capovolto delle formine e sistematele sotto la pezzogna. Decorate a piacere con zucchine e pomodorini precedentemente sminuzzati.

Ristorante: Terrazza Calabritto, Napoli

Pignatiello alla Giuseppone

Ingredienti per 4 persone:
8 polipetti veraci
250 g di olive nere
100 g di capperi
aglio
olio extravergine di oliva
peperoncino
prezzemolo
pomodorini del piennolo a piacere

In un fondo di aglio, olio e peperoncino mettete i polipetti accuratamente puliti. Coprite e fate cuocere per 10-15 minuti. A metà cottura aggiungete i pomodorini, le olive nere e i capperi. Decorate con una spruzzatina di prezzemolo.

Ristorante: Giuseppone a mare, Napoli

Pignatiello 'e vavella

Ingredienti per 4 persone:
8 mazzancolle grandi
8 fasolare
8 vongole grandi
8 tartufi di mare
8 calamaretti
8 polipi veraci piccoli
12 pomodorini
1 spicchio d'aglio
1 dl di olio extravergine di oliva

Dividete l'olio in quattro pignatielli di coccio, in ognuno mettete uno spicchio d'aglio e lasciatelo imbiondire. Aggiungete nel primo pignatiello le mazzancolle sgusciate, nel secondo i calamaretti, nel terzo i polipi e nel quarto i frutti di mare.

Lasciate cuocere a fuoco moderato, aggiungendo a metà cottura i pomodorini.

Quando ogni singola cottura sarà quasi ultimata, unite tutto in una grande teglia e lasciate finire la cottura a fuoco vivace per ridurre il sugo. Servite ben caldo utilizzando di nuovo i quattro pignatielli.

Ristorante: Da Ciro a Santa Brigida, Napoli

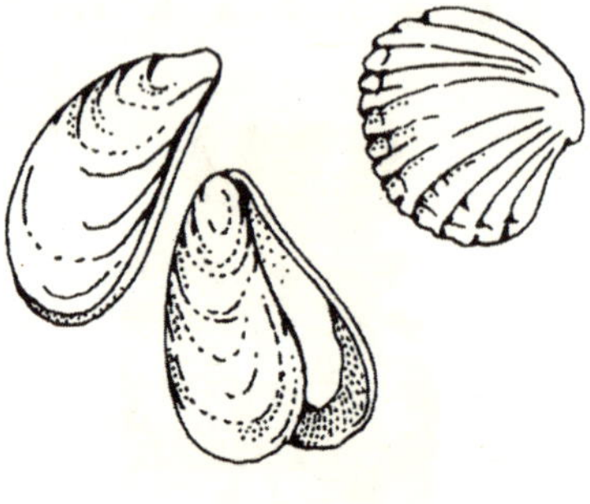

Pizza ai frutti di mare

Ingredienti per 1 persona:
150 g di farina
acqua e lievito di birra q.b.
2 cucchiai di pomodoro passato
vongole, cozze, tartufi, fasolare
2 polipetti veraci in cassuola q.b.
passata di pomodoro
olio extravergine di oliva
aglio tritato

Mescolate farina, acqua e lievito, quindi stendete la pasta ottenuta e aggiungete il pomodoro passato, l'aglio e un filo d'olio d'oliva. Infine, mettete i frutti di mare precedentemente lessati e sgusciati, nonché i polipetti già preparati in cassuola.

Cuocete in forno per circa 4-5 minuti.

Ristorante: Sent'Co', Procida

Polipetti affogati

Ingredienti per sei persone:
1 kg di polipetti
3 pomodori freschi o pelati
olio extravergine di oliva
prezzemolo
1 spicchio d'aglio
sale e peperoncino piccante q.b.
1 bicchiere di vino bianco

Per intenerire il polipo eliminate la vescichetta e spellatelo. Poi battetelo. I polipetti piccoli sono comunque teneri e non hanno bisogno di questo trattamento. Mettete l'olio di oliva in un tegame di coccio insieme all'aglio schiacciato, i polipetti "veraci" insieme ai pomodori spezzettati, un pizzico di sale, il peperoncino e mezzo bicchiere di vino bianco. Coprite con carta argentata (stagnola) e di tanto in tanto rimestare con un cucchiaio di legno. A cottura ultimata aggiungete il prezzemolo tritato e fate riposare il tutto un quarto d'ora prima di servirli.

Ristorante: 'O Canonico 1898, Sorrento

Polipetti con lenticchie e sponzillo

Ingredienti per 6 persone:
18 polipetti puliti
200 g di lenticchie lessate
200 g di sponzilli (pomodorini)
1 peperoncino
olio extravergine di oliva
sale, pepe
aglio
1/2 bicchiere di vino bianco

Fate rosolare l'aglio, il peperoncino ed unite i polipetti. Dopo tre minuti sfumate con vino bianco, aggiungete i pomodorini e le lenticchie già lessate. Ultimate la cottura e servite con crostoni di pane.

Ristorante: Il Granaio dei Casabella, Paestum

Polipetti con patate

Ingredienti per 4 persone:
1 kg di polipetti veraci
olio extravergine di oliva
1 spicchio d'aglio
1 mazzetto di prezzemolo
1 bicchiere di vino bianco secco
500 g di patate
500 g di pomodorini freschi
sale e peperoncino q.b.

Pulite i polipetti e sciacquateli accuratamente, quindi fate soffriggere olio e aglio con aggiunta di peperoncino. Unitevi i polipetti e sfumate con del vino bianco. Aggiungete i pomodorini tagliati a metà, il prezzemolo e un bicchiere di acqua tiepida. Fate cuocere circa 15 minuti e, infine, unite le patate tagliate a pezzettini piccoli, tenendole sul fuoco finché non si cuociono. Servite caldo, con una manciata di prezzemolo tritato.

Ristorante: La Cantina di Sica, Napoli

Polipetti in cassuola

Ingredienti per 4 persone:
8 polipetti veraci di scoglio
300 g di pomodorini
1 spicchio di aglio
1 bicchiere di vino bianco
olio extravergine di oliva
sale, pepe e prezzemolo q.b.
8 crostini

Pulite i polipetti, quindi lavateli bene sotto l'acqua corrente. In una casseruola fate rosolare l'aglio nell'olio, aggiungetevi i polipetti e fate rosolare. Sfumate il tutto con vino bianco e poi aggiungete i pomodorini tagliati a metà, coprite e lasciate cuocere a fuoco lento.

Correggete di sale e di pepe, poi servite il piatto ben caldo accompagnato da crostini.

Ristorante: Crescenzo, Procida

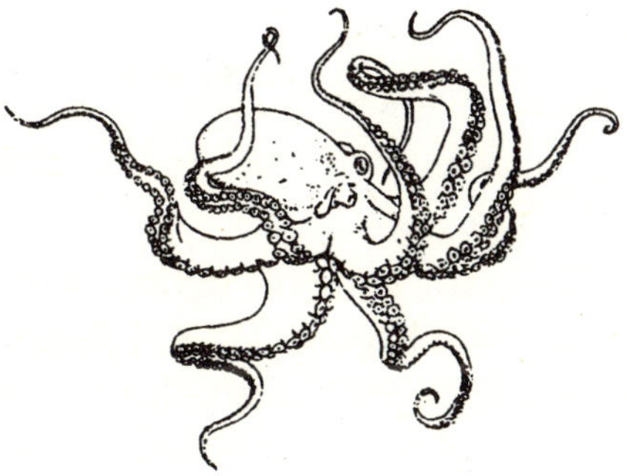

Polipetti ripieni

Ingredienti per 4 persone:
8 polipetti di circa 100 g ciascuno
olio extravergine di oliva
16 pomodorini
1 mazzetto di prezzemolo
2 spicchi di aglio
150 g di olive nere
50 g di acciughe
capperi
pane grattugiato
peperoncino piccante
sale

Dopo aver pulito i polipetti, preparate il ripieno nel modo seguente.Tritate con il coltello da banco le olive, i capperi e le acciughe, insieme ad uno spicchio di aglio e del prezzemolo, aggiungendo il pane grattugiato con un po' di olio. Dopo aver amalgamato il tutto, riempite le teste dei polipetti. Mettete sul fuoco una casseruola alta, ed adagiatevi i polipetti con le teste all'insù, poggiate sui tentacoli.

Aggiungete prezzemolo, olio, aglio schiacciato, peperoncino piccante a piacere e pomodorini tagliati a pezzetti. Fate cuocere a fuoco lento coprendo la casseruola con un coperchio.

Ristorante: Da Gaetano, Ischia

Polipetti veraci affogati

Ingredienti per 2 persone:
300 g di polipetti veraci
200 g di pomodorini
1 spicchio d'aglio
olio extravergine di oliva
50 g di olive nere
50 g di capperi
sale q.b.

In un tegamino con olio, aglio e capperi adagiate i polipetti, lasciateli rosolare qualche minuto e poi aggiungete un po' d'acqua. Unite i pomodorini e, quasi a fine cottura, le olive nere snocciolate ed il prezzemolo tritato al momento.

Ristorante: Rosiello, Napoli

Polipi e patate

Ingredienti per 4 persone:
600 g di polipi
500 g di patate
200 g di pomodorini
1 cipolla
2 spicchi di aglio
1 bicchiere di vino bianco
sale, pepe e prezzemolo q.b.

Mettete in una padella l'olio, unitevi l'aglio e la cipolla ben tritati e fate appassire il tutto con del vino bianco. Unite i polipi tagliati a pezzi e fate cuocere. A metà cottura aggiungete i pomodorini e le patate tagliate a pezzi piccoli, condite con sale, pepe e prezzemolo. Coprite e fate cuocere per circa 20 minuti a fuoco lento.

Ristorante: Boccaccio, Acciaroli

Polipi in guazzetto di pomodori su fonduta di mais al peperoncino

Ingredienti per 4 persone:
800 g di polipi
250 g di farina
400 g di pomodori freschi
40 g di olio extravergine di oliva
prezzemolo a foglie
peperoncino e sale q.b.

Fate rosolare l'aglio, aggiungete i polipi puliti, i pomodori tagliati a pezzetti e il prezzemolo.

Coprite e fate cuocere a fuoco basso per circa un'ora. Riempite un'altra pentola con un litro di acqua e, non appena bolle, unite la farina di mais, il prezzemolo e il sale. Disponete quindi la polenta nei piatti e adagiatevi i polipi ancora fumanti. Decorate il piatto con una spruzzatina di prezzemolo tritato.

Ristorante: La Volpe Pescatrice, Furore

Polipo affogato

Ingredienti per 2 persone:
600-700 g di polpi
200 g di pomodorini
2 spicchi d'aglio
4 cucchiai di olio extravergine di oliva
peperoncino e prezzemolo q.b.

Fate scaldare l'olio quanto basta in una padella con l'aglio intero, e quando questo diventa biondo toglietelo e versatevi i polipi che in precedenza avrete pulito e sciacquato. Fate rosolare ed evaporare bene l'acqua dei polipi e quando vedrete un sughetto piuttosto denso aggiungetevi i pomodorini e fate cuocere. I polipi in tutto devono cuocere 30 minuti. Condite infine a piacere con peperoncino e prezzemolo.

Ristorante: Alberto, Ischia Ponte

Polpette di mussillo

Ingredienti per 6 persone:
1 kg di baccalà ammollato
500 g di pomodori San Marzano
3 spicchi d'aglio
200 g di olive nere di Gaeta
25 g di capperi
3-4 tuorli d'uovo
1 bicchierino di nocillo
6 fette di pane cafone
olio extravergine di oliva
origano, sale e pepe q.b.

Lavate il baccalà, lessatelo e fatelo raffreddare. Intanto scottate, pelate e passate i pomodori. Sminuzzate il pesce e lavoratelo in una casseruola aggiungendo metà delle olive, dei capperi, dell'origano, il pane ammorbidito in acqua e il nocillo. Salate e pepate, aggiungete i tuorli d'uovo e formate dodici polpette tonde da friggere sino alla doratura in olio bollente. Nel frattempo in un tegame avrete fatto dorare l'aglio nell'olio con il resto del pomodoro, delle olive, dei capperi e dell'origano. Salate e condite le polpette con il sugo.

Ristorante: Le Colonne, Caserta

Provolonata di zucchine, melanzane e alici

Ingredienti per 4 persone:
300 g di provolone del monaco
2 melanzane
2 zucchine
1 kg di alici
6 uova
500 g di pomodorini
olio extravergine di oliva
basilico, pepe e sale q.b.

Fate dorare e friggere le zucchine, le melanzane tagliate a fette e le alici (spinate e aperte), quindi fate uno strato di melanzane in una terrina unta e condite con pomodoro cotto, provolone grattugiato secco, pepe, sale e basilico. Fate un altro strato con le alici, poi aggiungete gli stessi ingredienti usati per le melanzane. Poi di nuovo fate uno strato di zucchine condite e uno di alici condite. Ripetete la stessa operazione per due volte. Infornate a 180° per circa 10 minuti.

Una volta sfornato, sistemate in un piatto da portata e unite un po' di pomodoro fresco e qualche foglia di basilico.

Ristorante: San Pietro, Cetara

Rana pescatrice con cime di rapa, moscardini e gamberi con salsa di pomodorini

Ingredienti per 4 persone:
320 g di rana pescatrice pulita
200 g di cime di rapa
200 g di pomodorini
4 moscardini
200 g di gamberi
2 spicchi d'aglio
olio extravergine d'oliva
prezzemolo
sale e pepe

Passate in padella le fette di rana pescatrice con un filo d'olio e tenetele in caldo. Sbollentate le cime di rapa e cuocete i moscardini in casseruola con pomodorini e prezzemolo.

A fine cottura aggiungete i gamberi. Componete il piatto disponendo prima la fetta di pescatrice, poi le cime di rapa con un filo d'olio, quindi i moscardini ed i gamberi con il loro sughetto.

Ristorante: Caruso, Sorrento

Rana pescatrice in salsa di olive

Ingredienti per 4 persone:
300 g di filetti di rana pescatrice
2 uova
farina
pane bianco grattugiato
sale
olio di semi per friggere

Per la salsa alle olive:
250 g di olive verdi
120 g di pomodorini
1 spicchio di aglio tritato
olio extravergine di oliva
prezzemolo tritato
sale q.b.

Salate e spolverizzate con la farina i filetti di rana pescatrice, passateli nelle uova sbattute ed impanateli.

Friggete i filetti in olio di semi bollente. Per la salsa di olive, rosolate nell'olio d'oliva l'aglio tritato, aggiungete il prezzemolo, le olive verdi snocciolate e tritate ed infine i pomodorini. Salate e lasciate cuocere per non più di cinque minuti.

Versate la salsa nel piatto ed adagiatevi i filetti di pesce.

Ristorante: Villa Maria, Ravello

Ricciola ai profumi amalfitani

Ingredienti per 4 persone:
1 kg di ricciola
1 spicchio d'aglio
1 limone
olio extravergine di oliva
sale e menta fresca in foglie q.b.

Pulite e squamate il pesce, quindi preparate in una pentola del brodetto con acqua, olio, aglio e una foglia di menta. Lasciate bollire per 5 minuti e fate raffreddare, quindi aggiungete il pesce fino a coprirlo per metà e fatelo cuocere coperto per 10 minuti per lato. Sollevate il pesce, spinatelo e sistematelo su un vassoio. A parte, aggiungete al sughetto che sta cuocendo 2 cucchiai di olio extravergine, ancora una foglia di menta e una grattugiata di buccia di limone della Costiera. Non appena il sughetto si sarà addensato versatelo sul pesce spinato. Guarnite il piatto con fettine di limone e foglioline di menta.

Ristorante: San Pietro, Cetara

Ricciola alla pizzaiola

Ingredienti per 4 persone:
2 ricciole di 400 g ciascuna
200 g di pomodorini del Vesuvio
50 g di olive bianche
1 spicchio d'aglio
olio extravergine di oliva
1 cucchiaio di aceto
prezzemolo e basilico q.b.

Preparate in una padella un fondo con olio, aglio, pomodorini, olive e prezzemolo. Aggiungete le due ricciole ben pulite e squamate. Sfumate con un cucchiaio di aceto e proseguite la cottura per 20 minuti. Servite con il sugo di cottura e del prezzemolo e basilico freschi.

Ristorante: Lo Scoglio, Massa Lubrense

Ricciola sfilettata al limone

Ingredienti per 4 persone:
1,2 kg di ricciola
30 g di burro
farina per impanare
olio extravergine di oliva
succo di limone e prezzemolo q.b.

Lavate, pulite e sfilettate il pesce. Fate soffriggere l'olio e, una volta impanati i filetti, friggeteli in padella su entrambi i lati. Sostituite quindi l'olio con il burro e un po' d'acqua. Fate cuocere per circa 10-12 minuti e a fuoco spento aggiungete del succo di limone. Servite caldo dopo aver decorato con prezzemolo a pioggia.

Ristorante: Acquapazza, Cetara

Ricciole al limone

Ingredienti per 4 persone:

1 kg di ricciole
1 spicchio d'aglio
olio extravergine di oliva
succo di limone
sale
pepe
prezzemolo
menta

Pulite bene i pesci sotto l'acqua corrente e farcitene la pancia con aglio, prezzemolo e menta tagliuzzati, sale e pepe. Adagiateli in una teglia da forno, ungete con olio extravergine di oliva e coprite con limone tagliato a fette. Infornate a 180° per circa 20 minuti e, una volta pronte, spinate le ricciole e servitele in piatti da portata con il sugo di cottura.

Ristorante: 'A Paranza, Atrani

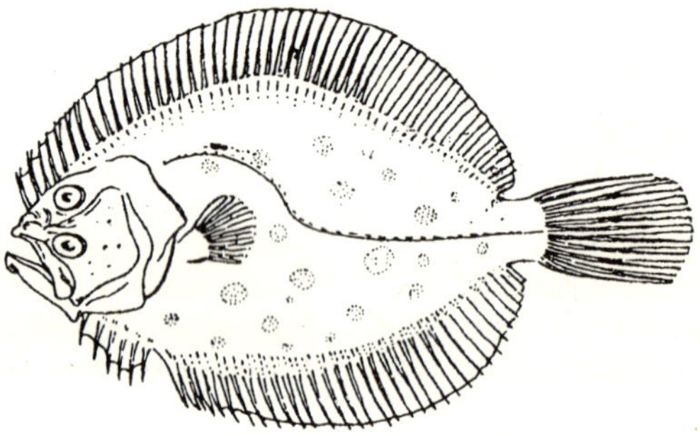

Rombo brasato con patate, olive e capperi

Ingredienti per 4 persone:

600 g di filetti di rombo puliti
200 g di patate tagliate a rondelle (spesse 6 mm)
20 olive snocciolate
1 cucchiaio di capperi dissalati
olio extravergine di oliva
100 g di brodo di pesce
1 bicchiere di vino bianco secco
sale, pepe
prezzemolo q.b.

Sfilettate il rombo e sistematelo a strati con le patate in una pirofila da forno precedentemente oliata. Aggiungete le olive, i capperi, il vino bianco, il fumetto di pesce, sale e pepe. Coprite poi la pirofila con una carta d'alluminio e infornate a 180°.

Dopo 15 minuti circa controllate che il pesce sia cotto e regolate di sale il sughetto che si sarà formato. Spolverizzate di prezzemolo, e servite con un filo di olio crudo.

Ristorante: Le Sirenuse, Positano

Roselline di pesce bandiera in farcia di cavolfiore al basilico speziate d'acciuga salata su crema di zucca

Ingredienti per 4 persone:

Per il ragù:
500 g di filetto di pesce bandiera
250 g di cavolfiori lessi e soffritti con l'aglio
1 cucchiaio di panna
1 fetta di pancarré
sale, pepe
prezzemolo
basilico
1 filetto d'acciuga
2 spicchi d'aglio

Per la crema di zucca:
300 g di zucca
1 dl di latte
1 cipollotto
peperoncino
olio extravergine di oliva
basilico
sale, pepe q.b.

Dividete a metà il pesce e sfilettatelo evitando di staccare la carne. Stendete i pesci bandiera su un piano d'acciaio, salate, pepate e spruzzate un po' di vino bianco. Preparate la farcia nel frullatore con cavolfiori lessi e soffritti, il pancarré e la panna fino ad ottenere una crema callosa. Stendete l'impasto sui filetti e completate il tutto con foglie di basilico. Arrotolate a forma di rosa e prima di infornare passate nelle acciughe tritate. Tagliate la zucca a dadini, stendete su una placca e lasciate asciugare in forno per 15 minuti a 170°. Soffriggete il cipollotto con olio extravergine, una battuta di basilico e poco peperoncino. Dopo aver aggiunto la zucca, salate, pepate e sfumate con vino bianco. Fate evaporare e aggiungete il latte. Lasciate cuocere per 10 minuti circa e passate nel mixer. Dopo aver frullato, riportate il tutto in padella. Infornate le roselline e cuocete con due gradazioni di cottura: per 5 minuti a cottura mista e per 3 minuti a 180°. Appena pronte, spandete a cerchio la crema di zucca nei piatti e adagiatevi le roselline di pesce bandiera. Decorate con basilico, olio, prezzemolo e fettine di pomodoro prive di semi.

Ristorante: Marina Grande, Amalfi

San Pietro al vapore con salsetta di limone e verdure

Ingredienti per 4 persone:
1 kg di pesce San Pietro
olio extravergine di oliva
sale q.b.
agretti
patate e zucchine
2 o più limoni

Pulite e lavate il pesce, sistematelo in una teglia in forno a 150° e fatelo cuocere circa 10 minuti. A parte tagliate la buccia di due limoni a fiammifero, quindi mettete in una tazza olio extravergine di oliva e il succo degli agrumi aggiungendo poi le bucce e un pizzico di sale. Con un frustino amalgamate fino ad ottenere una crema compatta. A questo punto sistemate il pesce cotto al forno in un piatto da portata e conditelo con la salsetta. Decorate con agretti, patate e zucchine tagliate a fiammifero con aggiunta di un filo di olio.

Ristorante: Sea Garden, Salerno

Sapori dell'orto in brodo di pesce

Ingredienti per 4 persone:
4 fasci di scarole e cicorie
1 kg di pesce misto di piccola taglia (scorfano, coccio, lucerna e pescatrice)
150 g di pomodorini del piennolo
olio extravergine di oliva
aglio
prezzemolo

Squamate e pulite il misto di pesce. In una pentola fate soffriggere l'aglio nell'olio extravergine e aggiungete il pescato pulito e sensa lische, lasciandolo rosolare per un po'. Unite i pomodorini del piennolo e fate cuocere per 15 minuti. A cottura ultimata, frullate il tutto e aggiungetevi dell'acqua fino ad ottenere un brodo di media consistenza. Bollite a parte le verdure e, una volta pronte, aggiungetele al brodo di pesce. Servite caldo con l'aggiunta di prezzemolo e accompagnate il piatto con del pane biscottato di Agerola.

Ristorante: Da Gemma, Amalfi

Sarago all'olio profumato

Ingredienti per 6 persone:
3 saraghi
2 dl di olio extravergine d'oliva
1 limone
la buccia di 1 arancia
timo, salvia, aglio e prezzemolo q.b.
5 grani di pepe bianco

Pulite e squamate i pesci inserendo al loro interno qualche pezzo di limone. Fate bollire l'olio con gli odori, l'aglio, il pepe e la buccia d'arancia. Filtrate quindi l'olio e disponete sulla teglia delle fette di limone, poi poggiatevi sopra i pesci, cospargeteli dell'olio e cuocete nel forno a 200° per 10-12 minuti.

Ristorante: Vadinchenia, Napoli

Sarago al sale

Ingredienti per 4 persone:
800 g di sarago
olio extravergine di oliva
aglio
prezzemolo
menta
1 bianco d'uovo
sale grosso q.b.

Deviscerate il pesce e farcitelo con aglio, prezzemolo e menta. Mettetelo in una pirofila foderata di carta argentata ed unta. Ricoprite con bianco d'uovo montato a neve, e mettete sopra sale grosso lasciando fuori testa e coda. Infornate a 180° per 20 minuti, fino a che uovo e sale diventano di colore ambrato. Quindi sollevate il bianco d'uovo.

Ristorante: Perbacco, Pisciotta

Sauté di vongole

Ingredienti per 4 persone:
800 g di vongole
1 spicchio d'aglio
olio extravergine di oliva
peperoncino
prezzemolo fresco
sale q.b.

Dopo aver accuratamente lavato le vongole sotto abbondante acqua corrente versatele in un soffritto di aglio, olio e peperoncino. Coprite e fate cuocere per cinque minuti e, una volta tolta la padella dal fuoco, spolverare con prezzemolo fresco tritato al momento.

Ristorante: Il Leon d'Oro, Napoli

Scaloppa di orata con julienne di verdure

Ingredienti per 4 persone:
2 orate da 600 g ciascuna
1 carota
1 zucchina
2 asparagi
1 spicchio d'aglio
1 bicchiere di acqua
olio extravergine di oliva
sale q.b.

Squamate le orate e svisceratele, dopodiché sfilettatele. Soffriggete uno spicchio d'aglio e disponete nella padella i 4 filetti di pesce precedentemente suddivisi, aggiungete le verdure crude tagliate alla julienne. Condite con sale e aggiungete mezzo bicchiere di acqua per cuocere in forno a 180° per circa dieci minuti.

Ristorante: La Sacrestia, Napoli

Scaloppa di pezzogna con patate, olive nere e pomodorini

Ingredienti per 6 persone:

1,8 kg di pezzogne
600 g di patate
200 g di olive denocciolate
6 pomodorini
olio extravergine di oliva
sale, pepe
prezzemolo, finocchietto
aglio

Sfilettate le pezzogne, infarinatele, rosolatele in padella con l'aglio e con 12 foglie di finocchietto selvatico. Aggiungete pomodorini, salate, pepate e sfumate. Unite le olive e il prezzemolo. A cottura ultimata, adagiate le pezzogne su un letto di patate tagliate a rondelle precedentemente cotte in crosta di sale senza sbucciarle. Ricoprire il tutto con il sugo ricavato dalla cottura delle pezzogne.

Ristorante: Il Granaio dei Casabella, Paestum

Scaloppe di branzino profumate all'arancio e zenzero, ragoût di cozze e vongole, fiori di zucca in tempura

Ingredienti per 4 persone:

1 branzino sfilettato e tagliato a fette dello spessore di 1 cm
2 foglie di menta a julienne
1 arancia spremuta
100 g di cozze
100 g di vongole
2 fiori di zucca
100 g di brodo di pesce
1 pomodoro pelato
1 dl di vino bianco
10 cl di succo zenzero
sale e pepe q.b.
olio extravergine d'oliva

Per la tempura:

40 g di farina
60 g di fecola di patate gratinate
100 g di acqua frizzante ghiacciata
1 presa di sale
1 presa di bicarbonato

Preparate un court-buillon classico con l'aggiunta di bucce d'arancia e zenzero fresco. Cuocete cozze e vongole con cipolla, aglio e vino bianco; fatele raffreddare e sgusciatele, passate l'acqua di cottura. In un pentolino riducete il succo d'arancia con il brodo di pesce e lo zenzero rimasto, aggiungete le cozze, le vongole, il pomodoro, la menta e montate con la frusta all'olio extravergine d'oliva. Salate e pepate le scaloppe di branzino, mettetele a cuocere al vapore del court-buillon precedentemente preparato per circa 2 minuti.

Nel frattempo mescolate insieme in una ciotola fredda tutti gli ingredienti per la tempura.

Inzuppate i petali dei fiori di zucca e friggete nell'olio a 200°. Disponete in un piatto fondo il ragoût di cozze e vongole, adagiatevi sopra le scaloppe e lucidate con l'olio extravergine crudo. Aggiungete la tempura.

Ristorante: Quisisana, Capri

Scaloppine di spigola con salsa ai carciofi

Ingredienti per 4 persone:
1 spigola di 800 g
4 cuori di carciofi
1 dl di olio extravergine di oliva
1 noce di burro
1 scalogno
panuria di erbe fini
1 cucchiaino di panna
1 tazzina di vino bianco
1 mestolo di brodo
sale e olio tartufato q.b.

Sbollentate per circa 5 minuti i cuori di carciofi e fateli raffreddare nella stessa acqua. Preparate il fondo di cottura facendo imbiondire nell'olio di oliva lo scalogno, aggiungete i cuori di carciofi e innaffiate con vino bianco, deglassate e aggiungete un mestolino di brodo; restringete il tutto e aggiungete la panna, fate raffreddare e passate il composto nel mixer. Aggiungete l'olio tartufato. Dopo aver ricavato dalla spigola 4 scaloppine, in un padellino mettete la noce di burro e l'olio di oliva, fate rosolare le scaloppe e innaffiatele col vino. Levatele dal fuoco ed appoggiatele su un vassoio appena imburrato; cospargetele con la panuria di erbe fini e gratinatele. A gratinatura ultimata, mettete le scaloppe in un piatto ben caldo con a lato la salsa di carciofi.

Ristorante: La Cantinella, Napoli

Scarola imbottita

Ingredienti per 4 persone:
4 scarole di media grandezza
8 filetti di acciughe
100 g di pinoli
200 g di olive verdi
2 spicchi di aglio
olio extravergine di oliva
sale
noci sgusciate e tritate
capperi
peperoncino
origano

Mondate e lavate le scarole lasciandole integre. Imbottitele con pinoli, acciughe, olive verdi, noci, capperi lavati, aglio, sale, origano e un po' di peperoncino. Chiudete le scarole a ciuffo legandole con lo spago da cucina. Cuocete il tutto ponendo le scarole in un tegame con dell'olio e coprendo con un coperchio per 30 minuti. A cottura ultimata togliete lo spago e servite.

Ristorante: Cantina del Vescovo, Nocera Inferiore

Scorfano all'arancia

Ingredienti per 4 persone:

1 scorfano di 1,2 kg
1 dl di olio extravergine di oliva
1 spicchio d'aglio
100 g di pecorino grattugiato
pane grattugiato
2 arance
sale, pepe e prezzemolo q.b.
1 bicchiere di brandy
acqua calda

Pulite lo scorfano, squamatelo e lavatelo per bene. Riempitene la pancia con un battuto di pane grattugiato, aglio tritato, pecorino grattugiato non molto stagionato, pepe macinato e prezzemolo tritato. Chiudete con uno stuzzicadenti. In una casseruola fate soffriggere l'olio per qualche minuto; quindi aggiungete il pesce e lasciate cuocere lentamente. Quando questo si è dorato, unite il brandy e fatelo sfumare, versate acqua calda fino a coprire il pesce. A questo punto salate, coprite la pentola e lasciate cuocere. Dopo circa 10 minuti scoprite, versate il succo di 2 arance e tirate la salsetta. Servite ben caldo.

Ristorante: Don Salvatore, Napoli

Seppie del Mediterraneo con carciofi e scaglie di parmigiano

Ingredienti per 4 persone:

4 cuori di carciofi
500 g di seppie
2 limoni
parmigiano
aceto balsamico
sale e pepe

Pulite le seppie e arrostitele sulla piastra. Appena cotte, tagliatele a julienne. Fate marinare per mezz'ora i cuori di carciofi in acqua e limone. Scolateli per bene e mescolateli con aceto balsamico e sale. Fate lo stesso con le seppie. Componete il tutto in piatti da portata e coprite con scaglie di parmigiano. Decorate, prima di servire, con noci e foglie di carciofo.

Ristorante: Donna Rosa, Positano

Seppioline al basilico

Ingredienti per 6 persone:

1 kg di seppioline
200 g di basilico
100 g di parmigiano
100 g di pangrattato
olio extravergine di oliva
sale e pepe q.b.

Pulite e sbollentate le seppioline per 10 minuti. Colatele, asciugatele e tagliatele a julienne. Intanto trinciate il basilico e mischiatelo, a fuoco basso, con olio dei frantoi sorrentini e aggiungete in ultimo un pizzico di pangrattato e il parmigiano. In una pentola di rame o coccio, appena riscaldata, versate le seppioline e questo composto. Il tutto per 10 minuti. Servitele calde.

Ristorante: 'O Canonico 1898, Sorrento

Seppioline al profumo di fiori di zucca

Ingredienti per 4 persone:
1 kg di seppie piccole
2 spicchi di aglio
4 cucchiai d'olio extravergine di oliva
4 fiori di zucca
200 g di pomodorini del Vesuvio
sale, pepe e peperoncino q.b.
4 fette di pane casereccio

Pulite le seppioline, cuocetele in padella con olio, aglio e peperoncino; aggiungete poi dei pomodorini del Vesuvio tutta polpa e mai innaffiati, sale, pepe, e una borsetta del nero della seppia. A cottura ultimata, disponete su ogni piatto un crostone di pane fritto, aggiungete due cucchiai di seppioline e filetti sottili di fiori di zucca.

Ristorante: President, Pompei

Sogliola gratinata al pancondito

Ingredienti per 4 persone:
800 g di sogliola
150 g di pangrattato
200 g di pomodori
50 g di grana grattugiato
1 spicchio d'aglio
1 bicchiere di vino bianco
1 mazzetto di prezzemolo
3 cucchiai di olio extravergine di oliva
2 cucchiai di acqua
sale e pepe nero q.b.

Pulite il pesce incidendo la parte inferiore vicino alla coda, sollevando la pelle e strappandola con forza verso la testa, tenendo con la mano la sogliola ferma sul tavolo. Ripetete l'operazione dall'altra parte e, una volta privata della pelle, procedete sviscerandola. A parte mescolate il pangrattato con il parmigiano, l'aglio, il sale, il pepe, il prezzemolo tritato, l'olio e l'acqua. Mettete le sogliole in una teglia leggermente unta di olio e ricoprite con il pane condito. Decorate con delle fette di pomodoro per tutta la lunghezza, irrorate con del vino bianco ed infornate per circa 15 minuti a 180°. A cottura ultimata condite con un filo d'olio e servite caldo.

Ristorante: Il Cormorano, Agropoli

Spezzatino di pesce serra con porcini, pomodoro e timo

Ingredienti per 4 persone:
1 pesce serra di circa 600 g
50 g di cipollina fresca
350 g di funghi porcini
200 g di pomodori
50 g di olio extravergine di oliva
3 g di timo
1 bicchiere di vino bianco secco
sale q.b.

Sfilettate il pesce serra e tagliatelo in quadrati da 3 cm di lato. In una padella antiaderente fate imbiondire la cipollina tagliata a julienne con l'olio extravergine ed aggiungete il pesce, fate rosolare brevemente ed in maniera uniforme, a fuoco vivo. Aggiungete i funghi tagliati a fette sottili, il timo, i pomodori tagliati a dadini senza la buccia ed il vino bianco; salate e coprite, facendo cuocere per 15 minuti a fuoco moderato. A cottura ultimata, sistemate il pesce sui piatti da portata caldi, fate restringere la salsa con i porcini per qualche minuto a fuoco vivo; infine versatela sul pesce e servite.

Ristorante: Sirio, Formia

Spiedino di calamari e gamberetti

Ingredienti per 4 persone:
1 kg di calamari
40 gamberetti piccoli
150 g di pane grattugiato
1 spicchio d'aglio
prezzemolo tritato
olio extravergine di oliva

Pulite i calamari e tagliateli ad anelli. Sgusciate i gamberi lasciando la testa. Preparate gli spiedini di circa 25 cm alternando calamari e gamberetti. Passateli nel pane grattugiato e cuoceteli sulla griglia. A cottura ultimata condite con un'emulsione di olio, aglio e prezzemolo.

Ristorante: Antica Trattoria, Sorrento

Spigola al forno con patate e olive

Ingredienti per 4 persone:
1,2 kg di spigola
4 patate medie
150 g di olive verdi snocciolate
olio extravergine di oliva
prezzemolo
origano
sale e pepe q.b.
aceto balsamico o limone

Pulite, aprite e sfilettate la spigola. Mettete i filetti del pesce su una teglia e ricoprite con le patate tagliate a fettine sottili. Condite a piacere con olio, sale e pepe. Cuocete al forno a temperatura media fino a quando le patate saranno diventate una crosta dorata. Decorate con una ricca prezzemolata, un po' di origano e contrastate il grasso della spigola con un lievissimo tocco di acidità (a scelta, aceto balsamico di Modena o succo di limone).

Ristorante: Europeo, Napoli

Spigola all'acqua pazza

Ingredienti per 1 persona:
1 spigola di media grandezza
1 dl di acqua
4-5 pomodorini
olio extravergine di oliva
1 spicchio di aglio
sale e prezzemolo q.b.

Pulite e lavate bene il pesce. Sistemate poi tutti gli ingredienti in una padella e lasciate cuocere per qualche minuto. Servite il piatto con una spruzzatina di prezzemolo tagliato al momento.

Ristorante: La Conchiglia, Procida

Spigola alla maruzzara

Ingredienti per 2 persone:
1 spigola da 600-700 g
200 g di pomodorini
4 spicchi di aglio
5 cucchiai di olio extravergine di oliva
peperoncino e prezzemolo

In una teglia versate l'olio, uno spicchio d'aglio e del peperoncino e fate rosolare l'aglio sino a che diventerà biondo. Mettete nella padella la spigola (che avrete squamata e pulita in precedenza e tagliata lungo la parte alta, dalle branchie verso la coda) e rosolatela entrambi i lati per due minuti circa. Aggiungete quindi i pomodorini e fate rosolare ancora per un minuto, poi unitevi il resto dell'aglio, del prezzemolo e l'acqua, sino a coprire la metà della spigola, facendo cuocere entrambi i lati.

La spigola sarà pronta quando la carne si solleverà con facilità dalla spina centrale.

Ristorante: Alberto, Ischia Ponte

Spigola con patate

Ingredienti per 4 persone:
2 spigole di 500 g ciascuna
300 g di patate
1 bicchiere di vino bianco
olio extravergine di oliva
50 g di olive nere
1 spicchio d'aglio
15 g di capperi
sale e farina q.b.

Dopo aver diliscato il pesce e averlo passato nella farina, fatelo cuocere in un soffritto di aglio e olio. Unite le olive nere, i capperi e una spruzzatina di prezzemolo tritato al momento, quindi bagnate con mezzo bicchiere di vino bianco.

A parte tagliate le patate a fiammifero e adagiatele accanto alle spigole, aggiungete un po' d'acqua e ancora un po' di vino. Fate cuocere per circa venti minuti e servite ben caldo.

Ristorante: La Botte, Minori

Spigola con scorza di limone e timo

Ingredienti per 4 persone:
1 spigola da 1 kg circa
1 limone non trattato
20 g di timo fresco
1 dl di olio extravergine di oliva
1 spicchio d'aglio
sale

Sviscerate la spigola e sfilettatela in quattro parti. In una padella mettete un dito d'acqua, l'olio, l'aglio sminuzzato, il timo e la scorza di un limone tagliata a julienne. Portate ad ebollizione e quindi adagiatevi i filetti, girateli dopo un minuto e finite di cuocere in forno a 300° per 5 minuti. Prima di disporre nei piatti, fate ritirare la salsa a fuoco vivo e versatela sui filetti.

Ristorante: Sirio, Formia

Spigola del Mediterraneo

Ingredienti per 4 persone:
1 spigola di 1 kg
600 g di patate
1 spicchio d'aglio
olio extravergine di oliva
1 peperoncino
1 bicchiere di vino bianco
prezzemolo, origano, e sale q.b.

Pulite e squamate la spigola, quindi adagiatela in una teglia abbastanza larga. Aggiungete aglio, peperoncino, olio e sale. A parte pulite e tagliate le patate a fettine, mettetele nella stessa teglia in fila indiana, annaffiatele col vino bianco e un po' d'acqua. Infornate a 180° per 15 minuti ed a cottura quasi ultimata aggiungete prezzemolo e origano.

Ristorante: La Cantinella, Napoli

Spigola del presidente

Ingredienti per 4 persone:
1 spigola di 1 kg
pasta di pane lievitata q.b.
50 g di olive e capperi
2 spicchi di aglio
olio extravergine di oliva
1 limone
sale e prezzemolo q.b.

Squamate e pulite la spigola, stendete la pasta lievitata e avvolgeteci la spigola insieme alle olive, ai capperi, sale, aglio e prezzemolo. Disponete il tutto in una teglia unta d'olio, infornate per 40 minuti a 150° e servite in tavola aprendo la crosta di pane e condendo con un battuto d'aglio, olio e limone.

Ristorante: Mimì alla Ferrovia, Napoli

Spigoletta fritta con cipolla croccante

Ingredienti per 2 persone:
4 spigolette di circa 150 g ciascuna
3 cipolline novelle
olio extravergine di oliva
farina bianca e sale q.b.

Sfilettate le spigolette lasciando la testa e la coda, salatele leggermente all'interno e richiudetele aiutandovi con un filo non cerato (è fondamentale che le due parti combacino perfettamente onde evitare che l'olio bollente, penetrando all'interno, le asciughi più del necessario). Dopo averle asciugate, infarinatele leggermente ed immergetele in olio dapprima bollente e poi più dolce, lasciandole cuocere, a seconda del peso, per 4 o 5 minuti. Nel frattempo, usando l'apposito attrezzo, riducete le cipolline in sottilissimi anelli e passateli nella farina prima di immergerli per un solo momento nell'olio bollente. Salate leggermente ed accomodate nei piatti da portata.

Ristorante: Da Nonna Sceppa, Paestum

Stoccafisso alla marinara

Ingredienti per 4 persone:
600 g di stoccafisso
500 g di pomodori freschi
100 g di olive nere di Gaeta
15 g di capperi
olio extravergine di oliva
1 spicchio d'aglio
prezzemolo fresco
sale

Pulite e tenete in acqua fredda e sale lo stoccafisso prima di cucinarlo, quindi preparate la salsa facendo soffriggere i pomodori tagliati a pezzetti in olio e aglio. Fate cuocere per circa cinque minuti e salate. Unite poi lo stoccafisso tagliato a pezzi e, dopo dieci minuti, anche le olive nere di Gaeta e i capperi. Tenete sul fuoco per altri tre minuti e, una volta disposto nei piatti, spolverate con prezzemolo tritato al momento.

Ristorante: Al 53, Napoli

Stoccafisso alla siciliana

Ingredienti per 4 persone:
800 g di stoccafisso
400 g di pomodori
olio extravergine di oliva
20 g di capperi
100 g di olive
sale q.b.

Una volta lavato abbondantemente lo stoccafisso, tagliatelo a porzioni e friggetelo in abbondante olio di oliva. Con parte dello stesso olio preparate poi una salsa "alla puttanesca" con pomodori tagliati a pezzi, capperi e olive, quindi versatevi sopra lo stoccafisso e cuocete in forno per 10 minuti a 180°.

Ristorante: Il Leon d'Oro, Napoli

Stoccafisso in cassuola

Ingredienti per 4 persone:
800 g di stoccafisso (o baccalà)
4 patate
100 g di pomodorini freschi
100 g olive nere di Gaeta
capperi
2 spicchi d'aglio
1 mazzetto di prezzemolo
olio extravergine di oliva
sale e pepe q.b.

In una casseruola da forno mettete a cuocere lo stoccafisso, insieme alle patate tagliate a tocchi di media grandezza, un paio di spicchi d'aglio e qualche pomodorino. Insaporite con le olive di Gaeta, i capperi e qualche foglia di prezzemolo. Assaggiate prima di salare e pepate a piacere. Attenzione: i capperi vanno usati solo con lo stoccafisso, per contrastarne la venatura dolce, mai con il baccalà.

Ristorante: Europeo, Napoli

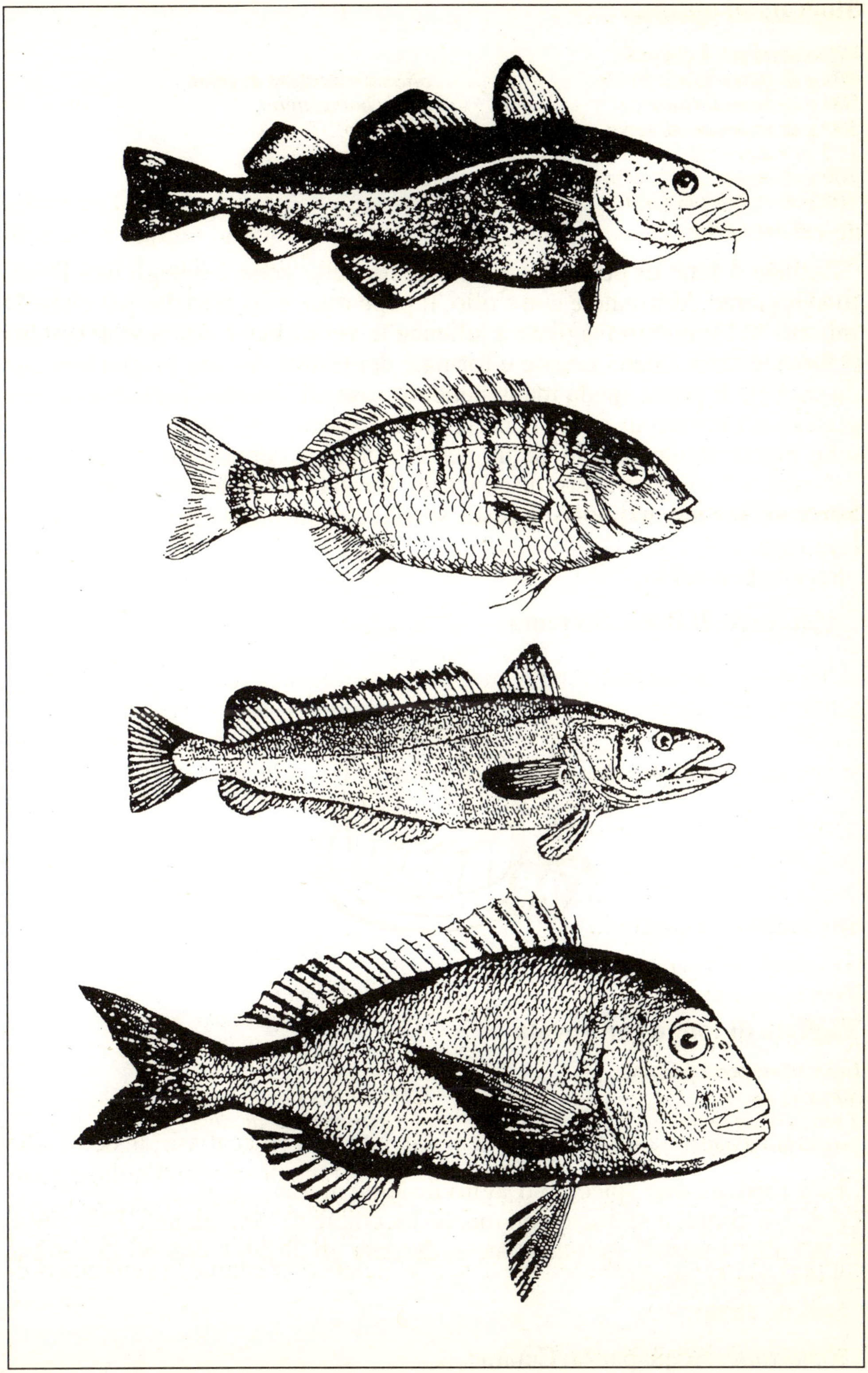

Tagliata di spadino

Ingredienti per 4 persone:
800 g di pesce spada fresco
200 g di farro lessato
100 g di peperoncini verdi
100 g di asparagi
100 g di carote
100 g di capperi in fiore
40 g di pepe rosa
olio extravergine di oliva
aceto balsamico
cerfoglio
2 arance
2 limoni
sale

Tagliate 4 fette di pesce spada, privatele della pelle e dategli una forma tondeggiante. Marinatele con l'olio, il pepe rosa, e il cerfoglio per circa 20 minuti. Nel frattempo tagliate a julienne le verdurine, e con queste condite il farro lessato, salate, pepate e formate dei tortini. Su una griglia ben calda cuocete il pesce spada mantenendolo rosa all'interno. Tagliatelo e adagiatelo sul tortino di farro. A parte, con il succo e la buccia degli agrumi (che avrete sbollentato in acqua per 2 minuti), i capperi dissalati, l'aceto balsamico, l'olio extravergine ed il sale, formate una salsa omogenea e versatela sul tortino, ma non sul pesce spada, che altrimenti perderà il suo colore rosa.

Servite ben caldo.

Ristorante: Il Buco, Sorrento

Tagliata di tonno con rucola

Ingredienti per 4 persone:
800 g di tonno
1 mazzetto di rucola
1 spicchio d'aglio
1/2 bicchiere di vino bianco
olio extravergine di oliva
sale q.b.

Fate rosolare uno spicchio d'aglio insieme al tonno tagliato a cubetti per circa 2-3 minuti e sfumate con mezzo bicchiere di vino bianco. Fate ritirare per altri 4 minuti, quindi salate e, durante gli ultimi momenti di cottura, aggiungete la rucola.

Servite caldo.

Ristorante: Acquapazza, Cetara

Tegamino di pesce bandiera

Ingredienti per 4 persone:
1,2 kg di pesce serra o bandiera
500 g di patate
200 g di pomodorini del piennolo
100 g di olive nere di Gaeta
20 g di capperi
50 g di pane grattugiato
1 spicchio d'aglio
olio extravergine di oliva
sale e prezzemolo q.b.

Sfilettate il pesce bandiera e tagliatelo a strisce della stessa lunghezza del tegamino in terracotta. Disponete i filetti a strati, alternando il pesce con le patate tagliate a fette e precedentemente bollite, i pomodorini, i capperi, le olive, l'aglio e il prezzemolo. Ultimate con pane grattugiato e un filo d'olio extravergine di oliva. Fate cuocere in forno per 10 minuti circa.

Ristorante: Hotel Santa Caterina, Amalfi

Tempura di verdure e gamberi

Ingredienti per 4 persone:
20 g di zucchine
200 g di cavolfiori
4 carciofi
8 gamberoni
1 birra da 33 cl
33 cl di acqua
4 cucchiai di farina tipo 0
2 cucchiai di farina tipo 00
2 l di olio extravergine di oliva
sale q.b.

Pulite e tagliate a pezzi le verdure e sbollentatele per qualche minuto, fermandone poi la cottura con acqua fredda. Una volta tolte dall'acqua fatele asciugare su un canovaccio e riponetele in frigorifero. A questo punto togliete la testa e il guscio dei gamberoni eliminandone il tubo digerente e riponeteli in frigorifero. Nel frattempo, almeno un'ora prima di usarla, preparate la pastella per la tempura mescolando birra, farina e acqua fino ad ottenere un impasto morbido. Sistemate sul fuoco una padella con abbondante olio di oliva, friggetevi il pesce e le verdure dopo averli passati nella pastella. Infine salate prima di servire.

Ristorante: Timpani e Tempura, Napoli

Tonno in salsa di Piedirosso con gâteau di fave e piselli

Ingredienti per 10 persone:
1 tonno di circa 3 kg
0,5 kg di piselli
300 g di fave
1 cipolla
2 uova
50 g di parmigiano
olio extravergine di oliva
1 bicchiere di Piedirosso
brodo di pollo
prezzemolo

Per preparare le verdure mettete in una pentola un po' d'olio e un trito di cipolla e fate imbiondire. Aggiungete le fave e i piselli e coprite il tutto con del brodo di pollame. A cottura ultimata passate il tutto al passaverdura e poi mantecate con due uova intere e un po' di parmigiano. Quindi imburrate degli stampini mettendovi poi un cucchiaio di piselli preventivamente lasciati interi e riempite con la purea. Fate cuocere i gâteaux a bagnomaria in un forno a 180° per 15 minuti. A parte prendete un tonno di circa 3 kg, sfilettatelo e tagliatelo in cubi di circa 2 cm di lato, salatelo e saltatelo in una padella antiaderente con un filo d'olio, bagnatelo con il Piedirosso e fate cuocere per circa 2 minuti, facendo ridurre il vino e facendo attenzione che con la cottura il tonno rimanga rosa. Per comporre il piatto disponete al centro un gâteau di fave e piselli con intorno cinque cubetti di tonno a forma di stella, completando infine con un po' di salsa di Piedirosso e un ciuffo di prezzemolo.

Ristorante: Da Tonino, Capri

Tonno marinato

Ingredienti per 4 persone:
200 g di tonno
1 limone
aceto
olio extravergine di oliva
1 mazzetto di rucola
8 crostini di pane
50 g di burro
sale q.b.

Sistemate il tonno tagliato a fette sottili in una pirofila, cospargendolo di succo di limone, aceto e olio. Conservate in frigorifero per circa due ore. Quando è il momento di servire, preparate nel piatto da portata un letto di rucola e dei crostini imburrati, quindi ponete sopra le fettine di tonno.

Ristorante: Dante e Beatrice, Napoli

Tortello di crostacei in salsa di zucchine

Ingredienti per 4 persone:
Per la pasta:
200 g di farina
2 uova

Per il ripieno:
300 g tra gamberi, astice e scampi sgusciati
100 g di mozzarella
1 tuorlo d'uovo
100 g di zucchine
1 noce di burro
50 g di panna
olio extravergine di oliva
sale e pepe q.b.

Per preparare il ripieno saltate in una padella i gamberi, l'astice e gli scampi. Fateli raffreddare e poi tritateli. Unitevi la mozzarella a dadini piccoli, il tuorlo d'uovo, il sale e un pizzico di pepe. Preparate nel frattempo la pasta sfoglia all'uovo con il sistema classico e poi tagliatela a forma di cerchi di circa 7-8 cm di diametro. Bagnate ciascun cerchio con un cucchiaio del composto preparato in precedenza e chiudetelo dandogli la forma di un tortello.

Nel frattempo preparate la salsa di zucchine mescolando delle zucchine precedentemente fritte, un po' di panna e una noce di burro. Fare cuocere la pasta per circa 5 minuti e conditela con la salsa.

Ristorante: Tasso, Sorrento

Tortino di dentice al lardo

Ingredienti per 1 persona:
1 dentice
6 gamberi
2 fette di lardo
2 cucchiai di farina
olio extravergine di oliva
2 cipollotti freschi
1 cespo di lattuga
3 pomodori pelati
1/2 bicchiere di vino bianco
sale e pepe q.b.

Sbollentate i gamberi, sgusciateli e mettete da parte le teste. Sfilettate il dentice e poi passate i gamberi in padella con olio per circa 5 minuti. Fate ammorbidire la lattuga in acqua bollente, tagliate il dentice e i gamberi a cubetti piccoli e con questi formate un tortino alternando le 2 fette di lardo e completando con le foglie di lattuga.

A questo punto riempite il resto con i gamberi e il dentice, quindi cuocete in forno a 220° per qualche minuto.

Nel frattempo preparate una passata con le teste dei gamberi fatte rosolare con i cipollotti freschi e bagnate con un bicchiere di vino bianco. Fate addensare con la farina e insaporite con qualche pomodoro pelato. Servite il tortino di pesce caldo, accompagnato dalla salsa.

Ristorante: Taverna Scacciaventi, Cava de' Tirreni

Totanetti di paranza alle melanzane in guazzetto di peperone dolce

Ingredienti per 4 persone:
20 totanetti
1 kg di melanzane
1 kg di peperoni rossi
1 cipolla
1 mazzetto di basilico
brodo vegetale
olio extravergine di oliva
sale e pepe q.b.

Cuocete i totanetti a vapore per 6-7 minuti; nel frattempo pelate le melanzane e tagliatele a cubetti, saltatele con un filo d'olio extravergine in una padella antiaderente e, a cottura ultimata, raffreddatele, aggiungetevi alcune foglie di basilico, sale e pepe. Con questo ripieno farcite i totanetti. Per il guazzetto di peperone, stufate i peperoni tagliati a losanghe con la cipolla, l'olio extravergine, il basilico, un poco di brodo vegetale, sale e pepe. Dopo circa mezz'ora spegnete, frullate e poi passate al colino. Servite a specchio il guazzetto di peperone e i totanetti poggiati sopra, guarnite con bucce di melanzane fritte, basilico fresco e un filo di olio extravergine.

Ristorante: Nonna Rosa, Vico Equense

Totanetti di paranza in farcia

Ingredienti per 2 persone:
6 totanetti di paranza già sviscerati
200 g di zucchine striate napoletane tagliate a sottili rondelle
20 gamberetti rossi sgusciati
50 g di provola affumicata di Agevola (Na)
10 friggitelli della piana di Sarno (Sa)
1 patata di terra asciutta a pasta gialla
2 cipollotti freschi
origano rosso di montagna secco q.b.
olio extravergine di oliva q.b.
sale q.b.

Tagliate a fette con la buccia e dello spessore di circa 2 cm la patata, salatela e cuocetela su una griglia di ghisa a fuoco basso insieme ai cipollotti affettati a julienne. Saltate in una padella d'acciaio le rondelle di zucchine velocemente così che restino croccanti e poi conditele con l'olio, il sale, i gamberi sgusciati, la provola tagliata a dadini e l'origano. Imbottite con questa farcia i totani e arrostiteli su una piastra rovente, o su una griglia di fuoco a legno, insieme ai friggitelli. A cottura ultimata, disponete su un piatto da portata le patate, i cipollotti, i totani e i friggitelli e condite il tutto con il sugo di cottura. Servite caldo.

Ristorante: Al Faro di Capo d'Orso, Maiori

Totani con patate

Ingredienti per 4 persone:
1 kg di totani
500 g di patate
300 g di pomodorini
olio extravergine di oliva
vino rosso
aglio
prezzemolo
peperoncino
sale

Pulite e lavate bene i totani prima di tagliarli a rondelle. Soffriggete l'aglio nell'olio e toglietelo appena è indorato. Aggiungete i totani e fate rosolare. Quando si sono asciugati abbastanza, sfumate con un po' di vino. Aggiungete le patate tagliate a tocchetti ed eventualmente un mestolo d'acqua calda. Proseguite la cottura a fuoco lento ed a pentola coperta. Aggiungete, appena tolti dal fuoco, prezzemolo e peperoncino.

Ristorante: Torre Ferano, Vico Equense

Totani con patate alla caprese

Ingredienti per 4 persone:
1 kg di totani puliti
1 kg di patate
2 spicchi d'aglio tritato
4 pomodorini
1 cipolla
1 peperoncino fresco
1 mazzetto di prezzemolo
6 cucchiai di olio extravergine di oliva
1/2 bicchiere di vino bianco
sale q.b.

Mettete a soffriggere in una pentola l'olio di oliva con l'aglio, un po' di cipolla, un peperoncino e lasciate imbiondire il tutto. Aggiungete i totani, rosolateli per qualche minuto poi bagnate con mezzo bicchiere di vino bianco. Aggiungete le patate tagliate a tocchetti, i pomodorini tagliati a metà, un po' d'acqua salata e portate a termine la cottura. Servire con prezzemolo tritato.

Ristorante: La Capannina, Capri

Totani con patate in cassuola

Ingredienti per 4 persone:
1 kg di totani
500 g di patate
1 cipolla
200 g di pomodorini
1 mazzetto di prezzemolo
olio extravergine di oliva
sale e pepe q.b.

Pulite e tagliate a piccoli pezzi i totani. Metteteli in padella con l'olio e la cipolla e fate saltare. Rosolate a parte le patate e poi aggiungetele al pesce. Unite i pomodorini tagliati a metà e, al termine della cottura, aggiungete il prezzemolo fresco.

Ristorante: La Taverna del Pescatore, Santa Maria di Castellabate

Totani ripieni

Ingredienti per 4 persone:
4 totani di 200 g ciascuno
200 g di mollica di pane
2 uova
50 g di uvetta sultanina
50 g di pinoli
500 g di pomodori pelati
parmigiano
olio extravergine di oliva
prezzemolo
2 spicchi d'aglio
sale q.b.

Pulite i totani e separate i tentacoli che andranno soffritti con aglio e olio; aggiungete quindi poco pomodoro, fate cuocere a fuoco lento, fateli raffreddare e riduceteli in pezzettini. Aggiungete quindi i tentacoli sminuzzati all'impasto ottenuto amalgamando la mollica di pane bagnata e sbriciolata, le uova, i pinoli e l'uvetta, il parmigiano, uno spicchio d'aglio e prezzemolo tritato. Passate il tutto in padella con olio bollente per qualche secondo, in modo che le uova si rapprendano e ciò eviterà che durante la cottura i totani si gonfino troppo col rischio che si rompano. Utilizzate un sacchetto da pasticciere o un semplice cucchiaio per farcire i calamari, infine chiudeteli con degli stuzzicadenti. A parte preparate il sugo con un fondo d'aglio e olio, nel quale si verseranno i pomodori passati ed un battuto di prezzemolo; appena bolle immergetevi i calamari e lasciate cuocere per circa mezz'ora. Possono essere serviti interi, se sono piccoli, o a fette adagiate su un letto di sugo di pomodoro e guarniti con qualche fogliolina di prezzemolo.

Ristorante: Maria Grazia, Massa Lubrense

Totani ripieni alla vesuviana

Ingredienti per 4 persone:
16 totani piccoli
2 bocconcini di mozzarella di bufala
2 cucchiai di pecorino grattugiato
olio extravergine di oliva
2 ciuffi di prezzemolo
sale e pepe q.b.

Pulite i totani togliendo gli occhi e svuotando i sacchi. Tritate la mozzarella e il prezzemolo. In una ciotola mescolate al trito il pecorino, pepe e olio d'oliva, quanto basta per dare all'impasto buona morbidezza. Amalgamate bene e farcite i totani chiudendoli con i tentacoli e fermando con uno stuzzicadenti. Mettete i totani in un tegame con olio, copritelo e cuocete per 20 minuti. Se necessario bagnate con acqua calda. Salate e servite.

Ristorante: 'E Curti, Sant'Anastasia

Totano di Conca dei Marini all'olio di frantoio, patate e crema di zucca

Ingredienti per 4 persone:

4 totani di 100 g ciascuno
200 g di patate
100 g di mozzarella
400 g di zucca rossa
100 g di porro
2 spicchi d'aglio
prezzemolo
olio extravergine di oliva
sale

Pulite i totani e fate appassire al forno i tentacoli e le patate tagliate a dadoni con l'aggiunta di olio e aglio. Fate raffreddare il tutto e mescolate con la mozzarella tagliata a dadini.

Riempite i totani con la farcia di patate, tentacoli e mozzarella e metteteli in una padella dove intanto avrete soffritto aglio, prezzemolo e olio d'oliva.

Lasciate cuocere per dieci minuti. A parte soffriggete la zucca e il porro in olio d'oliva per circa 15 minuti, poi frullate per ricavarne una crema. Per servire versate sul fondo del piatto la crema di zucca, adagiatevi il totano tagliato a fette, guarnite con un filo d'olio.

Servite caldo.

Ristorante: La Caravella, Amalfi

Totano ripieno di capperi e olive

Ingredienti per 4 persone:

1 totano di 700 g
150 g di olive nere di Gaeta
50 g di capperi piccoli salati
5 fette di pancarré
2 spicchi d'aglio
prezzemolo
1 bicchiere di vino bianco secco
olio extravergine di oliva
sale e pepe

Dopo aver ripulito il totano delle viscere, lavate e asciugate la sacca. Tritate il ciuffetto di tentacoli e rosolateli in padella con un cucchiaio di olio, uno spicchio d'aglio, capperi sciacquati dal sale, olive snocciolate e sminuzzate.

Aggiungete sale, pepe, un ciuffetto di prezzemolo tritato e per ultimo il pancarré sbriciolato.

Fate insaporire il tutto, lasciate raffreddare e farcite la sacca del totano, chiudendo l'imboccatura con uno stuzzicadenti. Lasciate rosolare il totano ripieno con olio extravergine e aglio per 10 minuti, quindi sfumate con un bicchiere di vino bianco. Terminate la cottura e servite il totano tagliato a fette.

Ristorante: Lido Azzurro, Amalfi

Tournedois di pescatrice e gallinella in salsa di alici di Crapolla

Ingredienti per 4 persone:
4 medaglioni di gallinella di circa 150 g cadauno
4 filetti di pescatrice di circa 120-130 g cadauno
100 g di alici di Crapolla sott'olio
1 cucchiaio di aceto balsamico
4 cucchiai di brodo di pesce
4 cucchiai di olio extravergine di oliva
1 rametto di rosmarino

Fate cuocere in forno per circa 10-12 minuti a 180° con un filo di olio ed un pizzico di sale i filetti e i medaglioni di pesce. A parte preparate la salsa passando le alici nel frullatore e aggiungendovi un cucchiaio di aceto balsamico e di brodetto di pesce. Disponete nel piatto, alternandoli, i filetti e i medaglioni di pesce e coprite con la salsa di alici guarnendo con un rametto di rosmarino.

Ristorante: Il Principe, Pompei

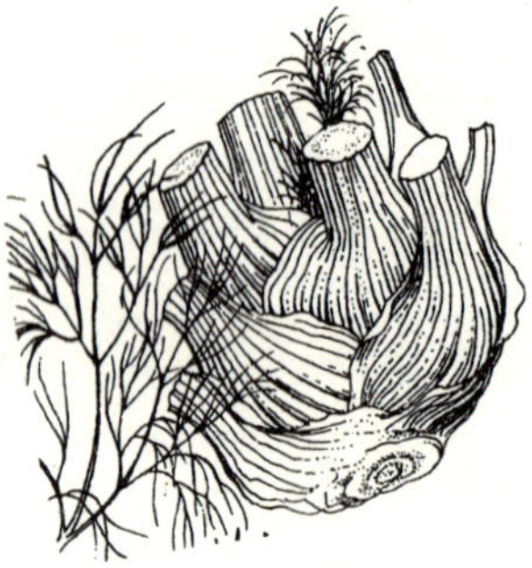

Tranci di pesce spada al finocchietto selvatico

Ingredienti per 4 persone:
4 tranci di pesce spada da 200 g ciascuno
100 g di pangrattato
olio extravergine di oliva
1 spicchio d'aglio
aceto balsamico o mosto cotto
1 rametto di finocchietto selvatico
1 bicchiere di vino bianco secco
sale q.b.

In un tegame largo mettete l'olio, i tranci di pesce spada, il vino bianco e ricoprite il tutto di pangrattato. Aggiungete poi l'aglio a pezzettini, il finocchietto selvatico tagliuzzato e bagnate con aceto balsamico o mosto cotto. Salate e infornate a 180° per circa 10 minuti, coprendo la teglia nella prima fase di cottura con un coperchio o un foglio di carta stagnola. A cottura quasi ultimata, scoperchiate per consentire che il sugo si addensi. Servite caldo in un piatto da portata, utilizzando come guarnizione qualche rametto di finocchietto selvatico.

Ristorante: Bacco, Furore

Trancio di branzino con zucchine trifolate, carciofi fritti e marinata di pomodoro fresco all'aglio dolce

Ingredienti per 4 persone:
1 branzino di circa 2 kg
500 g di zucchine
6 carciofi
350 g di pomodori sorrentini maturi
aglio in confettura
sale e pepe
1 peperoncino
8 foglie di basilico napoletano

Sfilettate il branzino e ricavatene 4 tranci. Mondate le zucchine e tagliatele a losanga, scartando la parte bianca centrale. Sfogliate i carciofi, tagliateli a fettine sottili, infarinateli e friggeteli in abbondante olio a 170° per pochi secondi. Asciugateli molto bene con carta assorbente e conservateli da parte. Immergete i pomodori in abbondante acqua bollente per pochi secondi, per permettere una facile pelatura, raffreddateli, privateli dei semi e tagliateli a piccoli cubetti. Salate e arrostite i filetti di branzino e poi fate saltare le zucchine in olio, aglio e sale. Condite i pomodori con peperoncino, aglio in confettura, sale, pepe e foglie di basilico spezzate grossolanamente, ed a cottura ultimata del branzino (circa 8 minuti) componete il piatto mettendo al centro le zucchine e adagiandovi sopra il trancio di branzino. Completate con la marinata di pomodoro fresco tutto intorno e ultimate con carciofi croccanti e ciuffetti di carota selvatica.

Ristorante: Le Sirenuse, Positano

Trancio di tonno con menta, pomodorini e birra

Ingredienti per 4 persone:
4 tranci di tonno da 200 g cadauno
6-7 pomodorini
foglie di menta
1/2 bicchiere di birra
2 cucchiai di olio extravergine d'oliva
1 spicchio d'aglio
sale q.b.

Fate soffriggere in una padella uno spicchio d'aglio e poi toglietelo, adagiatevi i tranci di tonno e fateli rosolare su ambedue i lati. Bagnateli quindi con mezzo bicchiere di birra e fatela sfumare. Aggiungete i pomodorini tagliati a pezzetti e salate. Infine, aggiungete le foglie di menta, coprite e fate cuocere per circa 7 minuti. Eventualmente decorate le porzioni con pomodori da insalata tagliati a fette o a stella.

Ristorante: Trattoria del Padreterno, Salerno

Triglie al profumo di limone d'Amalfi

Ingredienti per 4 persone:
1 kg di triglie di media grandezza
olio extravergine di oliva
1 mazzetto di menta
1 spicchio d'aglio
2 limoni
sale q.b.

Soffriggete l'aglio nell'olio extravergine d'oliva e aggiungete le triglie pulite e diliscate. Lasciatele rosolare su entrambi i lati per alcuni minuti e aggiungetevi il succo di limone e le foglioline di menta. Lasciate cuocere per circa 10 minuti e poi servite.

Ristorante: Da Gemma, Amalfi

Triglie farcite con verdure e calamari al fumetto di conchigliacei

Ingredienti per 4 persone:
4 triglie da 300 g ciascuna
500 g di verdure miste assortite
1 kg di frutti di mare
300 g di calamaretti
20 g di pane
50 g di rucola
1 bicchiere di vino bianco
100 g di pomodoro
olio extravergine di oliva

Pulite e sfilettate le triglie, cuocetele in forno per circa 2 minuti. A parte fate saltare in una padella con dell'olio le verdure tagliate a julienne, mantenendole croccanti. Fate poi aprire i conchigliacei con aglio, olio, prezzemolo tritato al momento e vino bianco e fate saltare in padella i calamaretti. Per comporre il piatto aggiungete un po' delle verdure ai filetti di triglia, mettetevi sopra i calamaretti e intorno i frutti di mare. Infine, condite con il fumetto ottenuto con l'acqua di cottura dei conchigliacei e un'emulsione di olio d'oliva. A piacere, servite con delle bruschette di pane con rucola e pomodoro.

Ristorante: L'Arsenale, Minori

Trito di merluzzo in foglia di limone grigliata con salsa di paparacchielle

Ingredienti per 4 persone:
500 g di merluzzo
8 foglie di limone
1 spicchio d'aglio
10 g di olio extravergine d'oliva
20 g di sale
1 manciata di prezzemolo

Per l'involtino:
5 foglie di scarola
20 g di pinoli
1 spicchio d'aglio
10 g di cipolla
30 g di olio extravergine d'oliva
1/2 bicchiere di vino bianco

Per la salsa:
50 g di olio extravergine di oliva
50 g di paparacchielle (peperoni rossi all'aceto)

Per il timballetto:
300 g di patate
50 g di scamorza
5 fogliolne di basilico
100 g di pomodorini

Sbriciolate la polpa di merluzzo, conditela con aglio e prezzemolo tritati, salate e dividetela in 4 porzioni. Chiudete il trito tra due foglie di limone. A parte preparate l'impasto per gli involtini di scarola con pinoli, aglio, cipolla, olio d'oliva e vino, e farcitevi le foglie di scarola. Preparate poi i timballetti di patate. Scottate le fette di patate nell'olio, e poi alternatele con fette di scamorza, basilico e pomodorini a fettine. Da ultimo preparate nel frullatore la salsa con le paparacchielle tagliate a pezzi e l'olio d'oliva. Fate cuocere il trito di merluzzo alla brace per pochi minuti, disponetelo nel piatto con l'involtino di scarola e il timballetto gratinato di patate e scamorza. Prima di servire completate il tutto con la salsa di paparacchielle.

Ristorante: Da Gemma, Amalfi

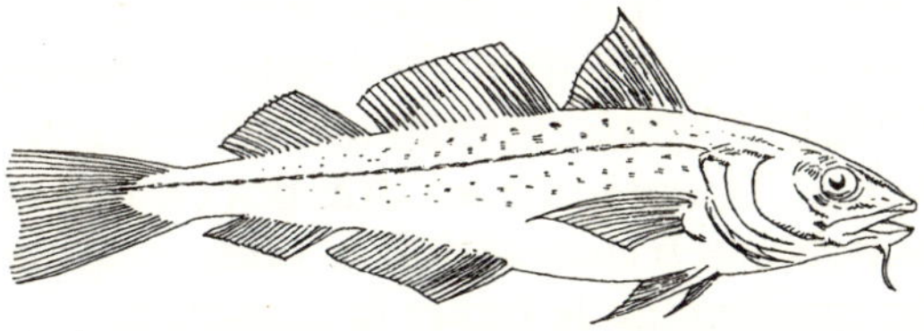

Trittico alla brace

Ingredienti per 4 persone:
200 g di pesce spada
300 g di calamari
200 g di gamberoni
1 limone
1 mazzetto di rucola
olio extravergine di oliva
sale q.b.

Pulite il pesce e arrostitelo sulla brace. Prima di servire conditelo con dell'olio extravergine di oliva, sale, succo di limone e poggiatelo su un letto di rucola.

Ristorante: Trianon da Ciro, Napoli

Variazione di verdure con caciottine allo zenzero

Ingredienti per 4 persone:
45 g di melanzane
15 g di peperone rosso
15 g di peperone giallo
20 g di funghi porcini (in stagione) o altro tipo
20 g di zucchine
1 pomodoro
1 asparago
1 testa d'aglio
sale e olio q.b.

Per la marmellata di cipolle:
50 g di cipolla di Tropea
10 g di zucchero
100 g di Porto
100 g di vino rosso
timo
rosmarino
basilico
erba cipollina e cerfoglio

Per le caciottine:
0,5 l di latte fresco
15 g di caglio
60 g di zenzero (succo)
100 g di acqua
25 g di sale
4 petali di zenzero candito
patate croccanti
1 patata
olio extravergine di oliva
sale q.b.

Preparate innanzitutto le caciottine. Pelate lo zenzero, frullatelo insieme all'acqua e filtratelo; portate il latte ad una temperatura di 36°, toglietelo dal fuoco e aggiungetevi il caglio, il succo di zenzero ed il sale sciolto in acqua. Lasciate raffreddare e mettete la caciotta in appositi stampini nei quali dovrà riposare per almeno 8 ore in frigorifero. Tagliate le verdure: la melanzana a fette di circa un mezzo centimetro, la zucchina a fette di circa un mezzo centimetro, i funghi in quattro spicchi, il pomodoro in quattro spicchi, i peperoni a falde e degli asparagi prendete solo le punte. Cucinate le verdure e marinateli nei seguenti modi: la melanzana salatela e cucinatela alla griglia, dopo di che marinatela con olio e erba cipollina. La zucchina va salata e cucinata al forno per 10 minuti a 130°, poi marinatela con aglio, olio e rosmarino. Cucinate i funghi in padella con olio, aglio e timo e marinateli con olio e timo. Sbollentate e pelate il pomodoro, tagliatelo in quattro parti, estraetene i semi, cucinatelo in forno e marinatelo con olio, sale, aglio e basilico a 70° per circa un'ora; poi cuocete i peperoni in forno a 190° per 10 minuti, pelateli e divideteli in falde, marinateli con olio, aglio e rosmarino. Infine sbollentate le punte di asparagi.

Per preparare la marmellata di cipolle tagliate la cipolla a metà, togliete la pelle situata tra i vari petali e tagliate a julienne. Versate in una casseruola la cipolla, il Porto, il vino rosso e lo zucchero, portate ad ebollizione, coprite con un foglio di carta forno e lasciate cuocere a fuoco medio fino a completa riduzione del liquido. Infine, per le patate croccanti, pulite la patata, tagliatene i bordi formando un quadrato, tagliate all'affettatrice a fette di circa 2 millimetri che disporrete sopra un foglio di carta forno spennellato con olio e sale. Salate e spennellate con l'olio la patata, copritela con un altro foglio di carta forno e cuocete in forno a 150° per 40 minuti. Disponete nel piatto la caciottina tagliata in 4 spicchi sulla quale appoggerete lo zenzero candito ed il cerfoglio. Scaldate le varie verdure in forno e montate la variazione di verdure nel piatto; guarnite il tutto con un piccolo bouquet di insalate ed un filo di olio extravergine, infine appoggiate al di sopra della variazione una patata croccante.

Ristorante: Quisisana, Capri

Vota piatto

Ingredienti per 4 persone:
800 g di calamaretti puliti
200 g di farina
olio extravergine di oliva
sale e peperoncino q.b.

Setacciate i calamaretti che avrete impanato con la farina e disponeteli in una padella con olio extravergine. Friggete a fuoco vivace e voltate il contenuto con l'aiuto di un piatto per un paio di volte. Alla fine aggiungete peperoncino fresco e, secondo gusto, della cipolletta fresca.

Ristorante: Antico Vico, Gaeta

Zeppole di baccalà

Ingredienti per 4 persone:
1 kg di baccalà ammollato
250 g di farina
acqua minerale
3 uova
300 g di olive verdi
olio extravergine di oliva
pepe

Preparate una pastella con la farina, le uova ed un po' di acqua fredda. Spellate il baccalà, tagliatelo a pezzettini ed incorporatelo al composto. Friggete a cucchiaiate in olio bollente e servite ben caldo con una guarnizione di olive verdi.

Ristorante: Torre Ferano, Vico Equense

Zeppoline di baccalà e broccoli di campo

Ingredienti per 4 persone:
400 g di baccalà bollito
10 g di broccoli di campo mondati
200 g di farina
100 g di latte
1 uovo
lievito di birra
olio extravergine di oliva
prezzemolo, sale e peperoncino q.b.

Fate imbiondire l'aglio in una padella, unite i broccoli e, dopo aver coperto, lasciate appassire per circa 5 minuti. Mettete poi in una insalatiera la farina, il tuorlo d'uovo e il lievito disciolto in acqua tiepida e lavorate con una frusta aggiungendo lentamente il latte. Una volta ottenuta una crema, aggiungete il baccalà precedentemente sfaldato con un cucchiaio di legno e poi i broccoli, amalgamate e fate lievitare per qualche ora. Quindi staccate parte dalla pasta e friggetela in olio bollente. Sistemate le zeppoline su un panno carta per far assorbire l'olio in eccesso e guarnite il piatto da portata con una spruzzatina di prezzemolo fresco.

Ristorante: La Volpe Pescatrice, Furore

Zuppa di baccalà al pomodoro San Marzano

Ingredienti per 4 persone:
600 g di filetto di baccalà bagnato di prima qualità
2 kg di pelati San Marzano
3 spicchi d'aglio
olio extravergine di oliva
sale
peperoncino
basilico fresco
farina
12 crostini di pane cafone cotto a legna

Mondate l'aglio e soffriggetelo con olio e peperoncino. Aggiungete i pelati San Marzano e fate cuocere per circa 20 minuti. Infarinate e friggete leggermente in olio di oliva i filetti di baccalà, adagiandoli poi su di un foglio di carta assorbente. Quando la cottura del sugo è quasi ultimata unite i filetti di baccalà, lasciate cuocere ancora per due-tre minuti, aggiungendo basilico fresco ed un filo d'olio a crudo. A parte preparate i crostini con il pane cafone e metteteli nel piatto ricoprendoli con il sugo dei San Marzano. Poi aggiungete a ogni crostino un pezzetto di baccalà e guarnite il piatto con foglie di basilico fritto, precedentemente preparate, ed olio crudo.

Ristorante: Terra Santa, Nocera Superiore

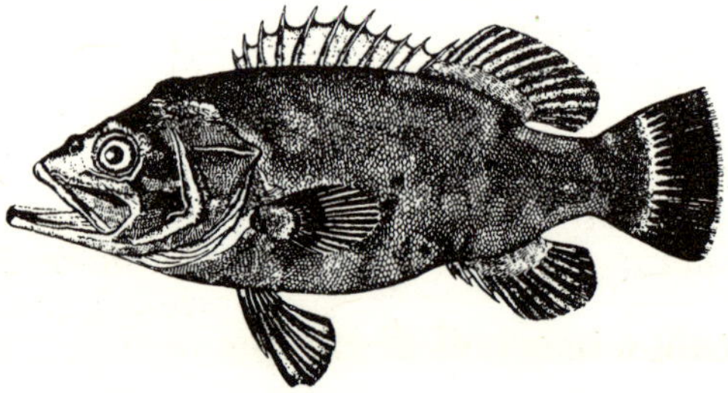

Zuppa di cernia

Ingredienti per 4 persone:
500 g di cernia
4-5 pomodorini
olio extravergine di oliva
aglio
prezzemolo, sale

Fate soffriggere olio, aglio e pomodorini, quindi unite la cernia. Fate cuocere per qualche minuto su entrambi i lati e servite ben caldo.

Ristorante: La Conchiglia, Procida

Zuppa di pesce amalfitana

Ingredienti per 4 persone:
600 g di scorfani
500 g di coccio
400 g di seppie e polipetti
400 g di cozze col guscio
300 g di gamberoni rossi
200 g di vongole
2 spicchi d'aglio
1 bicchiere di vino bianco
20 cl di olio extravergine di oliva
600 g di pomodori pelati
sale, prezzemolo e peperoncino q.b.
crostini di pane

Dopo che aver pulito per bene i pesci ed i frutti di mare, prendete una teglia molto capiente, versatevi l'olio, l'aglio ed il peperoncino, accendete il fuoco con fiamma vivace e aspettate che l'aglio diventi biondo. Aggiungete il vino bianco ed i pomodori pelati e lasciare cuocere per 10 minuti circa.

Aggiungete, a distanza di cinque minuti l'uno dall'altro, tutti gli ingredienti a cominciare dai polipetti. Quindi le seppie, gli scorfani e il coccio tagliati a fette. Per finire aggiungete i gamberoni ed i frutti di mare. Mettete una manciata abbondante di prezzemolo ed irrorate ogni tanto i pesci con qualche cucchiaio di pomodoro pelato. Dopo circa trenta minuti, la zuppa è pronta. Accompagnate con crostini di pane passati nel forno o sulla brace e bagnati poi nel brodo del pesce. Si consiglia infine di conservare in frigo un po' di salsa e utilizzarla il giorno successivo come condimento per la pasta facendo soffriggere l'aglio con olio extravergine e peperoncino, aggiungendo un paio di cucchiai di vino bianco secco e, per finire, la salsa conservata.

Ristorante: La Cala delle Lampare, Praiano

Zuppa di pesce azzurro con patate e carciofi

Ingredienti per 4 persone:
1 kg di pesce azzurro misto
(pesci bandiera, sgombri, suri)
4 patate di media grandezza
4 carciofi
150 g di pomodorini del Vesuvio
1 spicchio d'aglio
prezzemolo, erba cipollina, basilico, timo
fumetto di pesce
1/2 bicchiere di vino bianco aromatico
olio extravergine di oliva
sale e pepe q.b.

Pulite i pesci e sfilettateli. Tagliateli a grossi pezzi, lavateli e asciugateli. Con le teste e le lische preparate il fumetto aggiungendo un po' d'olio, aglio e acqua. Lessate e sbucciate le patate. In un tegame fondo soffriggete l'aglio, appena imbiondito aggiungete i pomodorini tagliati a rocchetti e le erbe aromatiche. Unite al sugo il pesce, i carciofi puliti tagliati grossolanamente e le patate. Sfumate con il vino bianco. Regolate di sale e pepe, aggiungete il fumetto di pesce sufficiente a coprire e cuocete a fuoco medio con la pentola chiusa. Prima di servire aggiungete il timo tritato.

Ristorante: La Lanterna, Somma Vesuviana

Zuppa di pesce e crostacei in crosta di pane saraceno

Ingredienti per quattro persone:

1 scorfano di circa 600 g
1 gallinella di circa 600 g
1 pezzogna di circa 400 g
4 gamberoni rossi
4 scampi di grossa dimensione
vino bianco secco
pomodorini
foglie di basilico e prezzemolo
pistilli di zafferano
pomodori ramati
aglio in confettura
peperoncino, sale, pepe bianco

Per la pasta di pane di farina di grano saraceno (pasta sufficiente per una pentola di terracotta da 24 cm di diametro):

300 g di farina tipo 0
100 g farina di grano saraceno
20 g di lievito
5 g di sale
25 g di burro
acqua

Pulite e squamate i pesci e private del carapace i crostacei. Sfilettate i pesci e ricavate 4 filetti per ciascuno. Mettete le lische ottenute sotto acqua corrente fredda per un'ora per ottenere una leggera sbiancatura. In una casseruola soffriggete aglio, olio e peperoncino e tostate chele e teste dei crostacei, fate caramellare per bene e aggiungete le lische dei pesci; sfumate con vino bianco e fate evaporare totalmente. Aggiungete i pomodori ramati, i pistilli di zafferano e coprite a filo con acqua fredda. Portate ad ebollizione a fuoco vivo e abbassate il fuoco, continuate con un leggero bollore per 25 minuti schiumando le impurità. Filtrate il tutto con un colino fine, riportate sul fuoco e riducete a 1/3 del liquido iniziale. Preparate la pasta impastando tutti gli ingredienti fino ad ottenere una massa consistente ed omogenea. Coprite con un panno umido e fate lievitare per circa 25 minuti. Trascorso questo tempo stendete un disco di pasta del diametro di circa 28 cm e alto 5 mm. Coprite nuovamente con un panno umido. Mondate i pomodorini ed immergeteli in abbondante acqua bollente, per permettere una facile pelatura. Dopo pochi secondi raffreddateli in acqua e ghiaccio. Tolti i pomodorini dall'acqua, tagliateli a metà e ultimate poi la preparazione che si ottiene unendo nella pentola di terracotta i filetti di pesce, i crostacei, i pomodorini e la salsa di pesce ridotta, le foglie di basilico e di prezzemolo, l'aglio in confettura e il peperoncino. Coprite ermeticamente con la pasta di pane e infornate per 16 minuti a 185°. Trascorso questo tempo incidete la pasta divenuta croccante e servite.

Ristorante: Le Sirenuse, Positano

Zuppa di pesce napoletana

Ingredienti per 6 persone:

600 g di coccio
600 g di scorfano
600 g di lucerne
400 g di gamberoni
600 g di scampi
200 g di olio extravergine di oliva
400 g di pomodorini
1 kg di frutti di mare (cozze,vongole, datteri)
aglio

In una casseruola, fate rosolare aglio e olio, tagliate in quattro i vari pesci, metteteli nella casseruola e fateli cuocere per 20 minuti. Aggiungete i pomodorini e il prezzemolo, lavate i frutti di mare e uniteli al pesce. Fateli cuocere per qualche minuto.

Ristorante: Mimì alla Ferrovia, Napoli

Zuppa di pesce salernitana

Ingredienti per 4 persone:

1 kg di pesce da zuppa (coccio, scorfano, seppie, calamari, scampi e gamberoni, frutti di mare)
olio extravergine di oliva
1 bicchiere di vino bianco
1 cucchiaio di aceto bianco
200 g di pomodorini
1 spicchio d'aglio

Lavate il pesce e fate soffriggere l'aglio in una casseruola profonda. Unitevi il pesce e, quando si asciuga l'acqua, sfumate con un bicchiere di vino bianco e un cucchiaio di aceto bianco.

A questo punto coprite e fate cuocere per circa 5 minuti, unite poi i pomodorini interi e, infine, i frutti di mare. Lasciate cuocere per circa 15 minuti.

Ristorante: Sea Garden, Salerno

Zuppetta di calamaretti con le cicerchie (o fave)

Ingredienti per 4 persone:

600 g di calamaretti puliti
80 g di cicerchie o fave
60 g di pomodori a falde
400 g di fumetto di calamaretti
80 g di olio extravergine di oliva
basilico q.b.

Soffriggete in olio i calamaretti con poco peperoncino, bagnate con vino bianco e lasciate evaporare. Aggiungete pomodori e fumetto di calamari.

Cuocete per tre minuti.

Decorate con le cicerchie o le fave lessate. Disponete le zuppette di calamaretti in piccole cocotte e guarnite con foglioline di basilico.

Ristorante: Le Trabe, Capaccio

Zuppetta di calamari veraci con pomodorini e capperi

Ingredienti per 2 persone:

300 g di calamari
100 g di pomodorini
15 g di capperi
olio extravergine d'oliva
aglio
sale
peperoncino

Pulite i calamari e cuoceteli a vapore. Tagliate i pomodorini a dadini e passateli in padella con olio, aglio, sale e capperi. Dopo due minuti aggiungete i calamari, ripassate in padella e servite.

Ristorante: Salvatore, Termini di Massa Lubrense

Zuppetta di coccio di paranza con cannellini al vapore

Ingredienti per 4 persone:

1 coccio di 600 g
200 g di fagioli cannellini
aglio
olio extravergine d'oliva
prezzemolo
sale, pepe
crostini di pane

Cuocete i fagioli, precedentemente ammollati per una notte, in abbondante acqua non salata per un'ora. Rosolate in una padella molto capiente aglio, olio e prezzemolo. Appena l'olio è ben caldo, metteteci il coccio precedentemente pulito. Dopo circa mezz'ora, a seconda della dimensione del pesce, aggiungete i fagioli cannellini e fate in modo che diventino quasi cremosi. Servite con i crostini di pane caldi.

Ristorante: Tasso, Sorrento

Zuppetta di crostacei servita con frittelle di alghe e bianchetti

Ingredienti per 4 persone:

Per la zuppetta di crostacei:
2 astici vivi da 600 g ciascuno
4 scampi vivi
8 gamberoni rossi imperiali
200 g di gamberetti di nassa
1 kg di vongole veraci
500 g di pomodorini vesuviani
prezzemolo tritato
olio extravergine di oliva
peperoncino e sale q.b.
brandy

Per le frittelle di alghe:
200 g di farina tipo 00
100 g di alghe di mare accuratamente lavate
9 g di lievito di birra
sale e pepe q.b.

Per le frittelle di bianchetti:
200 g di farina tipo 00
150 g di bianchetti
1 rosso d'uovo
sale e pepe q.b.

Mettete in una padella d'acciaio un filo d'olio e uno spicchio d'aglio che toglierete non appena tenderà a colorire e aggiungete un pizzico di peperoncino. Fate soffriggere il tutto per un minuto. Aggiungete l'astice diviso in due per il senso della lunghezza insieme alle vongole, innaffiando con il brandy. Una volta evaporato il liquore aggiungete il fondo di cottura dei crostacei, coprite con un coperchio e attendete che le vongole si siano schiuse. Sollevate dalla padella e aggiungete gli scampi, i gamberoni e per ultimi i gamberetti di nassa. Servite i crostacei con del prezzemolo tritato in un piatto da portata. Accompagnate con delle frittelline di alghe e bianchetti che nel frattempo avrete fritto in olio extravergine.

Ristorante: Al Palazzo di Palazzo Murat, Positano

Zuppetta di fagioli bianchi dell'ostrecaro

Ingredienti per 4 persone:
350 g di fagioli
800 g di frutti di mare
100 g di pomodorini di collina
40 g di olio extravergine di oliva
10 g di prezzemolo a foglioline
sale q.b.

Dopo aver lessato i fagioli insieme ai pomodorini e a un po' di prezzemolo, mettete i frutti di mare in un tegame con olio ben caldo e fateli aprire a fuoco vivace. Quindi filtrate il liquido di cottura, sgusciate i frutti e aggiungeteli alla zuppetta di fagioli. Aggiustate di sale. Lasciate bollire il tutto per qualche minuto e servite nei piatti fondi con crostini di pane.

Ristorante: La Volpe Pescatrice, Furore

Zuppetta di pesce amalfitano con peperone ripieno di ricotta, pancetta e sedano glassato al cumino

Ingredienti per 4 persone:

Per la zuppa:
400 g di zuppa di pesce
(per esempio: scorfano o gallinella)
250 g di pomodori pelati
20 ml di aceto di vino bianco
40 ml di vino bianco secco
olio extravergine di oliva
1 cipolla
2 spicchi d'aglio
4 foglie di alloro
1 peperoncino fresco
sale e pepe q.b.

Per il sedano:
1 testa di sedano tagliata in 4
10 g di cumino
5 g di sale francese
50 g di burro fresco

Per i peperoni:
4 peperoni verdi di circa 20 g
80 g di ricotta di bufala
20 g di pancetta
brodo vegetale q.b.

Rosolate nell'olio un fondo di cipolla, aglio, alloro e peperoncino. Aggiungete delle carcasse di pesce da zuppa e fatele rosolare per bene. Bagnate, poi, con aceto e vino, fate evaporare ed unite una scatola di pelati. Cuocete in forno a 150° per 2 ore. Passate, infine, tutto al tritaverdure fine e, se necessario, fate ridurre. A parte preparate il sedano cuocendolo al vapore per 15 minuti sotto vuoto con burro e sale francese. Fate colorare bene in padella, al momento, con burro e cumino. A parte prendete dei peperoni piccoli, privateli dei semi e farciteli di ricotta e pancetta. Rosolateli, aggiungendo, se necessario, un goccio di brodo.

Su di una fondina adagiate la zuppetta. Sulla destra mettete metà gambo di sedano glassato al cumino e dall'altra il peperone ripieno. Mettete del pesce a piacere, purché freschissimo, dopo averlo passato per qualche minuto in padella.

Ristorante: Hotel Palazzo Sasso Rossellini's, Ravello

Zuppetta di pesce in cartoccio

Ingredienti per 4 persone:

600 g di scorfano
8 cozze
8 tartufi di mare
16 vongole
4 fasolare
4 gamberoni già privati della testa
1 zucchina grande
12 pomodori del Vesuvio tagliati in due
1 patata pelata grande
prezzemolo in foglie
vino bianco q.b.
1 dl di olio extravergine di oliva

Riscaldate l'olio con l'aglio a 70° e lasciatelo in infusione per circa 2 ore, quindi filtrate e conservate il liquido. Pulite, squamate e sfilettate il pesce, dividetelo in quattro parti tagliandolo in senso obliquo in modo da ridurne lo spessore e facilitarne la cottura. Bagnate quattro fogli di carta da forno e piegateli in due, posizionateli in un contenitore fondo e componete la zuppetta di pesce nel seguente modo: partendo dal fondo a salire, due fette di pane affiancate, due fette di zucchine (il tutto va tagliato in maniera sottile), il filetto di scorfano, il gamberone, i frutti di mare lavati al lato del pesce, i pomodorini, il prezzemolo; condite con un pizzico di sale e con l'olio precedentemente conservato. Unite poi 3 cucchiai di acqua e chiudete il cartoccio fermandolo con un nastrino di carta argentata. Ripetete l'operazione per gli altri cartocci. Cuocete in forno preriscaldato a 180° per circa 15 minuti. Servite in tavola e tagliare il cartocci davanti ai commensali.

Ristorante: Antica Hostaria Massa, Caserta

Dolci

Dolci

Aspic di fragole

Ingredienti per 4 persone:
400 g di fragole
1 arancia
50 g di zucchero
100 ml di acqua
1 cucchiaio di Cointreau
1 cucchiaio di kirsch
1 foglio di colla di pesce
200 ml di panna da montare
1 pizzico di vanillina

Ricoprite la colla di pesce con acqua per 10 minuti. Mettete in una pentola l'acqua, lo zucchero, il kirsch, il succo di un'arancia e il Cointreau. Portate ad ebollizione per un minuto e togliete dal fuoco. Aggiungete la vanillina e la colla di pesce strizzata e fatela sciogliere. Tagliate sottilmente le fragole e mettetele in uno stampino piccolo. Ricoprite con la gelatina ricavata, ancora tiepida. Riponete il tutto nel frigo per 4 ore. Montate la panna e sformate l'aspic immergendolo in acqua calda per tre secondi, aiutandovi con un coltello senza lama. Guarnite con la panna e servite.

Ristorante: Il Cormorano, Agropoli

Babà ischitano

Dosi per un babà piccolo:
180 g di farina
125 g di burro
20 g di lievito di birra
1 cucchiaio di zucchero
1 pizzico di sale
50 g di panna liquida
rhum o limoncello

Versate tutti gli ingredienti in una ciotola. Fateli amalgamare bene e lavorate l'impasto fino a quando non si staccherà dalle dita. Lasciate lievitare, riempite gli stampi e infornate a180° per una ventina di minuti. Per il bagno fate bollire acqua e scorze dilimone per circa 20 minuti ed aggiungete del rhum o anche del limoncello. Bagnate il babà quando si è raffreddato.

Ristorante: Clipper da Nunzio, Ischia

Babà napoletano

Ingredienti per 4 persone:

500 g di farina
8 uova
25 g di lievito
1 pizzico di sale
200 g di burro
1 cucchiaio di zucchero
rhum

Unite nello sbattitore elettrico burro, sale, zucchero e lievito. Fate montare bene e aggiungete un uovo alla volta alternando con la farina. Lasciate lievitare e sistemate in uno stampo della tipica forma di babà e fate cuocere in forno a 160° per circa 40 minuti. Fate raffreddare e bagnate con rhum.

Ristorante: Dante e Beatrice, Napoli

Bavarese di mare

Ingredienti per 4-6 persone:

500 g di more
250 g di zucchero
450 cl di panna
4 fogli di colla di pesce

Cuocete le more, aggiungendo 150 g di zucchero e un po' di acqua, per circa 5-10 minuti a seconda della grandezza dei frutti. Poi frullate ed unite la colla di pesce precedentemente ammollata in acqua fredda per almeno 10 minuti. Montate la panna e incorporatela al composto, quindi versate in stampini singoli e lasciate raffreddare in frigorifero. A scelta potete aggiungere una salsa alla vaniglia.

Ristorante: Sapore di mare, Vietri sul Mare

Budino di melanzane con salsa al cioccolato

Ingredienti per 8-10 persone:

100 g di melanzane pelate
50 g di zucchero
150 g di latte
1 cucchiaino di cannella
2 fogli di gelatina
vaniglia q.b.
90 g di panna fresca montata
5 g di maraschino

Ingredienti per la salsa:

200 g di acqua
250 g di zucchero
100 g di cacao amaro
100 g di panna

Per preparare la salsa: unite in una pentola tutti gli ingredienti, portate quasi ad ebollizione girando in continuazione, filtrate e lasciate raffreddate.

Cuocete tutti gli ingredienti del budino, esclusa la panna fresca. Poi frullate il tutto e lasciate raffreddare. Aggiungete la panna, confezionate in stampi e ponete in frigo per 3 ore circa. Aggiungete la salsa al momento di servire.

Ristorante: Il Focolare, Casamicciola di Ischia

Canestrello di spuma di castagne con salsa di cachi e pere all'alloro

Ingredienti per 4 persone

Per i canestrelli:
75 g di latte
75 g di panna
75 g di farina
50 g di zucchero
2 uova

Per le pere:
3 pere piccole
liquore d'alloro q.b.
1/2 limone

Per la spuma di castagne:
100 g di purea di castagne
100 g di panna montata
1 bustina di vaniglia
80 g di albume
60 g di zucchero a velo
50 g di cioccolato fondente

Per la salsa di cachi:
polpa di cachi
1/2 limone
1/2 arancia

Sbattete le uova intere e aggiungete zucchero, farina, latte e panna. Fate amalgamare il tutto fino ad ottenere una pastella soffice e morbida che servirà per la preparazione dei canestrelli. Pelate i cachi e frullateli con limone e arancia. Fate macerare per circa un'ora. Pelate le pere, tagliatele a fettine e mettetele in una teglia con una spruzzata di limone. Infornate con il liquore d'alloro per circa 5 minuti. Cuocete le castagne, sbucciatele e passatele al setaccio. Montate l'albume con lo zucchero a velo; montate la panna e sciogliete il cioccolato. Amalgamate la purea di castagne con panna, meringa e cioccolato. Riempite i canestrelli e disponeteli nel piatto con la salsa di cachi, le pere e una castagna caramellata.

Ristorante: La Caravella, Amalfi

Cannoletti alla siciliana

Ingredienti per 20 persone:
20 cannoletti
20 g di Strega
500 g di ricotta sarda
1 cucchiaino di vanillina
20 g di alcool puro
60 g di cubetti di zucca canditi
scagliette di cioccolato

Mettete in un frullatore tutti gli ingredienti tranne i canditi e le scagliette di cioccolato, quindi lavorate per qualche minuto. A questo punto unite i cubetti di zucca e mescolate con un cucchiaio, poi spargete sopra delle gocce di cioccolato. Imbottite i cannoletti e conservate in frigorifero per un'oretta.

Ristorante: Al 53, Napoli

Caprese

Ingredienti per 12 persone:
250 g di cioccolata fondente
1 tazzina di caffè
250 g di mandorle tritate
6 uova (solo il tuorlo) e albume separato
1 uovo intero
250 g di zucchero
225 g di burro
1 bustina di lievito

Sciogliete a bagnomaria il cioccolato fondente e il caffè. A parte sciogliete (a bagnomaria) il burro con il lievito. Montate lo zucchero e i tuorli con l'uovo intero, e separatamente montate l'albume delle 6 uova con un pizzico di sale. In ultimo frullate il tutto con le mandorle tritate per 5 minuti. Imburrate una teglia e aggiungete un po' di farina per impedire che il dolce si attacchi, versate l'impasto nella teglia e infornatela a fuoco lento per trenta minuti.

Ristorante: Alberto, Ischia Ponte

Caprese al limone

Ingredienti per 8-10 persone:
250 g di mandorle pelate
250 g di burro ammorbidito
250 g di cioccolato bianco
5 uova
30 g di zucchero a velo
il succo di 2 limoni

Frullate le mandorle ed il cioccolato in un mixer, unite il burro, i cinque tuorli, la farina, lo zucchero e il succo di limone. Amalgamate bene il composto e montate a neve i bianchi d'uovo. Mettete il tutto in uno stampo infarinato, quindi cuocete in forno preriscaldato a 160° per circa 45 minuti. Fate raffreddare, spolverizzate con zucchero a velo.

Ristorante: La Cucina Flegrea, Pozzuoli

Capriccio di cioccolato

Ingredienti per 10 persone:
300 g di cioccolato fondente
500 g di panna montata
500 g di crema di latte
1 tazzina di liquore all'arancia

Per le cialde:
130 g di farina
120 g di zucchero a velo
120 g di bianchi d'uova
120 g di burro
40 g di cacao amaro

Mischiate lo zucchero con il burro, aggiungete i bianchi d'uovo ed infine la farina setacciata ed il cacao. Fate riposare in frigo per 30 minuti. In una teglia da forno, con l'aiuto di un cucchiaio, formate dei dischi dal diametro di 15 cm e cuocete in forno per 5 minuti; adagiateli su ciotoline affinché prendano la forma di un cestino. Riscaldate la crema di latte con il liquore e fate fondere il cioccolato. Fate raffreddare prima di montare con un frullino. Aggiungete la panna montata e mischiate delicatamente. Servitela in una cialda accompagnata con una salsa all'arancia.

Ristorante: George's al Parker's Hotel, Napoli

Carpaccio di ananas col suo sorbetto

Ingredienti per 4 persone:
1 ananas maturo
200 g di zucchero a velo
200 cl di maraschino
foglie di menta

Per il suo sorbetto:
500 cl di polpa di ananas frullata e passata
90 cl di sciroppo al 30%
1/2 stecca di vaniglia
10 cl di rhum

Pulite l'ananas dalla corteccia, affettatelo nel senso della lunghezza con la macchina affettatrice e adagiate le fette su una placca. Formate diversi strati e sopra ciascuno spolverate lo zucchero e bagnate con un po' di maraschino. Lasciate macerare in frigo per almeno 5 ore. Unite tutti insieme gli ingredienti del sorbetto e passateli nella sorbettiera (o nella gelatiera). Adagiate l'ananas su 4 piatti individuali come un carpaccio, al centro mettete una palla di sorbetto e decorate con foglie di menta fresca.

Ristorante: Le Sirenuse, Positano

Cassata di Oplontis

Ingredienti per 4-6 persone:
800 g di ricotta di pecora
30 g di pinoli
30 g di noci sgusciate
70 g di albicocche secche
70 g di cedro
30 g di uva passita
40 g di datteri snocciolati
150 g di miele

Per decorare la superficie del dolce:
4 fichi canditi
4 noci sgusciate
4 datteri interi
4 albicocche essiccate

Per il decoro esterno del dolce (bordo rosso):
2 tuorli d'uovo
100 g di farina di mandorle
50 g di succo di lampone.

Mettete la ricotta di pecora in un recipiente e con una frusta rendetela il più cremosa possibile, quindi aggiungete pian piano il miele ed incorporatelo alla ricotta. Sminuzzate i frutti secchi e canditi in piccoli pezzi ed aggiungeteli al composto di ricotta e miele. Predisponete lo stampo rotondo cingendolo con la sfoglia rossa preparata in precedenza impastando il rosso d'uovo alla farina di mandorla e aggiungendo il rosso dei lamponi. Versate il composto all'interno dello stampo rendendolo uniforme, aggiungete al centro i frutti indicati per il decoro. Mettete in frigorifero a zero gradi per circa 2 ore.

Ristorante: Il Principe, Pompei

Castagnole

Ingredienti per 4 persone:
1 l di acqua
275 g di farina
7 tuorli di uova
75 g di margarina
20 g di sale fino
120 g di zucchero di semola
30 g di cannella in polvere
300 g di crema pasticciera
olio di arachide per friggere

Mettete su fiamma vivace una pentola con l'acqua fredda, la margarina ed il sale. Portate a ebollizione e aggiungete la farina a pioggia poca per volta, fino ad ottenere un impasto asciutto. Toglietelo dalla pentola e fatelo raffreddare su di una spianatoia. Dopo averlo fatto riposare per circa trenta minuti, versatelo in un recipiente insieme ai tuorli di uova e impastate fino ad ottenere un composto omogeneo. A questo punto, introducete in un sacchetto *à poche* qualche cucchiaio del prodotto ottenuto e fate tante palline che andranno versate nell'olio bollente. Lasciate dorare per qualche minuto e sollevatele. Bucate le castagnole con un dito, riempitele con crema pasticciera e adagiatele su di un piatto da portata. Spargete sulla superficie lo zucchero semolato mischiato alla cannella in polvere e servite.

Ristorante: La Cala delle Lampare, Praiano

Cavese

Ingredienti per 8-10 persone:
300 g di burro
250 g di cioccolato bianco
200 g di nocciole tritate
4 uova
200 g di zucchero a velo
liquore a piacere

Mettete a bagnomaria il burro e il cioccolato bianco. A parte, in una bacinella di alluminio versate le uova e lo zucchero, nel frattempo macinate in un robot da cucina delle nocciole precedentemente tostate in forno. Unite quindi il trito a burro e cioccolato in una pentola. Quando il cioccolato si è fuso, versate lentamente uova, zucchero e nocciole avendo cura di girare. Eventualmente aggiungete un po' di liquore a piacere (ad esempio, amaretto di Saronno), poi foderate uno stampo con burro e farina. Dopo avervi versato l'impasto, cuocete in forno a 150° per 35-40 minuti.

Ristorante: Taverna Scacciaventi, Cava de' Tirreni

Ciambella al limone

Ingredienti per 8-10 persone:

Per la ciambella
3 uova
1 yogurt
15 g di olio di semi
250 g di zucchero
450 g di farina
buccia grattugiata di 2 limoni
vaniglia
1 bustina di lievito

Per la crema di limone
1,25 l di latte
4 tuorli d'uova
125 g di zucchero
buccia grattugiata di 1 limone

Unite tutti gli ingredienti e montate per 5 minuti circa in un mixer a media velocità, ad esclusione del lievito da aggiungere solo a procedimento ultimato. Preparate una teglia imburrata e infarinata e versatevi l'impasto. Cuocete in forno per 45 minuti circa a 180°. A parte preparate la crema di limone unendo tutti gli ingredienti e cuocendo a bassa temperatura. Appena pronta, tagliate la ciambella a fette e guarnite con crema ancora tiepida.

Ristorante: Hotel Santa Caterina, Amalfi

Cornucopia con crema chantilly e frutti di bosco

Ingredienti per 10 persone:
750 g di pasta sfoglia
1 l di crema pasticciera
250 g di panna
50 g di Strega
500 g di frutti di bosco
zucchero a velo per la glassa
280 g di zucchero
250 g di acqua
1 buccia di limone
1 buccia di arancia

Stendete la pasta sfoglia e tagliate delle listarelle di 2 cm di spessore, quindi bagnatele con un pennello imbevuto di acqua o di tuorli di uova e avvolgetele attorno alla forma. Ripassate nello zucchero e cuocete in forno a 220° finché non saranno cotte. A questo punto cuocete i frutti di bosco con circa 280 g di zucchero, 250 g di acqua, la buccia di limone e quella di arancia. A cottura ultimata, mettete a parte. Quindi riempite con la crema chantilly una sacca da pasticceria e inseritela nei cannoli. Sistemateli in un piatto da portata e guarnite con frutti di bosco e menta. Glassate infine con zucchero a velo.

Ristorante: Al Cenacolo, Salerno

Crema fredda al caffè espresso

Ingredienti per 4 persone:
2 tuorli
125 g di zucchero
400 g di panna
caffè macinato q.b.

Per la mousse:
250 g di panna
2 tuorli
80 g di zucchero
0,5 l di latte
10 g di agar
caffè a grani q.b.

Cuocete lo zucchero a 120°, versatelo sui tuorli e montare fino a farlo raffreddare. Aggiungete il caffè e la panna montata. Versate il composto in piccole tazzine da caffè. Per la mousse montate i tuorli con lo zucchero, cuocete i grani da caffè nel latte e frullate. Sciogliete l'addensante nel latte caldo e unitelo al composto. Aggiungete la panna montata e fate raffreddare. Servite la crema al caffè con la mousse e decorate con chicchi di caffè al cioccolato.

Ristorante: Taverna del Capitano, Nerano

Croccante di nocciole nolane in salsa di zabaione

Ingredienti per 8-10 persone:
300 g di granella di nocciole
250 g di zucchero
olio extravergine di oliva

Per la salsa di zabaione:
5 tuorli d'uovo
100 g di zucchero
1 bicchiere di panna liquida
1 bicchiere di marsala
1 pizzico di cannella

Lavorate i tuorli con lo zucchero in modo da farli diventare quasi bianchi, quindi aggiungete la panna liquida e il marsala. Continuate a lavorarli sopra un fuoco avendo cura di non farli bollire e aggiungendo un po' di cannella. In una pentola fate sciogliere lo zucchero, quindi incorporate poco per volta le nocciole precedentemente tostate e tritate fino a formare un impasto compatto. Ungete con dell'olio un contenitore e tagliate il croccante ancora caldo in pezzi da 60 g ciascuno e schiacciatelo in alcune formine. A questo punto mettete la salsa di zabaione in una fondina e farcite internamente il croccante con la crema.

Ristorante: Le Colonne, Caserta

Crostata al limone

Ingredienti per 8-10 persone:
200 g di farina
100 g di zucchero
100 g di burro
3 tuorli d'uovo
la buccia e il succo di 1 limone
burro per la teglia
zucchero a velo e un pizzico di sale

Per la crema:
1 l di latte
160 g di farina
400 g di zucchero
6 tuorli d'uovo
la buccia di 2 limoni

Impastate a temperatura ambiente farina, tuorli, zucchero e burro ammorbidito su un piano da lavoro. Dopo aver lavorato bene, unite la buccia grattugiata e il succo di un limone, quindi lasciate riposare. Nel frattempo preparate la crema e, una volta stesa la pasta su una teglia precedentemente imburrata, imbottite la torta. Cuocete in forno a 180° per circa 35 minuti e, prima di servire, lasciate che si raffreddi.

Ristorante: La Conchiglia, Procida

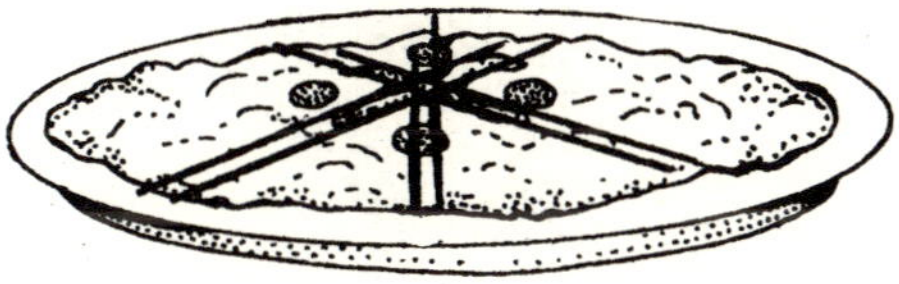

Crostata con gelsi

Ingredienti per 8-10 persone:

Per l'impasto
500 g di farina
250 g di zucchero
250 g di margarina
1 pizzico di ammoniaca per dolci
7 tuorli
una grattugiata di limone
sale

Per il ripieno:
1 kg di gelsi
1 strato di gelina
pan di Spagna
crema pasticciera

Dopo aver preparato pasta frolla, crema pasticciera e pan di Spagna, sistemate sul fondo di una teglia la pasta frolla creando un bordo di circa 2 cm di altezza e infornarte per circa 20 minuti a 200°. Farcite il pan di Spagna con uno strato di crema pasticciera, coprite con pan di Spagna, aggiungete di nuovo la crema pasticciera e poi ancora pan di Spagna. Ricoprite di gelsi e completate con uno strato di gelina.

Ristorante: Giardiniello, Minori

Crostata di fichi e noci

Ingredienti per 8-10 persone:

Per la pasta frolla:
1 kg di farina
2 uova
200 g di burro
200 g di zucchero
1 limone grattugiato

Per la crema:
1 l di latte
80 g di farina
200 g di zucchero
4 tuorli d'uovo
1 pizzico di vanillina

Lavorate la pasta frolla il tempo necessario per ottenere un impasto compatto ed omogeneo. Preparate una base cotta e vuota e riempitela di crema. Decorate con spicchi di fichi e noci secche. Ricoprite il tutto con gelatina di albicocche.

Ristorante: Silenzio Cantatore, Piano di Sorrento

Crostata di fragole e amarene

Ingredienti per 8-10 persone:

Per la sfoglia:
300 g di farina
100 g burro
100 g zucchero
2 tuorli

Per la crema:
3 tuorli
5 cucchiai di zucchero
3 cucchiai di farina
1 l di latte
buccia di limone
marmellata di amarena

Per la sfoglia, amalgamate tutti gli ingredienti impastando fino ad ottenere un composto omogeneo, quindi lasciate riposare. Nel frattempo, in una pentola, unite zucchero ed uova, aggiungete la farina ed il latte facendo attenzione ad evitare grumi. Aggiungete la buccia di limone e cuocete a fuoco moderato mescolando di continuo fino ad ottenere una crema di giusta consistenza. Imburrate una teglia da dolce e stendetevi la sfoglia ottenuta, riempite il tutto con la crema e la marmellata di amarene. Infine decorate il tutto con delle striscioline di pasta sfoglia. Cuocete in forno a 180° per 40 minuti circa.

Ristorante: Rosiello, Napoli

Crostata di pomodorini

Ingredienti per 8 persone:
300 g di pomodorini ben maturi
1 disco di pasta sfoglia
pan di Spagna
300 g di crema pasticciera
100 g di passata di albicocca

Sistemate su un disco di pasta sfoglia il pan di Spagna, quindi deponetevi un sottile strato di crema pasticciera e di nuovo uno di pan di Spagna. Dopo aver lavato i pomodorini, tagliateli a pezzetti e sistemateli sul pan di Spagna, coprendo tutta la superficie disponibile. Legate con uno strato sottile di passata di albicocca e lasciate per qualche ora nel frigo prima di servire.

Ristorante: Don Salvatore, Napoli

Crostata di ricotta con cioccolato caldo

Ingredienti per 8-10 persone:
3 ricottine di bufala
2 uova
4 cucchiai di zucchero
2 cucchiai di rhum
cioccolato fondente tagliato a pezzi
1 kg di pasta frolla

In un recipiente mettete la ricotta, lo zucchero e le uova. Amalgamate bene il tutto. Aggiungete il rhum e il cioccolato. Imburrate una teglia da forno, stendete alla base la pasta frolla e aggiungete il composto di ricotta. Dopo aver steso bene l'impasto sbriciolate sopra della pasta frolla e passateci poi dell'uovo sbattuto con un pennello da cucina. Fate cuocere in forno per circa 25 minuti a 180-200°. Servite con del cioccolato fondente caldo.

Ristorante: La Pergola, Capaccio

Crostata forte

Ingredienti per 8-10 persone:
pasta frolla
1 barattolo di marmellata di arance
peperoncino tritato
mandorle tostate
zucchero a velo

Preparate la farcia con peperoncino, marmellata e mandorle tostate tagliate a filetti. Riempite la pasta frolla con il composto ottenuto stendendola su uno stampo, e coprite formando delle strisce di pasta. Cuocete in forno a 200° per circa mezz'ora e, una volta sfornato, spolverate con zucchero a velo. Usate olio al peperoncino come salsa di accompagnamento.

Ristorante: La Stanza del Gusto, Napoli

Crostatina con marmellata di arance della Valle dei Mulini

Ingredienti per 4 persone:
100 g di strutto
100 g di zucchero
2 uova
200 g di farina
100 g di marmellata di arance

Disponete la farina a cascata e unite zucchero, strutto e un uovo intero. Impastate aggiungendo poi solo il tuorlo dell'altro uovo fino ad ottenere un composto omogeneo. Fate riposare per alcuni minuti. Stendete la pasta e disponetela in piccole teglie. Aggiungete la marmellata di arance della Valle dei Mulini e disponete il resto della frolla tagliata a striscioline. Informate per 15 minuti. Servite con abbondante zucchero a velo.

Ristorante: Cantina San Nicola, Amalfi

Crostatina di Nonna Maria

Ingredienti per 2 persone:
200 g di pasta frolla
150 g di crema pasticciera
2 limoni
un po' di limoncello
zucchero granulato
pinoli

Stendete la pasta frolla in piccoli ruoti di 8 cm di diametro, versate la crema pasticcera bagnata al limoncello e i pinoli. Grattugiate la buccia dei limoni e cospargete il tutto con lo zucchero granulato. Infornate in forno a 165° per 30 minuti.

Ristorante: Aurora, Capri

Cupolette di ricotta con fragoline di Paestum

Ingredienti per 6 persone:
500 g di ricotta
500 g di latte
400 g di zucchero
aromi vari (cannella, vaniglia, scorza di limone)
500 g di fragole
1 noce di burro
50 g di zucchero
liquore a piacere

Sciogliete lo zucchero nel latte intiepidendolo. Versate la ricotta in un recipiente e, a filo, latte e zucchero. Mischiate il tutto, aromatizzate e riponete in uno stampino a cupoletta. Tenete in congelatore 12 ore prima di servire. Mischiate zucchero e burro e sfumate con liquore. Aggiungete le fragole frullate e saltate in padella e girate. Quindi versate sulle cupolette e servite.

Ristorante: Il Granaio dei Casabella, Paestum

Datteri ripieni

Ingredienti per 10 persone:

1 scatola di datteri secchi di buona qualità
300 g di noci
300 g di pinoli
sale
miele

Snocciolate i datteri (scegliete una qualità che non risulti appiccicosa e la cui buccia sia difficile da staccare) praticando un taglio su uno dei lati e farcite con noci, pinoli o pepe nero. Rivoltate nel sale e friggete nel miele in una padella fino a che non si siano caramellati. Appena fritti, i datteri vanno adagiati in un piatto unto di olio per evitare che si attacchino. Infilzateli con degli stecchini per facilitare la consumazione, serviteli da soli o accompagnati ad una cassata di Oplontis.

Ristorante: Bacco, Furore

Delizia al limone della Penisola

Ingredienti per 4-6 persone:

12 tuorli d'uovo
270 g di zucchero
10 albumi d'uovo
1 limone spremuto

Prendete dieci tuorli e montateli con 100 g di zucchero. A parte montate gli albumi con un limone spremuto e 20 g di zucchero. Aggiungete due tuorli, 150 g di farina e unite tutto. Con il sacco *à poche* fate i sospiri su carta da forno e cuocete a 150° (forno per pasticceria). Preparate la crema pasticciera con aggiunta di scorzette di limone grattugiate e un po' di panna montata. Bagnate le delizie nel limone. Farcite con la crema allungata con panna liquida e sciroppo al limone. Copriete le delizie con bucce di limoni sciroppati, un fiocchetto di panna e una ciliegia candita sopra.

Ristorante: Antico Francischiello, Massa Lubrense

Delizia al limone di Capri

Ingredienti per 4 persone:
5 uova
160 g di zucchero
100 g di farina
1 pizzico di lievito per dolci

Per la crema:
1 l di latte
150 g di zucchero
90 g di farina
2 tuorli d'uova
1 bicchiere di limoncello
2 limoni
1 dl di panna fresca liquida

Montate gli albumi delle 5 uova a neve con la metà dello zucchero. Montate a parte i tuorli ed il restante zucchero, incorporate la farina setacciata nei tuorli amalgamando con un cucchiaio di legno. Unite i due composti lavorando il tutto con molta attenzione. Versate il composto in un sacchetto a punta liscia e formate dei dischetti. Infornate a 180° per circa 15-20 minuti. Preparate la crema pasticciera unendo lo zucchero, 1 dl di latte e 2 tuorli. Portate il restante latte ad ebollizione ed incorporatelo nel composto freddo. Cuocete a fuoco lento aggiungendo la farina setacciata e girando continuamente finché la crema non si sarà addensata. Preparate il ripieno con metà della crema unendo il succo e la buccia di un limone grattugiato. Tale ripieno servirà a farcire i dolcetti che avrete tagliato a metà. Per la salsa, stemperate la restante crema con la panna aggiungendo il limoncello e la buccia di un limone ottenendo un composto piuttosto liquido da versare sulle delizie. Guarnite il piatto con fettine di limone e grattugiate un po' di buccia di limone su ogni delizia.

Ristorante: La Capannina, Capri

Delizia di ricotta di bufala ai lamponi

Ingredienti per 4 persone:
200 g di ricotta di bufala freschissima
150 g di lamponi
80 g di zucchero semolato
40 g di limone non trattato
liquore Cassis
marmellata di fragole
zucchero a velo
menta
pan di Spagna

Ritagliate il pan di Spagna in otto dischi dal diametro di 6 cm, tenetene da parte 4. Frullate la ricotta con i lamponi, mescolatevi lo zucchero semolato, un cucchiaio di liquore e la scorzetta grattugiata del limone. Spalmate questa farcia su 4 dischetti, coprite con gli altri 4, livellatela sui bordi e raffreddate i dolcetti per almeno trenta minuti in frigo. Disponeteli su quattro piatti da dessert e decorateli con lo zucchero a velo, i lamponi, la marmellata e qualche fogliolina di menta.

Ristorante: La Veranda, Agropoli

Dolce al cioccolato con composto di mele e gelato di vaniglia

Ingredienti per 4 persone:

Per il dolce:
300 g di mandorle sgusciate
4 uova
300 g di zucchero
250 g di burro
150 g di cacao in polvere
150 g di cioccolato fondente

Per il composto di mele:
5 mele
100 gr di zucchero
1 arancia
1 limone
250 g di gelato alla vaniglia

Montate uova e zucchero e aggiungete le mandorle frullate, il cacao e la crema tiepida composta da burro e cioccolato precedentemente sciolti a bagnomaria. Versate il tutto in stampini monorazione e cuocete a 180° per 25 minuti. Appena pronti, fate riposare per alcuni minuti e passate a preparare il composto. Sbucciate le mele, tagliatele a spicchi e mettetele in una casseruola, aggiungete zucchero, succo di arancia, succo di limone e un po' d'acqua. Cuocete per circa 15 minuti e passate il tutto nel frullatore. Disponete nei piatti, versando il composto di mele al centro del piatto e adagiandovi sopra il dolcino al cioccolato. Prima di servire, decorate con una pallina di gelato alla vaniglia e una spolverata di zucchero a velo.

Ristorante: Il Capitano, Positano

Dolce di frutta secca

Ingredienti per 6-8 persone:
350 g di farina
300 g di zucchero
150 g di burro
0,5 l di latte
200 g di fichi secchi
1 bustina di lievito per dolci
1 scodella di noci
4 uova
grappa
2 arance
1 limone
sale q.b.

Sbattete in una ciotola i tuorli d'uovo con lo zucchero, aggiungete il burro ammorbidito e un pizzico di sale. Versate la farina a pioggia mescolando continuamente, unite il latte, l'uvetta strizzata (dopo averla fatta rinvenire in acqua tiepida), le noci tritate, bucce di arance e limone tagliate sottili, quindi il succo d'arancia, i fichi sminuzzati, mezzo bicchiere di grappa e, infine, il lievito. Montate gli albumi a neve e uniteli all'impasto mescolando delicatamente. Versate il tutto in una tortiera imburrata e fate cuocere in forno a 180° per circa 45 minuti.

Ristorante: Villa Matilde, Cellole

Dolcini di mandorle

Ingredienti per 8-10 persone:
4 albumi d'uovo
500 g di mandorle
400 g di zucchero

Tritate le mandorle e unitele agli albumi in precedenza montati a neve, aggiungete anche lo zucchero e mescolate ottenendo un composto solido. Ricavare dall'impasto tanti piccoli dolcini che passerete nello zucchero prima di metterli negli stampini rivestiti con carta da forno. Cuocete in forno preriscaldato a 180° per circa 7 minuti.

Ristorante: Il Ceppo, Agropoli

Frutta ripiena al gelato

Ingredienti per 4 persone:
4 pesche mature
100 g di zucchero
350 g di acqua

Tagliate le pesche a metà e con uno scavino raccogliete la polpa senza rompere il frutto. Frullate la polpa e, nel frattempo, preparate uno sciroppo di acqua e zucchero. Versatelo in una centrifuga con la polpa frullata lasciando procedere per circa 10 minuti. Ottenuto questo composto, riempite le pesche precedentemente tenute in congelatore avendo cura di rimetterle per un'altra mezz'ora in frigo.

Ristorante: L'Arsenale, Minori

Gelato al caffè

Ingredienti per 4 persone:
600 g di latte intero
panna fresca u.h.t.
60 g di latte in polvere
100 g di tuorli d'uovo
40 g di trimoline
120 g di zucchero grezzo
200 g di caffè in grani
6 g di stabilizzante per gelati

Lasciate in fusione a freddo per almeno 24 ore le grane di caffè nel latte e nella panna. Passate al colino e fate una crema inglese unendo gli altri ingredienti. Cuocete ad 82°. Lasciate riposare e mantecare, conservate a -10°.

Ristorante: Le Trabe, Capaccio

Graffette

Ingredienti per 8-10 persone:

250 g di zucchero
8 uova
1 kg di farina
1 bustina di vanillina
1 limone grattugiato
100 g di limoncello
250 g di margarina
2 bustine di zafferano
12 g di sale
5 g di lievito di birra
olio extravergine di oliva
zucchero a velo q.b.

Impastate tutti gli ingredienti fino ad ottenere un impasto morbido, quindi lasciate riposare per qualche ora. Staccate delle striscioline di 2 cm di larghezza e incrociatele. Friggetele e stendetele su un panno carta per farne assorbire l'olio. Passate nello zucchero a velo e servite ben caldo.

Ristorante: Il Leon d'Oro, Napoli

Margherite fritte al sapore napoletano con salsa alla vaniglia

Ingredienti per 4 persone:

Per la sfoglia:
250 g di farina 00
75 g di burro
1 dl di acqua

Per il ripieno:
4 mele annurche
20 g di burro
30 g di pinoli
30 g di uvetta sultanina
100 g di frutti di bosco

Per la salsa:
5 dl di crema di latte
6 rossi d'uovo
50 g di zucchero
1 stecca di vaniglia
1 bicchierino di Grand Marnier

Per la guarnizione:
12 foglioline di menta
12 rombetti di mele
4 fragoloni

Unite la farina al burro e all'acqua. Impastate ricavandone una sfoglia da mettere in frigo per circa un'ora. Pelate e tagliate le mele a dadini, saltatele in una padella con del burro e attendete che si raffreddino, poi aggiungete i pinoli, l'uvetta e i frutti di bosco. Fate bollire la crema di latte e una stecca di vaniglia; a parte montate leggermente i rossi delle uova, lo zucchero, il liquore e uniteli alla panna. Fate cuocere il tutto a bagnomaria per circa 10 minuti. Tirate la sfoglia molto sottile, poggiatevi sopra il ripieno e richiudete formando delle margherite da friggere in olio di semi d'arachide. Quando saranno dorate sollevatele e fate asciugare su un foglio di carta assorbente. Disponete la salsa sul fondo dei piatti e adagiatevi le margherite al centro. Guarnite con i rombetti di mele, le foglioline di menta e i fragoloni.

Ristorante: San Pietro, Positano

Melanzane al cioccolato di Amalfi

Ingredienti per 4-6 persone:
2 melanzane viola
200 g di zucchero
150 g di cioccolato fondente
150 g di cacao in polvere
1 bustina di vanillina
1 bustina di cannella
1 l di latte
2 uova
farina
olio extravergine di oliva
1 dl di liquore Strega
pinoli tostati e bucce di arancia candita

Sbucciate le melanzane e tagliatele orizzontalmente a fette. Infarinatele e friggetele in olio d'oliva. Disponetele successivamente su di un piano e lasciatele riposare per circa un'ora.

Sbattete le uova con l'aggiunta di farina e immergete singolarmente le fette prima di ripassarle nell'olio d'oliva ben caldo. Portatele a doratura e lasciatele asciugare.

Unite a parte latte, zucchero, cacao, cioccolata, cannella e vanillina, sciogliendo il tutto a bagnomaria fino ad ottenere un amalgama di media consistenza. Appena pronto aggiungete il liquore Strega.

Adagiate in un piatto da portata le melanzane fritte e ricoprite con abbondante cioccolato. Prima di servire guarnite con pinoli tostati e bucce d'arancia candita.

Ristorante: Da Gemma, Amalfi

Melanzane con la cioccolata all'amalfitana

Ingredienti per 6 persone:
8 melanzane grandi
3-4 cucchiai di farina
2 uova
100 g di canditi misti
olio per friggere
50 g di farina
sale e vaniglia q.b.

Per la crema alla cioccolata:
50 g di cacao
25 g di farina
1 l di latte
burro
1 noce

Tagliate le melanzane a fette piuttosto spesse nel senso della lunghezza e mettetele sotto sale per un paio d'ore. Risciacquatele bene, strizzatele senza esagerare, asciugatele con un panno e friggetele nella padella nera con olio bollente. Sgocciolatele e mettetele da parte.

Preparate una crema pasticciera e mescolatevi la frutta candita dopo averla tagliuzzata finemente. Preparate anche una crema alla cioccolata piuttosto leggera e semiliquida.

Disponete sul fondo di una tortiera uno strato di melanzane fritte, ricopritele con alcuni cucchiai di crema pasticciera mista ai canditi. Fate ancora uno strato di melanzane, e così via fino all'esaurimento degli ingredienti, completando con la crema alla cioccolata ancora calda. Mettete in frigo per 2 ore e servite ben freddo.

Ristorante: Quattro Passi, Nerano

Migliaccio

Ingredienti per 4 persone:
500 g di spaghettini
400 g di zucchero
10 uova
1 l di latte intero
1 bustina di vanillina
1 arancia
1 limone

Cuocete gli spaghettini per soli due minuti. Mettete 10 uova intere in una zuppiera e mescolatele velocemente con una frusta insieme allo zucchero. Aggiungete latte, vanillina e le scorze di limone e di arancia debitamente grattugiate. Mettete gli spaghetti nell'impasto e versate il tutto in una teglia già imburrata ed infarinata. Cuocete nel forno a 200° per un'ora. Una volta dorato, lasciate raffreddare e servite.

Ristorante: Il Pirata, Sant'Angelo d'Ischia

Millefoglie espressa

Ingredienti per 4 persone:
500 g di sfoglia
250 g di mascarpone
2 uova
3 cucchiai di zucchero
2 bicchieri di A' Vucchella passito

Infornate la sfoglia. Amalgamate il mascarpone con i rossi d'uovo, il passito e lo zucchero. Aggiungete la crema ottenuta agli albumi montati. Ponete nel piatto la sfoglia sbriciolata alternandola con uno strato di crema per due volte e finite con zucchero a velo, cacao e mandorle tostate.

Ristorante: Orestorante, Ponza

Mimosa al limone

Ingredienti per 4 persone:

Per il pan di Spagna:
4 uova
200 g di farina
200 g di zucchero
strutto

Per la crema di limone:
2 tuorli di uovo
50 g di zucchero
50 g di farina
0,25 l di latte
4 bucce di limone

Sbattete le uova con lo zucchero fino a formare una sorta di zabaione. Aggiungete la farina e impastate fino ad ottenere un amalgama di bassa consistenza. Disponete l'impasto in una placca da forno precedentemente cosparsa di strutto e infornate a 160° per circa mezz'ora. A cottura ultimata fate riposare il pan di Spagna e, una volta raffreddato, staccatelo dalla placca e adagiatelo su un piano d'acciaio. A parte preparate la crema, sbattendo i tuorli d'uovo con zucchero e farina. Appena amalgamato aggiungete il latte in cui la sera prima avrete immerso le bucce di limone, e portate a cottura. Dividete con un coltello il pan di Spagna in due parti, togliendo uno strato intermedio da conservare a parte, e bagnate la base con un preparato a base di acqua, zucchero e limoncello. Cospargete di crema e richiudete con la restante estremità del pan di Spagna. Ripetete l'operazione con il preparato a base di acqua, zucchero e limoncello e sopra sbriciolate lo strato intermedio di pan di Spagna precedentemente conservato. Rivestite il tutto di crema al limone e coprite totalmente con le briciole di pan di Spagna.

Ristorante: Lido Azzurro, Amalfi

Mousse al cioccolato

Ingredienti per 8-10 persone:
250 g di cioccolato amaro
1 l di panna
200 g di nocciole tritate
500 g di crema di vaniglia
4 pere

Per la crema di vaniglia:
4 uova
1 l di latte
300 g di zucchero
1 busta di vanillina
1 pizzico di sale

Mettete in un recipiente il cioccolato e il latte, lavoratelo con una frusta elettrica fino ad ottenere una crema compatta. Quindi versate il composto in una coppa, tagliate le pere a dadini e unite la mousse, un cucchiaio di vaniglia e le nocciole tritate. Guarnite con un po' di topping al cioccolato o al caramello.

Ristorante: Le Bistrot, Cava de' Tirreni

Mousse al limone

Ingredienti per 4 persone:
3 rossi di uovo
120 g di zucchero
4 fogli di gelatina (colla di pesce)
1 l di latte
2 limoni grattugiati
400 g di panna fresca

Per la salsa di fragole o frutti di bosco
500 g di fragole o frutti di bosco
200 g di zucchero

Montate i rossi di uovo con lo zucchero e nel frattempo riscaldate il latte con le bucce di limone. Portate a ebollizione, aggiungete la colla di pesce precedentemente messa a bagno in acqua fredda e mischiate il tutto con i rossi sbattuti. Montate la panna e aggiungetela al composto ormai freddo. Distribuite in stampini e lasciate riposare in frigo per almeno 3 ore. Servite con una salsa di fragole o frutti di bosco precedentemente cotte con lo zucchero per 1/4 d'ora circa.

Ristorante: Acqua Pazza, Ponza

Mousse di cioccolato bianco e melone

Ingredienti per 6-8 persone:
3 rossi
1 uovo intero
50 g di zucchero
300 g di cioccolato bianco
500 g di panna
50 g di succo di melone ridotto
2 fogli di colla di pesce
brunoise di melone
gelatina

Per il nougat:
200 g di glucosio
300 g di fondente
170 g di semi di sesamo tostati

Cuocete lo zucchero a 120° con 2 cucchiai di acqua, aggiungete ai tuorli e all'uovo e montate. Aggiungete la gelatina precedentemente ammorbidita in acqua fredda, strizzata e sciolta con un cucchiaio di acqua. Quindi il cioccolato bianco sciolto, la riduzione di melone e la panna semimontata. Per il nougat cuocete glucosio e fondente quindi aggiungete semi di sesamo. Versate su silpat, quindi stendete con il matterello, ripassate leggermente in forno, tagliate a triangoli. Servite formando una piramide con tre triangoli di nougat riempita con mousse e con la brunoise di frutta intorno.

Ristorante: Quisisana, Capri

Mousse di ricotta

Ingredienti per 8-10 persone:
400 g di ricotta freschissima
120 g di panna montata
50 g di zucchero vanigliato
40 g di scorze di arancia candita
30 g di uva passa
3 tuorli d'uovo
1 dl di rhum
4 dl di marsala

Mettete l'uvetta passa in una terrina, versatevi sopra metà marsala e 2-3 cucchiai di acqua tiepida e lasciatela in ammollo per 15 minuti. Lavorate la ricotta con i rebbi di una forchetta, poi incorporatevi lo zucchero vanigliato, le scorze di arancia candite, i tuorli (uno per volta), l'uvetta passa scolata e strizzata, il rhum, il marsala rimasto e, per ultima, la panna montata. Versate il composto così ottenuto in coppette individuali, copritele con un foglio di pellicola per alimenti e riponete in frigo per tre ore prima di servire.

Ristorante: La Veranda, Agropoli

Panna cotta aromatizzata al limone

Ingredienti per 4 persone:
250 g di zucchero
250 g di latte
1 l di panna
essenza di limone
fogli di colla di pesce

Fate bollire latte e zucchero, quindi aggiungete la panna, la gelatina di colla di pesce e l'essenza di limone. Lasciate in frigorifero finché si solidificherà.

Ristorante: Giuseppone a mare, Napoli

Pasticcio di melanzane con salsa al cioccolato

Ingredienti per 4 persone:
250 g di ricotta freschissima
40 g di zucchero a velo
20 g di zucchero semolato
40 g di frutta candita
4 dl di latte
300 g di cioccolato fondente amaro
4 dischetti di pan di Spagna (di circa 7 cm di diametro)
1 cl di rhum
8 fette di melanzana
1 limone
1 stecca di cannella

Versate circa 3 dl di acqua in un pentolino, aggiungete lo zucchero semolato, il limone e la cannella, portate ad ebollizione e aggiungete le fette di melanzana per pochi minuti, finché risulteranno cotte. Mettete la ricotta in una ciotola, unite lo zucchero a velo, la frutta candita, 50 g di cioccolato tagliato a piccoli cubetti, il rhum ed amalgamate bene il tutto. Riscaldate il latte, aggiungete il restante cioccolato tagliato a scagliette, portate ad ebollizione mescolando e mantenendo la fiamma molto bassa. Spegnete e la-

33. Alici indorate e fritte e in tortiera. (© Stockfood)

34. Baccalà alla napoletana. (© Stockfood)

35. Branzino al forno con patate. (© Stockfood)

36. Calamari imbottiti. (© Stockfood)

37. Filetto di sgombro. (© Stockfood)

38. Fritto di paranzella. (© Stockfood)

39. Pesce al forno con patate tostate. (© Stockfood)

40. Ingredienti per pesce spada ai profumi del Mediterraneo. (© Stockfood)

41. Pesce spada alla griglia. (© Stockfood)

42. Pizza di frutti di mare. (© Stockfood)

43. Polipetti affogati. (© Stockfood)

44. Rombo brasato. (© Stockfood)

45. Sapori dell'orto in brodo di pesce. (© Stockfood)

46. Spigola del Mediterraneo. (© Stockfood)

47. Trancio di tonno con menta, pomodorini e birra. (© Stockfood)

48. Zuppetta di pesce amalfitana. (© Stockfood)

sciate raffreddare. Rivestite con pellicola 4 stampi individuali semisferici; sistemate all'interno di ognuno una fettina di melanzana ben scolata, riempite con la farcia a base di ricotta e ricoprite con un dischetto di pan di Spagna. Chiudete con la pellicola e fate riposare in frigorifero per un quarto d'ora. Togliete i pasticci di melanzana dagli stampi, disponeteli sui piatti, ricopriteli con la salsa al cioccolato e servite.

Ristorante: Don Alfonso 1890, Sant'Agata sui Due Golfi

Pasticciotto di amarena

Ingredienti per 4 persone:

Per la pasta frolla:
100 g di strutto
100 g di zucchero
2 uova
200 g di farina

Per la crema:
8 tuorli di uovo
200 g di zucchero
100 g di farina
1 l di latte
1 bustina di vanillina
amarena q.b.

Disponete la farina a fontana e unite zucchero, strutto e 2 uova intere. Impastate fino ad ottenere un amalgama omogeneo. Fate riposare per alcuni minuti. A parte preparate la crema unendo gli 8 tuorli e lo zucchero. Sbattete il tutto e aggiungete la farina, il latte e la vanillina. Portate a cottura su fuoco lento. Appena pronta, lasciatela raffreddare per alcuni minuti. Stendete la pasta frolla in una teglia imburrata e versate la crema fredda, cospargendo con fiocchi di amarena. Ricoprite con la restante sfoglia di pasta frolla e infornate a 180° per 45 minuti circa. Servite anche tiepida con una spolverata di zucchero a velo.

Ristorante: A' Paranza, Atrani

Pasticciotto di mele annurche al burro e rosmarino

Ingredienti per 8-10 persone:
500 g di pasta frolla
1 kg di mele annurche sode
3 rami di rosmarino
2 limoni
100 g di burro
1 cucchiaino di cannella in polvere
100 g di zucchero
150 g di filetti di mandorle tostate

Distendete in una teglia imburrata con bordo basso circa 350 g della pasta frolla fino a coprirne l'intera base e i bordi, quindi riponete il tutto in frigorifero. Nel frattempo, pelate le mele, tagliatele a dadini eliminandone il torso e avendo cura di conservarle in acqua fredda acidulata con mezzo limone. In una padella fate sciogliere il burro con i tre rametti di rosmarino e, dopo aver colato i dadini di mela, versateli con aggiunta di succo di limone. Fate saltare per circa cinque minuti, quindi unite lo zucchero continuando a tenere le mele sul fuoco fino ad ottenere una leggera cremosità. Estraete a questo punto il rosmarino e versate la cannella (sempre sul fuoco) finché questa non coprirà tutti i pezzetti di frutta. Colate le mele raccogliendone il sugo di cottura che si può eventualmente usare per preparare gelato o crema. Prendete dal frigo la pasta frolla, imbottitela di mele e di mandorle, quindi ricoprite con la parte rimanente bucherellando la superficie prima di infornarla per circa 45 minuti a 180°. Servite a temperatura ambiente con una spolverata di cacao in polvere.

Ristorante: Timpani e Tempura, Napoli

Pastiera di grano

Ingredienti per 12 per persone:

Per il ripieno:
550 g di grano
150 g di latte
40 g di burro
500 g di ricotta
400 g di zucchero
5 uova intere e 2 tuorli
1 bustina di vanillina
1 bustina di cannella in polvere
1 fiala di fior d'arancio
150 g di canditi
la buccia di 1 limone

Per la pasta frolla:
500 gr di farina
200 g di burro o margarina
200 g di zucchero
2 uova intere e 1 tuorlo
1 bustina di pan degli angeli
la buccia di 1 arancia o di 1 limone

Fate bollire il grano e il latte unendo 40 g di burro e la buccia di limone finché si otterrà una crema densa, quindi mettete a raffreddare a temperatura ambiente. A questo punto impastate la ricotta, lo zucchero, le uova con la vanillina, il fior d'arancio, la cannella e i canditi. Nel frattempo preparate la pasta frolla mescolando burro, zucchero con uova e tuorli, pan degli angeli e farina. Infine, aggiungete al composto gli aromi elencati. Lasciate riposare in frigorifero per circa 10 minuti prima di stendere la pasta per foderare una teglia precedentemente imburrata. Sistemate il ripieno e incrociate le striscioline di pasta formando una specie di griglia. Cuocete in forno a 160° e, una volta che la torta si è raffreddata, sformate e servite. Decorate con una spolverata di zucchero a velo.

Ristorante: Crescenzo, Procida

Pere della Costiera alla mentuccia ricoperte da una salsa di cioccolato al peperoncino e da una mousse di ricotta di capra al mandarino

Ingredienti per 4 persone:

4 pere
400 g di ricotta di capra
2 cucchiai di sciroppo alla menta
2 ramoscelli di menta fresca
200 g di zucchero
200 g di cioccolato
peperoncino piccante q.b.
fiori di ginestra per guarnire

Mettete in una pentola acqua, zucchero e foglie di mentuccia, quindi le pere tagliate in quattro pezzi ciascuna. Fate bollire il tutto per 5 minuti e lasciate raffreddare. A questo punto preparate la mousse di ricotta con liquore al mandarino e sciogliete il cioccolato. Sistemate in un piatto da portata la montatura di ricotta e versate sulle pere il cioccolato tiepido preparato con l'aggiunta di peperoncino. Guarnite la ricetta con pasticcini secchi e fiori di ginestra.

Ristorante: San Pietro, Cetara

Pizza di crema della nonna

Ingredienti per 6 persone:

300 g di pasta frolla
1 l di latte
3 tuorli d'uovo
50 g di farina
100 g di zucchero
100 g di amarene
1 limone
50 g di marmellata di amarene
zucchero a velo

Con latte, farina, zucchero e uova e scorza di limone preparate la crema pasticciera. Con la pasta frolla foderate una tortiera del diametro di 26 cm. Versate la crema mescolata con le amarene. Coprite con la parte rimanente di pasta frolla ed infornate a 180° per 30 minuti. Fate raffreddare, spolverate con zucchero a velo e servite con una decorazione di marmellata di amarene.

Ristorante: Lo Scoglio, Nerano

Profiteroles al limone

Ingredienti per 5 persone:

300 g di farina
350 g di margarina
30 g di zucchero
1 bustina di vanillina
8 uova
150 g di panna
latte

Bollite tutti gli ingredienti ad eccezione della farina che va aggiunta lentamente e fate cuocere per 5-6 minuti mescolando con cura. Quando avrete ottenuto un composto abbastanza denso, versatelo su un tavolo da lavoro e lasciatelo raffreddare. Unite le uova e mescolate ancora, quindi mettete in una teglia e staccate dei bignè. Cuocete in forno a 250° per 10-15 minuti, fate raffreddare e imbottite con crema pasticciera preparata con l'aggiunta di molte cortecce di limone, panna montata e zucchero. Prima di conservare nel congelatore, grattugiate sui bignè buccia di limone, preferibilmente verde.

Ristorante: La Botte, Minori

Rollè di noci

Ingredienti per 6 persone:
800 g di pasta frolla già pronta
300 g di marmellata di arance
250 g di noci di Sorrento
zucchero a velo

Su una sfoglia di pasta frolla stendete la marmellata di arance e le noci di Sorrento che avrete prima infornato e spellato. Formate un bel rotolo a forma di ciambella e cuocete a forno moderato per circa 40 minuti. Sfornate e spolverate il tutto con zucchero a velo.

Ristorante: 'O Canonico 1898, Sorrento

Semifreddo ai canditi con spuma al pistacchio e salsa al cioccolato fondente

Ingredienti per 12 persone per il semifreddo ai canditi:
Per la crema pasticciera:
6 tuorli
1 l di latte fresco
150 g di zucchero
50 g di farina
zeste di 3 arance

Per la meringa:
125 g di albumi
175 g di zucchero
500 g di panna montata
90 g di canditi misti
15 g di Aurum o Grand Marnier
2 dischi di pan di Spagna da 24 cm di diametro

Foderate con il pan di Spagna gli stampi per il semifreddo e procedete nella preparazione della crema pasticciera mischiando i tuorli con lo zucchero e la farina. Portate ad ebollizione il latte con le zeste d'arancia e versate sopra alla base lavorata. Riportate sui fornelli e cuocete per 5 minuti a fuoco moderato, passate al setaccio e raffreddate. Nel frattempo procedete nella preparazione del meringaggio mettendo gli albumi in planetaria e portando lo zucchero, con poche gocce d'acqua, ad ebollizione fino a raggiungere la temperatura di 116°; versate sopra agli albumi montati e proseguite l'operazione per altri 10 minuti, per consentire al composto di raffreddarsi. Montate la panna fresca e mischiate le tre preparazioni precedenti cominciando a stemperare la crema pasticciera con la parte alcolica, unendo poi il meringaggio e per ultimo la panna montata. Aggiungete i canditi misti e riempite gli stampi precedentemente foderati con il pan di Spagna. Conservare in congelatore a –18° per almeno 12 ore.

Per la spuma al pistacchio (ricetta per sifoni montapanna da 1 l) :

400 g di latte fresco
3 tuorli
60 g di crema di pistacchio
70 g di zucchero
12 g di colla di pesce

Mettete in ammollo la colla di pesce in acqua fredda, mischiate senza montare i tuorli, lo zucchero e la crema di pistacchio. Portate ad ebollizione il latte e versate sugli ingredienti precedentemente lavorati, riportate sul fuoco e proseguite la cottura per 4 minuti. Togliete dal fuoco ed intiepidite a 70°, aggiungete la colla di pesce ben strizzata e passate al setaccio. Riempite il sifone e fate raffreddare capovolto, addizionate di gas e conservate in frigorifero.

Per la salsa al cioccolato:

100 g di latte intero pastorizzato
100 g di acqua minerale naturale
200 g di zucchero
50 g di cioccolato fondente 70%
40 g di cacao in polvere

Tritate il cioccolato al coltello, portate ad ebollizione il latte con metà dello zucchero e versate sopra al cioccolato sminuzzato. Attendete alcuni minuti e rimestate per ottenere un composto denso. Aggiungete poco alla volta cacao ed acqua fino ad ottenere una salsa liscia ed omogenea, passate il tutto attraverso un colino e conservate.

Per la presentazione del piatto:

Tagliate due fette di semifreddo e ponetele nel centro del piatto, alternando alcune gocce di salsa al cioccolato con dei piccoli spuntoni di spuma di pistacchio ed ultimate con fette d'arancia candita e pistacchi freschi.*Vino consigliato*: Baglio, Florio

Ristorante: Le Sirenuse, Positano

Semifreddo alla mela verde

Ingredienti per 4 persone:

250 g di zucchero
300 g di panna
1 bicchierino di Grand Marnier
5 uova
1 foglio di colla di pesce
purea di 3 mele grandi con il succo di 1/2 limone

Montate le uova con lo zucchero a spuma ben gonfia, unitevi la colla di pesce precedentemente sciolta a bagnomaria con il Grand Marnier e la purea di mele ottenuta tritando la frutta con il passatutto. Integrate, quindi, con panna, versate il composto in uno stampo rettangolare fino ai bordi e sistematelo in congelatore. Servite dopo circa 12 ore (conservazione a –18°).

Ristorante: La Volpe Pescatrice, Furore

Semifreddo alla pesca

Ingredienti per 5 persone:
4 tuorli
100 g di zucchero
250 g di panna fresca
100 g di polpa di pesca passata
2 cucchiai di rhum

Montate a bagnomaria i tuorli d'uovo e lo zucchero. Aggiungete la polpa di pesca insieme al rhum e lasciate raffreddare. Aggiungete poi la panna montata. Versate il tutto negli stampini da crème caramel e lasciate raffreddare nel surgelatore. Servite con marmellata di pesca ed una foglia di menta.

Ristorante: Antico Vico, Gaeta

Semifreddo al limoncello con frutti di bosco e salsa di fragole

Ingredienti per 4 persone:
4 tuorli d'uovo
120 g di zucchero
60 g di liquore di limoni
300 g di panna fresca montata
80 g di frutti di bosco
150 g di fragole
4 foglie di menta fresca

Montate i tuorli con lo zucchero a bagnomaria e aggiungete il liquore. Fate raffreddare e amalgamate la panna montata ed i frutti di bosco. Passate al freezer in contenitori mono-porzione. Al momento di servire, sformate e guarnite con le foglioline di menta e la salsa ottenuta dalle fragole frullate con un cucchiaio di zucchero.

Ristorante: Caruso, Sorrento

Semifreddo al miele d'acacia e mandorle con salsa di fragoline di bosco

Ingredienti per 8-10 persone:
10 albumi d'uovo
150 g di miele d'acacia
2 fogli di colla di pesce
250 g di panna fresca

Per la salsetta:
250 g di fragoline di bosco
2 cucchiai di maraschino
50 g di mandorle sbucciate e tritate

Montate gli albumi. Montate la panna fresca. In una ciotola con acqua ammorbidite la gelatina di pesce. Unite gli albumi e la panna ed aggiungete il miele e la colla di pesce. Mischiate delicatamente aiutandovi con una spatola di gomma. Mettete il composto in stampini e conservate nel congelatore per 4 ore. Pulite le fragoline di bosco e frullate aiutandovi con il mixer, quindi aggiungete il maraschino. Infine passate la salsetta aiutandovi con un colino. Sformate il semifreddo. Ponete al centro del piatto e guarnite con le mandorle tritate e la salsetta alle fragoline.

Ristorante: Il Terrazzino, Piano di Sorrento

Semifreddo al torrone

Ingredienti per 6-8 persone:
400 g di zucchero semolato
150 g di torrone
6 dl di panna liquida
150 cl di acqua
100 g di cacao amaro
5 uova

Montate i tuorli in un pentolino a bagnomaria unendo 200 g di zucchero e l'acqua senza far bollire. A metà preparazione aggiungete il torrone precedentemente tritato e continuate a montare finché il composto non raddoppierà di volume, poi lasciate raffreddare. Montate 3 dl di panna e incorporatela al composto, travasate il tutto in uno stampo e fate indurire nel congelatore per circa 2 ore. Servite con salsa di cioccolato amaro.

Ristorante: Sapore di mare, Vietri sul Mare

Semifreddo di torroncino in salsa calda di cioccolato

Ingredienti per 4 persone:

Per il cioccolato:
200 g di zucchero
150 g di acqua
300 g di cacao amaro
300 g di panna liquida

Per il torroncino:
200 g di zucchero
5 tuorli d'uovo
150 g di torrone triturato
300 g di panna montata

Montate i tuorli in un pentolino a bagnomaria unendo lo zucchero e l'acqua senza far bollire. A metà preparazione aggiungete il torrone precedentemente tritato e continuate a montare finché il composto non raddoppierà di volume, poi lasciate raffreddare. Montate la panna e incorporatela al composto, travasate il tutto in uno stampo e fate indurire nel congelatore per circa 2 ore. A parte realizzate a fuoco moderato lo sciroppo con acqua e zucchero, quindi aggiungete il cacao e la panna liquida.

A fuoco moderato realizzate lo zabaione con lo zucchero e le uova. Montate e aggiungete il torroncino preparato in precedenza. Fate raffreddare ed incorporate la panna montata. Riponete il torroncino in freezer per rassodare. Quindi versate il cioccolato e servite.

Ristorante: Tavernelle, Paestum

Sfoglia croccante con crema chantilly

Ingredienti per 10 persone:
1 kg di farina
1 kg di burro
1 l di acqua
4 cucchiaini di sale
9 uova (1 intero e 8 tuorli)
300 g di zucchero
70 g di maizena
1 bustina di vaniglia
1 l di latte
1 buccia di limone

Impastate la farina dividendola in due parti: da un lato impastatela con il burro e dall'altro con acqua e sale. Dopo aver amalgamato bene le due parti stendete il panetto di farina e acqua, mettete il burro al centro e chiudetelo a fazzoletto battendolo dal centro verso l'esterno. Stendete e chiudete a libretto. Ripetete il procedimento per 4-5 volte a intervallo di 20-30 minuti. Fatelo riposare in frigo con un panno. Stendete il tutto su una placca e infornate a 200° per circa 10 minuti.

Per preparare la crema riscaldate il latte e aggiungete la bustina di vaniglia e la scorza di limone. In una ciotola a parte inserite le uova e la maizena con lo zucchero. Agitate con una frusta aggiungendovi un mestolo di latte caldo. Fate sciogliere il tutto e versate il composto nella pentola del latte. Lasciate cuocere continuando a mescolare con la frusta fino all'ebollizione.

Ristorante: Chinappi, Formia

Sfoglia di mele annurche con salsa alla vaniglia

Ingredienti per 4 persone:
200 g di pasta sfoglia
4 mele annurche
200 g di crema pasticciera
100 g di salsa alla vaniglia
50 g di zucchero

Ricavate 8 dischetti di pasta sfoglia che andranno farciti con la crema pasticciera e le mele tagliate a fettine e passate nello zucchero. Cuocete in forno per 15 minuti. Servite con la salsa alla vaniglia.

Ristorante: Torre del Saracino, Vico Equense

Sformato di ricotta al limone

Ingredienti per 4 persone:

50 g di ricotta
2 limoni freschi
150 g di zucchero
50 g di farina
100 g di lamponi
foglie di mentuccia

Passate la ricotta al setaccio, aggiungete lo zucchero, la farina e la scorza dei limoni freschi grattugiata. Mettete il composto in 4 stampini monoporzione e cuocete in forno per 10 minuti a 180°. Sformate e servite con una salsa di lamponi. Guarnite con foglioline di mentuccia fresca.

Ristorante: Salvatore, Termini di Massa Lubrense

Soufflé

Ingredienti per 6-8 persone:

1 l di latte
125 gr di burro
125 g di zucchero
125 g di farina
8 uova
1 bustina di vaniglia

Fate bollire in un tegame il latte, rosolate in una pentola il burro ed aggiungete la farina come pasta bignè, poi versate il latte e mescolate. Montate a parte i rossi d'uovo con lo zucchero e incorporateli con la pasta di farina e il latte; montate i bianchi a neve ed aggiungeteli poco alla volta all' impasto preparato precedentemente in modo da ottenere una pasta soffice. Versate il tutto nelle terrine prima imburrate e poi cosparse di zucchero, e fatele cuocere nel forno per quaranta minuti a 180°. Servite con la salsa di vaniglia o cioccolato.

Ristorante: La Cantinella, Napoli

Soufflé alla nocciola

Ingredienti per 4 persone:

250 g di pralinato alla nocciola
125 g di uova intere
65 g di burro fuso a 30° C
15 g di farina
griottines
nocciole Tonda di Giffoni
cannella in polvere q.b.

Mescolate insieme al pralinato di nocciola la cannella in polvere. Unite il burro fuso, setacciate e unite la farina. Distribuite la massa dentro i pirottini di alluminio da 25 mm. Guarnite al centro con una griottine e ricoprite con altra pasta alla nocciola. Guarnite di granella di nocciole tritate finemente e cuocete in forno caldo a 190-200° fino a leggera colorazione. Lasciate raffreddare su griglie e spolverate con zucchero a velo.

Ristorante: Le Trabe, Capaccio

Soufflé di arancia e basilico con sorbetto al pomodoro

Ingredienti per 4 persone:
200 g di arancia pulita e senza buccia
50 g di zucchero a velo
20 g di glucosio
10 foglie di basilico
20 g di Cointreau
2 tuorli
4 albumi
100 g di zucchero
35 g di farina

Per il sorbetto al pomodoro:
700 g di sciroppo (zucchero e acqua)
300 g di coulis di pomodoro
1 limone spremuto

Frullate insieme le arance pulite e senza buccia, lo zucchero a velo, il glucosio, il basilico e il Cointreau. Ponete il tutto in una casseruola sul fuoco e portate ad ebollizione. A parte montate i tuorli con i 50 g di zucchero, aggiungetevi la farina e procedete come per una crema pasticciera. A parte montate i bianchi con il restante zucchero e aggiungeteli al composto preparato in precedenza. Riempite degli stampi da soufflé imburrati e zuccherati. Quindi fate cuocere a bagnomaria a 200° per 20 minuti. Servite con una pallina di sorbetto di pomodoro.

Ristorante: Quisisana, Capri

Tagliolini dell'Ascensione

Ingredienti per 4 persone:
1 l di latte fresco di mungitura
400 g di tagliolini impastati senza uova
300 g di zucchero
1 stecca di vaniglia
4 stecche di cannella
100 g di cedro candito
1 bicchierino di anice
zucchero a velo q.b.

Leggenda vuole che la Madonna, stanca e affamata, apparisse al pastore cilentano che aveva appena finito di mungere le sue pecore chiedendogli una tazza di latte. Questi, sedutosi sul secchio, oppose un secco diniego. Mortificata la Madonna disse: ...puozze fa tant'anni lu cuculo pè quante stezze re latte tieni sotto lu culo... Da allora è tradizione nel Cilento offrire a tutti il latte munto nel giorno dell'Ascensione.

Mettete a cuocere a fuoco lento un pentolino con il latte, la vaniglia e metà della cannella sfilacciata.

Precedendo di poco il bollore aggiungetevi i tagliolini e lo zucchero, eliminate la stecca di vaniglia e cuocete fino a quando il latte si sarà ridotto a meno della metà. Lasciate intiepidire la preparazione, aggiungete l'anice e il cedro ridotto a cubetti e versate il tutto in una pirofila bassa. Guarnite con la rimanente cannella e mettete in frigo per due ore. Prima di servire spolverate con zucchero a velo.

Ristorante: Da Nonna Sceppa, Paestum

Tartare di frutta

Ingredienti per 1 persona:
1 kiwi
1 mela
1 pera
1 arancia
1 ananas
1 bicchierino di Strega
50 g di gelatina di frutta all'albicocca
1 tampone di pan di spagna
limone
fragole

Tagliate a pezzetti regolari la frutta e nel frattempo sciogliete la gelatina sul fuoco finché non si sarà intiepidita. Aggiungete la frutta con qualche goccia di limone per evitare che si scurisca. Foderate uno stampo rotondo con strato bagnato con la Strega e ricavato da un pan di Spagna tagliato a fette o a forma circolare. Versate la frutta gelatinata fino a coprire lo stampo e conservate in frigo per circa tre quarti d'ora. Togliete dalla forma e servite dopo aver guarnito con fragole tagliate a fettine.

Ristorante: Megaris, Napoli

Tartatine

Ingredienti per 8 persone:
300 g di pasta sfoglia
1 kg di mele renette
250 g di zucchero
150 g di zucchero a velo

Dopo aver steso la pasta sfoglia precedentemente preparata, mettete in una padella zucchero e mele renette pelate e affettate per poi coprire il tutto con la sfoglia. Cuocete nel forno a 200° per circa 20 minuti, sfornate e mettete la padella sul fornello per far caramellare lo zucchero rimasto nel recipiente. Sistemate la torta in un vassoio e servitela a spicchi in un piatto da dessert, aggiungendovi una spolverata di zucchero a velo.

Ristorante: Trattoria del Padreterno, Salerno

Tiramisù di fragole

Ingredienti per 8 persone:
400 g di mascarpone
200 g di panna montata
1 pacco di savoiardi
8 cucchiai di zucchero
500 g di fragole
4 tuorli d'uova (il bianco da montare a neve)
2 limoni

Montate gli albumi a neve e aggiungete 4 cucchiai di zucchero, il mascarpone e la panna. Amalgamate e tenete da parte. Nel frattempo fate macerare le fragole precedentemente sciacquate e tagliate a pezzettini con 4 cucchiai di zucchero e il succo di due limoni. Dopo aver fatto riposare per un po', separate le fragole dal sugo per meglio intingere uno per volta i savoiardi disponendoli a strati in una pirofila con mascarpone e fragole. Mettete in frigo e servite freddo.

Ristorante: Donna Rosa, Positano

Tiramisù di ricotta di bufala

Ingredienti per 8-10 persone:
700 g di ricotta
5 rossi d'uovo
200 g di zucchero a velo
1 cucchiaio di moscato
2 cucchiai di succo di limone
1 cucchiaio di rhum
pan di Spagna di 500 g
caffè

Sbattete bene le uova con lo zucchero a velo. Aggiungete la ricotta e il moscato, il succo di limone ed il rhum. Amalgamate bene il tutto fino a rendere il composto cremoso. In una pirofila fate uno strato di pan di Spagna tagliato a fette e bagnato nel caffè. Sopra spalmate il composto di ricotta. Continuate così fino a riempire la pirofila. Ricoprite il tutto con una spolverata di cacao magro setacciato. Mettete in frigo e servite dopo almeno 3 ore.

Ristorante: La Pergola, Capaccio

Torta al limoncello e al cioccolato bianco

Ingredienti per 8-10 persone:

Per il pan di Spagna:
200 g di zucchero
200 g di farina
8 uova

Per la bagna:
1 l di acqua
150 gr di zucchero
2 bucce d'arancia
1 buccia di limone
1 dl di limoncello

Per la crema:
1 l di crema pasticciera
200 g di cioccolato bianco

Preparare il pan di Spagna e lasciatelo raffreddare, quindi unite alla crema pasticciera il cioccolato bianco mentre la crema è ancora calda. Lasciate che si raffreddi e bagnate la torta, poi farcite. Decorate con fette di limone tagliate alla julienne.

Ristorante: Caracalé, Procida

Torta al limone amalfitano

Ingredienti per 6-8 persone:
500 g di farina
250 g di burro
400 g di zucchero a velo
400 g di uova compreso il guscio
300 g di latte
1 bustina di lievito in polvere
1 bustina di vaniglia
3 limoni grattugiati (la parte gialla)
1 pizzico di sale

Lavorate a spuma burro e zucchero, incorporate le uova ed aggiungete il latte, il sale, il lievito e la farina versata a pioggia; completate con i limoni grattugiati e la vaniglia. Versate il composto in uno stampo per ciambelle, imburrato ed infarinato. Mettete in forno caldo (circa 140-160°) per un'ora e trenta minuti. Sfornate la torta bollente, toglietela dalla forma e spennellatela con il succo caldo e zuccherato di 3 limoni. Fate raffreddare la torta e glassatela con gelatina di albicocca o neutra.

Ristorante: President, Pompei

Torta caprese

Ingredienti per 12 persone:
250 g di mandorle
225 g di zucchero
250 g di cioccolato fondente
5 uova
100 g di biscotti Oro Saiwa
185 g di burro
1 bustina di lievito pane degli angeli
latte q.b.

Fate sciogliere a bagnomaria il cioccolato e il burro con un cucchiaio di latte. Frullate mandorle e biscotti. Sbattete i tuorli con lo zucchero e, a parte, montate gli albumi a neve. Unite tutti gli ingredienti in una ciotola e amalgamate con una paletta di legno. Imburrate e infarinate una teglia di circa 23 cm, versate il composto e mettete in forno a 180° per circa 50 minuti.

Ristorante: Boccaccio, Acciaroli

Torta classica di pan di Spagna, crema e naspro bianco

Ingredienti per 8-10 persone
15 uova
300 g di zucchero
300 g di farina
1 l di latte
1 buccia di limone

Sbattete i rossi con lo zucchero e i bianchi a parte. Unite tutto aggiungendo la farina. Mettere al forno a 180° per 40 minuti. Per la crema sbattete i tuorli aggiungendo lo zucchero, fate bollire a parte il latte e aggiungete poi le uova con lo zucchero e la farina. Infine girate mettendo una buccia di limone. Per fare il naspro mettete insieme un bicchiere di zucchero e un bicchiere d'acqua, bollite fino a quando il composto diventa filante, quindi aggiungete una goccia di limone e sbattete. Tagliate a fette orizzontali il pan di Spagna alternando una fetta, uno strato di crema e una fetta. Sopra mettete il naspro.

Ristorante: Il Grigliaro, Pioppi di Pollica

Torta di carote

Ingredienti per 6-8 persone:

300 g di carote
300 g di mandorle
300 g di zucchero
80 g di farina
4 uova
buccia di limone
sale q.b.
1 bustina di lievito
zucchero a velo

Tritate nel frullatore le mandorle e mettetele a parte. Nel mixer frullate le carote, aggiungete lo zucchero e la buccia di un limone grattugiata, poi, una alla volta, le uova, la farina, le mandorle tritate, un pizzico di sale e, infine, il lievito. Dopo aver imburrato ed infarinato una tortiera del diametro di 26 centimetri, versate il composto e fate cuocere in forno caldo a 160° per 10 minuti, quindi a 180° per 40 minuti. Sistemate la torta raffreddata in un piatto e aggiungete una spruzzatina di zucchero a velo.

Ristorante: Villa Matilde, Cellole

Torta di sfoglia con cioccolato bianco, crema chantilly e limone

Ingredienti per 4-6 persone:

Per la crema:
3 tuorli d'uovo
4 cucchiai di zucchero
3 cucchiai di farina
1 l di latte
1 grattugiata di limone

Per la pasta sfoglia:
3 dischi di pasta sfoglia
400 g di cioccolato bianco a pezzi
marmellata di limone
zucchero velato

Montate uova e zucchero, aggiungete lentamente la farina e montate ancora. Sciogliete il tutto con latte freddo e la grattugiata di limone, fate cuocere la crema.

Sciogliete a bagnomarina il cioccolato bianco, farcite il primo disco con la crema e la marmellata di limone, coprite con il secondo disco e aggiungete il cioccolato sciolto, coprite il secondo disco e spolverate con zucchero a velo.

Ristorante: Cantina di Triunfo, Napoli

Tortelletta alle fragole meringata

Ingredienti per 4 persone:
300 g di pasta frolla
250 g di crema pasticciera
500 g di fragole
100 g di meringa
zucchero a velo q.b.
menta per decorazione
2 limoni

Per la pasta frolla:
125 g di farina
60 g di burro
1 tuorlo d'uovo
40 g di zucchero a velo

Per la crema pasticciera
250 g di latte
60 g di zucchero
1 tuorlo d'uovo
35 g di farina tipo 00
buccia di 1 limone

Ingredienti per la meringa:
50 g d'albume
100 g di zucchero

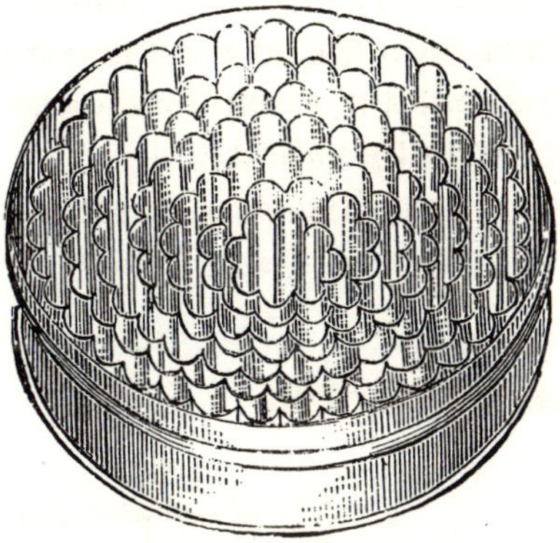

Disponete su un tavolo da lavoro la farina a fontana e aggiungete il burro. Amalgamate, quindi unite zucchero, tuorlo e impastate. Lasciate riposare in frigo per circa due ore. Nel frattempo preparate la crema pasticciera portando ad ebollizione il latte con la sola aggiunta di una buccia di limone. Lasciate riposare per circa 30 minuti, quindi mischiate lo zucchero con la farina, aggiungete un po' di latte e il tuorlo. Amalgamate per bene unendo la parte restante di latte e portando il tutto ad ebollizione. Per la meringa, montate l'albume a neve con 30 g di zucchero. Aggiungete il restante zucchero fino ad ottenere un composto sodo. Togliete dal frigo la pasta frolla, stendetela e foderate quattro stampini per tortellette. Infornate a 180° per otto minuti. Fate raffreddare, aggiungete un po' di crema e delle fragole precedentemente lavate e tagliate a pezzettini. In ultimo la meringa. Fate gratinare in forno ben caldo e servite su un piatto da portata decorando con zucchero a velo e un ciuffetto di menta.

Ristorante: Al Palazzo di Palazzo Murat, Positano

Tortina al caffè con mousse di cioccolato bianco e gelatina al caffè

Ingredienti per 8-10 persone:

Per il pan di Spagna:
4 uova
200 g di farina
200 g di zucchero
strutto
caffè

Per la crema:
200 g di cioccolato bianco
caffè solubile
panna da montare
bianco d'uovo montato a neve

Sbattete le uova con zucchero e caffè, quindi aggiungete la farina. Impastate fino ad ottenere un amalgama di bassa consistenza. Disponete l'impasto su una placca da forno precedentemente cosparsa di strutto e infornate a 160° per circa mezz'ora. A cottura ultimata fate riposare il pan di Spagna e, una volta raffreddato, staccatelo dalla placca e adagiatelo su un piano d'acciaio. Create quattro piccoli dischi e sistemateli in contenitori monoporzione per dolci. Fondete il cioccolato bianco a bagnomaria, fatelo raffreddare ed unite la panna montata ed il bianco d'uovo. Aggiungete il cioccolato alla base di pan di Spagna e completate con una gelatina preparata con il caffè solubile e fogli di gelatina.

Ristorante: Eolo, Amalfi

Tortina aragonese con salsa di vaniglia

Ingredienti per 4 persone:
125 g di burro
125 g di zucchero semolato
50 g di tuorlo d'uovo
125 g di albume
125 g di farina di mandorle
50 g di canditi e frutta secca
50 g di burro per ungere
50 g di rhum
100 g di farina doppia tipo 00
sale q.b.

Salsa di vaniglia:
250 g di latte
250 g di panna
125 g di uova
100 g di zucchero
1 bacca di vaniglia
sale q.b.

Per la cialda:
100 g di succo di arancia
40 g di farina
20 g di cacao
100 g di zucchero a velo
100 g di zucchero di canna
120 g di burro

Decorazione:
frutti di bosco

Per la cialda, mescolate gli ingredienti e, dopo aver fatto riposare per circa un'ora il tutto, stendete su fogli di carta forno e cuocete a 180°.

Montate burro e zucchero e aggiungete gli altri ingredienti nel seguente ordine: tuorli, 50 g di farina, sale, farina di mandorle. Nel frattempo montate gli albumi a neve ed aggiungeteli all'impasto con delicatezza insieme alla frutta secca e ai canditi. Versate l'impasto in formine imburrate e infarinate. Infornate e cuocete per 20 minuti a 150°. Eseguite la salsa vaniglia come da manuale, aggiungetela sulla tortina e guarnite con frutti di bosco.

Ristorante: Il Melograno, Forio d'Ischia

Tortina di mele con marmellata di mirtilli

Ingredienti per 12 persone:
400 g di mele pulite
250 g di zucchero
200 g di farina
2 uova intere
1 tuorlo
80 g di burro fuso
6 cucchiai da tavola di latte
1 bustina di lievito
1 bicchierino di limoncello
la buccia di 1/2 limone tritata finissima
marmellata di mirtilli

Battete le uova ed il tuorlo, incorporate lo zucchero e, successivamente, la farina. Una volta che l'impasto è omogeneo, aggiungete mescolando in successione il latte, il burro, il limoncello, il lievito e la buccia del limone ed infine le mele tagliate a dadini. Imburrate 12 stampini alti circa 2 cm e larghi 10 cm, infarinateli e versate l'impasto. Cuocete a 165° per 45 minuti.

Una volta sformate le tortine, lasciate intiepidire ma non raffreddare, spolverate zucchero a velo e adagiate al centro un cucchiano di marmellata di mirtilli senza zucchero aggiunto.

Ristorante: Sirio, Formia

Tortino alle mele e gelato di vaniglia su gianduia calda

Ingredienti per 4 persone:
200 g di burro
150 g di zucchero a velo
150 g di gianduia
4 uova
300 g di farina
15 g di baking (lievito in polvere)
buccia di limone grattugiato
1 pizzico di sale
300 g di mele sbucciate e tagliate a dadini
maraschino q.b.
salvia
menta

Ammorbidite il burro e montatelo con il gancio a paletta insieme con lo zucchero e le bucce di limone versandovi poi lentamente le uova. Fermate la macchina ed incorporate la farina setacciata con il lievito e le mele precedentemente messe a macerare con un po' di maraschino. Dividete il composto in stampini monoporzioni e cuocete in forno preriscaldato a 180° per 18-20 minuti. Servite il tortino tiepido adagiando il tutto su del cioccolato gianduia appena sciolto con poco latte e ancora caldo. Spolverate il piatto con lo zucchero a velo e guarnite con foglie di salvia e menta fresca.

Ristorante: Antica Hostaria Massa, Caserta

Tortino caldo al cioccolato

Ingredienti per 8 persone:
200 g di cioccolato fondente
200 g di burro morbido
80 g di tuorli
50 g di uova intere
120 g di zucchero
60 g di farina tipo 00

Sciogliete a bagnomaria il cioccolato e il burro nella stessa pentola. A parte, invece, amalgamate lo zucchero insieme alle uova e ai tuorli, quindi unite al cioccolato. Togliete dal fuoco ed incorporate la farina fino ad ottenere un composto omogeneo e cremoso. Riempite gli otto stampini precedentemente imburrati per tre quarti della loro capacità, infornateli per dieci minuti a 180°. Sformate e servite caldo.

Ristorante: La Sacrestia, Napoli

Tortino di carote in ghiaccia reale in salsa alla vaniglia con lamponi

Ingredienti per 4 persone:

Per il tortino:
150 g di mandorle tritate
150 g di carote tritate
50 g di farina tipo 00
2 uova
150 g di zucchero
1 buccia di limone
1 pizzico di sale

Per la glassa:
1 albume
100 g di zucchero a velo
2 gocce di limone

Per la salsa alla vaniglia:
20 g di farina
1 tuorlo d'uovo
250 g di latte
80 g di zucchero
aroma di vaniglia

Per i lamponi brinati:
150 g di lamponi
1 albume
100 g di zucchero

Polverizzate le mandorle e omogeneizzate le carote con la buccia di mezzo limone. Montate le uova con lo zucchero ed il pizzico di sale, unite poi le carote, le mandorle, la farina e montate il tutto per 10-15 minuti. Appena pronto infornate a 170° per 15-20 minuti. Preparate la glassa montando tutti gli ingredienti fino ad ottenere un composto corposo. Passate poi alla preparazione della salsa, unendo la farina con lo zucchero e successivamente il latte, evitando la possibile formazione di grumi.

Versate il tuorlo d'uovo e agitate energicamente con un frustino da cucina. Portate il tutto ad ebollizione girando accuratamente e continuamente fino ad ottenere una salsa limpida e lucida. Dopo aver passato i lamponi nel bianco d'uovo leggermente montato, fateli rotolare nello zucchero e disponeteli in un piatto e conservateli in frigo ad una temperatura di –1°. Glassate i tortini e con l'aiuto di un pennello colorateli leggermente. Disponete in un piatto un cucchiaio di salsa e adagiatevi al centro il tortino. Sistemate intorno alcuni lamponi brinati e completate la preparazione con scorzette di limone e carote caramellate.

Ristorante: Marina Grande, Amalfi

Tortino di melanzane

Ingredienti per 4 persone:
3 melanzane
1 stecca di cannella
1 limone
500 g di zucchero
0,5 l di acqua
crema chantilly
20 g di canditi
400 g di cioccolato extra amaro
8 dischi di pan di Spagna alti 1 cm

Sbucciate la melanzane, tagliatele di lungo sottilmente, meglio se con l'affettatrice. Portate ad ebollizione l'acqua con lo zucchero, il limone e la stecca di cannella, quindi scottatevi le melanzane per circa 2 minuti. Foderate delle tazze piccole da cappuccino con della carta pellicola, inserite le fettine sottili di melanzane rivestendo l'interno della tazza per intero e facendo in modo da lasciare all'esterno della stessa almeno un terzo della loro lunghezza. Inserite sul fondo un dischetto del pan di Spagna bagnato con uno sciroppo all'arancia, riempite con crema chantilly arricchita con canditi e pezzetti di cioccolato amaro, sovrapponete un altro disco di pan di Spagna e richiudete con le melanzane rimaste all'esterno della tazza. Al momento di servire, scodellate il contenuto, eliminate la carta pellicola e mettete il dessert al centro di un piatto. Ricoprite la parte superiore con del cioccolato sciolto e guarnite con crema vainiglia, cannella e una spolverata di zucchero a velo.

Ristorante: Umberto a Mare, Ischia

Tortino di ricotta e uva passa con cioccolato fuso

Ingredienti per 4 persone:
200 g di ricotta
70 g di zucchero
rhum
3 fogli di colla di pesce
latte
20 g di uva passa

Lavorate lo zucchero nel frullatore aggiungendo il rhum. Intanto lasciate ammorbidire i fogli di colla di pesce con il latte. Contemporaneamente fate rinvenire l'uva passa con un po' di acqua e rhum tiepido. Unite il tutto, mettete negli stampi e mettete in frigo. Servite in un piattino con cioccolato fuso.

Ristorante: Perbacco, Pisciotta

Zeppolone

Ingredienti per 8-10 persone:
300 g di fragole
250 g di farina
190 g di burro
1 l di acqua
zucchero a velo q.b.
1 pizzico di sale e zucchero

Preparare a parte della crema pasticciera. Impastate tutti gli ingredienti facendo una zeppola gigante e cuocetela in forno a 180° per circa mezz'ora. Dopo aver sfornato il dolce, farcitelo di crema e fragole precedentemente tagliate a pezzetti. Spolverate un po' di zucchero a velo.

Ristorante: Terrazza Calabritto, Napoli

Zuppa inglese

Ingredienti per 8-10 persone:
1 pan di Spagna di media grandezza
500 g di crema pasticciera
amarena
pezzetti di cioccolata

Per la meringa:
5 albumi di uova
250 g di zucchero
sale

Una volta preparato il pan di Spagna, farcitelo con la crema, l'amarena e i pezzetti di cioccolato e ricoprite con la meringa. Cuocete in forno per 15 minuti a 200°.

Per la meringa, mescolate tutti gli ingredienti fino ad ottenere un composto omogeneo e denso.

Ristorante: Ludovico, Pozzuoli

Le basi dolci e salate

Le basi dolci e salate

Brodo vegetale

Ingredienti per 4-6 persone:
2 l di acqua
1 cipollina
1 gambo di sedano
1 zucchina di media grandezza
1 patata di media grandezza
3 pomodorini

Pulite e lavate le verdure, quindi mettetele in una pentola con l'acqua e fate bollire finché il liquido non si dimezza.

Ristorante: Al Cenacolo, Salerno

Crema pasticciera

Ingredienti
18 uova
1 l di latte
1 l di panna
400 g di zucchero
50 g di farina
50 g di fecola di patate
liquore Strega

Mescolate i tuorli d'uovo con lo zucchero in una terrina, aggiungete la fecola di patate precedentemente sciolta in acqua e la farina passata al setaccio. Portate a ebollizione il latte e la panna, quindi uniteli al composto e fate cuocere il tutto a bagnomaria portando alla densità desiderata. Per far raffreddare la crema ponete la terrina in acqua e ghiaccio. Aggiungete infine lo Strega per dare profumo. Per ottenere la crema chantilly, montate la panna e unitela alla crema pasticciera con un movimento dal basso verso l'alto.

Ristorante: Al Cenacolo, Salerno

Fumetto di pesce

Ingredienti per 6 persone:
1 kg di teste e lische di pesce
1 carota
1 cipolla
1 gambo di sedano
5 l di acqua

Dopo aver tagliato a pezzetti la carota, il sedano e la cipolla, metteteli in una pentola con 5 l di acqua, unite le teste e le lische e fate bollire fino a che il liquido non si riduce ad 1 l. Schiumate di continuo, passate il tutto al setaccio e conservate.

Ristorante: Al Cenacolo, Salerno

La conservazione del tonno

Una volta pulito il tonno e averne recuperato la maggior parte (fegato, cuore, lattume ed eventualmente la sacca delle uova), tagliatelo a trancetti. Diversi sono i sistemi di conservazione: affumicazione, bottarga, rafigazzi e sott'olio. Dalla parte dorsale si ricava il mosciame (capicollo di tonno). In questo caso il pesce va suddiviso in filetti da 2 kg ciascuno e conservato prima sotto sale per qualche ora. Mettetelo quindi sotto vuoto. Servite a fettine con mela annurca arrostita o con ruchetta e formaggio parmigiano a scaglie.

Per farlo affumicato, invece, tagliatelo in pezzi da 1 kg ciascuno e, dopo un passaggio di un'ora sotto sale, affumicatelo. Conservatelo quindi sotto vuoto. Potete proporlo come antipasto tagliato a fettine condite con olio di oliva, succo di limone e cipolline.

Per preparare la bottarga, si sventra il tonno per estrarre la sacca delle uova che si ripone in cassetti di legno ricoperti da notevole quantità di sale bloccata da pesi. Lasciate maturare per qualche settimana, quindi essiccate in un ambiente ventilato. Servite come antipasto a fettine accompagnate da fichi freschi o spunzilli oppure grattugiatela a piacere sulla pasta.

I rafigazzi si ottengono mescolando gli scarti del tonno con pepe, spezie e aromi piccanti. Le procedure di preparazione ed essiccazione sono simili a quelle per ottenere il salame di maiale. Quanto alla conservazione sott'olio, lavate e pulite il pesce privandolo di testa, coda e interiora. Riducetelo quindi a pezzetti di circa 10 cm ciascuno e metteteli in un recipiente dove occorre aggiungere per ogni kg di tonno 1 l di acqua e 100 g di sale. Lasciate così per qualche ora. Quindi bollire per circa 3 ore e far seguire una prima sgrossatura. Fate asciugare in un luogo ventilato e dopo circa 48 ore effettuate un'altra pulitura. Sistemate in barattoli di vetro, ricoprite di olio di semi e fate bollire per un'altra ora. Lasciate raffreddare e consumate almeno dopo 15 giorni avendo cura di sostituire nel piatto l'olio di semi con quello di oliva.

Ristorante: Acquapazza, Cetara

Limoncello

Ingredienti
8 limoni
1 l di alcool
500-700 g di zucchero

È preferibile usare i limoni dei Monti Lattari nelle due versioni, il massese della costiera sorrentina e lo sfusato di quella amalfitana. Per ottenere il risultato migliore scegliete quelli di prima fioritura della pianta, in primavera. Sbucciateli separando la buccia esterna dal resto del frutto, compresa la parte bianca (il «pane») che, se lasciato, potrebbe compromettere la preparazione. Mettete in infusione nell'alcool le bucce per sei, sette giorni sino a quando non diventano dure e croccanti. A questo punto in una pentola alta sciogliete dai 500 ai 700 g di zucchero secondo il vostro gusto 1,5 l d'acqua. A parte filtrate l'alcool.

Ottenuto lo sciroppo, spegnete il fuoco per sicurezza e aggiungete l'alcool filtrato. Riaccendete il fuoco e girate per 1-2 minuti. Lasciate raffreddare il prodotto che, dopo un paio di giorni in frigo, è pronto per essere servito.

Ristorante: La Caravella, Amalfi

Maionese

Ingredienti per 1 kg di salsa:
5 tuorli di uova
1 l di olio di semi
sale
aceto

Battete le uova fino ad ottenere un composto denso, quindi aggiungete poco per volta l'olio. Unite poi un pizzico di sale e una spruzzatina di aceto. Conservate in frigorifero.

Ristorante: Ludovico, Pozzuoli

Minestra 'mmaretata

Antica ricetta riproposta da Antonino Maresca.

Mettete in una pentola capiente una gallina, 500 g di culatta di bue, 125 g di salame crudo in un sol pezzo e privato della pelle, 125 g di guanciale, 125 g di prosciutto crudo in un sol pezzo e 100 g di cotenne di maiale raschiate ben bene e pulite a parte. Riempite d'acqua la pentola e fate cuocere come un comune lesso, aggiungendovi sale q.b. e gli aromi preferiti. Man mano che i vari ingredienti giungono a cottura, tirateli su dalla pentola e metteteli al caldo in una casseruola con un poco di brodo. Prendete poi un piccolo cavolfiore (tenero e bianco), un poco di cicoria, quattro scarole mondate e broccoli in foglia con qualche torsolo. Tagliate il tutto e fate bollire per qualche minuto; mescolate, passate in acqua fresca, risciacquate ed asciugate le verdure in modo che perdano l'acqua. Distendetele in una casseruola con un battuto fatto con lardo ed aglio. Tagliate a fettine il salame, il prosciutto, le cotenne, il guanciale e aggiungeteli alle verdure. Ricoprite con il brodo già pronto e fate bollire sin quando le verdure non saranno cotte. La gallina ed il lesso vi serviranno, eventualmente, come secondo piatto accompagnati da una salsa verde, a meno che non vogliate un piatto unico. In tal caso, tagliate il tutto a pezzetti ed uniteli alla minestra maritata.

Ristorante: Antica Trattoria, Sorrento

Zuppa forte

Ingredienti per 6 persone:
polmone, trachea, cuore e milza di maiale
2 peperoni dolci
corno di bue
1 peperoncino piccante
1 rametto di rosmarino
1 ciuffetto di salvia
2 foglie di alloro
200 g di concentrato di pomodoro
pane casereccio
olio extravergine d'oliva
sale q.b.

Ecco un classico della cucina popolare partenopea, quando ai nobili era riservata la carne e le interiora alle famiglie della servitù. Mondate, lavate e tagliate a pezzetti le frattaglie, rosolatele in olio con una foglia di alloro, salvia e rosmarino. Pulite i peperoni eliminando i torsoli, le coste interne e i semi. Scottateli, tagliateli a pezzi e fateli soffriggere in olio con il peperoncino tritato e l'altra foglia d'alloro. Continuate la cottura a fuoco più basso, schiacciando i peperoni con una forchetta. Aggiungete il concentrato di pomodoro e, dopo qualche minuto, le frattaglie rosolate. Regolate di sale, versate poco più di un litro di acqua tiepida e cuocete per circa un'ora. Spezzate il pane, distribuitelo nelle ciotole e versateci sopra la zuppa.

Ristorante: La Cantina di Sica, Napoli

Ristoranti e Trattorie

Ristoranti e Trattorie

Agropoli

Il Ceppo
Via Madonna del Carmine, 31
Tel. 0974.843234
Fax 0974.843044
Giorno di chiusura: lunedì (ad agosto aperto tutti i giorni)
Periodo di ferie: a novembre
Carte di credito: tutte

Il Cormorano
Porto di Agropoli
Tel. 0974.823900
Fax 0974.824710
Giorno di chiusura: mercoledì (da ottobre ad aprile)
Periodo di ferie: novembre
Carte di credito: tutte

La Veranda
Via Piave, 38
Tel. 0974.822272
Chiusura: lunedì più la vigilia e il giorno di Natale
Periodo di ferie: i primi otto giorni di luglio
Carte di credito: tutte

Amalfi

Cantina San Nicola - Wine Bar
Salita Marino Sebaste, 8
Tel. 089.8304549
Giorno di chiusura: martedì
Periodo di ferie: 20 giorni tra gennaio e febbraio
Carte di credito: tutte

Da Gemma
Via Fra' Gerardo Sasso, 9
Tel. 089.871345
Giorno di chiusura: mercoledì
Periodo di ferie: ogni anno dal 10 gennaio al 10 febbraio
Cantina con circa 200 etichette
Carte di credito: tutte

Eolo
Via P. Comite, 3
Tel. 089.871024
Giorno di chiusura: martedì (mai in estate)
Periodo di ferie: variabile in inverno
Carte di credito: tutte

Hotel Santa Caterina
Via Strada Statale Amalfitana, 9
Tel. 089.871012, 871351
Sempre aperto
Periodo di ferie: variabile in inverno
Carte di credito: tutte

La Caravella
Via Matteo Camera, 12
Tel. 089.871029
Giorno di chiusura: martedì
Cantina con oltre 1000 etichette
Carte di credito: tutte

Lido Azzurro
Via Lungomare dei Cavalieri
Tel. 089.871384
Giorno di chiusura: lunedì
Periodo di ferie: dal 20 gennaio a tutto febbraio
Carte di credito: tutte

Marina Grande
Via delle Repubbliche Marinare
Tel. 089.871129
Giorno di chiusura: lunedì
Periodo di ferie: 20 giorni tra novembre e dicembre; 20 giorni tra gennaio e febbraio
Carte di credito: tutte

Atrani

'A Paranza
Traversa Dragone
Tel. 089.871840
Giorno di chiusura: martedì
Periodo di ferie: dall'8 al 26 dicembre
Carte di credito: tutte

Capaccio-Paestum

Brezza Marina
Via Gregorio, Laura di Paestum
Tel. 0828.851017
Chiuso: mercoledì
Periodo di ferie: 20 giorni a gennaio
Carte di credito: tutte

Da Nonna Sceppa
Contrada Laura
Tel. 0828.851064
Giorno di chiusura: giovedì (sempre aperto da Pasqua a settembre)
Periodo di ferie: ad ottobre
Carte di credito: Carta Sì, Visa, Bancomat

Il Granaio dei Casabella
Via Porta Marina, 86
Tel. 0828.721014
Fax 0828.721977
Giorno di chiusura: martedì (da ottobre ad aprile)
Periodo di ferie: a dicembre
Carte di credito: tutte

La Pergola
Via Magna Grecia, 1
Tel. 0828.723377
Giorno di chiusura: lunedì
Periodo di ferie: prima settimana di ottobre
Carte di credito: tutte

Tavernelle
Via Tavernelle, 14
Tel. 0828.722440
Fax 0828.721475
Giorno di chiusura: nessuno
Periodo di ferie: dal 23 dicembre al 6 gennaio
Carte di credito: tutte

Le Trabe
Via Capodifiume, 1
Tel. e fax 0828.724165
Giorno di chiusura: solo nel periodo invernale martedì
Periodo di ferie: mai
Carte di credito: tutte

Capri

Aurora
Via Fuorlovado, 18-22
Tel. 081.8370181
Sempre aperto
Periodo di ferie: da gennaio a marzo
Prezzo medio per pasto: 35-40 euro
Carte di credito: tutte

Da Tonino
Via Dentecala,12
Tel. 081.8376718
Periodo di ferie: dal 10 gennaio al 20 marzo
Carte di credito: tutte

La Capannina
Via Le Botteghe, 12 bis - 14
Tel. 081.8370732
Giorno di chiusura: mercoledì
Periodo di ferie: da marzo a novembre
Carte di credito: tutte

Quisisana e La Colombaia dell'Hotel Quisisana
Via Camerelle, 2
Tel. 081.8370788
Fax 081.8376080
Chiuso da novembre a marzo
Carte di credito: tutte

Casamicciola di Ischia

Il Focolare di Loretta e Riccardo D'Ambra
Via Cretaio, 78
Tel. 081.980604
Giorno di chiusura: mercoledì (mai d'estate); dal lunedì al venerdì aperto soltanto di sera
Periodo di ferie: dal 10 al 28 dicembre
Carte di Credito: tutte tranne Diners e American Express

Caserta

Antica Hostaria Massa
Via Mazzini, 55
Tel. 0823.456527
Sempre aperto
Periodo di ferie: 2 settimane ad agosto
Carte di credito: tutte

Leucio
Via per Castel Morrone
Tel. 0823.301241
Giorno di chiusura: domenica sera e lunedì
Periodo di ferie: 2 settimane ad agosto più Natale, Capodanno e Pasqua
Carte di credito: tutte tranne Diners

Le Colonne
Via Nazionale Appia, 7-13
Tel. 0823.467494
Fax 0823.467988
Giorno di chiusura: martedì
Periodo di ferie: seconda quindicina di agosto
Carte di credito: tutte

Castellabate

I Due Fratelli
Via Sant'Andrea, località Santa Maria
Tel. 0974.968004
Giorno di chiusura: mercoledì
Periodo di ferie: seconda metà di gennaio
Carte di credito: tutte

La Taverna del Pescatore
Località Santa Maria
Via Lamia
Tel. 0974.968293
Giorno di chiusura: lunedì
Periodo di ferie: dal 30 dicembre al 30 aprile
Carte di credito: tutte

Cava de' Tirreni

Le Bistrot
Corso Umberto I, 203
Tel. 089.341617
Giorno di chiusura: lunedì
Periodo di ferie: ad agosto
Carte di credito: tutte

Taverna Scacciaventi
Corso Umberto I, 38-40
Tel. 089.443173
Giorno di chiusura: lunedì
Periodo di ferie: seconda quindicina di gennaio
Carte di credito: tutte

Cellole

Villa Matilde
Via Domiziana, 18
Tel. 0823.932088
Chiuso il lunedì
Periodo di ferie: mai
Carte di credito: American Express, Visa

Cetara

Acquapazza
Corso Garibaldi, 38
Tel. 089.261606
Giorno di chisura: lunedì
Periodo di ferie: flessibile
Carte di credito: Visa, Diners Club

Al Convento
Piazza San Francesco, 16
Tel. 089.261039
Chiuso il martedì, mai d'estate
Periodo di ferie: mai
Carte di credito: tutte

San Pietro
Piazzetta San Francesco, 2
Tel. 089.261091
Giorno di chiusura: martedì tranne luglio e agosto
Periodo di ferie: tra metà gennaio e inizio febbraio
Carte di credito: tutte

Forio d'Ischia

Il Melograno
Via Gazzella, 110
Tel. 081.998450
Fax 081.5071984
Giorno di chiusura: lunedì e martedì da novembre a gennaio. Sempre aperto da marzo a novembre
Periodo di ferie: dal 6 gennaio a metà marzo
Carte di credito: tutte

Formia

Chinappi
Via Anfiteatro, 8
Tel. 0771.790002
Fax 0771.772171
Giorno di chiusura: giovedì (escluso periodo giugno-agosto e tutto dicembre)
Periodo di ferie: mai
Carte di credito: tutte

Sirio
Via Unità d'Italia
Tel. 0771.790047
Fax 0771.772705
Giorno di chiusura: lunedì sera e tutto il martedì (dal 15 settembre al 15 giugno); tutto il martedì ed il mercoledì mattina (dal 16 giugno al 14 settembre).
Periodo di ferie: dal 16 dicembre al 16 gennaio
Carte di credito: tutte

Furore

Bacco
Via G.B. Lama, 9
Tel. 089.830360, 830352
Giorno di chiusura: venerdì (solo nei periodi invernali)
Periodo di ferie: seconda settimana di novembre e ponte di Natale
Carte di credito: tutte

La Volpe Pescatrice
Via dell'Amore, contrada Sant'Elia
Tel. 089.8304785
Sempre aperto
Carte di credito: tutte

Gaeta

Antico Vico
Via Vico del Cavallo 2-4
Tel. 0771.465116
Giorno di chiusura: mercoledì (sempre aperto d'estate)
Periodo di ferie: dal 10 al 30 gennaio
Carte di credito: tutte

Ischia

Clipper da Nunzio
Via Porto, 46
Tel. 081.981845
Giorno di chiusura: lunedì (inverno); d'estate sempre aperto
Periodo di ferie: mai
Carte di credito: tutte

Da Gaetano
Via M. Mazzella, 58
Tel. 081.891807
Fax 081.3334925
Chiusura: mercoledì da ottobre a febbraio. D'estate sempre aperto
Periodo di ferie: a febbraio
Carte di credito: tutte

Umberto a Mare
Via Soccorso, 2
Tel. 081.997171
Periodo di ferie: dal 7 gennaio a metà marzo
Carte di credito: tutte

Ischia Ponte

Alberto
Passeggiata C. Colombo
Tel. 081.981259
Periodo di ferie: dai primi di novembre a metà marzo
Carte di credito: tutte

Maiori

Al Faro di Capo d'Orso
Via D. Taiani, 48
Tel. 089.877022
Chiuso il martedì
Periodo di ferie: a novembre
Carte di credito: tutte

Maratea

La Tana
Contrada Castrocucco, 26
Tel. 0973.877288
Chiuso il giovedì, mai in estate
Periodo di ferie: nella seconda metà di gennaio
Carte di credito: tutte

Zu Pascali
Via Varacia, 4
Tel. 0973.870242
Sempre aperto
Periodo di ferie: da ottobre a Pasqua

Massa Lubrense-Nerano

Antico Francischiello
Via Partenope, 27
Tel. 081.5339780
Giorno di chiusura: mercoledì (mai in estate)
Periodo di ferie: mai
Carte di credito: tutte

Lo Scoglio
Località Marina del Cantone
Piazza Marina del Cantone, 15
Tel. 081.8081026
Sempre aperto
Periodo di ferie: variabile in inverno
Carte di credito: tutte

Maria Grazia
Via Marina del Cantone, 65 - Località Nerano
Tel. 081.8081011
Sempre aperto
Periodo di ferie: dal 10 dicembre al 20 gennaio
Carte di credito: tutte

Quattro Passi
Località Nerano
Via Amerigo Vespucci, 13
Tel. 081.8081271
Giorno di chiusura: mercoledì (mai in estate)
Periodo di ferie: dalla prima domenica dopo il primo novembre al 25 dicembre
Carte di credito: tutte

Salvatore
Località Termini
Piazza S.Croce
Tel. 081.8081107
Giorno di chiusura: mercoledì (luglio e agosto sempre aperto)
Periodo di ferie: un mese tra dicembre e gennaio
Carte di credito: tutte

Taverna del Capitano
Piazza delle Sirene, 10-11
Marina del Cantone-Nerano
Tel. 081.8081028
Fax 081.8081892
Giorno di chiusura: lunedì
Periodo di ferie: dall'8 gennaio al 24 febbraio
Carte di credito: tutte

Meta di Sorrento

La Conca
Traversa Alimuri, Località Marina di Alimuri
Tel. e fax 098.5321495
Giorno di chiusura: lunedì (mai in estate)
Periodo di ferie: un mese tra gennaio e febbraio
Carte di credito: tutte

La Tavernetta
Via Angelo Cosenza, 56
Tel. 081.5342131
Giorno di chiusura: giovedì
Periodo di ferie: due settimane in agosto
Carte di credito: tutte

Minori

L'Arsenale
Via San Giovanni a Mare, 20
Tel. 089.851418
Giorno di chiusura: giovedì (mai in estate)
Periodo di ferie: gennaio
Carte di credito: tutte

Giardiniello
Corso Vittorio Emanuele, 17
Tel. e fax 089.877050
E mail: giardiniello@amalfinet.it
Giorno di chiusura: mercoledì (mai in estate)
Periodo di ferie: a novembre
Carte di credito: tutte

La Botte
Via Santa Maria a Vetrano, 2
Tel. 089.877893
Giorno di chiusura: martedì (mai in estate)
Periodo di ferie: 15 giorni tra gennaio e febbraio
Carte di credito: tutte

Napoli

'A Fenestella
Calata di Ponticello a Marechiaro, 23
Tel. 081.7690020
Fax 081.5750686
Giorno di chiusura: martedì
Periodo di ferie: due settimane in agosto
Carte di credito: tutte

Cantina di Triunfo
Via Riviera di Chiaia, 64
Tel. 081.668101
Chiuso la domenica
Periodo di ferie: ad agosto
Carte di credito: tutte

Da Ciro a Santa Brigida
Via Santa Brigida, 71-74
Tel. 081.5524072
Fax 081.5528992
Giorno di chiusura: domenica
Periodo di ferie: quindici giorni a cavallo di ferragosto
Carte di credito: tutte

Dante e Beatrice
Piazza Dante, 44-45
Tel. 081.5499438
Fax 081.5499410
Giorno di chiusura: lunedì
Periodo di ferie: seconda quindicina di agosto
Carte di credito: tutte

Don Salvatore
Via Mergellina, 5
Tel. 081.681817
Fax 081.661241
Giorno di chiusura: mercoledì
Periodo di ferie: mai
Carte di credito: tutte

Dora
Via Palasciano, 30
Tel. 081.680519, 660762
Giorno di chiusura: domenica
Periodo di ferie: ad agosto
Carte di credito: tutte

Europeo
Via Marchese Campodisola, 4
Tel. 081.8521323
Aperto tutti i giorni a pranzo. Di sera: chiuso giovedì, venerdì sabato e prefestivi
Periodo di ferie: ultime due settimane di agosto
Carte di credito: tutte

George's del Parker's Hotel
Corso Vittorio Emanuele, 135
Tel. 081.7612474
Sempre aperto
Carte di credito: tutte

Giuseppone a mare
Via Ferdinando Russo, 13

Tel e fax 081.5756002
Giorno di chiusura: domenica sera e lunedì
Periodo di ferie: seconda quindicina di agosto
Carte di credito: tutte

Hotel Vesuvio - Caruso Roof Garden
Via Partenope, 45
Tel. 081.7640520
Fax 081.7644483
Sempre aperto
Carte di credito: tutte

Il Leon d'Oro
Piazza Dante, 48
Tel. 081.5499404
Giorno di chiusura: lunedì
Periodo di ferie: una settimana ad agosto
Carte di credito: tutte

Il Marchese Golosone
Via Giusto, 17
Tel. 081.5707333, 338.4635971
Apertura: dal mercoledì al sabato solo di sera, la domenica a pranzo (sempre su prenotazione)
Giorno di chiusura: lunedì e martedì
Periodo di ferie: ad agosto
Carte di credito: tutte

La Bersagliera
Tel. 081.7646016
Giorno di chiusura: martedì
Periodo di ferie: 2 settimane a gennaio
Carte di credito: tutte

La Cantina di Sica
Galleria Enotria
Via Bernini, 17
Tel. 081.5567520
Sempre aperto

La Cantinella
Via Cuma, 42
Tel. 081.7648684
Giorno di chiusura: domenica (mai da settembre ad aprile)
Periodo di ferie: un paio di settimane a cavallo di Ferragosto
Carte di credito: tutte

La Sacrestia
Via Orazio, 116
Tel. e fax 081.664186
Giorno di chiusura: domenica sera e lunedì a pranzo
Periodo di ferie: 20 giorni ad agosto
Carte di credito: tutte

La Stanza del Gusto
Vicoletto Sant'Arpinio, 21 (Giardini di Chiaia)
Tel. 081.401578
Fax 081.421723
Giorno di chiusura: domenica e lunedì
Periodo di ferie: ad agosto
Carte di credito: tutte

Megaris
Tel. 081.7640511
Fax 081.7648580
Giorno di chiusura: domenica
Periodo di ferie: ad agosto
Carte di credito: tutte

Mimì alla Ferrovia
Via Alfonso d'Aragona, 19-21
Tel. 081.5538525
Giorno di chiusura: domenica
Periodo di ferie: 10 giorni ad agosto
Carte di credito: tutte

Rosiello
Via Santo Strato
Tel. 081.7691288
Giorno di chiusura: mercoledì
Periodo di ferie: dal 24 al 31 dicembre e Ferragosto
Carte di credito: tutte

Rosolino-Il posto accanto
Via Partenope
Tel. 081.7649873
Fax 081.7649870
Giorno di chiusura: domenica sera
Periodo di ferie: una settimana ad agosto
Carte di credito: tutte

Terrazza Calabritto
Piazza Vittoria, 1
Tel. e fax 081.2405188
Giorno di chiusura: lunedì
Periodo di ferie: 10 giorni ad agosto
Carte di credito: tutte

Timpani e Tempura
Vicolo della Quercia, 17
Tel. 081.5512280
Giorno di chiusura: domenica sera
Periodo di ferie: ad agosto

Trianon da Ciro
Via Parco Margherita, 27-29
Tel. 081.414678
Sempre aperto
Periodo di ferie: solo i giorni festivi
Carte di credito: tutte

Vadinchenia
Via Pontano, 21
Tel. 081.660265
Giorno di chiusura: domenica
Periodo di ferie: ad agosto
Carte di credito: tutte

Veliero Tortuga
Rotonda Nazario Sauro
Tel. e fax 081.5520105
Sempre aperto (d'inverno su prenotazione)
Periodo di ferie: variabile
Carte di credito: tutte

Nocera Inferiore

Cantina del Vescovo
Via Casa Sasso, 13
Tel 081.5170204
Chiuso il mercoledi
Periodo di ferie: dal 12 al 21 agosto

Nocera Superiore

La Fratanza
Via Garibaldi, 9
Tel. 081.9368345
Giorno di chiusura: lunedì e domenica a cena.
Periodo di ferie: dal 12 al 18 agosto
Carte di credito: tutte

Terrasanta
Piazza Materdomini, 24
Tel. 081.933562
Fax 081.5141515
Giorno di chiusura: martedì
Periodo di ferie: ad agosto
Carte di credito: tutte

Piano di Sorrento

Il Terrazzino
Via San Massimo, 6
Tel. 081.8083380
Giorno di chiusura: lunedì
Periodo di ferie: dal 9 dicembre al 4 gennaio
Carte di credito: tutte

Silenzio Cantatore
Via Meta – Amalfi 87
Tel. 081.8083280, 081.5333232
Giorno di chiusura: mercoledì (mai a luglio ed agosto)
Dal primo ottobre al 14 giugno solo venerdì sera, sabato e domenica
Carte di credito: tutte

Pisciotta

Perbacco
Contrada Marina Campagna, 5
Tel. 0974.973889
Fax 0974.973889
Giorno di chiusura: nessuno
Periodo di ferie: ottobre-maggio
Carte di credito: tutte

Pollica

Boccaccio
Località Acciaroli
Via Lungo Mare Acciaroli
Tel. 0974.904646
Fax 0974.904211
Giorno di chiusura: mercoledì
Periodo di ferie: dal 10 dicembre agli inizi di febbraio
Carte credito: tutte

Il Grigliaro
Pioppi, Via Caracciolo, 96
Tel. 0974.905025
Fax 0974.905140
Sempre aperto
Periodo di ferie: dicembre-gennaio
Carte di credito: tutte

Pompei

Il Principe
Piazza Bartolo Longo, 8
Tel. 081.8505566
Fax 081.8633342
Giorno di chiusura: domenica sera e lunedì (mai tra aprile e settembre)
Periodo di ferie: dal primo al 20 agosto; dal 23 al 27 dicembre
Carte di credito: tutte

President
Piazza Schettino, 12
Tel. 081.8507245
Fax 081.8507245
Chiuso il lunedì
Periodo di ferie: dal 10 al 25 agosto
Carte di credito: tutte

Ponza

Acqua Pazza
Piazza Carlo Pisacane,10
Tel. 0771.80643
Periodo di ferie: da novembre ad aprile
Carte di credito: tutte

Orestorante
Via Dietro la Chiesa, 4
Tel. 0771.80338
Fax 0771.80338
Sempre aperto
Periodo di ferie: da ottobre a Pasqua
Carte di credito: tutte tranne American Express

Positano

Al Palazzo di Palazzo Murat
Via dei Mulini, 23
Tel 089.875177, 11419
Periodo di ferie: da novembre a marzo
Carte di credito: tutte

Hotel San Pietro
Via Laurito, 2
Tel. 089.875455, 812080, 8122014
Sempre aperto
Periodo di ferie: da novembre a marzo
Carte di credito: tutte

Donna Rosa
Via Montepertuso, 97-99
Tel. 089.811806
Giorno di chiusura: lunedì e martedì (in estate solo di mattina), mercoledì (solo nei periodi invernali)
Periodo di ferie: dall'8 gennaio alla prima settimana di Pasqua
Carte di credito: tutte

Il Capitano
Via Pasitea, 119
Tel. 089.811352
Chiuso il mercoledì
Periodo di ferie: da novembre a marzo
Prezzo medio: 40-50 euro
Carte di credito: tutte

Le Sirenuse
Via Cristoforo Colombo, 30
Tel. 089.875066
Sempre aperto
Carte di credito: tutte

Pozzuoli

La Cucina Flegrea
Via Monteruscello, 20
Tel. 081.5247481
Fax 081.5230049
Giorno di chiusura: lunedì
Periodo di ferie: una settimana ad agosto

La Vineria del Mare
Vico Torrione, 14-16
Tel. 081.5266656
Giorno di chiusura: lunedì
Periodo di ferie: fine agosto-inizio settembre
Carte di credito: tutte, tranne American Express

Ludovico
Via Nicola Fasano, 6
Tel. 081.5268255, 5265410
Giorno di chiusura: lunedì
Periodo di ferie: dal 24 al 31 dicembre
Carte di credito: tutte

Praiano

La Brace
Via Capriglione, 146
Tel. 089.874226
Chiuso il mercoledì, mai d'estate
Periodo di ferie: a novembre
Carte di credito: tutte

La Cala delle Lampare dell' Hotel Tritone
Via Campo, 5 (Strada Nazionale per Sorrento)
Tel. 089.874333, 874374
Periodo di ferie: novembre-marzo
Carte di credito: tutte

Procida

Caracalé
Via Marina Corricella, 62
Tel. 081.8969192
Giorno di chiusura: martedì
Periodo di ferie: a novembre
Carte di credito: Visa, Carta sì, Maestro

Crescenzo
Via Marina di Chiaiolella,33
Tel. 081.8967255
Fax 081.8101260
Giorno di chiusura: nessuno
Sempre aperto
Carte di credito: tutte tranne Diners

La Conchiglia
Discesa Graziella
Tel. 081.8967602
Giorno di chiusura: nessuno
Sempre aperto da marzo a novembre
Carte di credito: Visa, Mastercard

Sent'Co'
Via Roma, 167
Tel. e fax 081.8101120
Giorno di chiusura: lunedì (mai da luglio a settembre)
Da ottobre a marzo aperto solo nel fine settimana
Carte di credito: tutte

Ravello

Da Salvatore
Via Della Repubblica, 2
Tel. e fax 089.857227
Giorno di chiusura: lunedì (mai da aprile ad ottobre)
Periodo di ferie: 15 giorni in novembre
Carte di credito: tutte, tranne Diners Club

Palazzo Della Marra
Via Della Marra, 7
Tel. 089.858302
Fax 089.858390
Giorno di chiusura: martedì (mai da aprile a settembre)
Periodo di ferie: dal 10 gennaio al 10 febbraio
Carte di credito: tutte

Palazzo Sasso Rossellini's
Via San Giovanni del Toro, 28
Tel. 089.818181
Fax 089.858900
Giorno di chiusura: aperto solo la sera.
Periodo di ferie: dal primo novembre al primo marzo
Carte di credito: tutte

Villa Maria
Via Santa Chiara, 2
Tel. 089.857255
Fax 089. 857071
Giorno di chiusura: 24 e 25 dicembre
Carte di credito: tutte

Salerno

Sea Garden
Via Torre Angellara
Tel. 089.339553
Giorno di chiusura: domenica sera e lunedì, mai da giugno ad agosto
Periodo di ferie: a gennaio
Carte di credito: tutte

Trattoria del Padreterno
Piazza Flavio Gioia, 12
Tel. 089.239305
Giorno chiusura: martedì
Periodo di ferie: dal 15 al 30 agosto e da Natale a Capodanno
Carte di credito: tutte tranne American Express

San Mauro Cilento

Al Frantoio
Località Ortale
Tel. 0974.903239, 903243
Fax 0974.903243
Apertura: tutto l'anno. Chiusura 20 giorni tra fine settembre e inizio ottobre
Carte di credito: tutte

Sant'Agata sui Due Golfi

Don Alfonso 1890
Corso Sant'Agata 11
Tel. 081.8780026, 5330558
Fax: 081.5330777
Giorni di chisura: lunedì e martedì (dal primo giugno al 30 settembre solo lunedì e martedì a pranzo)
Periodo di ferie: gennaio e febbraio
Carte di credito: tutte

Sant'Angelo d'Ischia

Il Pirata
Via Sant'Angelo, 77
Tel. 081.999251, 081.999476
Giorno di chiusura: mercoledì
Periodo di ferie: novembre-marzo (esclusi 10 giorni a dicembre)

Sant'Anastasia

'E Curti
Via Padre Michele Abate, 6
Tel. 081.8972821
Chiuso la domenica
Periodo di ferie: ad agosto
Carte di credito: tutte

Sapri

'A Cantina 'i Mustazz'
Piazza Plebiscito, 27
Tel. 0973.604010
Giorno di chiusura: mercoledì (mai in estate)
Periodo di ferie: fine settembre
Carte di credito: tutte

Somma Vesuviana

La Lanterna
Via C.G. Aliperta, 8
Tel. 081.8991843
Chiuso: lunedì
Periodo di ferie: ad agosto
Carte di credito: tutte

Sorrento

Antica Trattoria
Via Padre Reginaldo Giuliani, 33
Tel. 081.8071082
Giorno di chiusura: lunedì
Periodo di ferie: a febbraio
Carte di credito: tutte

Caruso
Via Sant'Antonino, 12
Tel. 081.8073156
Chiusura settimanale: lunedì (solo inverno)
Periodo di ferie: mai
Carte di credito: tutte

Il Buco
II Rampa Marina Piccola, 5
Tel. e fax 081.8782354
Giorno di chiusura: mercoledì
Periodo di ferie: a gennaio e prima metà di febbraio
Carte di credito: tutte

'O Canonico 1898
Piazza Tasso, 5-7
Tel. 081.8783277
Giorno di chiusura: lunedì (in estate sempre aperto)
Periodo di ferie: variabile
Carte di credito: tutte

Tasso
Via Correale, 11
Tel. 081.8785809
Sempre aperto
Periodo di ferie: mai
Carte di credito: tutte

Tramonti

Osteria Reale
Via Cardamone, 75 - Frazione Gete
Tel. 089.856144
Chiuso il mercoledì
Periodo di ferie: fine novembre-inizio dicembre
Carte di credito: tutte

Vibonati

Taverna Portosalvo
Villammare, Corso Italia, 77
Tel. 0973.365474
Chiuso il mercoledì, mai d'estate
Periodo di ferie: una settimana a novembre
Carte di credito: tutte tranne AE, Bancomat

Vico Equense

Nonna Rosa
Via Privata Bonea, 4
Tel. 081.8799055
Giorno di chiusura: domenica sera e mercoledì
Periodo di ferie: ad agosto
Carte di credito: tutte

Torre del Saracino
Via Torretta, 9. Marina d'Equa
Tel. 081.8028555
Giorno di chiusura: domenica sera e lunedì
Periodo di ferie: 20 giorni tra gennaio e fabbraio
Carte di credito: tutte

Torre Ferano
Via Raffaele Bosco. Località Arola
Tel. e fax 081.8024786
Giorno di chiusura: lunedì (mai in estate)
Periodo di ferie: un mese tra gennaio e febbraio
Carte di credito: tutte

Vietri sul Mare

Sapore di mare
Via G. Pellegrino, 104
Tel. 089.210041
Giorno di chiusura: giovedì e domenica sera
Periodo di ferie: a Natale e a luglio
Carte di credito: tutte

Indici

Indice alfabetico delle ricette

Indice*

* Tra parentesi sono indicati i ristoranti e la località.

Primi

Secondi

Dolci

Annotazioni

Annotazioni

Annotazioni

Annotazioni

Annotazioni

Annotazioni

Annotazioni